国家社科基金
后期资助项目

汉长城研究

Research on the Great Wall of the Han Dynasty

黄永美 著

长江出版传媒
湖北人民出版社

图书在版编目(CIP)数据

汉长城研究 / 黄永美著. — 武汉 : 湖北人民出版社, 2023.10
ISBN 978-7-216-10730-3

Ⅰ. ①汉… Ⅱ. ①黄… Ⅲ. ①长城—研究—中国—汉代 Ⅳ. ①K928.77

中国国家版本馆CIP数据核字（2023）第171443号

责任编辑：黄　沙
封面制作：董　昀
责任校对：范承勇
责任印制：肖迎军

汉长城研究 HANCHANGCHENG YANJIU

出版发行：湖北人民出版社	**地址：**武汉市雄楚大道268号
印刷：武汉市籍缘印刷厂	**邮编：**430070
开本：787毫米×1092毫米　1/16	**印张：**18
字数：323千字	**插页：**4
版次：2023年10月第1版	**印次：**2023年10月第1次印刷
书号：ISBN 978-7-216-10730-3	**定价：**78.00元

本社网址：http://www.hbpp.com.cn
本社旗舰店：http://hbrmcbs.tmall.com
读者服务部电话：027-87679656
投诉举报电话：027-87679757

国家社科基金后期资助项目
出版说明

后期资助项目是国家社科基金设立的一类重要项目，旨在鼓励广大社科研究者潜心治学，支持基础研究多出优秀成果。它是经过严格评审，从接近完成的科研成果中遴选立项的。为扩大后期资助项目的影响，更好地推动学术发展，促进成果转化，全国哲学社会科学工作办公室按照“统一设计、统一标识、统一版式、形成系列”的总体要求，组织出版国家社科基金后期资助项目成果。

全国哲学社会科学工作办公室

陕西吴起赫家沟村秦昭王长城墙体和三道堑

陕西神木陈洞沟村砖石结构长城墙体

甘肃河西走廊地区红柳墙体

甘肃山丹县汉长城堑壕

序

长城是中华文明的象征，是中华民族的代表性符号。它既有浓烈的民族特性，又深深植根于人类追求真善美的共性厚土之中，是中华民族创造的具有突出和普遍价值的世界遗产。其分布地域广阔、建筑规模宏大、防御体系复杂、文化内涵丰富，是世界建筑史上的杰作，是中华民族在漫长发展历史中的杰出创造。

长城是一个由连续性墙体及配套的关隘、城堡、烽燧等单体建筑构成的军事防御性工程，是由史前时期的壕沟和文明社会的城墙发展演变而来的。令人惊讶的是，几乎在世界的同一历史发展阶段，地球上东西方的人们都想到了这种军事防御的形式。东方的中国长城起源于春秋战国时期的诸侯国长城，秦汉时期得以发展并不断扩充；与此同时，西方的罗马帝国于公元前后在帝国北部边界陆续修建了长达几千千米的古罗马长城体系（包括哈德良长城、安敦尼长城、日耳曼长城）。可以看出，长城是人类社会发展到某一阶段而产生的共同智慧的产物。

长城不是国界，而是农耕与游牧两种不同生产方式的分界线。由于生业的单一性和不稳定性，缺少对自身产品转化的内部机制，同时也由于某些必需品依赖于农耕地区，从古至今，游牧地区对农耕地区都有很强的依赖性。经常性的对外产品交换，是游牧地区人民繁衍发展的必然。这种产品交换可能是有序的定期定点贸易，也可能是无序的抢掠和军事对抗。长城的修建就是要把无序变为有序。长城既可以被看作军事对抗的手段和产物，同时也是统治者控制贸易的有效管理方式，兼有御外制内的双重功能。

在2000余年的漫长岁月中，长城与中国古代的大多数王朝共始终，不少王朝的兴盛衰亡与长城有密不可分的联系。长城的历史在某种意义上可以说就是一部波澜壮阔的中国古代史，是中国古代社会历史的部分缩影。中国历史上分别有20多个诸侯国家和封建王朝修建过长城。长城是弥足珍贵的巨型文化遗产，因此国家决定修建“长城国家文化公园”，从而对长城进行有效的保护和利用,以弘扬长城文化。

汉长城包括西汉长城和东汉长城,其中西汉长城是我国各时代长城中最长的,在我国境内大体走向是东起吉林,经辽宁、河北、内蒙古、甘肃,西到新疆的罗布泊。相较于此前修筑的长城,西汉长城的防御体系更加完善,既有单独防御的墙体、堑壕,又有防御和警戒兼备的烽燧,也有随时支援的坞、障,还有防御体外加“一层保护膜”般的虎落。长城体系以墙体为主体,以烽燧、障城、关隘等为配套建筑,目前这些设施均有不同程度的保留,且各有特点。汉武帝在太初年间还修建了外长城,分布在今我国内蒙古西部和蒙古国南部,由东、西两段连接而成,东段称“光禄塞”或“塞外列城”,西段称“居延塞”。东汉长城主要由烽燧、堑壕以及障城组成,烽燧多分布于丘陵地区,新修的墙体不多。这是因为东汉时期国力较弱,在北边无意拓土,更多以防守为主,但又无法恢复到秦与西汉时期长城的修筑规模,所以仅修筑烽燧而无墙体,体现了东汉时期长城功能的转变。汉长城在防御北方民族侵扰上起到了重要的作用,保障了长城以南地区的社会稳定与经济的发展。

正是由于长城在历史发展中具有的非凡意义,从事长城研究就显得尤为重要。本书作者黄永美对中国长城系列中承上启下的汉长城持续关注了十多年,进行了认真研究。她不但博士学位论文选择了汉长城这一主题,而且毕业后积极申报国家社科基金后期资助项目,继续充实和进一步研究。目前项目已经完成并结题,在正式付梓之前让我写一个序,我爽快地答应了。之所以如此,是因为她是我在西北大学带的第一个秦汉史博士,在选择博士论文题目时,她选定汉代长城研究也是我提供的建议。经过三年的努力,她顺利完成了博士学位论文《西汉长城若干问题研究》的写作,并且获得了答辩老师的肯定。毕业后她到江苏师范大学工作,申报了国家社科基金后期资助项目继续该研究,现在呈现给各位读者的就是该项目的结题成果。

2017年国家社科基金后期资助项目立项后,黄永美按照预期计划和专家修改意见对申报成果进行完善和补充,增加了西汉长城修筑的内因中有关华夏“大一统”观念及其对汉人的影响、东汉时期长城修筑背景及情况介绍、第三次长城调查中内蒙古等地区的新成果、烽燧烽火信号蕴含的保密思想、障城戍卒人数的梳理、因地制宜原则在长城修筑过程中的体现、汉长城的特征及其与前代长城的不同、烽燧与亭燧的关系、汉长城修建对长城内外的影响,以及汉长城与丝绸之路的关系等研究内容。特别是她在台湾访学期间,查阅了大量简牍资料,对项目的研究帮助很大。

为了使汉长城的研究能在前人基础上有所进步,作者将长城研究与考古学、历史地理学、简牍学、民族学、密码学等学科研究结合起来予以考察,辩证地分析了汉长城与丝绸之路的关系。从整体研究成果来看,作者认为汉长城是天田、堑壕、虎落、墙体、关城、烽燧、坞、障城共同作用的防御体系;烽燧警报方式蕴含保密思想及密码学意义;汉长城在防外,同时也在防内;汉长城的烽燧、关城为过往使者提供了人身和财产安全保障、道路指引、食宿供应、交通顺畅保障。同时,作者还关注长城文化遗产保护的现实,提出要科学保护和开发利用汉长城,使这一世界文化遗产为当今社会发展服务。

徐卫民

2022年11月于西北大学陋室

前　言

长城研究早在20世纪20年代就已开始，且多将战国至明代整个历史时期的长城作为研究对象。此后，随着考古工作的开展，学界对不同历史时期修筑的长城研究不断深入，研究成果逐渐增多。目前的研究情况是，以秦长城、明长城研究最为显著，因为秦长城是第一个统一王朝修筑的长城，颇具典型性；而明长城则因保存情况较好，研究者和研究成果也颇多。又因魏晋南北朝处于历史转折期，故对其修筑的长城研究也日益凸显。汉长城作为第二个统一王朝修筑的长城，修筑时间长，其长度也不逊于秦长城、明长城，而且是中原王朝第一次将长城修筑延伸至西域地区，意义重大。然而相较于秦长城、明长城研究，汉长城研究略显单薄，比如对汉长城修筑原因、防御体系、功能及其与丝绸之路的关系等方面的研究还不够深入，所以汉长城研究仍有值得进一步挖掘和探讨的空间。

第一节　研究对象及选题意义

一、研究对象

（一）研究对象的名称

虽然不同历史时期修筑的长城称谓不同，如楚称方城，秦称长城，汉称塞，金称界壕，明称大边，但这些防御工事均是穿越高原、丘壑，或沿着高山大川起伏，或在山峦间绵延，或在沙漠中蜿蜒。从修筑目的而言，它们的防御性质一致，而且总体上还保持了连续性，因此从这一意义上讲其实质是相同的，只是随着历史更替和科技进步，后代长城除了对前代长城加以继承利用外，还不断完善，增加新的防御设施。因此虽然不同时期防御系统称谓不同，但其实质一致，学者研究时多将其统称为长城，而未明确长城的概念，只笼统地将墙体、烽燧、堑壕(也称壕堑)等称为长城。

由于这项防御工事修筑历史悠久,文献记载较少,未有明确的概念,学者多将长城作为这套防御体系的代名词。通常来讲,长城的定义可分为狭义和广义两种。狭义上的长城只指连绵的墙体,不包含其附属的烽燧、关城等设施;而广义上的长城指墙体及其附属设施共同组成的长城防御体系。本书研究的长城便是广义上的长城。

(二)研究对象对应的具体历史时间

因为秦朝称这一防御工事为长城,汉避秦之讳,不称长城,而称塞、塞垣,如《史记·匈奴列传》载"复缮故秦时蒙恬所为塞",《史记·朝鲜列传》载"汉兴,为其远难守,复修辽东故塞,至浿水为界,属燕"①;《后汉书·乌桓鲜卑列传》载"秦筑长城,汉起塞垣"②。今日所说汉长城指汉代使用的长城,包括西汉长城和东汉长城。西汉初年,汉王朝在西北防御方面很大程度上延续了秦朝方针,特别是"平城之围"后,沿用秦朝长城。汉长城的大规模修建是在汉武帝时期。汉武帝时,主动出击匈奴并取得军事胜利,因此在新获得的边防修建汉塞。汉武帝后,西汉王朝与西域关系缓和,在长城建设方面多是修缮。东汉初期内政不稳,国家治理重点在内政建设,又实力有限,故长城建设也是多修缮,较少新建。东汉时期,对匈奴用事主要在汉明帝时期,出击匈奴,修筑汉塞。东汉后期实力减弱,对已修建的长城有所废弃。综上,目前所说的汉长城,主要指西汉长城,特别是汉武帝时期大规模修建的长城。

基于汉长城的典范性和尚有探讨空间的现实,本书将汉长城作为研究对象。目前调查发现,汉长城是集墙体、烽燧、障城、堑壕、山险、河险、天田、虎落、水门等多项设施于一体的防御体系,故本书研究的汉长城即汉长城防御体系。

二、选题意义

选择汉长城作为研究对象,有着深远的学术意义和现实意义。

第一,目前对长城的研究多是整体研究,专门针对某历史时期的长城研究相对较少,且集中在遗迹保存较好的明长城。汉长城规模和长度都比前代长城大有发展,且后代又有利用和借鉴。同时,汉长城是第一个将长城建筑深入西域地区的长城,在河西地区长城建制上,汉长城有首创之功、独特

---

① 《史记》,中华书局,1959年。

② 《后汉书》,中华书局,1965年。

之处。从这一角度看,汉长城研究很有必要。希望本书的研究能抛砖引玉,引起学者们对汉长城的更多关注和深入探讨。

第二,已有的汉长城研究中,有许多问题看似"定论",其实仍没有结论,如西汉长城修建原因是否只有匈奴侵扰,匈奴侵扰的原因是否完全与西汉王朝无关;汉武帝时期取得战争胜利后,匈奴是否仍有侵扰;为何西汉王朝选择长城防御而不是继续使用武力战争。又如,汉长城同样遵循因地制宜原则,那么在河西地区的新建是如何因地制宜的。希望本书的研究,能引起学者们对所谓"定论"问题的新思考。

第三,已有的汉长城研究尚未关注汉长城内防功能。长城高大的墙体不但阻止了外部人员的随意进入,也阻碍了内部人员随时随地翻越。随着近年来汉简研究和汉长城内外人口流动的深入研究,汉长城功能越来越明显,即防止外侵的同时,也在监管长城内部,但是否需要和存在这种功能是值得探讨的。笔者也希望通过本书的研究,举一反三,思索其他历史时期长城建设是否有此考虑。

第四,已有的汉长城研究对汉长城与丝绸之路的关系探讨有待深入。中西方交流一直是长久不衰的热门话题,汉王朝是第一个与国际往来的王朝,当时中西方交流依托的是丝绸之路。而丝绸之路的畅通很大程度上归功于汉长城,因为汉长城的修建不但没有隔断丝绸之路,反而为其保驾护航,促进了丝绸之路的开发和中西方经济文化的交流。从这一点上来说,对汉长城的研究也具有一定的国际意义。

第五,汉长城防御体系年久失修,破坏严重。本书对汉长城各个防御工事保存现状的陈述,展示了汉长城保存面貌,有助于呼吁社会对其采取有效保护措施,拯救历史文化遗产,所以本书的研究又具有一定的现实意义。

第二节　国内外研究状况概述

汉长城研究以国内为主,最早研究只涉及汉代烽燧,如罗振玉和王国维的《流沙坠简》。20世纪20年代,长城研究以历代长城为对象,主要运用文献研究长城修筑的背景、过程和走向等。20世纪30年代中国长城考古工作开展后,考古与文献资料相结合的研究开始增多,特别是居延汉简出土后,汉简研究开始涉及汉长城屯戍制度和防御制度等。

20世纪80年代后,长城研究仍以历代长城为对象,集中在长城的建筑方法、形制构造和意义等方面。此时,汉简研究也为长城研究提供了资料,如涉及汉长城边塞遗址分布、防御系统设置和戍卒管理等内容。这一时期还出现了汉长城专题研究的论文(集),但仍以描述长城遗迹为主。

21世纪初,汉长城专题研究增多,主要介绍考古调查成果,其中最新的长城调查和研究是《中国历代长城发现与研究》①,介绍了2007年以来的长城调查情况。同时,这一时期汉简研究仍涉及较多汉长城内容,如汉长城烽燧、防御工具和职官设置等。

国外著作虽未有专门针对中国长城的研究,但亦有涉猎长城内容,如斯坦因的《西域考古记》②和《亚洲腹地考古图记》③,此后《长城:从历史到神话》④、《中国的亚洲内陆边疆》⑤、《古代中国与其强邻:东亚历史上游牧力量的兴起》⑥等亦有涉及。

一、国内外汉长城文献研究情况概述

(一)国内研究情况概述

学界最早多是依据文献开展长城研究,但由于历代文献中有关本朝代长城的记载均不多,所以学者多将春秋战国至明代这一整个历史时期的长城作为研究对象。一直到20世纪20年代,汉长城仍只是历代长城研究中的一部分,主要运用文献研究长城修筑的背景、过程和走向等。这一时期的代表著作有以下几种。顾炎武的《日知录》指出长城的由来,介绍了文献中关于齐长城、魏长城、秦长城、汉长城、魏晋南北朝时期长城、隋长城的记载。⑦王国良的《中国长城沿革考》⑧一书,对历代长城进行了系统叙述,特别对早期长城的名称、走向等进行了考证;虽有些观点已被证实是错误的,但此书具有首创性,功不可没。20世纪30年代,张维华从地方志中搜集了关于齐长城的内容,对齐长城的历史沿革、地理进行了细致考辨,先后著有《齐长城》《楚方城》《魏长城》《赵长城》《汉边塞》等,至20世纪60年代初增写《秦昭

---

① 段清波、徐卫民:《中国历代长城发现与研究》,科学出版社,2014年。

② 〔英〕斯坦因著,向达译:《西域考古记》,商务印书馆、中国旅游出版社,2017年。

③ 〔英〕斯坦因著,巫新华等译:《亚洲腹地考古图记》,广西师范大学出版社,2004年。

④ 〔美〕阿瑟·沃尔德隆著,石云龙、金鑫荣译《长城:从历史到神话》,江苏教育出版社,2008年。

⑤ 〔美〕拉铁摩尔著,唐晓峰译:《中国的亚洲内陆边疆》,江苏人民出版社,2008年。

⑥ 〔美〕狄宇宙著,贺严、高书文译:《古代中国与其强邻:东亚历史上游牧力量的兴起》,中国社会科学出版社,2010年。

⑦ 顾炎武著,陈垣校注:《日知录校注》,安徽大学出版社,2007年。

⑧ 王国良:《中国长城沿革考》,商务印书馆,1928年。

王时之长城》《燕长城》《秦统一后之长城》等，后随文增绘12幅长城地图，合成一册即《中国长城建置考》(上编)[①]，时间从战国至西汉末年东汉初年，阐述了长城修筑的背景和目的，考证了其建置、沿革和大致走向，细说古地名与当时地理位置的关联；但该书仍以文献为主，偏重历史沿革和建置，缺少长城调查。这一时期代表性论文如李文信的《中国北部长城沿革考》[②]、唐晓峰的《内蒙古西北部秦汉长城调查记》[③]等，均是利用文献研究历代长城的沿革。

20世纪80年代后，随着长城考古工作的深入开展，考古资料与传世文献相结合的研究成果层出不穷，但仍多以历代长城为主，汉长城研究还是主要作为历代长城研究中的一部分，集中于长城的建筑方法、形制构造和意义。这一时期的代表著作有以下几种。罗哲文的《长城》[④]和《长城史话》[⑤]，介绍了长城的建筑方法和形制构造等内容，补充了前人研究的不足，科普性较强。景爱的《中国长城史》[⑥]一书，系统考察了长城起源至明清时期的建筑历史，书中提出的“长城的定义”“长城起源于城”等观点具有一定的启发性。后来，景爱在此书基础上，又增加了长城的建筑方式、建筑结构、附属设施和管理制度等内容，形成《长城》[⑦]一书。还有董耀会的《瓦合集：长城研究文论》[⑧]、艾冲的《中国的万里长城》[⑨]和《中国古长城新探》[⑩]等书，侧重于战国秦汉长城的修建时间、起止地点、走向和沿革等问题。

这一时期，汉简研究涉及汉长城的西北地区边塞遗址分布、防御系统设置和戍卒管理等，如陈梦家的《汉简缀述》[⑪]、陈直的《居延汉简研究》[⑫]、林梅村和李均明的《疏勒河流域出土汉简》[⑬]等著作。同时，这一时期出现了以汉

---

① 张维华：《中国长城建置考》(上编)，中华书局，1979年。

② 李文信：《中国北部长城沿革考(上)》，《社会科学辑刊》1979年第1期；李文信：《中国北部长城沿革考(下)》，《社会科学辑刊》1979年第2期 。

③ 唐晓峰：《内蒙古西北部秦汉长城调查记》，《内蒙古大学学报(人文社会科学版)》1977年03期。

④ 罗哲文：《长城》，北京出版社，1982年。

⑤ 罗哲文：《长城史话》，北京出版社，2021年。

⑥ 景爱：《中国长城史》，上海人民出版社，2006年。

⑦ 景爱：《长城》，学苑出版社，2008年。

⑧ 董耀会：《瓦合集：长城研究文论》，科学出版社，2004年。

⑨ 艾冲：《中国的万里长城》，三秦出版社，1995年。

⑩ 艾冲：《中国古长城新探》，西安地图出版社，2006年。

⑪ 陈梦家：《汉简缀述》，中华书局，1980年

⑫ 陈直：《居延汉简研究》，中华书局，2009年。

⑬ 林梅村、李均明：《疏勒河流域出土汉简》，文物出版社，1984年。

长城为研究对象的专题研究论文(集),以介绍西北地区汉长城墙体、烽燧、关堡等遗迹为主,如甘肃省文物工作队和甘肃省博物馆合编的《汉简研究文集》[①]。

此外,这一时期还出现了专门针对辽宁等某一地区汉长城研究的论著,如冯永谦和何溥滢合著的《辽宁古长城》[②]一书,介绍了辽宁汉长城的修筑及沿线历史文物。周兴华和周晓宇合著的《从宁夏寻找长城源流》[③]一书,介绍河西地区汉长城现存遗迹,对其修筑年代进行考证,附有关于汉长城的文献记载和其后历代对其称呼、记载情况;然该书中断定的汉长城,后来被宁夏文物考古研究所证实是明长城,而非汉长城。薛长年的《西塞雄风:陇右长城文化》[④],介绍了陇右地区长城文化,探讨甘肃汉长城的修筑原因、主要线路、保存现状和烽燧亭障等问题;该书还对玉门关、阳关作了专门介绍。张量的《战争与和平的纽带——古代长城》[⑤],分地域叙述不同时代长城的沿革;对汉长城修筑的历史背景、修筑时间、部分走向和保存状况进行了阐述,还专门详细叙述了河西长城及重要关隘。

这一时期,还有一些代表性论文,如白音查干的《汉长城考察与研究》[⑥]、马杰英的《甘肃永靖县境的秦汉长城烽燧遗址》[⑦]、项春松的《昭乌达盟汉代长城遗址调查报告》[⑧]、李并成的《汉令居城及其附近汉长城遗迹的调查与考证》[⑨]和《河西走廊东部汉长城遗迹考》[⑩]、李庆发和张克举合作的《辽宁西部汉代长城调查报告》[⑪]等,结合实地考察,介绍了汉长城遗迹保存情况,并对其进行了相关考证。

21世纪初,汉长城专题研究论著增多,主要介绍汉长城不同地段的最新调查成果,如甘肃省文物局编,岳邦湖、钟圣祖著的《疏勒河流域汉代长城考

---

① 甘肃省文物工作队、甘肃省博物馆编:《汉简研究文集》,甘肃人民出版社,1984年。

② 冯永谦、何溥滢:《辽宁古长城》,辽宁人民出版社,1986年。

③ 周兴华、周晓宇:《从宁夏寻找长城源流》,宁夏人民出版社,2008年。

④ 薛长年:《西塞雄风:陇右长城文化》,甘肃教育出版社,1999年。

⑤ 张量:《战争与和平的纽带——古代长城》,辽宁师范大学出版社,1996年。

⑥ 白音查干:《汉长城考察与研究》,《内蒙古师范大学学报(哲学社会科学版)》1987年第1期。

⑦ 马杰英:《甘肃永靖县境的秦汉长城烽燧遗址》,《文博》1989年第6期。

⑧ 项春松:《昭乌达盟汉代长城遗址调查报告》,《文物》1985年第4期。

⑨ 李并成:《汉令居城及其附近汉长城遗迹的调查与考证》,《长城学刊》1991年第1期。

⑩ 李并成:《河西走廊东部汉长城遗迹考》,《西北史地》1994年第3期。

⑪ 李庆发、张克举:《辽宁西部汉代长城调查报告》,《北方文物》1987年第2期。

察报告》[1]一书,提供了疏勒河流域汉长城调查的最新成果。同样是调查报告性质的,还有甘肃省文物局和甘肃省文物考古研究所共同编纂的《临洮战国秦长城山丹汉、明长城调查报告》[2]和吴礽骧的《河西汉塞调查与研究》[3],介绍了河西地区汉长城的走向、现存状况等调查结果及相关的研究。前文所述段清波和徐卫民主编的《中国历代长城发现与研究》一书,提供了2007年以来汉长城的最新调查成果。这一时期,汉简研究也有大量成果,涉及汉长城的烽燧、防御工具和职官设置等内容,代表性的图书有李振宏的《居延汉简与汉代社会》[4]等。同时还涌现出了大量汉长城研究的论文,如刘光华的《西汉西北边塞》[5]一文,重点叙述了西北汉塞的修筑过程与走向、管理机构以及烽燧、天田制度;初师宾的《居延烽火考述——兼论古代烽号的演变》[6]和《汉边塞守御器备考略》[7],对西北地区汉长城的守御器备等进行了分类和研究。田淑华、赵晓光和王月华三人合写的《承德地区汉代长城与烽燧调查》[8]介绍了承德地区汉长城和烽燧的分布、走向以及建筑特征;邓宏伟与张海斌合作的《包头境内的战国秦汉长城与古城》[9]介绍了包头境内汉长城的分布、走向和建筑特征。此外,还有陈菁的《两汉时期河西地区烽燧亭障规划营建刍议》[10]、李逸友的《中国北方长城考述》[11]和汪桂海的《简牍所见汉代边塞徼巡制度》[12]等。

(二)国外研究情况概述

相对于国内丰富的长城研究成果,国外学者专门研究中国长城的论著

---

① 甘肃省文物局编,岳邦湖、钟圣祖著:《疏勒河流域汉代长城考察报告》,文物出版社,2001年。

② 甘肃省文物局、甘肃省文物考古研究所:《临洮战国秦长城山丹汉、明长城调查报告》,甘肃人民出版社,2007年。

③ 吴礽骧:《河西汉塞调查与研究》,文物出版社,2005年。

④ 李振宏:《居延汉简与汉代社会》,中华书局,2003年。

⑤ 刘光华:《西汉西北边塞》,《西北民族大学学报(哲学社会科学版)》2005年第1期。

⑥ 初师宾:《居延烽火考述——兼论古代烽号的演变》,载甘肃省文物工作队、甘肃省博物馆编《汉简研究文集》,第335~398页。

⑦ 初师宾:《汉边塞守御器备考略》,载甘肃省文物工作队、甘肃省博物馆编《汉简研究文集》,第142~222页。

⑧ 田淑华、赵晓光、王月华:《承德地区汉代长城与烽燧调查》,《文物春秋》2006年第3期。

⑨ 邓宏伟、张海斌:《包头境内的战国秦汉长城与古城》,《内蒙古文物考古》2000年第1期。

⑩ 陈菁:《两汉时期河西地区烽燧亭障规划营建刍议》,《甘肃社会科学》2006年第2期。

⑪ 李逸友:《中国北方长城考述》,《内蒙古文物考古》2001年第1期。

⑫ 汪桂海:《简牍所见汉代边塞徼巡制度》,《中国边疆史地研究》2006年第3期。

较少，代表性著作有美国阿瑟·沃尔德隆的《长城：从历史到神话》。该书虽以明长城为研究对象，但也有关于长城整体研究的内容，特别是书中提出的“中国历代皆修建边界防御工事但未形成统一建筑”“历代中国王朝并没有统一的对外政策”等观点，值得深思，为研究汉长城提供了不同的思维角度。此外，其他论著中亦有涉及汉长城内容的，如狄宇宙的《古代中国与其强邻：东亚历史上游牧力量的兴起》则较为激进，质疑中国长城传统学说，对传统学说的主要文献依据《史记》也表示质疑，甚至认为长城是进攻的设施；其观点虽与中国传统观念相悖，但其思维角度和推理演绎方法有其独到之处。

其实国外论著中，最早涉及汉长城内容的是斯坦因的调查报告，他于1907年、1914年先后走过敦煌西部、敦煌市境内汉塞遗迹，并著有《西域考古记》和《亚洲腹地考古图记》对该情况进行介绍，但其来中国探险的目的并非学术研究，资料搜集和整理欠科学。此后有拉铁摩尔的《中国的亚洲内陆边疆》一书也涉及长城内容。国外论著中涉及汉长城内容较多的是汉简研究，如1951年日本以森鹿三为首的“居延汉简研究班”推动了日本汉简研究，其中涉及汉长城的有伊藤道治的《汉代居延战线的展开》①、米田贤次郎的《论汉代的边境组织——关于隧的设置》②等著作。此后，又有森鹿三的《论居延出土的卒家属廪名籍》③、大庭脩的《汉代的关所与护照》④和《汉简研究的新阶段》⑤、永田英正的《试论居延汉简中所见的候官》⑥、英国学者鲁惟一的《汉代的一些军事文书》⑦等论著涉及汉长城关所、职官、文书等内容。

二、国内汉长城调查情况简述

汉长城遗迹的调查最早多是个人调查，而且是个别地段的调查，如1907

① 〔日〕伊藤道治：《汉代居延战线的展开》，《东洋史研究》1953年第12卷第3号。

② 〔日〕米田贤次郎：《论汉代的边境组织——关于隧的设置》，《东洋史研究》1953年第12卷第3号。

③ 〔日〕森鹿三著，金立新译：《论居延出土的卒家属廪名籍》，载中国社会科学院历史研究所战国秦汉史研究室编《简牍研究译丛》（第一辑），中国社会科学出版社，1983年，第100～112页。

④ 〔日〕大庭脩：《汉代的关所与护照》，《关西大学东西学术研究所论丛》1954年第10期。

⑤ 〔日〕大庭脩著，喻红译：《汉简研究的新阶段》，载中国社会科学院历史研究所战国秦汉史研究室编《简牍研究译丛》（第二辑），中国社会科学出版社，1987年，第409～417页。

⑥ 〔日〕永田英正：《试论居延汉简中所见的候官》，载〔日〕永田英正著，张学锋译《居延汉简研究》（下），广西师范大学出版社，2007年，第371～395页。

⑦ 〔英〕鲁惟一著，张书生译：《汉代的一些军事文书》，载中国社会科学院历史研究所战国秦汉史研究室编《简牍研究译丛》（第一辑），第245～261页。

年、1914年，斯坦因先后对敦煌西部的汉塞遗迹、敦煌市境内汉塞遗迹和南湖遗址进行了调查、编号和挖掘，又沿疏勒河流域，经安西县(今瓜州县)、玉门市、金塔县，沿黑河向北至内蒙古自治区额济纳旗黑城遗址进行调查、编号和挖掘。此后国家组织团队考察汉长城遗迹，如1930年4月至1931年，中国与瑞典合作组成中国西北科学考察团，在北起额济纳旗全吉阿玛、南至金塔县正义峡约300千米之间，在额济纳旗布肯桃来至保尔全吉约65千米之间，发现汉代塞防和障、坞、亭燧遗址。1944年，北京大学文科研究所、中国地理研究所等单位联合组织西北科学考察团历史考古组，对河西地区汉长城进行调查。[①]还有地方文物部门也开展了长城考古调查，如从1965年开始，内蒙古自治区原昭乌达盟文物考古工作人员结合文物普查，对昭盟南境及北部草原地区的战国以来的长城、边堡、界壕遗址陆续进行实地考察。[②]

较多的汉长城调查是从20世纪70年代开始的，如1971年李逸友在村民带领下调查了乌拉特中旗南部、乌拉特前旗、固阳县、武川县、呼和浩特市北部等地区的秦汉长城遗迹。[③]1972年秋，甘肃省文化局、酒泉地区文教局联合组织居延调查组，沿额济纳河，对甘肃金塔县双城乡至古居延海地段进行勘察；1973年居延考古队对“肩水金关”“居延甲渠候官”“甲渠第四隧”三处遗址进行试掘。[④]1974年，李逸友与贾洲杰一起调查固阳县银号乡汉长城。[⑤]1975年辽宁开始对境内汉长城进行调查。[⑥]1976年甘肃省博物馆文物队、酒泉地区文教局、额济纳旗文教局对居延北部汉长城进行调查。[⑦]1977年河北省文物考古工作者开始对承德、张家口地区的长城进行调查。[⑧]唐晓峰等人在1977年以前，对内蒙古西北部秦汉长城进行了调查。[⑨]

---

① 吴礽骧：《河西汉塞调查与研究》，第47、132页。

② 项春松：《昭乌达盟汉代长城遗址调查报告》，《文物》1985年第4期。

③⑤ 参见李逸友《中国北方长城考述》，《内蒙古文物考古》2001年第1期。

④ 参见吴礽骧《河西汉塞调查与研究》，第132页。

⑥ 参见李庆发、张克举《辽宁西部汉代长城调查报告》，《北方文物》1987年第2期。

⑦ 参见甘肃省文物工作队《额济纳河下游汉代烽燧遗址调查报告》，载甘肃省文物工作队、甘肃省博物馆编《汉简研究文集》，第62～84页。

⑧ 参见郑绍宗《河北省战国、秦、汉时期古长城和城障遗址》，载文物编辑委员会编《中国长城遗迹调查报告集》，文物出版社，1981年，第34～39页。

⑨ 参见唐晓峰《内蒙古西北部秦汉长城调查记》，《内蒙古大学学报(人文社会科学版)》1977年第3期。

1975—1976年，盖山林、陆思贤等人对内蒙古境内长城进行调查。[①]1979年甘肃省博物馆文物队与敦煌县文化馆合作，对敦煌境内汉塞进行调查，对马圈湾烽燧进行了试掘。[②]

1981—1985年，各省相继展开第二次全国文物普查，并出版普查结果《文物地图集》。从20世纪80年代开始，汉长城的调查逐渐增多，研究成果逐渐丰富，对甘肃、内蒙古、嘉峪关外汉长城的分布与保存现状都有介绍，如1981年、1986年甘肃省文物考古研究所长城调查组以西北科学考察团和斯坦因的考察资料为基础，对金塔县境内黑河两岸的汉塞进行复查。1985年8、9月间，中国秦汉史研究会长城考察队对战国、秦、汉长城部分地段进行调查。[③]1988年包头市组织人员对呼和浩特市、武川县、固阳县、乌拉特前旗、乌拉特中旗、乌拉特后旗、磴口县等地汉长城遗迹进行考察。[④]魏坚等人对内蒙古地区秦汉长城进行调查。[⑤]

2007年6—10月笔者有幸参与了第三次文物普查陕西早期长城调查，目前有部分地区已刊出普查的新发现，但整体资料尚未完全公布，故本书中参考的第三次文物普查成果仅限于已刊出的资料和笔者参与的调查实践情况。

第三节 研究思路、研究难点与创新之处

一、研究思路

汉长城调查和研究虽已取得显著成果，但仍有问题值得探讨，如长城修建的原因。在中国传统观念中，长城是华夏农耕民族抵御北方游牧民族的重要防线，即长城的修建是为了防御，具体到西汉王朝，长城修建是为了防御以匈奴为主的游牧民族的侵扰。但《古代中国与其强邻：东亚历史上游牧力量的兴起》一书则认为长城是进攻的设施，而不是防守，认为“汉武帝统治

① 参见盖山林、陆思贤《内蒙古境内战国秦汉长城遗迹》，载中国考古学会编辑《中国考古学会第一次年会论文集》，文物出版社，1979年，第212～228页。

② 吴礽骧：《河西汉塞调查与研究》，第48页；吴礽骧：《玉门关与玉门候》，《文物》1981年第10期。

③ 参见余华清等《战国、秦、汉长城调查（笔谈）》，《文物天地》1986年第2期。

④ 李逸友：《中国北方长城考述》，《内蒙古文物考古》2001年第1期。

⑤ 魏坚：《河套地区战国秦汉塞防研究》，《边境考古研究》2007年第4期。

时期建立了中国和中亚之间直接的交往，开始了官方贸易……到西部去的商业使者们的数量迅速翻番……结果，汉朝的货物贬了值，汉朝的商人和贸易家们不能再买到他们所垂涎的西方产品，特别是马。在这种情况之下，汉王朝诉之于军事行动，通过武力强夺他们用商贸活动所再不能获取的东西"[①]。然从史料记载看，很少有王朝在长城修建后以长城为基点进行大规模西进，故"进攻说"恐难成立。但这一观点也促使我们重新思考汉长城修建的原因：是防御匈奴侵扰，还是西汉王朝拓疆扩土的需要？又是什么促使了匈奴侵扰？不能简单理解为匈奴的"侵扰本性"。究竟匈奴侵扰是其自身游牧经济无法自给自足的本能表现，还是追求贸易利益的驱使，抑或是另有原因？汉长城为防止匈奴侵扰而建，是否起到抵挡匈奴侵扰的作用？汉长城防御工事，同时也锁住了"自己"，因为汉长城对汉王朝内部人员同样也形成制约，那么汉长城是否具有内防功能？此外，长城设计上也体现了人类智慧，随着长城管理体系、信息传递的研究不断深入，发现长城不仅在建制上采用因地制宜的原则科学施工，而且在消息传递上也有保密方法，蕴含加密思想，如旗帜和烽火数量等都是加密的。所以没有经过专门烽火品约训练的人不会知道烽燧传递所表达的内容，这也是传世文献中少见烽火品约、烽火传递记载的原因，均是出于军事保密需要。

因此，基于以上问题考虑，本书的写作思路如下。

第一章主要申明"长城"概念。虽然长城并不是一个标准的、历朝历代统一的建筑，然其目的和性质实质上是一致的。并且随着科技进步，长城不断完善，所以不能单一地将长城概念界定为墙体。目前关于长城概念的界定不一，而了解长城起源能更好地理解长城概念，故而有必要先梳理长城起源问题。且无论从文献方面考量，还是从功能和建筑方面考量，都应将长城概念界定为狭义和广义两方面。

第二章明确当前汉长城研究的焦点以及进一步探讨的空间。目前已有的汉长城研究成果关注点多种多样，既有学界公认的定论，也有待商议的问题，还有一些尚待深入的问题。例如，关于汉长城修筑的原因，学者多认为是匈奴侵扰，但也有学者从另一个视角入手提出新的观点。关于汉长城的修建过程，由于文献解读的不同，也有不同的认识，还有一些长城体系中的概念问题。归纳起来，主要有以下八个方面的研究焦点：汉长城修筑的原因、汉长城的修建过程、汉长城概念、烽燧警报、长城调查中某些地方长城路

---

① 〔美〕狄宇宙著，贺严、高书文译：《古代中国与其强邻：东亚历史上游牧力量的兴起》，第330页。

线不一致、古遗址位置、汉长城影响、汉简研究。而且随着研究的不断深入,汉长城研究的多样化趋势明显,如汉长城与环境、与边郡、与经济等关系的研究。

第三章主要分析汉长城修筑的原因。长城是军事攻防的产物,西汉长城的修筑与西汉王朝和匈奴的冲突有直接关系,汉武帝时期军事战争的胜利为新筑长城提供了前提条件。因为当时西汉王朝的经济状况不可能支持其继续利用战争方式来解决汉匈问题,而且历史事实也证明单靠战争是无法彻底解除匈奴的威胁。所以西汉王朝虽已取得战争胜利,仍会选择防御。因此西汉长城修筑的外因即匈奴侵扰。关于匈奴侵扰,首先要明确匈奴侵扰是持续性还是间断性、危害程度如何、有没有规律等情况。因为汉武帝前后匈奴侵扰的性质发生了变化,故对匈奴侵扰的定性不能一概而论。汉武帝出击匈奴前,西汉王朝未有主动出击,匈奴多盗边,甚至深入西汉王朝内部,称为侵扰行为。汉武帝主动出击匈奴后,汉匈进入战争期,这一阶段匈奴扰边行为属于战争的正常反应,不能称作侵扰。汉武帝之后的昭帝、宣帝时期,因匈奴内乱、西汉王朝与西域关系缓和等原因,匈奴扰边事件甚少,造成的危害较小。所以匈奴侵扰主要是在汉初,对匈奴侵扰原因的分析也主要针对汉初。

关于匈奴侵扰原因,学界已有归纳,主要有七种:一是本性贪婪,二是气候变迁,三是人口膨胀,四是贸易受阻,五是掠夺有利,六是扩大统治,七是文化冲突。[①]近年也有学者从游牧民族自身经济着手研究,如王明珂《游牧者的抉择:面对汉帝国的北亚游牧部族》[②]一书。然而这些侵扰原因究竟是都有所作用,还是某些原因结合促使了匈奴侵扰,并未有定论。本来二者交恶,非一家之过。事实上,西汉王朝在签订"和亲"协议后,也未完全履行协约,最明显的是送宗室女冒充公主,但这只是一个方面,是否还存在其他方面的毁约情况,则需进一步考察。

西汉长城修建的内因即西汉王朝没有实力彻底消灭匈奴。汉初匈奴强势,朝廷不具备与匈奴抗衡的实力。汉武帝即位时,西汉王朝经过了七十年的休养生息,但经济是否如《史记》记载般繁荣,还有待验证。因为汉武帝时连年战争、各种灾害、多次巡行、封禅祭祀和修建行宫等,对经济的消耗也是不可忽视的。虽然汉武帝试图采取经济措施来填补消耗,然支出浩大,经济积累未投入到经济再生产中,新的经济政策是否能够带来经济持续增长、聚

---

① 参见王小甫《古代游牧部族入侵农耕地区问题的研究》,《史学情报》1988年第3期。

② 王明珂:《游牧者的抉择:面对汉帝国的北亚游牧部族》,上海人民出版社,2018年。

集财富,尚有可疑。而且除了经济、军事方面原因外,在心理层面上,汉人对匈奴的认识等是否对西汉长城的修建有影响,也值得探讨。

东汉时期基本上是延续使用西汉时期修筑的长城,除了经济实力的限制外,更多的是东汉王朝统治的重心转移,关注内部稳定。此外,东汉时期农耕文化与游牧文化的交往交流交融增多,冲突减少,可能也是统治重心从边疆转向内部的原因。

第四章鉴于目前对汉长城的建制、体系等研究较为详细,又有汉简资料的研究,重点介绍汉长城体系构成,特别是近年来对墙体、烽燧、障城、关隘、堑壕、天田、虎落、水门等防御系统的调查,分析各部分的分布、建制形制及作用。首先是汉长城的大体走向,因第三次全国文物普查结果还未全部公布,故汉长城总体走向归纳,既有最新调查成果,也有已被史学界公认的路线。又一些地方(如公社变成乡)等名称变迁、行政区划的变化和自然村建制村的不同划分,导致调查的一些地名在现在的中国行政区划图上无法查找,书中会特别标注。在长城防御体系的介绍中,对长城墙体保存情况分省详列,总结汉长城墙体情况、构筑方法,推测汉长城墙体中可能存在的设施,对不明确之处提出疑问,希冀学界进一步研究。其他烽燧、障城、关隘等墙体的构筑方法与长城墙体构筑方法相似,故不再赘言。

本章还介绍汉长城防御体系的组成部分及其发挥的作用。其中烽燧部分,介绍烽燧的保存现状、位置,分析烽燧间距,并对烽燧传递消息进行重点考述,特别是消息传递中蕴含的密码意义,对中国加密思想和方法进行探源。障城部分,对城、障、坞等不同名称的区别和联系作探讨,然后再分析其建制形制。关城部分,首先对目前学界争议较大的玉门关、阳关位置进行介绍,然后探讨关城组成部分。

第五章主要分析汉长城的功能和影响。防御外部侵扰是汉长城的首要功能,然而这一功能的实现既与长城自身建筑有关,也与防御线相互配合有关。除了自身不断完善的防御体系外,长城防御戍卒也会利用长城,使之更好地发挥防御功能。同时,长城建筑体本身也限制了汉王朝内部人员的随意出入。然这种阻碍内部人员的做法是有意为之,还是客观使然?是否存在内防必要?如果存在内防必要,内防功能是如何实现的?效果如何?另外,汉代边塞地区邮传系统与长城防御系统的管理者一致,汉简中也有大量烽燧戍卒参与邮传的记录,但汉长城是否具有邮传功能,还有待商榷。

第六章探讨汉长城与丝绸之路的关系。有关汉长城与丝绸之路关系的专题研究较少,集中在汉长城为丝绸之路畅通提供军事保障方面,而关于汉长城对丝绸之路上的人员管控则涉及较少,丝绸之路对汉长城的影响更是鲜少涉猎。汉长城的修建、汉匈关系的稳定为使者往来、丝绸之路贸易提供了可能。一方面,汉长城提供了军事保障,尤其是汉长城烽燧、关城为过往使者提供了人身安全、财产安全、食宿和交通顺畅的保障;另一方面,汉长城对往来人员数量、身份、携带货物等加以管辖,对往来人员过关时间也有管辖,如关城开关时间的限制、战争时闭关限制、特殊情况下的禁止贸易等。而且可以通过对丝绸之路的追溯和丝绸之路畅通的探讨,为今天"一带一路"研究提供历史借鉴。汉长城与丝绸之路相互作用,汉长城保障了丝绸之路的畅通,丝绸之路的拓展延伸了汉长城烽燧设置。

以上是本书的基本思路,归纳起来主要有四个问题:一是汉代为什么要选择修筑长城,可以从匈奴和汉王朝两方面入手,尤其是匈奴侵扰的历史事实;二是汉长城是怎样的体系;三是汉长城除了外防外,是否存在内防功能,是否兼具邮传功能;四是汉长城的修建对丝绸之路、中西方交流的影响。

在此思路下,本书主要考察对象:一是长城的分布、走向、结构、运作模式和功能;二是汉初匈奴侵扰原因;三是在汉长城作用下汉代边郡的发展及其对汉代社会、环境的影响;四是汉长城对匈奴等游牧民族和西域的影响。

二、研究难点与创新之处

本书主要沿用历史学研究的二重证据法,将传世文献与考古发现资料相结合。同时参考民族学、历史地理学、考古学、军事学、密码学、建筑学、数学等不同学科内容,运用不同视角方法,全面、系统地考察汉长城的修筑原因、体系、功能和影响等主要问题。运用唯物辩证法,对汉长城修筑原因展开分析,既要看外因,也要看内因。汉长城修筑原因中匈奴对西汉王朝的侵扰,既有匈奴原因,也有西汉王朝的责任。运用整体与部分相结合的方法,对长城体系各个部分进行详细分述,然后论述相互协作的整体。辩证地看待修筑长城发挥的功能,既有防御外来侵扰的一面,又有阻止内部人员外逃的一面。辩证分析汉长城与丝绸之路的关系,汉长城为丝绸之路的畅通提供了便利,也限制了丝绸之路的贸易时间;而丝绸之路贸易则加速了长城烽燧的修建。

本书的特色和创新点在于,试图跳出传统心理对匈奴的偏见,站在不同民族、不同地域、不同生存环境来看待西汉王朝与匈奴的关系。首先,是对匈奴侵扰原因的分析。本书认为,将匈奴侵扰原因归咎于匈奴本性贪婪,或游牧经济的需要,或贸易的需要等某一个方面是不妥的。通过史料归纳发现匈奴侵扰主要集中在汉初,究其原因主要是匈奴自身生产基础、特殊气候影响、西汉王朝对匈奴采取的不正确措施等。其次是对汉长城内防功能的分析。因为存在亡人(即当时对内地逃往匈奴之人的通称),且规模越来越大,特别是汉王朝最想控制的边人也有大量逃亡——因为边郡官员对边人重视不够,而边人生活艰苦,面对外来诱惑极易成为愁苦者而逃亡,这便促使汉王朝有意赋予长城内防功能。再次是对汉长城与丝绸之路相互影响的分析。长城内防的是亡人,并未妨碍汉王朝与西域甚至更远地方的联系。汉长城的烽燧、关城为过往使者提供了人身和财产安全、食宿、交通顺畅等保障;丝绸之路的发展则加速了汉长城烽燧设置。

本书的难点和不足主要有以下两个方面。第一,长城分布的地理环境特征、走向、结构是长城研究的基本问题,然而解决这一问题需要大量考古资料,而汉长城分布范围广,笔者能够直接参与的调查有限;本书研究时间有限,能够集中精力将2007年以来国家组织的长城调查资料进行搜集、梳理和研究已实属不易。所以调查资料的搜集、整理和研究,既是本书的难点,也是本书的不足之处。第二,研究长城带的环境、气候变迁、民族变迁、农耕文明变迁与文化交流,具有世界性的文化学意义。特别是随着国家"一带一路"倡议的推进,学界对汉代中西方交流、丝绸之路的研究也丰富起来,要在前人基础上独辟蹊径、自成体系,实非易事。

一方面,前人对长城的研究已经硕果累累,甚至有些已成"定论"。笔者才疏学浅,认识有限,将前人的"定论"从新的角度加以解释,是一个非常大的挑战,这个问题可能也是本书的不足之处。另一方面,笔者深受传统思想教育和影响多年,能否真正跳出传统偏见心理的影响,站在更高的角度来看汉王朝与匈奴的关系,困难较大。这也导致本书有关汉长城对汉匈关系、中西方交流、丝绸之路、周边环境的影响的研究分析存在一定的不足之处,希望在今后的研究中加以补充和完善。

目　录

第一章　长城的概念、起源及发展历程 ……1

第一节　长城的概念及起源……1

第二节　汉长城之前的长城修筑情况 ……14

第三节　汉长城在长城史中的地位 ……29

第四节　小结 ……30

第二章　汉长城研究焦点 ……32

第一节　汉长城研究已取得的成果 ……32

第二节　汉长城研究领域的多样化 ……43

第三节　小结 ……45

第三章　汉长城修筑的历史背景 ……47

第一节　西汉时期长城修筑的原因 ……47

第二节　东汉时期长城修筑的背景 ……93

第三节　小结 ……109

第四章　汉长城防御体系的构成 ……111

第一节　汉长城的走向……111

第二节　汉长城防御体系主体——墙体 ……120

第三节　汉长城防御体系重要设施——烽燧 ……127

第四节　汉长城防御体系的障城……143

第五节　汉长城防御体系的关城……151

第六节　汉长城防御体系的堑壕、天田 ……158

第七节　因地制宜原则在汉长城中的体现 ……165

第八节 小结 ……………………………………………………171

第五章 汉长城的功能和影响 ……………………………………173

第一节 汉长城的外防功能……………………………………173
第二节 汉长城的内防功能……………………………………180
第三节 汉长城不具备邮传功能……………………………195
第四节 汉长城对长城两侧的影响…………………………200
第五节 小结 ……………………………………………………220

第六章 汉长城与丝绸之路 ……………………………………222

第一节 汉长城为丝绸之路提供环境 ………………………222
第二节 汉长城对丝绸之路贸易的保障和限制 …………229
第三节 丝绸之路对汉长城的影响…………………………247
第四节 小结 ……………………………………………………251

参考文献 ……………………………………………………………252

后　记 ………………………………………………………………268

第一章　长城的概念、起源及发展历程

战国、秦、汉、魏晋南北朝、隋、辽、金、明等10多个王朝统治时期，在中国的西北、北、东北部修建了大型防御工事——长城，以连绵的墙体为基础，蜿蜒于高山大川，穿越高原丘壑与沙漠，与沿线烽火台、障城、关堡、堑壕等防御工事、山河天险共同构成了相互配合的防御体系。这一长城防御体系早已引起学界关注。然而对于究竟为何会出现这样一种防御工事，该防御工事源自何处，为何使用“长城”来命名该防御工事，可谓众说纷纭。

第一节　长城的概念及起源

一、长城的概念

长城的概念，前辈学者论著中多笼统称之，并未特意界定，多是将墙体、烽燧、堑壕等统称为长城。近年也有学者从不同角度来定义长城，主要有以下几种观点。

其一，以墙体为主来定义长城。如景爱先生定义长城为“人工修筑的以土、石、砖为墙体的连续性高墙，系古代边境御敌的军事建筑工程”[①]。刘庆先生赞成这一观点，并略作补充，认为人工简单改造利用的“山险”等可以属于长城防御工程，但不是长城建筑。[②]

其二，将墙体和与之相关联的烽燧、障城、墩台等看作一个整体的军事防御体系，强调的是以墙体为主形成的防御体系，如董耀会、罗哲文、田澎、彭曦等赞同此观点。董耀会先生认为：“‘长城’应该是由关隘、城堡、墙体、烽燧等子系统相互联系，按特定结构方式组合而成的具有防御功能的有机

① 景爱：《长城》，第4页。

② 刘庆：《长城定义之我见》，《中国社会科学报》2010年10月14日，第9版。

整体。”[①]罗哲文先生认为，长城不是封闭的，只是从防御的一个方向修筑；是一个覆盖上百万平方千米的防御体系；有一个用光和烟气传递军情信息的通信系统，由上万个烽火台组成；长度不等，少的有几百千米，多则有几千甚至上万千米。[②]彭曦先生认为：“长城是军事工程，攻与守的对立统一。它有三个子系统，即城（墙）、烽（燧）、障（塞），这三者是动态反馈的有机整体，缺一不可称长城。”[③]

其三，将长城看作长城防御系统及与之相关的交通驿站系统、军屯系统、生活居住区、行政管理设置共同构筑而成的长城防御圈，强调长城是一个完整的防御区域。以侯仁之先生为代表，他认为：“长城是针对相对固定的作战对象，按照统一的战略，以人工筑城方式加强与改造既定战场，而形成的一种绵亘万里，点阵结合，纵深梯次的巨型坚固设防体系。”[④]侯仁之先生进一步指出，长城包括以下子系统：(1)城墙；(2)障塞，即关城堡寨；(3)烽燧；(4)道路；(5)后方补给设施。侯旭东[⑤]、张量[⑥]、李严[⑦]等都持此观点。

李大伟先生总结以上三种观点时指出：“这三种观点都认为长城是中国古代的军事防御设施，但在构成要素的认定上存在分歧，基本可分为墙体、以墙为核心的防御体系、由各种防御体系构成的防御区域三种观点，即点、片、面的认识。”[⑧]但其实这三种观点，不仅仅是点、片、面的升华，更是将长城的概念无限扩大化。将长城防御本身和与之相关的交通驿站系统、军屯系统、生活居住区、行政管理设置等合称为“长城”恐怕是不妥的，因为这样岂不是将长城建筑系统、政府的交通邮驿系统、屯田系统、戍卒系统和防御行政管辖系统等都混入“长城”概念？确实，长城系统要想发挥作用，离不开戍卒的工作，更离不开防御行政管辖系统的层层严控和屯田系统的拱卫，但密切配合不等于混为一体。这样的“大长城”概念其实将长城内涵扩大化了。

其四，李大伟先生根据长城的特征对长城进行了新的定义，他认为，认

① 董耀会：《长城学的概念、特征及分类》，载《瓦合集：长城研究文论》，第17页。

② 参见罗哲文《长城史话》，第193页。

③ 彭曦：《十年来考察与研究长城的主要发现与思考》，载中国长城学会编《长城国际学术研讨会论文集》，吉林人民出版社，1995年，第277页。

④ 侯仁之：《在长城国际学术研讨会上的总结发言》，载中国长城学会编《长城国际学术研讨会论文集》，第334页。

⑤ 参见中国长城学会《长城百科全书》，吉林人民出版社，1994年，第3页。

⑥ 参见张量《战争与和平的纽带——古代长城》，“序言”第5～6页。

⑦ 参见李严《明长城九边重镇军事防御性聚落研究》，天津大学博士学位论文，2007年。

⑧ 李大伟：《从符号到本相——长城文化遗产的概念演变及认定》，《西北民族大学学报(哲学社会科学版)》2015年第2期。

识长城的本相必须从其基本特征入手，修建者、构成形态、基本功能、分布区域等方面是形成长城概念的基本要素，从这几个方面入手，对长城的本相进行解读，从而提出长城的概念：(1)修建长城是古代政权统一组织实施的行为；(2)长城具有独特的构成形态；(3)长城兼具御外控内的功能；(4)长城分布区域广泛，且具有典型的区域特征①，从而界定长城的概念为“用来特指古代国家政权在我国北部区域修建的，以非封闭性的绵延的墙体(壕堑)为主要形态特征，敌台、马面、烽火台、关、堡等相关军事设施与墙体(壕堑)相互配套而形成的，具有御外控内功能的军事工程”②。这样的命名仿佛也并不严谨，因为修建者是不是有必要作为定义的考量，还有待商榷。第一，战国时期都是诸侯修筑的长城，虽然周天子名存实亡，但仍是存在的，那么诸侯国是不是所谓的古代国家政权？如果是，那么有存在不是古代国家政权修筑的长城吗？好像也没有个人去修筑这样大的工程。那么用古代国家政权来定义，有何意义？第二，墙体与堑壕不是一个概念，墙体是主要形态特征而堑壕不是。第三，用长城的功能作为其定义，恐怕也不太妥。因为定义的目的就是对一种事物的本质特征或一个概念的内涵和外延的确切而简要的说明，简单来说就是能够将该事物与其他事物进行区别。但具有御外控内功能的军事工程不仅有长城，城池的城墙也可以有此功能。而且还有学者研究认为长城还具有邮传功能，是不是也要加进去？

也有学者针对不同时期的长城来界定其概念，如范恩实先生指出，我们一般认识的长城，受明长城的影响，是那种树立在边境线上的、绵延不绝的城墙。而其实张维华先生在其《中国长城建置考》一书中就指出汉代独称为“边塞”，并指出“边塞”与“长城”的区别在于：“汉之边塞，有时称之曰长城，有时称之曰障，有时称之曰障塞，亦有时简称之曰塞。大抵塞为通称，长城为绵亘相接之边垣，障为一地之防御工事，或指城堡而言。”所以长城还是应以此“狭义”为准，将长城与边塞区别开来，即前者是后者的特殊组成部分，更有助于对相关问题的理解。③

关于汉塞问题，景爱先生有两点看法：(1)有些人在调查长城时，常常沿烽燧线寻找长城，固然有一定道理；不过烽燧属于独立的军事通信系统，在没有长城的地方，也会有烽燧，因此，不要将烽燧线误作长城线。(2)“塞”的

①② 李大伟：《从符号到本相——长城文化遗产的概念演变及认定》，《西北民族大学学报(哲学社会科学版)》2015年第2期。

③ 参见范恩实《燕秦汉东北“长城”考论——障塞烽燧线性质再分析》，《中国边疆史地研究》2015年第3期。

含义比较广泛，举凡山险、城堡都可以称作塞，张仪“筑上郡塞”，是说他在上郡筑城塞，不能解释为筑长城。司马迁笔下的“塞”，多不是指长城，汉代边境的一切军防工程，都被称作“塞”或“汉塞”。[①]这说明汉代的“塞”多不是指长城，而烽燧也不仅仅是长城附属物，它们也可以独立存在。[②]

此外，还有学者从防御工事功能考量长城定义，如吴昌廉先生详细梳理了汉代古籍，包括居延汉简中出现的“障”和“塞”，从而指出汉代边塞中“障”有广义与狭义两种解释：(一)狭义之障，系军事性城堡而言；(二)广义之障，简言之是指障候所肩负之守御区；“塞”的意义有三：(一)单指塞墙；(二)指城堡(或兼指塞墙)；(三)指塞候之守御区，区内含有城堡与塞墙。[③]范恩实先生指出，“吴先生的结论说明，障与塞都可以有自己的守御区，从而在军事功能以外，承担起屯田民户的管理职能。也就是说，障、塞可以作为长城附属设施，承担军事防御功能，同时也可以独立构成镇戍系统，保障中原王朝势力对新拓展领土的控制”[④]。然而长城防御系统中的障、关城、坞甚至烽燧都可以具有防御功能，如若只从防御工事功能考量长城定义，岂不是以上防御工事概念都可以代表“塞”？

其实我们可以从长城修筑的历史进程考量长城的概念。春秋战国时期，诸侯国为防他国骚扰，在其边境地区修筑防御工事，如《汉书·地理志》载“叶，楚叶公邑。有长城，号曰方城”[⑤]。《竹书》称“齐筑防以为长城”，《国策》称“长城巨防”，《楚世家》称“还盖长城以为防”。[⑥]《史记·赵世家》载“六年，中山筑长城”。《史记·秦本纪》载秦简公六年(前409年)“堑洛。城重泉”[⑦]。《史记·秦本纪》载秦孝公元年(前361年)“楚、魏与秦接界。魏筑长城，自郑滨洛以北，有上郡”。同时这一时期，中原农耕民族与边境各民族的矛盾也尤为明显。主要是以匈奴为代表的游牧民族，经常突袭农耕民族边境，掠夺财物与人口，而且是间断性的掠夺。然而“以农耕为主题的中原政权，并没

① 景爱：《长城》，第78、131页。

②④ 范恩实：《燕秦汉东北“长城”考论——障塞烽燧线性质再分析》，《中国边疆史地研究》2015年第3期。

③ 参见吴昌廉《汉代边郡障燧制度之真相》，载《傅乐成教授纪念论文集：中国史新论》，学生书局，1985年，第300页。

⑤《汉书》，中华书局，1962年。

⑥ 参见张维华《中国长城建置考(上编)》，第20~21页。

⑦ 史念海、张文江、彭曦等均肯定“堑洛”长城存在，详细参见史念海《黄河中游战国及秦时诸长城遗迹的探索》，《陕西师范大学学报(哲学社会科学版)》1978年第2期；张文江《渭南地区秦魏诸长城考辨》，《文博》2004年第1期；彭曦《秦简公“堑洛”遗迹考察简报》，《文物》1996年第4期。

有能力彻底解决勇猛的游牧民族的威胁”[①]，于是农耕民族也修筑防御工事，如“秦有陇西、北地、上郡，筑长城以距胡。而赵武灵王……自代并阴山下至高阙为塞，而置云中、雁门、代郡……燕亦筑长城，自造阳至襄平，置上谷、渔阳、右北平、辽西、辽东郡以距胡……后秦灭六国，而始皇帝使蒙恬将数十万之众北击胡，悉收河南地，因河为塞，筑四十四县城临河，徙适戍以充之”（《汉书·匈奴传》）。

继春秋战国之后的秦、汉、魏晋南北朝、隋、辽、金、明等王朝统治时期，也在中国的北部、东北部、西北部修建防御工事。不同时期对防御工事的称谓不同，如楚称方城，秦朝称长城，汉称塞，金称界壕，明称大边，但这些防御工事均是穿越高原、丘壑，或沿着高山大川，或在山峦间延续，或在沙漠中蜿蜒，最为重要的是它们的防御性质一致，总体上还保持了连续性。并随着朝代更替和科技进步，后代王朝修筑长城除了延续使用前代王朝修筑的长城外，还增加了新的防御设施，防御系统不断发展和完善，如汉长城在秦朝长城基础上，发展成一套完备的防御体系，以墙体为主，以沿线的烽火台、障城、关堡、天田等为辅，同时还因地制宜地利用了自然山河天险。所以虽然历代称谓不同，但其实质一致，故现今学者研究多将其统称为长城，即笼统地将墙体、烽燧、堑壕等称为长城，或将长城作为这套防御体系的代名词。

综上所述，从目前学界研究情况来看，长城概念可分为两种：一是狭义概念，即人工修筑的以土、石、砖为墙体的连续性高墙；二是广义概念，即长城指墙体及其附属设施烽燧、障城、关堡、天田等共同组成的长城防御体系。本书研究的汉长城，指的是长城广义概念即长城防御体系。

二、长城的起源

学界对长城的起源问题也进行了有益探讨[②]，然而目前学界关于这一问题并未达成一致意见，影响较大的长城起源说法主要有“城墙”说、“河堤”说和“封”说。

---

① 董耀会：《沧桑长城》，东方出版社，2007年，第81页。

② 目前关于长城起源的研究，主要有景爱《长城》，学苑出版社，2008年；景爱《中国长城史》，上海人民出版社，2006年；罗哲文《长城史话》，北京出版社，2021年；老雷《拭去尘埃——找寻真实的长城》，东方出版社，2002年；《中华文明史话》编委会《长城史话》，中国大百科全书出版社，2008年；中国长城学会《长城百科全书》，吉林人民出版社，1994年；贺金峰《“方城”是中国历史上最早修筑的长城》，《开封大学学报》2002年第3期；张玉坤、李哲、李严《“封”——中国长城起源另说》，《天津大学学报（社会科学版）》2009年第4期。

(一)目前关于长城起源的不同观点

关于长城的起源,有学者总结指出,主要有"楚方城"说、"列城"说和"堤"说三种。[①]今天楚文化概念范畴内的"楚方城",一般指豫西南境内的楚长城。[②]《左传》等文献资料及实地文物遗迹证明楚长城是中国历史上最早修筑的长城,是中国长城的发源地。[③]罗哲文先生也认为楚方城"构成了一个完整的防御工程。这便是长城的开始","楚长城起初是由列城发展而成的","楚方城(或称万城)应即是最早的长城"。[④]但若从此概念出发,追溯长城起源,还将"楚方城"列为一说,岂不是说长城的起源是长城?语句不通,于理不通。而且罗先生已说明楚长城起初是由列城发展而成的,也就是说长城的起源至少追溯到了列城,故楚方城不能再列为长城起源一说。基于此,本书探讨的长城起源说主要有以下三种。

1."城墙"说

有观点认为长城起源于列城,但"列城是长城的一种重要形式,直至后来秦汉时期的长城还大量采用了列城的形式"[⑤]。因此列城也不能说是长城的起源。也有学者认为列城是指一系列起军事防御作用的小城,《中国军事史·兵垒》中明确指出长城是边境城堡连接起来而形成的,《诗经·小雅·出车》《水经注·汝水》《史记·匈奴列传》《汉书·地理志》也有记载。[⑥]可见列城是城池而不是长城。笔者也认为列城只是属于长城防御系统中的一个组成部分,列城不等同于长城,所以用"列城城池观"概念较为妥帖。

而"城是用高墙围起来的封闭空间,在高墙的外面还有深阔的护城河,因此,城又被称作城池"[⑦],同时"城是以墙垣来遮挡敌人的侵掠"[⑧],所以城池用来防御的最直接外形是护城河和高高的城墙,这便与"城"说一致。而"要保卫大片的国土,只靠分散的城邑显然是有困难的。于是,人们在城的基础上想出了新的办法,即将封闭性的城墙打开,改作连续性、单向性的城墙……这种连续性的城墙都很长,可以长到数百里数千里以上,于是,人们给它起了一个新名字,叫做'长城'。顾名思义,'长城'就是长长的城墙,这个名字既表明了它

---

①⑥ 参见张玉坤、李哲、李严《"封"——中国长城起源另说》,《天津大学学报(社会科学版)》2009年第4期。

② 蒋波、朱战威:《三十年来楚方城研究述要》,《高校社科动态》2010年第1期。

③ 贺金峰:《"方城"是中国历史上最早修筑的长城》,《开封大学学报》2002年第3期。

④ 罗哲文:《长城》,第11、12、13页。

⑤ 罗哲文:《长城》,第12页。

⑦ 景爱:《长城》,第107页。

⑧ 景爱:《中国长城史》,第45页。

的特点和功用，又表明它来源于‘城’……是‘城’的扩大和延长，由‘城’演变而来”[①]。但无论是“城”说还是“列城”说，原因都是防御性质的主体与长城相同，与长城直接相关的是城墙，其延长和扩展的也是有限范围内的“城墙”，因此所谓的长城起源“城”说或“列城”说，其实可以归为“城墙”说。

2.“河堤”说

老雷认为，长城可以作为“险塞”，也应该有一个过程才符合情理。早在4000多年前的舜禹时代，当时人们为了抵御洪水，修筑了最早的长城——堤防和堑壕，用来决九川、陂九泽，疏导洪水，治理水患，是人类最早争取在自然界生存和发展的产物。到了春秋战国时期，因为诸侯纷争，一部分水患消退后的堤防和堑壕所形成的独特的地理地势，被人们在战争中得以利用。随着战争范围的扩大，各诸侯国在各自境内的堤防和堑壕的基础上，修筑和补建了长城，主要用于军事目的。秦始皇统一中国后，将各诸侯国大部分的城郭和堤防都摧毁了，只留下北方一线的长城并加以补筑，形成人们常说的“万里长城”。至此，长城已经成为纯粹的军事防御工事了。[②]这是“河堤”说最为代表性的观点。

3.“封”说

关于长城起源于“封”，张玉坤、李哲、李严等学者认为，“长城的产生并非来源于某种实物形态‘城’、‘列城’或‘堤’，只是有可能在修筑技术上借鉴了筑堤、筑城的技术而已”。“天子自封及其赐封各诸侯国的疆域皆用土封，即在边界‘沟、封树之’；秦长城可以认为是秦之北疆最大的‘封’。据此，提出中国古代的‘封’是长城最初形态的新观点”，即“长城的起源有更为深远的形态，即国之边境启土、挖沟、种树之‘封’”。“作为封，‘长城’首先是一道‘边界’，同时也是一定社会集团的资源边界，然而此‘边界’不一定与疆界完全重合，长城的修筑往往借助自然地形的防御作用选址和建造，与沟壑、高山、水体等自然天险一起将国之疆界围合限定出来，从而起到有效的防御作用”[③]。

关于“边界”说法，老雷曾说，“战国时期是长城历史上的一个‘拐点’。在这个‘拐点’期间，长城并不是简单地由防御水患转到防御敌患的，长城的用途发生一些变化，其中之一就是，长城还是一种标识性建筑……既不是用

---

① 景爱：《中国长城史》，第54页。

② 老雷：《拭去尘埃——找寻真实的长城》，第23、180页。

③ 张玉坤、李哲、李严：《“封”——中国长城起源另说》，《天津大学学报（社会科学版）》2009年第4期。

来防御水患，也不是防御敌患的，它只是一个标识，有些筑墙为界的意思。标识性长城有二大特征：一是位置处在修筑一方认定的界限上；二是标识性长城的城墙与防兵防水的长城相比，单薄许多……这种标识性长城，也是长城主要用途之一”[①]。

上述研究为探索长城起源作出了有益尝试，但仍有值得商榷之处。如长城起源的“封”说，因为夏、商、西周时期，国家疆域面积小，且多围绕在都城四周，无固定的边界或无确定的边界；行政区划采用分封制。因此这里的“封”是在“溥天之下，莫非王土；率土之滨，莫非王臣”的背景下实施的，整个“封”的区域都是天子的，受封的诸侯是天子的臣子，因此这种“封”具有某种法定意义，即对受赐封者的保护，类似于标识性质。这种“封”只需要挖沟成壕、堆土种树如此简单，目的是明确赏赐范围，是内部行政区划的界线，称不上也不能称之为“国之疆界”或“边界”。再则，从构筑技术方面而言，挖沟成壕、堆土种树的做法与长城的建筑技术相去甚远。关于长城起源“河堤”说，长城虽有沿河川的部分，但并非全部。根据目前长城调查结果看，长城并非一部分水患消退后的堤防和堑壕所形成的独特的地理地势，被人们在战争中得以利用的结果，如河西地区长城。

但上述三种观点都遵循了一个道理，即在长城实物形态出现前，长城意识形态的出现必定有一个非长城的物质给予了作用或映射。之所以认定这个物质是“城墙”“河堤”“封”等不同结论，是因为三者之间追溯的出发点不同。长城起源“城墙”说与“河堤”说是从长城防御说的角度去追溯根源的，即长城修建最主要的目的是防御。而长城起源“封”说则认为“长城”首先是一道“边界”而非防御本身。由此可见，要想弄清楚长城起源，首先需要回顾长城修建的原因。

（二）对于长城修建原因的简要回顾

中国长城的修筑史虽历经两千多年，但后代长城对早期长城多有利用或参考，因此从春秋战国、秦汉修建长城的原因便可窥一斑而知全貌。春秋战国时期为何要修建长城？冯天瑜先生指出，《孟子·尽心下》有一段话：“诸侯之宝三：土地、人民、政事。”如果说在礼乐征伐自天子出的西周，诸侯尚未充分掌握此三宝，那么春秋战国的诸侯确实拥有由“土地、人民、政事”组成的完整主权。如果说，西周封建形成的诸侯国是半独立的，那么，春秋在兼

---

① 老雷：《拭去尘埃——找寻真实的长城》，第34～36页。

并战争中形成的诸侯国则是独立的，并且自行向下分封。[1]周天子地位丧失，周朝内部的“封土建国”失去了原有的意义，“封”也失去法定成分。诸侯不再是受赐封者保护的、平等的臣子，而是成为争夺领土的敌人，一些大的诸侯国，如齐、晋、楚、秦等，先后在经济、政治和军事上进行改革，增强了自己的国力，争做霸主，出现了大国争霸的局面。这样，相互战争连年。为了防御，七雄之间也先后修建了长城。实力成为硬道理，但实力也是不断变化的，为了更好地自我保护，虽然都是强国，仍修筑长城来加强防御。

又《史记·越王勾践世家》中的“夏”，[正义]引《括地志》云：“故长城在邓州内乡县东七十五里，南入穰县，北连翼望山，无土之处累石为固。楚襄王控霸南土，争强中国，多筑列城于北方，以适华夏，号为方城。”还有齐长城，“齐长城修建，原为备边……《竹书》称‘齐筑防以为长城’，《国策》称‘长城巨防’，《楚世家》称‘还盖长城以为防’”[2]。《史记·赵世家》也载“六年，中山筑长城”。有学者认为，中山国长城“这条为防止赵国入侵的长城，是在公元前377到前376年赵国两度进攻中山国之后不久修筑的，显然要选在赵国最易入侵而中山又最不易防守的地方”[3]。关于魏长城，《史记·秦本纪》载“楚、魏与秦接界。魏筑长城，自郑滨洛以北，有上郡”；其中“接界”，[正义]曰：“楚北及魏西与秦相接……南自华州郑县，西北过渭水，滨洛水东岸，向北有上郡鄜州之地，皆筑长城以界秦境”。《史记·秦本纪》载秦简公六年（前409年）“堑洛。城重泉”。总之，“春秋战国各诸侯国为了防御其他诸侯国和外族入侵而修筑了长城”[4]。据统计，战国时期诸侯国修筑的长城多达15条之多[5]，其中楚、齐、魏、中山等修筑长城主要是诸侯国之间互防的结果。

而且这一时期，“我国中原汉族与边境各族的矛盾主要表现在与东北及北方胡人的关系上，尤其与匈奴族的关系较为紧张”[6]。特别是以匈奴为代表的游牧民族，经常突袭边境，掠夺财物与人口，而且这种掠夺是间断性的。《汉书·爰盎晁错传》载“胡人食肉饮酪，衣皮毛，非有城郭田宅之归居，如飞鸟走兽于广野，美草甘水则止，草尽水竭则移。以是观之，往来转徙，时至时

① 参见冯天瑜《“封建”考论》，武汉大学出版社，2006年，第19页。

② 张维华：《中国长城建置考》（上编），第20～21页。还可参见罗庆康《战国及秦汉长城修建原因浅析》，《内蒙古社会科学》1988年第6期。

③ 段连勤：《北狄族与中山国》，河北人民出版社，1982年，第125页。

④ 中国长城学会：《长城百科全书》，第69页。

⑤ 其中秦有5条，赵有3条，魏、燕各有2条，齐、楚、中山各有1条。参见彭曦《十年来考察与研究长城的主要发现与思考》，载中国长城学会编《长城国际学术研讨会论文集》，第277页。

⑥ 罗庆康：《战国及秦汉长城修建原因浅析》，《内蒙古社会科学》1988年第6期。

去，此胡人之生业”，而“农业生产需要安定，方能耕种收获，而游牧统治者则逐水草而居，飘忽无定。对于这些飘忽无定的游骑，如果派许多大部队追击，他就远走，当大兵退后，他又依然返回骚扰”①。因此农耕民族虽有时成功，如赵武灵王、蒙恬、卫青、霍去病等人出击匈奴取得胜利，但归根到底，“以农耕为主题的中原政权，并没有能力彻底解决勇猛的游牧民族的威胁”②。而且“茫茫荒原无所依托，少发则兵力不足，难有所获，多发则补给困难，不能毕其功于一役。……而修筑长城据险省戍，则可收到以常备防突袭、以步兵御骑兵、先处战地以逸待劳的功效。故而长城之兴是中原政权的统治者权衡利弊、掂量了战争效费比之后的明智选择”③。这也是“自战国以后，长城为什么一直继续修建了一千多年？这主要是由于我国中原以农业生产为主的地区防止北方游牧民族统治者的入侵。……如果没有城墙他们就可任意出入”④。

所以，《史记·匈奴列传》载“（汉元朔二年）卫青复出云中以西至陇西，击胡之楼烦、白羊王于河南，得胡首虏数千，牛羊百余万。于是汉遂取河南地，筑朔方，复缮故秦时蒙恬所为塞，因河为固”。《汉书·匈奴传》载“秦有陇西、北地、上郡，筑长城以距胡。而赵武灵王亦变俗胡服，习骑射，北破林胡、楼烦，自代并阴山下至高阙为塞，而置云中、雁门、代郡。其后燕有贤将秦开，为质于胡，胡甚信之。归而袭破东胡，东胡却千余里……燕亦筑长城，自造阳至襄平，置上谷、渔阳、右北平、辽西、辽东郡以距胡……后秦灭六国，而始皇帝使蒙恬将数十万之众北击胡，悉收河南地，因河为塞，筑四十四县城临河，徙适戍以充之”。《汉书·西域传》也载“汉兴至于孝武，事征四夷，广威德……其后骠骑将军击破匈奴右地，降浑邪、休屠王，遂空其地，始筑令居以西，初置酒泉郡，后稍发徒民充实之，分置武威、张掖、敦煌，列四郡，据两关焉。自贰师将军伐大宛之后……自敦煌西至盐泽，往往起亭”。

由此可见春秋战国到秦汉时期，修建长城是为了防御骚扰或侵略。诸侯之间大多是弱国为防强国而修建长城，中原王朝与游牧民族之间则是中原王朝修建，以防御游牧民族非持续性的掠夺。因此这一时期长城修建最主要的原因是防御，而且长城修建时越靠近边境越能第一时间起到防御侵扰的作用，但位置也必须选在修建者境内，否则不可能顺利施工。随着朝代更替和科技进步，长城防御系统也得到发展和完善，除设置墙体外还有烽

①④ 罗哲文：《长城》，第51页。

② 董耀会：《沧桑长城》，第81页。

③ 孔令铜：《关于中国长城的战略思考》，《军事历史》1997年第3期。

燧、关隘、障城、堑壕等辅助工程，如西汉时期较之前设置了较多的烽燧、障城等。

特别是西汉王朝在河西长城筑成后，便派戍卒在长城外侧始造“天田”，是较为平坦、上面铺设有细沙或细土的带状地带，主要用来留存足迹，以便判断敌情并及时采取御敌措施。这是汉代敦煌、居延等地以长城为主体的军事防御工程体系的组成部分，而且由于它是“塞（即长城）”的附设工程，故又称作“塞天田”。[①]这说明了长城的防御作用及长城北侧资源利用情况。若按照长城起源于“封”说，“长城”首先是一道“边界”，同时也是一定社会集团的资源边界，河西四郡设立后，长城墙体只延伸至玉门关、阳关，那么长城墙体北侧的西域都护府岂不被排除在汉王朝边界之外了？

如果仅是为了边界效果，那么洛河作为秦魏分界更为明显，又何必在洛河沿岸构筑长城？还有“今包头、五原北面，有大青山、乌拉山、狼山等东西连接的大山，仍称阴山；山北为沙漠草地，山南是肥沃农田，正是当时两族天然界限”[②]，为何赵、秦、汉还在阴山地区修筑长城[③]，又何必“分为墙身、马面、石牛、登城梯几部分。他们的结构都是围绕着墙身坚固、防守得力这一点来考虑的”[④]。笔者曾有幸参加陕西早期长城资源调查，发现长城墙体多沿山坡、河川沿岸而行，如吴起县的白于山区，神木市的勃牛川、窟野河流域。

因此只能说为了防御而建的长城形成了一些客观效果。一是第一时间进行防御。长城选址往往靠近边境，甚至某些地段沿边境而建，于是客观上形成了边界效果。但本意并非标识边界，且这种边界只限定敌方不可进入长城内部，未限制修建者向外开拓和发展，单方面限制的边界并非真正意义上的边界，是修建方阻止敌人侵扰或进攻的底线。况且当时诸侯国之间、中原王朝与游牧民族之间往往弱肉强食，根本不存在边界概念，否则汉武帝也不会在阴山地区修建复线长城。但从史料记载看，秦汉王朝后真正以长城为据点向外进攻的王朝也不多，多是利用长城进行防御。二是分界线效果。

---

① 参见侯丕勋《“天田”义源及具体制度——简牍研究的一点初步想法》，《西北师大学报（社会科学版）》1996年第1期。

② 李文信：《中国北部长城沿革考（上）》，《社会科学辑刊》1979年第1期。

③ 关于阴山地区的长城分布情况，可参见赵化成《中国早期长城的考古调查与研究》，载中国长城学会编《长城国际学术研讨会论文集》，第250～263页；唐晓峰《内蒙古西北部秦汉长城调查记》，《内蒙古大学学报（人文社会科学版）》1977年第3期；邓宏伟、张海斌《包头境内的战国秦汉长城与古城》，《内蒙古文物考古》2000年第1期；白音查干《最初人为农牧分界线的确立》，《中国历史地理论丛》2000年第1期。

④ 罗庆康：《简析阴山长城筑造的特点》，《湖南城市学院学报》1989年第1期。

长城为防御游牧民族侵扰而建，故长城北侧多游牧民族，南侧多农耕民族，所以世人便认为长城是民族的分界线，是农耕文化与游牧文化的分界线；甚至因长城位置与400毫米等降水量线相近，长城也被视作400毫米等降水量线。但事实上长城的修建并未隔断长城两侧的联系，也没有阻碍民族间的自然流动，以西汉王朝为例，有大量内附的少数民族到长城南侧来生活。又历代气候寒暖有变，长城的外延和内缩真正取决于国家实力，并非为迎合400毫米等降水量线。因而长城分界线效果多是人为的心理映射结果和后人评价，并非修建者本意而为。

（三）从防御观念物质表现的发展考量长城起源

作为军事防御而出现的长城，为了较好地达到防御效果，某些地区的构筑沿着边境而建，但并非为标识边界。因为当时诸侯国之间、中原王朝与游牧民族之间战争跌宕，根本不存在边界概念和意义。但沿着边境而建的长城客观上形成了边界效应，然而客观效果不能成为评价其修建本意的标准，更不能以此来追溯起源，所以持长城防御说的“河堤”说和“城墙”说比“封”说更客观。

追根溯源，长城也是人类防御观念的物质表现之一。任何物质都有一个产生、发展、壮大的过程，人类防御观念的物质表现同样如此。最早在原始社会，用于防御自然灾害来保证人类生存，如用火驱逐猛兽，聚居山洞，修筑堤防以治水；同时为保卫本部落或居住区利益，避免冲突，也采取了防御措施，如西安半坡遗址居住区外的大围沟[①]和高陵县（今西安市高陵区）杨官寨遗址北区的聚落环壕[②]。随着生产力的发展，人们认识到壕沟经受不住长年风吹日晒雨淋。为提高防御力度，墙垣便被运用起来，湖南澧县城头山遗址便是人类开始利用土墙作为主要防御设施的重要证据。[③]内蒙古中南部的石城址，地处农业经济文化边缘地带，直至青铜时代夏家店下层文化时期，往往呈一线分布，且多分布于地势较高的岗地甚或山峁之上，明显带有军事防御性质，被誉为长城原型的初现、长城的原型。[④]此后伴随着国家产

① 参见中国科学院考古研究所、陕西省西安半坡博物馆《西安半坡——原始氏族公社聚落遗址》，文物出版社，1963年，第49页。

② 参见陕西省考古研究院《陕西高陵县杨官寨新石器遗址》，《考古》2009年第7期。

③ 单先进、曹传松、何介钧：《澧县城头山屈家岭文化城址调查与试掘》，《文物》1993年第12期。

④ 苏秉琦：《辽西古文化古城古国——兼谈当前田野考古工作的重点或大课题》，《文物》1986年第8期；钱耀鹏：《史前城址在文明起源与形成过程中的作用——兼论文明要素与文明形成的标准问题》，《文博》1999年第6期。

生，为保卫国王或诸侯王的人身和财产安全，修建了以城墙为“盾牌”的防御性城池，特别是到了春秋战国时期，“城垣建筑已达到了成熟阶段，建筑规模越来越大，城墙越来越高厚越坚固，设备也越来越完整”①。但诸侯兼并严重、游牧民族逐渐强大，为保卫既得利益的安全，利用城池保卫城市安全。同时由于土地和劳动力的重要性上升，诸侯也需要保卫城市外更多领域的安全。所以用于保卫城市的“铜墙铁壁”般的城墙便被利用起来，将更多的地方乃至整个统治区看作一个“城市”，利用高大的墙体将其保护起来。特别是秦汉时期，春秋、战国时期的城郭防御外敌的功能，开始被位于边境沿线的长城所取代。②汉长城是在汉武帝采取以战争手段制止战争，大举兴兵北伐时才修筑的，显然筑城不仅是为了防守，更是为了在征伐匈奴，夺取匈奴故地漠南之后，保卫新拓的土地。③但并非完全按照城墙四周封闭性的概念进行修建，而是利用长城和天然山川险要相结合的方式，因地制宜地修建。

综上所述，长城起源于“城”的观点即“‘长城’就是长长的城墙……是‘城’的扩大和延长，由‘城’演变而来”④，虽从防御角度追溯，但城与长城是同一级的，故这种观点的思路略显“滞后”。且长城也不是“‘城’的扩大和延长”，只是修建后的长城及其内部整体上形成的效果类似“城”。长城延长和扩展的是有限范围内的“城墙”而非“城”，但也不是简单的、长长的城墙，而是在城墙基础上添加了附属设施，并不断完善。所以长城起源于城墙，与城墙又有所不同，根本区别在于城墙只是长城的基础和骨架，而长城比城墙更为“丰满”和系统化，更为因地制宜和灵活化，不仅有人工设施，还与天然的山川相得益彰。

此外，长城起源除“封”说、“城墙”说外，还有“河堤”说。“河堤”说虽从防御角度追溯长城起源，却也有不妥之处。因为“河堤”说在长城最直接的前身城墙基础上，又向前追溯，把原本长城起源的问题演变成城墙的起源问题，以及城墙起源的起源问题，故追溯至“河堤”，又反过来将其看作长城的起源，这种追溯思路明显“超前”，也有些牵强附会。

因此从防御观念物质表现的演变过程来看，城池是长城发展最直接的前身，但是长城并不是城池的集合或简单相加，而是提取了其防御理念中最

---

① 武伯纶:《西安历史述略》，陕西人民出版社，1979年，第3页。

② 参见周长山《汉代城市研究》，人民出版社，2001年，第34页。

③ 参见董耀会《沧桑长城》，第82页。

④ 景爱:《中国长城史》，第54页。

为实用的部分——城墙,“城,就是用夯土筑成的高大墙体,展成一线称长城,围成一圈就是城”[①],所以也有学者认为“长城是城墙的延伸”[②]。可见城与长城都是高大墙体的衍生物,城与长城发挥实际作用的工具一致。基于此,将城墙作为长城意识的映射物是较为可能和妥帖的。

第二节　汉长城之前的长城修筑情况

弄清楚长城起源有利于对长城研究的进一步考察,特别是汉长城不仅是人类防御观念的产物,在建筑特色方面,更是利用前代长城和新建长城相结合的典型。无论是建筑体本身还是建筑技术,汉长城的修建都离不开前代长城的积淀,所以有必要对汉长城之前的战国长城、秦长城等进行简单梳理,特别是与汉长城有关的燕长城、赵长城、秦昭王长城、秦始皇长城。

一、战国长城

(一) 燕长城

关于燕长城,《史记·匈奴列传》载“其后燕有贤将秦开,为质于胡,胡甚信之。归而袭破走东胡,东胡却千余里……燕亦筑长城,自造阳至襄平,置上谷、渔阳、右北平、辽西、辽东郡以拒胡”。此处“燕亦筑长城”筑的是燕北长城。同时《史记·朝鲜列传》载“自始全燕时尝略属真番、朝鲜,为置吏,筑障塞”。《史记·张仪列传》也载“今大王不事秦,秦下甲云中、九原,驱赵而攻燕,则易水、长城非大王之有也”。说明此时已有燕南长城。

燕长城可分为燕北长城和燕南长城,其中与汉长城关系密切的是燕北长城。对燕北长城的研究,目前学界已达成以下共识:第一,燕北长城不是西起于今河北省怀来县,而是西起于今河北省独石口到滦河源一带[③];第二,燕北长城不是只有一条,而是大体上有两条复线;第三,燕北长城就是秦长城之东段。[④]但也有学者认为“在第二道长城之北,一直到最北的第一道长城沿线,均发现了战国燕时期的遗迹、遗物,这是有关最北第一道长城年代的最有力说明:燕筑长城绝不会丢掉这些地方而在燕领土以内很远处修筑

---

① 马正林:《中国城市历史地理》,山东教育出版社,1998年,第18页。

② 金开诚、于元:《历代长城》,吉林文史出版社,2010年,第5页。

③ 李文信:《中国北部长城沿革考(上)》,《社会科学辑刊》1979年第1期。

④ 李殿福:《东北境内燕、秦长城考》,《黑龙江文物丛刊》1982年第1期。

长城”[①]。有学者从地理位置角度对最北部长城进行定性，认为该长城“是燕国在上谷等五郡进一步向北拓展后修筑的。燕国上谷等五郡是在燕昭王后期设置的，当时的五郡北界只到内线长城一线。燕昭王以后，燕国势力向北发展，这样五郡的北界也随之向外扩展。到燕武成王后期，五郡的北界距离原来的界线，最近处都有百里之遥，而最远处已达350里以上。燕武成王为防御北方民族的掠夺和骚扰，就在新开拓的五郡北境上修筑了一道外线长城”[②]。该地区的长城沿线分布着许多战国及秦汉时期的城址，在这些城址中发掘了大量战国及秦汉时期的遗物，这为断定该地区长城始修年代提供了实物依据；该地区最北部的长城是由燕国时期始修，秦建国后对其修补，成为秦长城东段的一部分；至于第二道长城的属性，学术界基本认定是燕国所修，后代几乎没有沿用。[③]

燕北长城的建筑方法主要有三种：一是石筑，二是土筑，三是利用天然屏障。石筑长城保存最好，遗迹现象最明显；土筑长城当地俗称“土龙”“沙龙”等，保存较差；利用天然屏障是指在极陡峭的群山中，在两个山头之间用天然石块稍加垒砌成石墙以连接两个山口。总之，燕北长城在修筑方法上采取了因地制宜、就地取材的原则。[④]从目前汉长城调查情况看，燕北长城的三种修筑方法在汉长城中都有使用，而且汉长城的修建也采用因地制宜、就地取材的原则。

而且汉初燕长城仍被使用，如《史记·绛侯周勃世家》载“燕王卢绾反，勃以相国代樊哙将，击下蓟……破绾军上兰，复击破绾军沮阳。追至长城”，其中“长城”一词，[正义]注曰“即马邑长城，亦名燕长城，在妫州北，今是”。最新调查发现，辽宁沈阳东陵区晓仁境和抚顺高湾农场烽火台，东南延向海浪、威宁营和本溪一线的燕秦和西汉早期障塞，可能与燕秦障塞重合，即同称为辽东故塞，而汉长城在阜新地区主要与燕秦故塞重合。[⑤]辽宁榆树林子城址，墙体分两部分，下部为纯净黄土，上部土质较杂，黄土、灰土均有，夹杂有战国时期的陶片，以此判断下部为战国时期先筑，上部为汉代沿用时二次修筑。[⑥]

---

① 冯永谦：《东北古代长城考辨》，载张志立、王宏刚主编《东北亚历史与文化——庆祝孙进己先生六十诞辰文集》，辽沈书社，1991年，第25页。

② 阎忠：《燕北长城考》，《社会科学战线》1995年第2期。

③ 参见段清波、徐卫民《中国历代长城发现与研究》，第130页。

④ 参见段清波、徐卫民《中国历代长城发现与研究》，第132页。

⑤ 参见辽宁省文物局《辽宁省燕秦汉长城资源调查报告》，文物出版社，2017年，第131页。

⑥ 参见辽宁省文物局《辽宁省燕秦汉长城资源调查报告》，第138页。

（二）赵长城

关于赵长城的文献记载较为丰富，已有学者统计[①]，《史记》《水经注》《资治通鉴·周纪》《绥远通志稿》《蔚州志》《大清一统志》都有大量记载，如《史记·匈奴列传》载“赵武灵王亦变俗胡服，习骑射，北破林胡、楼烦。筑长城，自代并阴山下，至高阙为塞。而置云中、雁门、代郡”。其中“长城”，［正义］引《括地志》云“赵武灵王长城在朔州善阳县北。案《水经》云‘白道长城北山上有长垣，若颓毁焉，沿溪亘岭，东西无极，盖赵武灵王所筑也。’”

关于赵长城的考古调查也有很多，如1981年文物普查发现，该长城东由卓资县旗下营镇那只亥村南进入呼和浩特郊区榆林乡北部，在山腰上向西延伸，经西铺窑子村北、喇嘛圐圙村北、古楼板村北、榆树沟村北、哈拉更村北、哈拉沁沟村北、坡根底村北，这段长城高一般在半米至1米左右。特别从保合少乡后扁担石沟村向西，由于山势向南斜，坡度大，水土流失严重，形成南北方向多条沟壑，随处可看到长城的剖面。因山势高大，长城多在大山脚下，从坡根底村向西，经东红山口村南、坝口村南，在乌素图水库南侧向南折，经西乌素图村西、东棚子村西、霍寨村西后又向西沿大青山脚西行。这段长城最高处可达2.3米。长城进入土左旗后，因山势高大，峰峦起伏，形成天然的屏障，长城贴近山脚向西而去，从陶思浩乡圪力更村北进入土右旗境内。这段长城经过黑牛沟、朱尔沟、万家沟、古雁沟、白石头沟等大沟。[②]还有2010年发现的“高阙塞”遗址位于内蒙古巴彦淖尔乌拉特后旗呼和温都尔镇那仁乌博尔嘎查北侧山脚下，夹在东侧的达巴图沟和西侧的查干沟交汇处的台地断崖之上，遗址与达巴图沟河床西侧断崖高差近20米，由塞城、城墙、烽火台三部分组成。[③]

汉长城沿用赵长城部分，其中呼和浩特地区大青山南麓赵长城总长约130千米，汉代在赵长城上多加修补工程，多处夯层中发现汉代灰陶细绳纹陶片。[④]还有呼和浩特西至包头市一段，从烽燧残迹和发现陶片所属的时代考虑，这段长城，应是战国时代修建，一直沿用到汉代。在长城内外，尤其在其以南，还发现一些城障遗址，时代从战国延续到汉代。[⑤]又有赵北长城九原区段（时代是战国到汉）东自石拐区进入本区大庙乡边墙村，向西行，经新

① 参见段清波、徐卫民《中国历代长城发现与研究》，第138～139页。

②④ 参见朝克《呼和浩特地区长城遗存》，《内蒙古文物考古》1994年第2期。

③ 赵建朝、李寒梅、孙茹梅：《赵国北长城考察》，《邯郸职业技术学院学报》2010年第3期。

⑤ 参见盖山林、陆思贤《阴山南麓的赵长城》，载文物编辑委员会编辑《中国长城遗迹调查报告集》，第21～24页。

城乡边墙嚎村沿乌拉山南麓西行，至梅力更召北伸入乌拉特前旗境内，全长约66千米。沿线有障址11座。汉代沿用，加筑有烽燧。[①]

（三）秦长城

关于秦长城的修筑，《史记·匈奴列传》载“宣太后诈而杀义渠戎王于甘泉，遂起兵伐残义渠。于是秦有陇西、北地、上郡，筑长城以拒胡”。《后汉书·西羌传》载“及昭王立，义渠王朝秦……至王赧四十三年，宣太后诱杀义渠王于甘泉宫，因起兵灭之，始置陇西、北地、上郡焉”。《资治通鉴·秦记》载“昭王之时，宣太后诱义渠王，杀诸甘泉，遂发兵伐义渠，灭之；始于陇西、北地、上郡筑长城以拒胡”[②]。秦昭王时期修筑的长城，被称为秦昭王长城，也是史籍中关于秦国修筑长城中最为明确的一条，而且得到历代史家的认同。有学者认为秦厉共公十六年（前461年）修筑了“堑河旁”长城；秦灵公八年（前417年）有“城堑河滨”长城，它们均属长城。[③]

秦长城中与汉长城关系密切的是秦昭王长城。秦昭王长城修筑在三郡（即陇西郡、北地郡、上郡）的北边，经史念海、李文信等学者考证，陇西郡在今甘肃省中部，北地郡在今甘肃省东北部和宁夏回族自治区的东南部，上郡则在今陕西省北部及内蒙古自治区鄂尔多斯的部分地区。[④]目前关于秦昭王长城研究成果丰富，本书不再赘言，此处主要结合笔者参与过的陕西早期长城调查实地经验略作探讨，主要是秦昭王长城在吴起县三道川段的设置和“堑”的特征问题。

1. 秦昭王长城三道川段的设置

关于延安地区的秦昭王长城走向，彭曦先生的调查结果与延安地区文物普查队的调查存在分歧，特别是三道川地区的长城走向。2009年笔者参与陕西早期长城调查时，发现三道川秦昭王长城走向很有特色，与之前彭曦

---

① 参见国家文物局主编《中国文物地图集·内蒙古自治区分册》（下），西安地图出版社，2003年，第60页。

② 《资治通鉴》，中华书局，1956年。

③ 参见彭曦《十年来考察与研究长城的主要发现与思考》，载中国长城学会编《长城国际学术研讨会论文集》，第277～282页；张廷皓《长城遗存》，《文博》1997年第3期。

④ 史念海：《论西部地区诸长城的分布及其历史军事地理（上篇）》，《中国历史地理论丛》1994年第2期；其文《黄河中游战国及秦时诸长城遗迹的探索》（《陕西师范大学学报（哲学社会科学版）》1978年第2期）也有涉及。李文信在《中国北部长城沿革考（上）》（《社会科学辑刊》1979年第1期）一文中考证三郡：“陇西”是兰州及其东南到渭河上源一带，首府在狄道（今该县西南）；“北地”是宁夏黄河东南到甘肃东北部，首府在义渠（今环县西北）；“上郡”是陕西北部及鄂尔多斯一部，首府在肤施（今延安东）。

先生的调查不一致。彭曦先生调查长城从洛河三道川进入陕西,沿三道川南岸曲折起伏。[①]但2009年我们调查时,在三道川南岸没有发现长城墙体或任何与长城有关的附属设施,而在三道川北岸发现有保存较差的一部分墙体和多个烽火台,它们都分布在三道川北岸山体南侧山坡上,甚至有些烽火台位于山体中腰靠下部位(参见图1-1)。结合当时历史背景,秦昭王筑长城时,西面为戎族聚居区,北面是匈奴,那么长城防御的应该是西面和北面两面。但从长城走向来看,防御的主要是北面,而将长城墙体建在三道川北岸山体南侧山坡上,也非山顶上,实在难理解。因为如果北边有敌人进攻,站在南侧山坡上不可能发现敌人,更无法进行抵御。如果敌人已经翻过山顶,以居高临下的方式进攻长城戍卒,更是易如反掌,那么将长城建于此处就起不到警戒和防御敌人入侵的目的。而且长城这种设置方式不只是在三道川,陕西其他地方也有类似设置,如杨青川也有一段此类型长城设置,即在西沟塔长城消失的墙体中,有一段墙体破坏、坍塌非常严重,而且长度极短,只剩墙体下方仿佛是两道堑的形制。因未有挖掘,当时极难判断,关键

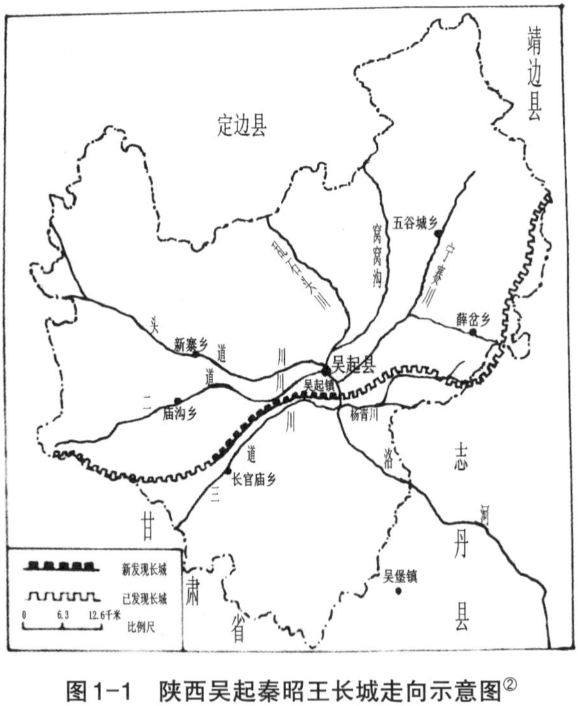

图1-1 陕西吴起秦昭王长城走向示意图[②]

① 彭曦:《战国秦长城考察与研究》,西北大学出版社,1990年,第196~197页。

② 张海报:《陕北地区秦昭王长城研究》,西北大学硕士学位论文,2010年。

是其位置不可理解。现对照三道川长城位置来看，存在一段山体南侧山坡上的长城也是很有可能的。

这种设置的新发现长城段与彭曦先生调查的不同，究其原因，第一可能有地理原因，因为三道川南岸山体较为陡峭，且三道川有南倾趋势，切山严重，现在居民多住在三道川北岸。第二可能是为了将三道川这条河流纳入长城内侧。但若是以上原因，则完全可以选择将长城筑在三道川北岸山体北侧，那样岂不是就可以将这座山都囊括在长城内了？而且从图1-1可知，该长城段分布范围大约占吴起县长城总长度的20%，从这个范围看，应该不是一时的、不得已的、因地之便的建置。其实不只是吴起县秦长城有这样的设置，其他长城也有这样的设置，如中山国长城，“中山国的西北部和西部紧靠太行山”①，而实际调查发现，中山国长城地处太行山的东麓。我们也可以从汉塞功能来推断秦长城设置。汉代边塞的设立有两重用意，一是防止匈奴等入侵，二是防止汉人外逃。②特别是西北地区汉长城，不仅有外防功能，而且还具有内防功能。③那么战国秦长城的设置是不是也有这种考虑，即在防御外敌时，还防御内部人员的外逃或者联络外敌。三道川这段长城或许就是很好的例证。

当然也可以从文献记载来考量秦长城是否需要有此功能。《史记·匈奴列传》载“宣太后诈而杀义渠戎王于甘泉，遂起兵伐残义渠。于是秦有陇西、北地、上郡，筑长城以拒胡”。关于“义渠”，《史记·秦本纪》[集解]引应劭注曰“义渠，北地也”。《史记·匈奴列传》中有“岐、梁山、泾、漆之北有义渠、大荔、乌氏、朐衍之戎”，其中“义渠”，[正义]引《括地志》云“宁州、庆州，西戎，即刘拘邑城，时为义渠戎国，秦为北地郡也”。而且经过专家近几十年的考察和研究，已证明延安市吴起县秦长城属于秦昭王长城部分。④关于当时秦与义渠戎的关系，《史记·六国年表》载秦厉共公六年（前471年）“义渠来赂”；秦厉共公三十三年（前444年），秦军一次出击伐义渠，即“虏其王”；秦躁公十三年（前430年）“义渠伐秦，侵至渭阳”。《后汉书·西羌传》称“义渠侵秦至渭

---

① 段连勤：《北狄族与中山国》，第125页。

② 汪桂海：《简牍所见汉代边塞徼巡制度》，《中国边疆史地研究》2006年第3期。

③ 黄永美、徐卫民：《西汉西北地区长城内防功能初探》，《社会科学战线》2012年第10期。

④ 代表性的有史念海《黄河中游战国及秦时诸长城遗迹的探索》，载文物编辑委员会编《中国长城遗迹调查报告集》；彭曦《战国秦长城考察与研究述略》，《宝鸡师范学院学报（哲学社会科学版）》1991年第3期；彭曦《战国秦长城考察与研究》，第196～197页；辛迪《义渠考》，《内蒙古师范大学学报（哲学社会科学版）》2004年第6期；杨东晨《陕西古代史》，陕西人民教育出版社，1994年。

阴”。秦惠文王七年(前331年),遣庶长平定义渠国乱。秦惠文王十一年(前327年),秦在义渠地置县,以义渠君为臣。秦惠文王后元六年(前319年),伐义渠,取郁郅。虽然在与秦的战争中,义渠处于被动局面,但也取得了一点胜利。[①]此后秦与义渠就开始了争夺地盘的拉锯战,秦强则占据一些地盘,义渠戎强时就会趁机夺回去,这就造成了轮流占据某些地方的可能。这就是为何根据考证,陇西郡和上郡在灭义渠王前就有了秦的建置[②],而到了宣太后诈杀义渠王后,还有“始置陇西、北地、上郡,筑长城以拒胡”的“始置”之称。

为避免这种轮流占领再发生,秦在杀义渠王后,筑长城以拒胡,“在义渠地置郡设县,义渠戎也就成了秦民”[③],“秦仍令其民与秦人杂居其地”[④]。同时不可避免的也有一部分义渠戎人,“盖义渠既灭,余众北走,于后为匈奴,居河套南北”,即融入匈奴,或者“加入到匈奴部落联盟”[⑤]。这一部分到达匈奴的义渠戎,不可能完全甘心失去领土,所以秦不得不设置防御措施防止这些人与郡县内的义渠戎联合。于是长城就担负起了防止郡县内义渠戎外逃或者叛乱的功能。而且考古发现秦律中有规定对非法出入者的惩罚,如云梦秦简《法律答问》有一条:告人曰邦亡,未出徼阑亡,告不审,论可(何)殹(也)? 为告黥城旦不审。[⑥]不排除这个条文在秦国时就已存在。因此出现这种建在内侧山坡上的长城,可能与防止内部义渠戎的外逃或叛乱有关,即长城具有防内的功能。在当时的历史条件下,秦昭王要集中精力进攻东方,必定要安抚好后方,既要防止外患,同时吸取西周灭亡教训,又要防止内外勾结,所以秦长城兼具防外和防内两种功能。

2.秦昭王长城“堑”的特点

根据《中国历代长城发现与研究》最新调查[⑦],秦昭王长城因地形而建,类型多变,主要有以下几种。第一,以黄土为主要原料夯筑,主要建在缓坡和平坦的台原地段。但许多河谷陡坡和起伏大的山坡上亦有宽厚的夯土墙,因为此处险要和地形不宜堑削所致。夯土墙的一个特点是外侧较陡而内侧为易于上下的缓坡。第二,以石头为原料筑城墙,主要存在于陕西省神木市窟野河上游附近。第三,堑山为障,主要存在于黄土山地,利用内高外

---

① 辛迪:《义渠考》,《内蒙古师范大学学报(哲学社会科学版)》2004年第6期。

②④ 郭殿忱:《秦灭义渠及其地望考》,《西北史地》1996年第1期。

③ 薛方昱:《义渠戎国新考》,《西北民族学院学报(哲学社会科学版)》1988年第2期。

⑤ 参见刘光华《秦汉西北史地丛稿》,甘肃文化出版社,2007年,第317页。

⑥ 睡虎地秦墓竹简整理小组:《睡虎地秦墓竹简》,文物出版社,1978年,第171页。

⑦ 段清波、徐卫民:《中国历代长城发现与研究》,第81、82、83页。

低的地形，施以下堑上夯或完全堑削为墙。彭曦先生调查研究指出此类城墙约占全线长度的40%，堑山为障常见的是“三道塄”形式，即在山坡顶端西侧堑坡成三道屏障，而在山与山连接的崾岘处夯筑城墙。第四，以沟为堑（即作为天险），然后在沟边险要位置夯筑墩台，或筑瞭望城址、烽燧等。第五，墙体外配以堑壕。第六，在固原县（今固原市原州区）明庄有内外两道长城。

关于三道堑，20世纪80年代，彭曦先生就曾做过调查，并总结这条长城城墙施工技术特点有三。一是利用内高外低之地形，施以下堑上夯或完全堑削为墙。此类约占全线长度的40%。二是巧用河沟，此如静宁葫芦河、马莲河、环县的黑泉河、城西川城东沟、吴旗（应该是“吴起”——笔者注）的三道川等，总计约350至370多千米，约占全长的20%。这类长城基本是“以河为池”，沿河岸只筑有城墩，而城墙则完全利用自然崖岸，施以堑削。三是于平坦地势皆筑有高1.5～2米的夯土城墙。[①]特别是吴起县，秦昭王长城墙体下方建堑的特色尤为明显。在长城调查过程中，为方便登记，我们将长城分为59段墙体，其中有堑墙体26段，排除山险、河险和完全消失的6段以及横城的一段墙体，有堑记录占50%，从如今保存的长城仍能看出吴起县战国秦昭王长城“堑”的特色。

第一，什么是堑？

首先，堑的字义解释。《说文解字》曰：“堑，坑也。一曰大也。从土斩声。”段注“江沅曰……堑则与坑之深广同义。玉裁按：江说是也。左氏传注：堑，沟堑也”。因此堑是名词，与坑、壕沟、护城河是同义语。有学者认为《左传·昭公十七年》《史记·秦始皇本纪》《史记·高祖本纪》《史记·蒙恬列传》中的“堑”字就是作“坑、壕沟、护城河”[②]解。但史念海先生曾指出“堑洛”的“堑”是“掘”的意思，所谓“堑洛”，是削掘洛河岸边的山崖，这是修筑长城的一种方法，如《左传·昭公十七年》载“环而堑之”；《史记·秦本纪》载“堑洛。城重泉”；《史记·秦始皇本纪》载“除道，道九原，抵云阳，堑山堙谷，直通之”。[③]以上解释均将“堑”用作动词。也有学者将堑的解释扩展到因堑而成的长城，即堑削，就是以沟为堑，利用自然的土崖，把土崖的断面稍加斩削，

---

① 彭曦：《战国秦长城考察与研究述略》，《宝鸡师范学院学报（哲学社会科学版）》1991年第3期。

② 瓯燕、叶万松：《“上郡塞”与“堑洛”长城辨》，《考古与文物》1997年第2期。

③ 参见史念海《黄河中游战国及秦时诸长城遗迹的探索》，载文物编辑委员会编《中国长城遗迹调查报告集》，第52页。

加工平整，然后建有城郭，或者瞭望城址、烽燧等设施。[①]依此解释知“堑”和“削”是两种形式，堑指沟，自然成为名词，而不再是动词“掘”。以沟为堑，当然这种沟也有两种可能，一种是自然存在，另一种是斩削而成。而三道塄坎的修筑方法，有学者指出，即在长城外侧挖一道壕沟，有的挖成三道壕沟，相应的作成三道土塄。[②]彭曦先生将这样的形式称为堑。[③]总之，“堑”拥有两层含义，一是动词“掘、削”，二是“掘、削”后所形成的如“坑、壕沟、护城河”意义的存在物。

那么到底什么是堑呢？其实也可以根据现今路堑实例来理解，当铺设轨道或路面路基低于天然地面时，路基以开挖方式构成，这种路基为路堑。从这个例子可以看出，低于地面的这一部分统称为“堑”。它的形成方式自然跟堑的形成一样有两种，一是自然存在，二是人为筑成。我们在进行陕西长城调查时，在吴起县发现有的长城段为使之更加陡峭，在长城外侧削山，形成陡壁，按照彭曦先生的说法命名为堑，而且在每道堑下面都会有相应的一层台面，极其平整、宽阔，从其平整度和宽度来看，显然称为壕沟是不适宜的，每层台面最边缘没有任何突起或高于其内的土塄或其他。然而台面与长城墙体也并不是绝对吻合，有的长城段直接削山使其陡峭，有的直接利用陡峭的山体为堑，上筑夯土墙体。为更好理解，举陕西吴起杨新庄长城1段为例，如图1-2所示。

按照对路堑的理解，同时根据堑的意思之一，即“掘、削”后所形成的“坑、壕沟、护城河”形式的存在物，显然这种存在物不仅仅是陡壁，平台也是堑的结果；而且调查发现每一个陡壁都伴随一个平台，从而形成一个配套的存在，因此称这样一个完整的存在物为“堑”更为合适，则长城的堑应该包括BC和CD段、DE和EF段、FG和HG段，而不仅是BC、DE、FG、HA这样的陡壁。为方便讨论，将杨新庄长城1段实例图进行加工如下(图1-3)。

①② 史党社、田静：《追寻秦昭王长城》，《文博》2004年第6期。

③ 彭曦：《战国秦长城考察与研究述略》，《宝鸡师范学院学报(哲学社会科学版)》1991年第3期。

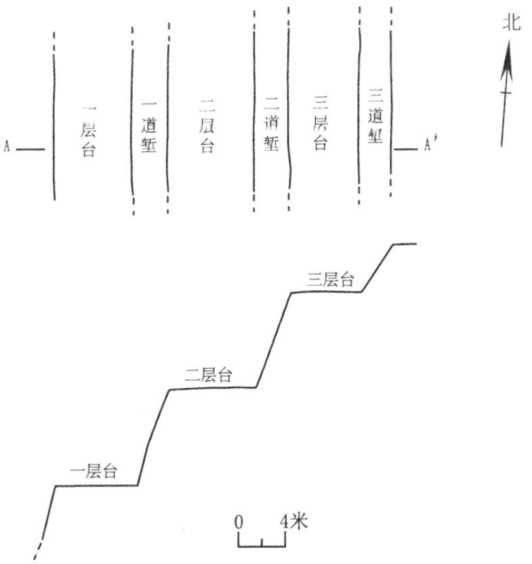

图1-2　陕西吴起杨新庄长城1段平、剖面图[①]

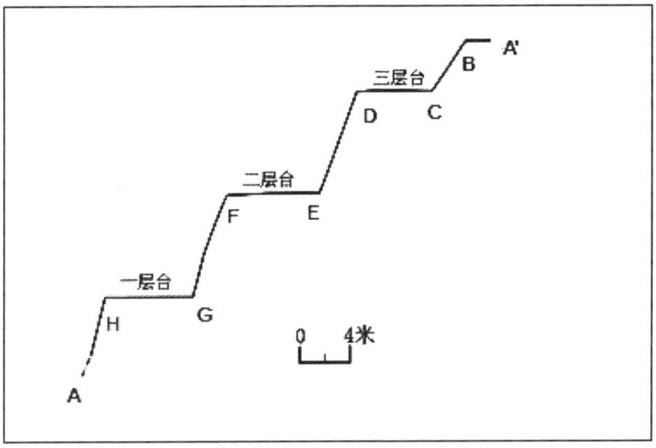

图1-3　陕西吴起杨新庄长城1段剖面细化图

第二，堑的现存情况。

目前秦昭王长城堑的形式以三道最具特色，但并不是均为三道，有的可能一道，有的可能两道。[②]在长城调查中，还有一些不是非常明显的。从实际调查数据来看，对26段有堑的秦昭王长城墙体进行比较，结果如表1-1所示。

① 参见陕西省考古研究院、西北大学文化遗产学院编著《陕西省早期长城资源调查报告》（上册），文物出版社，2015年，第406页。

② 张海报：《陕北地区秦昭王长城构筑方式及防御设施》，《文博》2010年第1期。

表 1-1　秦昭王长城墙体记录表①

长城地段	堑的特征
赫家沟村长城2段	一道堑高11米，一层台面宽10.8～12米；二道堑高8～10米，二层台面宽13.4米
赵家山村长城2段	一道堑高18米，一层台面宽11米；二道堑高10米，二层台面宽15米
西沟村长城2段	一道堑，堑高13米，台面宽10米
杨新庄长城1段	三道堑保存较为完整。一层台面距地面15米，一层台面宽10.5米，一道堑面斜高15米；二层台面宽7米，二道堑面斜高17米；三层台面宽11米，三道堑面斜高4米
杨新庄长城2段	一道堑高6.2米，一层台面宽12米；二道堑高8.8米，二层台面宽9.8米；三道堑高6.2米，三层台面宽11.7米
杨新庄长城3段	一道堑高8米，一层台面宽8米；二道堑高8.5米，二层台面宽7米；三道堑高7.2米，三层台面宽9.5米；四道堑高3.8米，断面高3.4米
杨新庄长城4段	一道堑高10米，一层台面宽6米；二道堑高12米，二层台面宽6.6米；三道堑高9.1米，三层台面宽5.1米；四道堑高4.8米
杨新庄长城5段	一道堑高8米，一层台面宽9米；二道堑高7米，二层台面宽8米；三道堑高5米，三层台面宽20米
双庙村长城1段	一道堑高10米，一层台面宽9米；二道堑高9.5米，二层台面宽8米；三道堑高9米，三层台面宽12米
双庙村长城2段	一道堑高10米，一层台面宽6米；二道堑高10米，二层台面宽9米；三道堑高6.4米，三层台面宽8.6米；墙体内侧的堑高10米，台面宽18米
双庙村长城3段	一道堑高8米，一层台面宽10米；二道堑高8.5米，二层台面宽9.2米
双庙村长城4段	一道堑高7.2米，一层台面宽10米；二道堑高6.8米，二层台面宽11.6米
雷坡村长城3段	一道堑高6.8米，一层台面宽17米；二道堑高5米，二道台面宽15米；三道堑高5米，三层台面宽13米；四道堑高2.5米，四层台面宽16米

① 参见陕西省考古研究院、西北大学文化遗产学院编著《陕西省早期长城资源调查报告》(上册)，第395～468页。

续表

长城地段	堑的特征
雷坡村长城4段	一道堑高9.5米，一层台面宽7米；二道堑高10米，二层台面宽7.6米；三道堑高7米，三层台面宽18米；墙体内侧的堑高10米
雷坡村长城5段	一道堑高11米、宽4米，一层台面宽8.8米；二道堑高9米、宽3米，二层台面宽9米；三道堑高7米、宽2米，三层台面宽17米
柳沟长城	一道堑高10米，一层台面宽9米；二道堑高6米，二层台面宽18米；三道堑高6米，三层台面已被开发成农田，宽度无法确定
小木界长城	一道堑高5米，一层台面宽8米；二道堑高6米、宽3米，二层台面(为斜面)宽25米
贺阳湾村长城	一道堑高11米，一层台面宽9米；二道堑高12米，二层台面宽6米；三道堑高8米，三层台面宽20米
李拜寺长城	一道堑高11米，一层台面宽10米；二道堑高12米、宽3米，二层台面宽13米；三道堑高12米、宽4米，三层台面宽11米
刘砭村长城	一道堑高13米，一层台面宽11米；二道堑高11米，二层台面宽6米
杨青村长城1段	一道堑高13米，一层台面宽14米；二道堑高10米，二层台面宽19米
中杨青村长城1段	一道堑高10米，一层台面宽9米；二道堑高8米，二层台面宽7米
中杨青村长城2段	一道堑，堑与墙体之间的台面宽17.6米，堑高6.6米
城墙村长城	墙体外侧的台面宽13米，堑高5.6米
梨树掌长城	一道堑高10米，一层台面宽10米；二道堑高8米，二层台面宽8米；三道堑高8米，三层台面宽8米；四道堑高6米，堑上直接建有墙体
东涧长城	仅有一道堑存在，堑北高2～3米

长城调查资料显示秦昭王长城堑的构造，越往上接近墙体，台面越宽，陡壁高度越低。实际测量显示，台面宽度为2～19米，一般为7～13米；陡壁高度为2.5～15米，一般为9～13米，且台面与长城墙体顶面平行，与长城走势保持一致。

第三，影响堑的因素。

从实际调查情况来看，秦昭王长城之所以会出现“堑”的设置，原因有二：一是内高外低之地形；二是山体坡度较小，不利于防御。如图1-3所示，除了在BA′处建高高的长城墙体外，在长城的外侧对山体也进行了削堑，这显然比直接将山全部削陡的工程量要小得多，而且经过削堑后，HA、FG、DE、BC所在坡段的坡度显然比直接的AA′的坡度要陡得多。当然施工时也需要考虑FG、DE、BC的长度，如果过长则不便于进行削堑，如果过短则起不到抵挡骑兵翻山而过的作用。

之所以这样构造，首先是为了防御。当时西面为戎族聚居区，北面是匈奴，因此堑往往设在长城墙体外侧，即西面和北面的坡面上。个别地段内侧也有，如双庙村长城2段墙体内侧的堑高10米，台面宽18米，不过这样的例子非常少。这就排除了“堑是因修筑长城墙体取土而形成”[①]的观点。因为若仅是为取土方便，则完全可以只设在内侧，还方便守城士兵上下山。客观来讲，外侧山体削堑确实可为墙体修筑提供资源。其次是考虑到现实的地貌情况，显然全面削陡山体是不现实的，因而通过改变山体坡度，分段变陡，施工比较方便，同时也使敌人很难轻易地越过防线，达到防御目的。再次是堑的数量没有定数，一道、两道和三道不等，因地制宜。最后是三道堑的位置，从山腰以上部分开始铲削，直至长城墙体。但山顶并未铲平，也很少有建筑。墙体距山顶还有一段距离。三道堑的边沿处是否加筑夯土墙，还未可知。因为现今调查看到的只有清晰的三道堑，也只在个别地段从墙体、堑台的断面处看到夯土层，但不能充分证明三道堑的边沿处加筑了夯土墙。

堑的设置与以下因素分不开。第一，当时吴起县的自然环境。黄土高原地貌，利于削堑；降水量相对较少，不会因雨水冲刷而改变坡度。第二，当时兵器的使用范围，特别是弩弓射程。从图1-3可知，在没有改变坡度以前，弩弓射程是AA′的距离，但堑的设置使坡度变陡，台面的存在使AA′距离变长，因此射程比原来长，在设计堑的台面时必须考虑当时兵器的实际射程。第三，当时的算术发展水平。要设计好HA、FG、DE、BC的长度与台面宽度的比例，既要方便施工，又要利于抵御，同时还要在射程范围内。

第四，堑的影响。

削山为堑并不只是为了取土方便，但不可否认“堑”不仅使山体变陡，削堑所取出的土，还可以用以筑墙体，相得益彰。从原理来看，使较为平缓的山体斩削为较为陡峭的堑，无论两道还是三道，相比原来的山体都增加了攀爬难度，客观上加强了长城的坚固性，但同时也带来一些问题。

首先，能否发挥防御功能尚有疑问。“当敌人越过第一道堑后，还有第二道、第三道，并且在最上面的台面上还有加筑的夯土墙，本来越过一道堑就不容易了，再越过后面两道就更困难了，这就极大地增强了长城的防御能力”[②]，但长城修筑是为了防御善于骑射的游牧民族，但游牧民族掠夺时一般

---

① 史党社、田静:《追寻秦昭王长城》,《文博》2004年第6期。

② 张海报:《陕北地区秦昭王长城构筑方式及防御设施》,《文博》2010年第1期。

不会选择攀爬过山，而是从山谷或沟底越过，因此堑的陡峭性真正能发挥多大作用则不可知，也可能这种功能是不存在的。

其次，既然选择了长城墙体位置，说明已考虑好当时军事武器所能控制的范围。简单来说，墙体之上的戍卒使用的弩弓肯定可以射击到其附近所要控制的山谷或沟底，以便控制敌人进攻。但墙体之下有堑，如果在抵御敌人进攻时戍卒到堑的台面上去攻击敌人，便会有以下弊端。(1)分散了戍卒数量，使原本一个整体分成两个或者四个部分，不利于统一号令的实施和集中有生力量对抗敌人。(2)在堑上抵御敌人，使原本设计好的箭弩射程不能发挥到最佳射程，发挥不了其最大杀伤力。(3)当时的军事工具中有雷石，如果城墙上和堑上都有作战的戍卒，使用雷石就不方便，即便堑上没有戍卒，堑的台面对雷石也有阻碍作用。(4)堑的存在容易形成军事上的“死角”。通过观察图1-3所示堑的剖面图可知，如果从A′D这样一条直线射下去则不易射到山底，以覆盖过最宽台面边缘H的范围射下去，则越是距离山底最近的敌人反而越安全，甚至存在绝对安全的区域，即射程达不到的地方。但“存在的即是合理的”，经过几千年风雨侵蚀的堑如今仍清晰可见，也许当时还有其他辅助设施来解决以上问题。

汉长城对秦国长城的沿用，在第三次文物调查中也有发现，如陕北吴起秦昭王长城调查中发现大量汉代瓦片，还在内蒙古鄂尔多斯伊金霍洛旗兰家塔村段、曹家塔村段，“向北进入兰家塔村后，由河卵石垒砌而成的石墙变为夯筑土墙，后又变为下部为夯筑土墙、上部为垒砌石墙的两种修筑方式并存的墙体，疑为西汉初年沿用‘故塞’长城的增筑痕迹……最后一个村庄曹家塔村后……在沟壑断崖处，用片石夹杂三合土垒砌的墙体非常规整，疑为西汉初年沿用‘故塞’长城的补筑痕迹”[①]。

二、秦代长城

秦代长城主要指的是秦始皇时期修筑的长城，历史文献记载较多，如《史记·秦始皇本纪》载“(三十二年)始皇乃使将军蒙恬发兵三十万人北击胡，略取河南地……(三十三年)西北斥逐匈奴。自榆中并河以东，属之阴山，以为四十四县，城河上为塞。又使蒙恬渡河取高阙、阳山、北假中，筑亭障以逐戎人。徙谪，实之初县……三十四年，适治狱吏不直者，筑长城及南越地”。《史记·六国年表》载三十三年“筑长城河上，蒙恬将三十万”；三十四

---

① 内蒙古自治区文化厅(文物局)、内蒙古自治区文物考古研究所：《内蒙古自治区长城资源调查报告·鄂尔多斯—乌海卷》，文物出版社，2016年，第8页。

年“适治狱不直者筑长城”。《史记·蒙恬列传》载“秦已并天下,乃使蒙恬将三十万众北逐戎狄,收河南。筑长城,因地形,用制险塞,起临洮,至辽东,延袤万余里”。《史记·匈奴列传》载“因边山险堑溪谷可缮者治之,起临洮至辽东万余里”。

关于秦始皇修筑长城的目的,有学者指出,“从古至今的很多人都认为,当时修筑长城的目的是为了防阻北方骑马游牧民族的入塞掳掠……如果真是单纯地以防阻骑马游牧民族的入塞掳掠为修筑长城的首(主)要目的,那么就不见得非要‘以山险为国境’,而把万里长城修筑在山岳丘陵地带了……始皇帝之修筑万里长城,实际上是他对于与农耕社会的中原属于完全不同性质的游牧社会划出的一条界限。据此我们又认为,始皇帝之修筑万里长城,的确是使人们区分、识别、鉴定中华各个民族的界限更加明确了”①。秦始皇修筑长城主要为防阻北方骑马游牧民族的入塞掳掠。山岳、丘陵等地本身就险要,再构筑防御工事是为双重保险。而若将此举上升到“区分、识别、鉴定中华各个民族的界限”,恐怕有点高估秦始皇了。甚至有学者认为秦长城是进攻性的一部分,长城只有在完工以及秦朝灭亡之后,才与游牧入侵的威胁联系起来。这令人想起秦朝边疆政策的进攻性,城墙的建设是其中一部分,但却被重新解释为一种纯粹的防御行为。②事实恐怕并非如此。不可否认,秦始皇在修筑长城之前先夺取了北边疆土,但在长城修筑后,秦始皇并未以长城为据点继续向西、向北大举进攻,何来进攻性一说?不但不能称为进攻性,从并未进攻的事实来讲,长城仿佛变成了结束秦始皇“进攻性”政策的标志。其实,长城既不是进攻性政策的表现,也不是结束“进攻性”政策的标志,而是秦始皇在夺得新的疆土后,为保护新的疆土采取的一项措施。

汉长城对秦代长城也有沿用,其中内蒙古境内秦长城就被汉代利用较多,如哈隆格乃山口障塞。哈隆格乃山口西侧的一级阶地上有一座65米见方的石城,四角有马面,南面有一门。墙体均为石砌成,石城紧挨山谷的陡壁修筑,可以严密监视谷口动态。③这些可能与长城有关,西汉在狼山的防务大多利用了秦的基础,因此,这些工程可能有始建于秦代的,可能属秦长

---

① 〔日〕泽田勳著,王庆宪、丛晓明译:《匈奴——古代游牧国家的兴亡》,内蒙古人民出版社,2010年,第20~21页。

② 参见〔美〕巴菲尔德著,袁剑译《危险的边疆:游牧帝国与中国》,江苏人民出版社,2011年,第42页。

③ 参见侯仁之、俞信超《乌兰布和沙漠的考古发现和地理环境的变迁》,《考古》1973年第2期。

城北段西端防御体系的组成部分。[①]还有小佘太秦长城，总长度为250千米的秦长城，保存相当完好，全部用石块筑成，高3.5米，底宽4.1米，顶宽1.5米，长城附近每隔0.5～1.5千米，筑有烽火台、小城障以屯戍卒。这段长城一直沿用到西汉王朝，汉武帝时曾对其进行过加固维护。[②]西斗铺长城，石筑、土夯两种皆有，大抵山下土夯，山上石筑，两者结合处以块石砌墙皮，以碎石和砂土充墙心。据云此段长城西延连接小佘太长城。烽燧异常密集，3千米内有9处，烽距100米至600米……汉武帝时曾修缮利用过，故亦称"秦汉长城"。这说法大体是正确的。[③]

第三节 汉长城在长城史中的地位

汉长城沿用修缮部分主要是战国长城、秦长城，特别是河北省、内蒙古自治区、辽宁省等地几乎全部沿用战国赵长城、燕长城和秦始皇长城。在汉武帝时期汉匈战争后，西汉王朝在河西地区大规模新建长城，主要是河西长城、外线长城。东汉王朝对西汉长城的修缮使用较多，重新修建较少，而且长城线有所内缩。

东汉之后，汉长城仍有被利用的，如有学者研究到魏晋、隋唐时期，汉长城"仍是军事战略的运输线、边疆安全的保障线、祖国疆界的奠基石"[④]。此外，还有"战国长城哈德门沟障城内还发现有一种素面板瓦，瓦沿有手指压印纹，边墙壕障城除发现压印手指纹的板瓦外，另有压印网纹的砖，这些都是北魏时的遗物。战国赵长城在汉、北魏时都曾沿用"[⑤]。北魏泰常长城的走向，与战国赵武灵王长城、燕北长城、秦代长城、汉代长城大体一致的，可知北魏泰常长城是沿用了赵、燕、秦、汉长城，在局部地区略有增损变化[⑥]，可见北魏长城中仍有汉长城的影子。北齐、北周时期虽有修建长城，但由于这一时期疆域已与汉代有明显区别，故对汉长城沿用较少。隋代修筑的长城一方面继续利用了北齐、北周时期修筑的长城，一方面又添筑了河套南长城和阴山长城两大段，它的线路和前代长城不完全相同。

---

① 参见段清波、徐卫民《中国历代长城发现与研究》，第168页。

② 参见段清波、徐卫民《中国历代长城发现与研究》，第169页。

③ 何清谷：《秦始皇北段长城的考察》，《人文杂志》1989年第4期。

④ 参见甘肃省文物局编，岳邦湖、钟圣祖著《疏勒河流域汉代长城考察报告》，第84页。

⑤ 邓宏伟、张海斌：《包头境内的战国秦汉长城与古城》，《内蒙古文物考古》2000年第1期。

⑥ 参见景爱《长城》，第204页。

因此“修建于秦汉时期的长城，至魏晋以后已失去了标志疆界和防御外敌的作用。到了元朝，长城建筑已破败不堪”①，但总有个别部分汉长城被后代长城沿用。总体而言，东汉时期长城修缮大不如西汉时期，而且“南移很远，是不同一线的；西晋以后，北族渐强，经过一段长期战乱，到隋才得全国统一。其时，各族各自为守，长城的位置、规模多有不同”②。多是一些烽墩被后世利用，如河西长城永昌县段中的河西堡东南、头墩西北5.5千米的明代边墙线上，发现一座烽燧遗址，根据遗址的结构、形制，以及残留的大量遗存判断，此墩台应始建于汉代，历经五凉、唐代，至明、清仍在使用。③

综上所述，汉长城在长城修筑史中可谓是起着承前启后的作用，上承接战国、秦代时期修筑的长城，下启五凉、唐代、明长城，为整个长城史的连贯和发展起到积极推动作用。特别是汉代在河西地区设置的烽火线对后世也有借鉴意义，其集完善的墙体、烽燧、障城、堑壕、山险、河险、天田、虎落、水门等多项设施于一体的防御体系理念也不同程度地被后代长城所沿用。且汉长城作为第二个统一王朝修筑的长城第一次将长城，延至西域地区，其首创之举，功不可没。

第四节　小结

长城作为人类防御观念的物质表现，提取了城池防御理念中最为实用的部分——城墙，因此城与长城都是高大墙体的衍生物，城与长城发挥的实际作用一致，任何历史时期修筑长城的本意都是防御。因此从长城的起源和长城修筑的历史进程来看，任何历史时期修筑长城，其防御的实质是一致的。故可将长城定义分为狭义和广义两种。狭义上的长城只指连绵的墙体，广义上的长城指墙体及其附属设施共同组成的长城防御体系。

由上可知，汉长城也是防御观念的产物，是人类防御观念的再发展。因此汉长城不仅延续了前代的防御意识，传承了前代长城修筑技术，甚至某些地段还直接沿用前代长城。汉代除了对前代长城的沿用外，也有自己新修建的长城，主要是汉武帝统治时期大规模修建长城，新建部分主要是河西长

---

① 黄时鉴、龚缨晏：《马可·波罗与万里长城——兼评〈马可·波罗到过中国吗？〉》，《中国社会科学》1998年第4期。

② 李文信：《中国北部长城沿革考（下）》，《社会科学辑刊》1979年第2期。

③ 参见吴礽骧《河西汉塞调查与研究》，第33页。

城、外线长城。此后由于东汉王朝政治重心的转移，西汉长城并没有被全部沿用，而是有所废弃。到北魏时，汉长城仍有所沿用。北齐、北周、隋代虽有修建长城，但对汉长城沿用较少。一直到明长城，仅个别地段长城墩台还能看见汉长城的遗存。纵观我国长城修筑史，汉长城起着承前启后的作用，对整个长城史的连贯和发展起到推动作用。

第二章　汉长城研究焦点

第一节　汉长城研究已取得的成果

对目前国内外关于汉长城的研究进行梳理,发现涉及以下问题:汉长城的修筑原因、汉长城的修筑过程、汉长城的一些概念问题、汉长城的烽燧报警方式、汉长城调查中的分段分歧、汉长城沿线涉及的古遗址问题、汉长城的影响、在汉长城沿线发现的汉简及其研究等内容,具体详述如下。

一、汉长城的修筑原因

多数学者认为汉长城的修筑原因是汉王朝与北方、西北游牧民族的冲突和战争,及其衍生出的政权巩固和保障经济贸易畅通的需求。除此以外,还有个别学者认为汉长城的修筑原因与汉族排斥周边少数民族和防御北方少数民族南下有关,是心理防线和实体防线相结合的结果。[①]还有学者认为"汉长城是防御技术发展的产物"[②]。

二、汉长城的修筑过程

关于汉长城修筑过程的研究,主要有以下两个方面。

一是关于河西长城的修筑过程,目前有四阶段论和五阶段论。持河西长城修筑经历四阶段观点的学者认为[③],元狩二年(前121年)设置武威、酒泉二郡,并开始建造东起今永登县境内的黄河西岸,沿河西走廊,西达酒泉北部金塔县的令居塞长城,这是汉长城修筑的第一阶段。元鼎六年(前111年)汉武帝在河西走廊增设张掖、敦煌二郡,又建造了东接酒泉长城,中经敦

---

① 高凯军:《论中华民族——从地域特点和长城的兴废看中华民族的起源、形成与发展》,文物出版社,2010年,第137～152页。

② 罗庆康:《战国及秦汉长城修建原因浅析》,《内蒙古社会科学》1988年第6期。

③ 参见白音查干《长城与汉匈关系》,《内蒙古师范大学学报(哲学社会科学版)》1998年第6期。

煌,西至玉门的长城,这是第二阶段。元封元年(前110年)西汉攻破楼兰、车师之后修建了东起敦煌,西至盐泽(今罗布泊)的长城,这是第三阶段。汉宣帝时修建了河西长城的第四段,即楼兰至渠犁的长城,它由东西相望的一系列烽燧亭障组成,这样河西长城最终全线形成。持四阶段论观点的学者将居延塞长城算入汉外长城,汉外长城由两部分组成,徐自为修建了光禄塞长城,路博德修建了居延塞长城。

持河西长城修筑经历五阶段观点的学者认为①,第一次,元鼎六年(前111年)筑令居塞。在初置酒泉郡的同时,汉武帝开始修筑东起令居,西至酒泉的防御工程。第二次,元封四年(前107年)筑酒泉塞。汉武帝遣赵破奴西击车师的同时,为维护河西入西域的交通,由酒泉至玉门关,修筑防御工程。第三次,太初三年(前102年)筑居延塞和休屠塞。为策应李广利第二次伐大宛,于酒泉、张掖北之居延泽、休屠泽,筑塞设防,屯田驻守。第四次,天汉元年(前100年)筑敦煌以西之烽燧线。李广利第二次伐大宛,凯旋,从此西域道路畅通。于是,汉自敦煌西至盐泽,设置烽燧线。第五次,宣帝地节三年(前67年),由于长安至河西的北驿道开辟,姑藏、揟次等县正当孔道,并于道上新置媪围、扑劖等县,于是在张掖郡东段分置武威郡。

二是关于令居塞的修筑过程。现今有学者提出新的争议,即人们多以为令居塞是汉武帝元狩二年(前121年)由霍去病所筑,而文献记载或直接或间接都说汉武帝元鼎六年(前111年)开始筑令居塞,且西汉开始逐步在湟水流域筑亭、筑城、设县,不可能是元狩二年,而最早也应是元鼎六年(前111年)李息、徐自为平羌以后的事了。②

三、汉长城的一些概念问题

汉长城研究中一些概念尚有争议,如长城、烽燧、障城、天田等。

第一,长城定义。景爱先生定义长城为,"人工修筑的以土、石、砖为墙体的连续性高墙,系古代边境御敌的军事建筑工程"③。刘庆先生赞成这一观点,并略作补充。④有学者在墙体基础上,将与之相关联的烽燧、障城、墩台等看作一个整体的军事防御体系,强调的是以墙体为主形成的防御体系,

① 吴礽骧:《河西的汉代长城》,《文博》1991年第1期;吴礽骧:《河西汉塞调查与研究》,第17页。

② 参见王昱、崔永红《令居塞建立时间考辨》,《青海社会科学》1987年第4期。

③ 景爱:《长城》,第4页。

④ 刘庆:《长城定义之我见》,《中国社会科学报》2010年10月14日,第9版。

如董耀会、罗哲文、彭曦等先生赞同此观点。[①]还有学者将长城防御系统及与之相关的交通驿站系统、军屯系统、生活居住区、行政管理设置共同构筑成大的长城防御圈，强调长城是一个完整的防御区域，以侯仁之先生为代表。[②]李大伟先生根据长城的特征对长城进行了新定义。[③]范恩实先生总结：长城应以“狭义”为准，将长城与边塞区别开来。[④]还有学者从防御工事功能考量长城定义，如吴昌廉先生。[⑤]

第二，障城、烽燧定义。虽然界定概念出发点不一致，但并不冲突，如障城，就是边塞的小城，一般被建造在特别险要的地方，既可自我防护，也可观察敌人。“障与城的区别主要是‘城’的大小不一，城内有居民，居民数目也不一致。而‘障’只住官兵，不住居民，障的尺度差别不大，形式也较划一。也有城和障结合在一起的，既住官兵，又住居民。”[⑥]“烽火台也称作烽燧、烽堠、烽台、烟墩、墩台、狼烟台、亭、燧等等。汉代称作亭、燧，有时亭燧并称……是利用烽火、烟气以传递军情的建筑。如遇有敌情，白天燃烟，夜间放火。烽火台的形式是一个独立的高台子，台子上有守望房屋和燃烟放火的设备，台子下面有士卒居住守卫的房屋和羊马圈、仓房等建筑。”[⑦]燧，也叫作烽燧，平面呈方形或圆形，边长或直径为10米左右，高数米甚至十几米，汉代称这种土筑的高台为亭，所以也命名为亭燧。

第三，天田定义。“‘天田’是汉代敦煌、居延等地以长城为主体的军事防御工程体系的组成部分，由于它是‘塞（即长城）’的附设工程，故又称作‘塞天田’。‘塞天田’是较为平坦、上面铺设有细沙或细土的带状地带，大多修造于长城外侧和关口，主要用来侦迹，即用来留存入侵塞下敌人的足迹，以便

---

① 董耀会：《长城学的概念、特征及分类》，载《瓦合集：长城研究文论》，第17页；罗哲文：《长城史话》，第85页；彭曦：《十年来考察与研究长城的主要发现与思考》，载中国长城学会编《长城国际学术研讨会论文集》，第277页。

② 侯仁之：《在长城国际学术研讨会上的总结发言》，载中国长城学会编《长城国际学术研讨会论文集》，第334页。

③ 李大伟：《从符号到本相——长城文化遗产的概念演变及认定》，《西北民族大学学报（哲学社会科学版）》2015年第2期。

④ 范恩实：《燕秦汉东北“长城”考论——障塞烽燧线性质再分析》，《中国边疆史地研究》2015年第3期。

⑤ 吴昌廉：《汉代边郡障燧制度之真相》，载《傅乐成教授纪念论文集：中国史新论》，第293、300页。

⑥ 罗哲文：《长城史话》，第97页。

⑦ 罗哲文：《长城》，第89页。

判断敌情并及时采取御敌措施。”[①]而且“‘塞天田’大多修造于长城外侧不远处，也有修造于险关要塞之地的。长城外侧之‘塞天田’多呈长条形，走向与长城基本平行”[②]。但也有学者认为，塞天田有其他形式的，如“汉‘塞天田’的形制不可能如铁板一块，只能大概而言。从汉简中提到的‘沙中天田’、‘水中天田’、‘河水中天田’等名称，也可见天田之形制随地形而变的特点”[③]。

四、汉长城的烽燧报警方式

关于汉长城烽燧报警方式的争议主要在于烟、火的运用时间，“汉代烽燧中的信息器具有烽、表、灶、苣、积薪、鼓等，其置用情况一直众说纷纭，特别是烽，是主夜还是主昼，唐时就形成对立的颜师古与张守节、司马贞两说，近代大学者王国维、劳幹两位先生力主颜说，似成定论。经考证，并非如此”[④]。《史记·司马相如列传》载司马相如言“夫边郡之士，闻烽举燧燔，皆摄弓而驰，荷兵而走，流汗相属，唯恐居后，触白刃，冒流矢，义不反顾”，注释有韦昭曰：“烽，束草置之长木之端，如挈皋，见敌则烧举之。燧者，积薪，有难则焚之。烽主昼，燧主夜。”

学者多数主张白天放烟，夜间放火。如有学者认为烽火台“是利用烽火、烟气以传递军情的建筑。如遇有敌情，白天燃烟，夜间放火”[⑤]。而且汉代的蓬火信号除以三蓬、三苣火、三积薪为极限，以定敌情品级外，还以“通”来定蓬火应灭的时间。汉代蓬火制度中，除蓬火品级外，尚有其他一些规定。汉代的蓬火信号以蓬表、烟、火为标志。昼举蓬表，以示警号，燔燃积薪，以望火烟；夜举苣火，燔积薪，以见火光。[⑥]但汉简记录也有白天放烟，夜间放火，如“‘望见虏一人以上入塞，燔一积薪，举二蓬，夜二苣火。见十人以上在塞外，燔举如一人，须扬。望见虏五百人以上，若攻亭障，燔一积薪，举三蓬，夜三苣火。不满一千人以上，燔举如五百人同品。虏守亭障，燔举：昼

---

① 侯丕勋：《“天田”义源及具体制度——简牍研究的一点初步想法》，《西北师大学报（社会科学版）》1996年第1期。

② 侯丕勋：《奇特的甘肃古长城》，《中国典籍与文化》1997年第3期。

③ 魏燕利：《汉“塞天田”新探》，《池州师专学报》2003年第6期。

④ 上官绪智、黄今言：《汉代烽燧中的信息器具与烽火品约置用考论》，《社会科学辑刊》2004年第5期。

⑤ 罗哲文：《长城史话》，第89页；持“昼则举烽，夜则举火”观点的还有张量的《战争与和平的纽带——古代长城》、韩若春的《烽燧考辩》（《咸阳师范学院学报》2001年第4期）。

⑥ 参见吴礽骧《汉代蓬火制度探索》，载甘肃省文物工作队、甘肃省博物馆编《汉简研究文集》，第223～257页；持同样观点的还有张量的《战争与和平的纽带——古代长城》。

举亭上蓬,夜举离合火,次亭遂和燔举如品”[①]。

五、汉长城调查中的分段分歧

汉长城调查中有分歧的地段。第一,关于金塔县的汉长城调查。一种观点认为,“金塔县北部汉塞遗址大体以臭水墩为界,可分东、西两段”,东部塞约东起于今金塔县东北部鼎新镇之北大河汇入黑河处……由此向西塞垣沿北大河古道北岸延伸,经红沙墩、沙墩子、西窑墩北、烧墩北,延至大庄子乡臭水墩附近,长约25千米,北部塞约东起于金塔县北境臭水墩,西至玉门市花海东、疙瘩井北。[②]一种观点认为,“沿黑河(古称弱水)向西南行,至现在的三白滩以南进入甘肃金塔县,再沿黑河东岸经金关故址、地湾城、大湾城遗址(均为汉城址),过大茨湾直抵赵家峡,至与高台县接壤处止。此为一段落。另一段则自金塔县境内黑河两岸的上、下夹墩湾之间起,与河东岸的前一段长城遥相衔接,向正西方向走,横穿金塔县全境……”[③]

第二,关于疏勒河长城。多数学者认为是沿疏勒河右岸支流北石河走向,经头墩、二墩、三墩、四墩、五墩、六墩、七墩、八墩、九墩、十墩、十一墩、十二墩、西黄花营、三站、四站、六站进入安西县(今瓜州县),长度为110千米左右。在安西县境内的边塞,东起于三道沟镇蘑菇滩,西经碱沟堰、桥湾、柳湾、布隆吉汉墓、双塔河南岸,继续向西走向,经北干沟、安西县城南、瓜州乡、四工、西沙窝、西湖乡,进入敦煌市境内,长约296千米。敦煌市境内的边塞,自东而西经黄墩子农场、盐池北、后井湾、月牙湖、哈拉诺尔、酥油土、条湖、大方盘城、小方盘城、墩子湾、马圈湾,到达马迷兔,长约150千米。[④]但有不同的调查结果显示,疏勒河流域汉代长城(塞),从玉门饮马农场西端蜿蜒向西,延河流经布隆吉、桥湾、双塔水库、小宛、安西新城南5千米处。再经西湖、东沙窝、南沙窝,越过柳敦公路入敦煌北境的哈拉诺尔、大月牙湖、小月牙湖、大碱沟、西洋水、烟筒梁、苦豆泉、条湖坡、青土崖子、老崖子、宾草湖、素油土、波罗湖、大方盘城、小方盘城,城北1千米盐池湾折向西南。再经墩墩湾、马圈湾、后坑、二十里墩、大破墩,达榆树泉盆地东缘止,全长约400千米。[⑤]

第三,关于固阳县境内汉长城。一种调查路线是“固阳县中部什尔腾山

---

① 甘肃省文物工作队、甘肃省博物馆编:《汉简研究文集》,第226页。

② 李并成:《河西走廊西部汉长城遗迹及其相关问题考》,《敦煌研究》1995年第2期。

③ 醒吾:《甘肃境内的汉长城》,《西北师大学报(社会科学版)》1990年第3期。

④ 参见景爱《中国长城史》,第199、201页。

⑤ 甘肃省文物局编,岳邦湖、钟圣祖著:《疏勒河流域汉代长城考察报告》,第9页。

上，一般位于山脊顶部北坡，局部逶迤盘桓在山腰，东行经东胜永乡天盛成村北，再东经银号乡银号村、三元成村，再东经大庙乡大庙村北，折向东偏南行进入村空山山区，经陈家村南山坡，再东伸入武川县哈拉门独乡境内”[①]。另外一种固阳县东北角汉长城调查，指出东南起自固阳县大庙乡石兰哈达村北，向西北过东公此老乡圪臭脑包至卜塔亥乡北部的边墙壕村进入达茂旗界，经达茂旗乌兰乡、西河乡、新宝力格苏木、巴音珠日和苏木的添力格图村、希拉哈达村、向阳村、营路村、红旗窑子村、敖包阿日村、库伦村、超勒根村、那日图村、白生村，最后进入巴彦淖尔乌拉特中旗兴呼勒格苏木毛仁嘎查和木日呼都格村。[②]

第四，关于敦煌到玉门关的距离。说法不一致，主要原因是从敦煌去玉门关路线很多。主要有四条路：一路经七里镇向西北沿戈壁便道，八十里干井子，七十里芦草井，四十里玉门关，此路较近，称为“旱路”；一路出孟家桥乡，西北行经头道沟等地到大方盘城（汉河仓城），再到玉门关，因沿途多泉水、沼泽，称为“水路”，此路为古代大路；一路由县城经七里镇向西沿红当公路到党河口水库后折向西北，直达玉门关，全程93千米，为近几年所辟新路；一路由县城到南湖乡，再向北行经二墩农场、芦草井，到玉门关，此路最远，为汉时玉门关与阳关之间往来的通道。[③]

六、汉长城沿线涉及的古遗址问题

第一，玉门关位置问题。有学者认为小方盘城即为玉门关，较早的有斯坦因、阎文儒、向达等。[④]近年也有学者指出，经过中外考古学家的实地考察和研究，认为玉门关在小方盘城。小方盘城，城为方形，四垣保存较为完整。其东西长24.5米，南北宽26.4米，残高约9米，城内东南角有一条宽不足1米的马道，靠东墙向南直达顶部。汉长城经此城向西，直通阳关。[⑤]另一种认为小方盘城不是玉门关所在地，较早持这一观点的有劳幹、陈梦家等。[⑥]近

---

① 李逸友：《中国北方长城考述》，《内蒙古文物考古》2001年第1期。

② 参见邓宏伟、张海斌《包头境内的战国秦汉长城与古城》，《内蒙古文物考古》2000年第1期。

③ 薛长年：《西塞雄风：陇右长城文化》，第42页。

④ 阎文儒：《敦煌史地杂考》，载纪忠元、纪永元《敦煌阳关玉门关论文选萃》，甘肃人民出版社，2003年，第122～137页；向达：《两关杂考》，载纪忠元、纪永元《敦煌阳关玉门关论文选萃》，第98～107页。

⑤ 参见董耀会《长城》，中国水利水电出版社，2004年，第117页。

⑥ 参见劳幹《两关遗址考》，载纪忠元、纪永元《敦煌阳关玉门关论文选萃》，第91～97页；陈梦家《玉门关与玉门县》，载纪忠元、纪永元《敦煌阳关玉门关论文选萃》，第138～146页。

年也有学者指出，有可能玉门关的关门还在小方盘以西。近年来甘肃文物考古工作者在它的西面5千米的地方又发现了城堡的遗址，城堡平面为四方形，东西长23米，南北长23.6米。堡墙甚厚，顶厚2.8米，下基的外皮虽已破坏了一部分，但尚存3米左右的厚度。堡墙现在高度为10.9米，有显著的收分。[①]还有汉简研究，如1979年甘肃省考古研究所与敦煌市文化馆合作，对敦煌以北的汉长城和烽燧进行了大规模的考察，并在小方盘城西11千米的马圈湾进行了烽燧遗址的试掘，掘出一批文物和1217枚汉简。该所副研究员吴礽骧和研究工作者李永良，对这些文物与汉简进行全面的分析考证，认为小方盘城是“玉门都尉”治所，不是玉门关治所。“玉门都尉”属下有玉门候官和大煎都候官两个障候。玉门关属玉门候官管辖。很显然，小方盘城是玉门关防御系统的一部分。[②]

第二，辽宁地区汉代望平县址问题。近年在辽宁地区发现了一批与长城相关的战国至汉代的文化遗迹、遗物，以铁岭新台子邱台大型战国晚期至汉代遗址最为重要，被有的专家考定为汉代望平县址，但是仍有争议。[③]

七、汉长城的影响

关于汉长城的影响，前人研究成果丰富，以下详细分类阐述。

第一，汉长城的修缮，对抗击匈奴及防备羌、氐等侵扰起了重要的作用。[④]特别是西汉修建长城及朝廷在河西地区的经营，导致匈奴南下掠夺越来越困难，占据的地盘越来越小。

第二，汉长城的修建，对汉政权的巩固起到了重要作用。[⑤]汉长城的修建不但解除了匈奴对汉王朝的威胁，而且也阻止了汉地“犯法”者、“盗贼”等出塞。“对于‘越塞’的‘亡人’予以‘逐捕搜索’，曾经是汉代长城体系戍守部

① 参见罗哲文《长城》，第123页。

② 薛长年：《西塞雄风：陇右长城文化》，第45～46页。

③ 许志国：《辽北境内燕秦汉长城及相关遗迹遗物的发现和研究》，《博物馆研究》2007年第2期。

④ 参见张荣芳、王川《西汉长城的修缮及其意义》，载中国长城学会编《长城国际学术研讨会论文集》，第105～115页；中国长城学会《长城百科全书》；陆平《长城在汉代的历史作用》，《郑州大学学报（哲学社会科学版）》1992年第6期；朝克《呼和浩特地区长城遗存》，《内蒙古文物考古》1994年第2期。

⑤ 参见张荣芳、王川《西汉长城的修缮及其意义》，载中国长城学会编《长城国际学术研讨会论文集》，第105～115页；白音查干《长城与汉匈关系》，《内蒙古师范大学学报（哲学社会科学版）》1998年第6期；陆平《长城在汉代的历史作用》，《郑州大学学报（哲学社会科学版）》1992年第6期；王子今《汉代北边“亡人”：民族立场与文化表现》，《南都学坛》2008年第2期。

队的防务内容之一。有汉王朝官员明确指出，当时长城防卫系统的作用‘非独为匈奴而已’。”[1]所以汉长城的修建既稳定了边疆，同时也保证了内部的巩固。

第三，汉长城对民族关系的影响。汉长城连绵墙体的存在，从某种程度上讲限制了长城两侧的交往[2]，但长城并未隔断民族之间的正常交往，客观上还促进了各民族的交流和往来。[3]“从长远的观点看，阻遏或限制，只能是一时的、次要的；而往来和交流，不仅是持久的、主要的，而且是源远流长、与时俱增的。”[4]同时，长城还促进了统一的多民族国家的形成与发展，“秦汉长城的建置，就是汉民族形成完成的标志……我们把秦汉长城一线作为汉民族与北方游牧民族的分界线，并不意味着也把长城看成是秦汉之北边疆域，众所周知，自秦汉始，我国就是一个统一的多民族的中央封建集权国家，秦汉之际的北疆，均已远远超出长城一线”[5]。

第四，汉长城的修建促进了长城沿线与西域的发展。[6]西汉中央政权与居延、敦煌的联系空前频繁。西汉开发长城边区以有组织地开发农业为根本，河套地区主要采用筑城屯垦的民屯方式，规模宏大，成就显著，在水利建设、粮食生产和人口增长中均有反映。河西地区主要方式是戍军的军屯，也有循序渐进式的移民屯垦。农业经济的开发带动和促进了这一地区的工商经济的发展，工商经济活动主要集中于城市之中。随着边塞、边城之间经济

---

① 王子今：《汉代北边“亡人”：民族立场与文化表现》，《南都学坛》2008年第2期。

② 参见白音查干《长城与汉匈关系》，《内蒙古师范大学学报（哲学社会科学版）》1998年第6期；甘肃省文物局编，岳邦湖、钟圣祖著《疏勒河流域汉代长城考察报告》。

③ 参见甘肃省文物局编，岳邦湖、钟圣祖著《疏勒河流域汉代长城考察报告》；薛长年《西塞雄风：陇右长城文化》；唐晓峰《内蒙古西北部秦汉长城调查记》，《内蒙古大学学报（人文社会科学版）》1977年第3期；舒顺林《论东汉时期长城内外各族的经济文化交流》，《内蒙古师范大学学报（哲学社会科学版）》1989年第2期；盖山林、陆思贤《内蒙古境内战国秦汉长城遗迹》，载中国考古学会编辑《中国考古学会第一次年会论文集》，第212～224页。

④ 舒振邦：《前汉时期长城内外的民族关系》，《内蒙古师范大学学报（汉文哲学社会科学版）》1988年第4期。

⑤ 陈江：《秦汉长城的建筑与汉民族的形成》，《东南文化》1995年第1期。

⑥ 参见张荣芳、王川《西汉长城的修缮及其意义》，载中国长城学会编《长城国际学术研讨会论文集》，第105～115页；甘肃省文物局编，岳邦湖、钟圣祖著《疏勒河流域汉代长城考察报告》；《中华文明史话》编委会《长城史话》；舒顺林《论东汉时期长城内外各族的经济文化交流》，《内蒙古师范大学学报（哲学社会科学版）》1989年第2期；张南《论西汉长城边区的经济开发》，《内蒙古社会科学》1989年第3期；王子今《汉代北边“亡人”：民族立场与文化表现》，《南都学坛》2008年第2期；黄雪寅《内蒙古草原民族与北方长城地带各民族的关系》，《内蒙古考古》1998年第2期。

交流的频繁，边区工商经济开发也渗入乡村和边塞。[①]因此长城沿线一系列的屯田、关市，促进了长城两侧地区的经济发展。

第五，汉长城有力地保护了丝绸之路的畅通，保证了中西贸易的畅通。[②]当时丝绸之路分为南北二道，二道经过之处基本上是长城关亭、障、烽燧修筑处。因此汉长城为往来的使者、商人等提供保障，保证了他们的安全，为中西贸易的畅通提供了方便。

第六，汉长城对此后军事布局、建筑等有一定影响。[③]“两汉时期河西地区的边塞建筑无论平面布局手法、构造形式选择还是防御设施配置均显现出鲜明的中原建筑文化特征。以边塞防御工事的兴筑为契机，河西地区开始全面吸收中原的城市规划理论和建筑营造技术方面的经验。‘拿来主义’加速了中原建筑文化在河西地区的传播，由此而引发的建筑变革并不仅限于边塞建筑一隅，我们注意到河西地区的居住模式、城市规划以及建筑技术均发生了质的飞跃，自此该地区的建筑发展迈入了新的历史阶段。”[④]

八、在汉长城沿线发现的汉简及其研究

对在汉长城沿线发现的汉简进行研究，涉及烽火台现状、关堡、坞、烽火品约、防御警报方法、烽燧设置、防御工具、长城防御职官设置、与长城有关的政策法令等情况。现从下面几个方面简述。

第一，依据简文对烽燧防御系统及其戍卒工作的研究。关于烽燧防御系统，“据新获诸简看，酒泉郡北塞既设有专名燧，也有序数燧的设置。又，简二十二有‘亭长督它’的记载，说明酒泉北塞与居延、敦煌一样，塞防的基层组织烽燧也可称‘亭’，故亭长也即燧长，而燧以上也有部候长一级组织。由此推及，酒泉郡西、北、东三部分都尉所属，也当有一套完整的防御体

---

① 参见张南《论西汉长城边区的经济开发》，《内蒙古社会科学》1989年第3期。

② 参见张荣芳、王川《西汉长城的修缮及其意义》，载中国长城学会编《长城国际学术研讨会论文集》，第105～115页；甘肃省文物局编，岳邦湖、钟圣祖著《疏勒河流域汉代长城考察报告》；罗哲文《长城》；中国长城学会《长城百科全书》；金开诚、于元《历代长城》；《中华文明史话》编委会《长城史话》；王子今《汉代河西长城与西北边地贸易》，载中国长城学会编《长城国际学术研讨会论文集》，第133页。

③ 参见张荣芳、王川《西汉长城的修缮及其意义》，载中国长城学会编《长城国际学术研讨会论文集》，第105～115页；陈菁《两汉时期河西地区烽燧亭障规划营建刍议》，《甘肃社会科学》2006年第2期。

④ 陈菁：《两汉时期河西地区烽燧亭障规划营建刍议》，《甘肃社会科学》2006年第2期。

系”[①]。关于戍卒工作，戍边官吏、士卒担负着亭燧候望、通烽火的职责，现根据居延、敦煌等地出土的屯戍简牍记录，可知汉代边塞建立了严格的徼巡制度。各亭燧吏卒轮流值勤，每天沿着边塞巡察，检视天田，防止有人非法穿越边塞天田外逃。吏卒巡视边塞的情况详细记录于日迹簿，每个月逐级上报、汇总，是保证徼巡制度有效执行的重要手段。遇有逃亡事件，戍边吏卒需要搜索所管辖地段，协助搜捕。[②]“戍边吏卒的‘日迹’活动，一般以月为时间单位轮流进行。每轮到一次，一般要连续进行‘十日’，除遇小月，无大变化……‘日迹簿’，是记录戍边吏卒每日察看‘天田’情况的簿册。从现有简文资料看，两汉时期的‘日迹簿’，一般是以戍边机构为单位，按月、按参加‘日迹’人员分别进行记录，从而使‘日迹簿’形成了多样性……‘日迹簿’一般是分两步完成，先是将每日的‘日迹’情况记录在册。当满一月，一册‘日迹簿’完成。这便是‘日迹簿’的草稿。然后清抄一份作为正件。‘日迹簿’一旦清抄完成，就要按规定进行‘封移’，即将草稿封存于本机构，将正式抄件密封后报送上级机关。”[③]因此“举蓬”和“塞天田”是戍卒分内的事情。“蓬火制度是汉代边塞防御制度的核心。为了保证蓬火制度的严格执行，在汉代边塞防御体系中，形成了一整套严密的制度。”[④]汉简对此有介绍，即“望见虏一人以上入塞，燔一积薪，举二蓬，夜二苣火。见十人以上在塞外，燔举如一人，须扬。望见虏五百人以上，若攻亭障，燔一积薪，举三蓬，夜三苣火。不满一千人以上，燔举如五百人同品。虏守亭障，燔举：昼举亭上蓬，夜举离合火，次亭遂和燔举如品”[⑤]。

第二，对烽火用品的研究。汉代边塞蓬火制度由中央、郡、部都尉等三级逐级颁发。中央颁发者，称“品”，郡、部都尉颁发者，称“品约”。[⑥]汉代边

---

① 嘉峪关市文物保管所：《玉门花海汉代烽燧遗址出土的简牍》，载甘肃省文物工作队、甘肃省博物馆编《汉简研究文集》，第27页。此外还可参见徐乐尧《居延汉简所见的边亭》，载甘肃省文物工作队、甘肃省博物馆编《汉简研究文集》，第298～334页；陈梦家《汉简所见居延边塞与防御组织》，《考古学报》1964年第1期；李正宇《敦煌郡的边塞长城及烽警系统》，《敦煌研究》1995年第2期。

② 参见汪桂海《简牍所见汉代边塞徼巡制度》，《中国边疆史地研究》2006年第3期。

③ 侯丕勋：《“天田”义源及具体制度——简牍研究的一点初步想法》，《西北师大学报(社会科学版)》1996年第1期。

④ 吴礽骧：《汉代蓬火制度探索》，载甘肃省文物工作队、甘肃省博物馆编《汉简研究文集》，第235页。

⑤ 甘肃省文物工作队、甘肃省博物馆编：《汉简研究文集》，第226页。

⑥ 参见吴礽骧《汉代蓬火制度探索》，载甘肃省文物工作队、甘肃省博物馆编《汉简研究文集》，第229页。

塞不仅烽火有品，而且守御器也有品。守御器品系汉代边塞各级防御机构关于守御器装备的种类、数量、使用等不同规格的条例规定。自亭燧、候官、部都尉直至郡一级的守御器配备，均有相应的规定。[①]如汉代居延边塞的守御器备设施，按其功用，可分为以下几类：(1)警备食用类；(2)取火发火器物类；(3)烽火信号用具类；(4)司时号令用具类；(5)防攻斗具器物类；(6)备用兵器附件类；(7)坞堠射击观察装置类；(8)侦迹设施类；(9)守护安全设施类；(10)戍务与维修工具类；(11)杂用类；(12)其他。从每类包含的内容看，它们的配备设置，显然是从戍所的基本任务出发，并充分考虑到防御的需要。每一类别，都赋予特定的、不可缺少的重要职能。[②]东汉时期仍是举烽、扬表、燃燧、燃苣火等。[③]不同时期有所变化，“虽然都尉府和时代都不相同，但是根据入塞的人数和敌情的不同而发出的信号，大体上是相同的。特别值得注意的是，入塞的人数是以是否满一千人为界限，凡不满一千者只燔一积薪，超过一千者则燔二积薪，若一千人以上攻亭障者则燔三积薪”[④]。

第三，对天田的研究。据河西地区出土的汉简记载，“天田”有以下几种制度：(1)“锄治”与“耕画”“天田”；(2)“迹”“日迹”与“举蓬”；(3)“日迹簿”及“封移”；(4)“不日迹”和对失职吏卒的处罚。另外，在古代敦煌、居延等边境地区，还有一些与“天田”相关的御敌设施。如用以阻遏敌人的“虎落”“虎路”与“强落”；用于警示敌人的“柃柱”“县索”以及用于通水和戍边吏卒出入长城的“水门”。戍边吏卒按规定在每日的白天巡视本燧、部辖区内“天田”，主要察看在前一天夜间，是否有入侵塞下之敌人留在“天田”上的足迹，借以判断敌情，以便采取御敌措施。[⑤]

第四，对长城后勤供给系统的研究。汉代河西边塞防御组织中的军需系统，即汉代长城的后勤供给系统，主要设置了仓、库、阁三种机构。同时由于这三种机构的合理配置，各司其职，使长城的防御获得了可靠的后勤保障，这也是汉王朝之所以能够凭借其强盛的国力，长期维护当时世界上最漫

---

① 参见敦煌县文化馆《敦煌酥油土汉代烽燧遗址出土的木简》，载甘肃省文物工作队、甘肃省博物馆编《汉简研究文集》，第7页。

② 参见初师宾《汉边塞守御器备考略》，载甘肃省文物工作队、甘肃省博物馆编《汉简研究文集》，第153～154页。还可参见甘肃省居延考古队简册整理小组《“塞上烽火品约”释文》，《考古》1979年第4期；薛英群《居延〈塞上烽火品约〉册》，《考古》1979年第4期。

③ 傅振伦：《东汉建武塞上烽火品约考释》，《考古与文物》1980年第2期。

④ 徐苹芳：《居延、敦煌发现的〈塞上蓬火品约〉——兼释汉代的蓬火制度》，《考古》1979年第5期。

⑤ 参见侯丕勋《“天田”义源及具体制度——简牍研究的一点初步想法》，《西北师大学报(社会科学版)》1996年第1期。

长的军事防线——长城的原因。[①]

第二节　汉长城研究领域的多样化

随着汉长城研究的深入,研究领域也变得多样化,从长城走向、形制建制等问题,拓展到与汉长城相关的民族关系、经济贸易、边防法律、城市和生态环境等问题,从原来的单一长城研究演变成以长城为主体的多方位研究。这些多方位、多样化研究不但为本书研究提供了资料,同时也为本书研究提供了新视角。代表性著作有王子今先生的《秦汉边疆与民族问题》[②],该书涉及秦汉长城多方面问题,如涉及交通问题的"秦汉长城与北边交通",涉及贸易问题的"汉代河西长城与西北边地贸易""汉代北边的'关市'",涉及民族问题的"西汉时期匈奴南下的季节性进退""匈奴经济生活",涉及亡人问题的"西汉北边'亡人越塞'现象"等,多角度地考察与长城相关的诸多问题。此外还有以下几个方面的研究。

第一,长城与民族。李凤山先生的《长城与民族》[③]一书,阐述了长城与民族间的融合、经济贸易、文化交流等情况。高凯军先生的《论中华民族——从地域特点和长城的兴废看中华民族的起源、形成与发展》[④]一书,综合多学科资料,从地域特点和长城兴废角度,提出汉长城的修筑是当时"华夷之辨""内诸夏外夷狄"的社会心理防线和实体防线相结合的结果。该书将长城修筑与民族心理联系在一起,开辟了研究的新视角。白音查干先生的《长城与汉匈关系》[⑤]一文,指出汉长城不仅防外,同时也防内。还指出长城对匈奴是军事围困和经济封锁,对中原则产生了耗费巨额财力和破坏内地人民和平生活的不良影响,但长城并没有断绝草原和中原的关系,而是南北不可分割的见证物。

第二,长城与汉简。甘肃省文物工作队、甘肃省博物馆合编的《汉简研究文集》一书,阐述了汉代长城的烽火台、关、堡、坞等保存情况及烽火品约,介绍了防御警报方法、烽燧设置、防御工具、长城防御所设职官,以及与

① 参见徐乐尧《汉简所见长城的后勤供给系统》,载中国长城学会编《长城国际学术研讨会论文集》,第116～122页。

② 王子今:《秦汉边疆与民族问题》,中国人民大学出版社,2011年。

③ 李凤山:《长城与民族》,中央民族大学出版社,2006年。

④ 高凯军:《论中华民族——从地域特点和长城的兴废看中华民族的起源、形成与发展》,文物出版社,2010年。

⑤ 白音查干:《长城与汉匈关系》,《内蒙古师范大学学报(哲学社会科学版)》1998年第6期。

长城相关的政策法令等问题。此外,还有永田英正先生著、张学锋先生译的《居延汉简研究》、陈直先生的《居延汉简研究》、李振宏先生的《居延汉简与汉代社会》等著作,探讨了烽燧设置、防御工具、长城防御职官设置等问题。徐乐尧先生的《汉简所见长城的后勤供给系统》一文,指出汉代河西边塞防御组织中的军需系统,即汉代长城的后勤供给系统,主要设置了仓、库、阁三种机构,这三种机构的合理配置,各司其职,使长城的防御获得了可靠的后勤保障。还有,侯丕勋先生的《"天田"义源及具体制度——简牍研究的一点初步想法》、汪桂海先生的《简牍所见汉代边塞徼巡制度》、李方先生的《张家山汉简〈二年律令〉有关汉代边防的法律》[①]等文,运用汉简对汉长城的天田、边塞徼巡和与长城相关的边防法律进行了研究。

第三,长城与沿线经济。代表性的有王子今先生的《汉代河西长城与西北边地贸易》[②]一文,指出河西长城保障了各国使节的安全,为河西地区民间贸易的发展创造了必要条件。同时指出长城防区的经济运行受当时军事权力的干预,关市是贸易的重要形式,私人买卖也是西部边地贸易的一种特殊形式。张南先生的《论西汉长城边区的经济开发》一文,考察了河套、河西两地区有组织地开发农业的情况,总结了长城边区开发特点;其《西汉居延边塞货币关系研究》[③]一文,指出居延地区开发较迟,其商品经济与内地相比是落后的,而且该地区货币关系的发展受到限制,严重依赖于边塞政府,所以边塞的政策措施、军事财政的构成与收支等既是货币关系存在的基础,又是它发展的严重阻力。舒顺林先生的《论东汉时期长城内外各族的经济文化交流》一文,叙述了东汉长城修建过程及长城内外的经济交流,指出历代统治阶级修筑长城既遏制不了南北各族人民之间的接触往来和经济文化交流,也隔断不了北方民族南下和中原人北上,更挡不住南北各族人民之间的相互吸收、彼此交融。

第四,长城与沿线环境。代表性的有殷光明先生的《从敦煌汉晋长城、古城及屯戍遗址之变迁简析保护生态平衡的重要性》[④]一文,阐述了汉、晋时期在敦煌地区设防的经过及作用,由于人们认识的局限性,导致不合理地利用和开发自然,使得该地区的设防如敦煌长城、古城及屯戍区域,建立

① 李方:《张家山汉简〈二年律令〉有关汉代边防的法律》,《中国边疆史地研究》2009年第2期。

② 王子今:《汉代河西长城与西北边地贸易》,载中国长城学会编《长城国际学术研讨会论文集》,第123~133页。

③ 张南:《西汉居延边塞货币关系研究》,《内蒙古社会科学》1986年第3期。

④ 殷光明:《从敦煌汉晋长城、古城及屯戍遗址之变迁简析保护生态平衡的重要性》,《敦煌学辑刊》1994年第1期。

后又逐渐消失。王子今先生的《秦汉长城的生态史考察》[①]一文，总结长城的修建不仅使传统意义上的农业区与游牧区的分界线向北移，而且对当地区域生态造成了很大影响，使原来的游牧业变为农业与游牧业并存。另一方面，修筑长城使用黄土，使当地黄土层遭到破坏，暴露出沙砾层，带来了沙漠化的祸端。孔繁德先生的《中国长城沿线生态脆弱性分析及生态保护对策》[②]一文，指出长城沿线生态环境的破坏，有自然因素，也有人为因素，并给出了相应的保护对策。

第五，长城与亡人。代表性的有汪桂海先生的《简牍所见汉代边塞徼巡制度》一文，总结了汉代逃亡者的主要类型，列举了汉简所见逃亡的例子，并指出长城功能除防止外部骚扰外，还要防止汉人的逃亡。王子今先生的《汉代北边"亡人"：民族立场与文化表现》一文，界定了亡人含义，指出"亡降"者也是一种特殊的"亡人"，而且这些汉代"亡人"民族意识不强烈，具有宽和倾向，他们将汉地较为先进的物质文化和生产方式传播到匈奴地区，对农耕文明与游牧文明的交融发挥了作用。

第三节　小结

汉长城研究，最早依据文献资料探讨汉长城修筑的原因、过程和影响。此后随着汉长城考古工作的开展，关于汉长城走向、汉长城防御系统设置、汉长城形制建制等研究越来越多，这也是目前汉长城研究的焦点问题之一。该方面的研究随着国家长城调查的不断推进而推进。如肩水金关的发掘，其设置布局、建制为今天的关城研究提供了材料。汉长城调查为目前汉长城研究提供了新材料，也是对汉长城研究强有力的推动。

随着汉长城研究的深入，也促生了一些新问题，如长城定义，障城、烽燧的概念等，从原来笼统的长城渐渐转向对规范防御系统的研究，包括对古遗址位置问题、个别长城段走向的探讨，等等。而其中研究最为火热的是对汉长城中发现的简牍的研究，简牍材料为汉长城的研究提供了新材料和新视角，"日迹簿""天田""举蓬"等问题的研究更加深入。简牍材料中除行政文书内容外，还涉及戍卒生活和工作各问题，为了解长城戍卒、戍卒家属、长城

---

① 王子今：《秦汉长城的生态史考察》，载丁新豹、董耀会主编《中国（香港）长城历史文化研讨会论文集》，长城（香港）文化出版社公司，2002年，第62～69页。

② 孔繁德：《中国长城沿线生态脆弱性分析及生态保护对策》，载丁新豹、董耀会主编《中国（香港）长城历史文化研讨会论文集》，第70～72页。

沿线经济生活提供了材料。目前汉长城研究逐渐多样化，不仅仅是长城本身的研究，还拓展到与之相关的民族关系、经济贸易、边防法律、城市和生态环境等问题，以长城为主体的多方位研究成为汉长城研究的主要趋势。

第三章　汉长城修筑的历史背景

汉长城包括西汉长城和东汉长城。西汉初年，特别是“平城之围”后，多沿用秦朝长城，对长城建设也是多修缮、少新建。到汉武帝时，在汉匈战争取得军事胜利后，汉王朝才开始进行大规模长城修建事宜。汉武帝之后汉昭帝、汉宣帝等统治时期，匈奴远遁，此后又分裂为北匈奴、南匈奴，南匈奴向汉称臣；而且此时汉王朝与西域联系加强，所以这一时期对长城建设也是多修缮、少新建。东汉时，仅有明帝统治时期积极开展了对匈奴、西域事宜，然对长城建设也未进行大规模新建。整体而言，东汉时政府的长城建设也是多沿用西汉长城，或进行部分修缮，或新建少数烽燧，没有大规模的长城修建，甚至还有废弃迹象，长城线一度内缩。因此目前所说汉长城，主要是指西汉王朝修筑的长城。本章对汉长城修筑的历史背景的追溯，偏重西汉王朝。

第一节　西汉时期长城修筑的原因

在汉武帝出击匈奴前，西汉王朝对长城建设多修缮、少新建，如高祖二年（前205年）“置陇西、北地、上郡、渭南、河上、中地郡；关外置河南郡……缮治河上塞”（《史记·高祖本纪》），武帝元光五年（前130年）“发卒万人治雁门阻险”（《汉书·武帝纪》），武帝元朔二年（前127年）“复缮故秦时蒙恬所为塞，因河为固”（《史记·匈奴列传》）。西汉长城新建部分，集中在汉匈战争胜利后，如“太初三年……汉使光禄徐自为出五原塞数百里，远者千余里，筑城障列亭至卢朐，而使游击将军韩说、长平侯卫伉屯其旁，使强弩都尉路博德筑居延泽上”（《史记·匈奴列传》）。汉武帝之后的西汉王朝，对长城多是修缮使用。

然而西汉王朝利用长城，与春秋战国时期修建长城相比，有着共同的外因，即游牧民族的侵扰。但同时西汉王朝修筑长城也有其特殊内因，即自身无法完全摆脱被威胁的压力，这种压力既有真实存在的，也有心理层面的，内外双重压力造成西汉王朝不得不沿袭传统的防御理念，并将其完善。

一、西汉长城修筑的外因

西汉长城修筑的外在因素——匈奴侵扰，基本上是学界默认的“定论”，很少有学者再去证实其是否真正存在。关于匈奴侵扰事实的考量，尤其是汉初匈奴侵扰呈现出的规律，并未引起重视，虽然廖伯源先生在《论汉廷与匈奴关系之财务问题》一文中对匈奴侵扰事件进行了举例，然并未探索其中的规律。故本书为明确事实，首先对匈奴侵扰事实进行梳理考证。因汉武帝在马邑（今山西朔州朔城区）伏击匈奴后，汉匈战争拉开序幕，汉匈关系发生了实质性变化，故不能再将这一战争阶段匈奴发动的战争视为侵扰。基于此，对匈奴的侵扰不能一概而论，要分时段分析。以汉武帝伏击匈奴为界点，将匈奴侵扰情况分为三个阶段：一是汉高祖采取和亲政策到汉武帝伏击匈奴之前；二是汉武帝时期的汉匈战争阶段；三是汉匈战争之后诸帝时期。

（一）匈奴侵扰的历史存在

1. 汉高祖采取和亲政策至汉武帝马邑伏击匈奴的汉初

（1）汉高祖至高后时期

匈奴至冒顿单于统治时实力最强，不但匈奴贵人大臣皆服，而且“尽服从北夷，而南与中国为敌国”（《史记·匈奴列传》）。匈奴控弦四十万侵扰汉边，刘邦迎战被围，西汉王朝显现出弱势。后匈奴又常常侵扰代地，刘邦以此为患，“乃使刘敬奉宗室女公主为单于阏氏，岁奉匈奴絮缯酒米食物各有数，约为昆弟以和亲，冒顿乃少止”（《史记·匈奴列传》），然并未解决匈奴对西汉王朝的侵扰问题。

和亲政策实施后，在汉高祖统治时期，关于匈奴侵扰，史书以“冒顿乃少止”概言，说明匈奴仍有进犯，但具体次数未有记载，史书仅有“燕王卢绾反，率其党数千人降匈奴，往来苦上谷以东”（《史记·匈奴列传》）记载，降匈奴的燕王曾有进犯，但时间和次数不详。除此之外，从实施和亲政策到汉高祖去世（前195年）的六年中，无其他匈奴进犯记载。

《史记》中无汉惠帝、高后统治时期匈奴侵扰记载。《汉书·高后纪》载高后六年（前182年）六月“匈奴寇狄道，攻阿阳。……七年冬十二月，匈奴寇狄道，略二千余人”。《前汉纪·高后纪》也记载了这两次侵扰。此后直至高后于八年（前180年）秋七月去世，史书再无高后时期匈奴侵扰记载。又《汉书》《前汉纪》两书均未见汉惠帝时期匈奴侵扰记载，故汉惠帝和高后统治的十四年中，匈奴的侵扰仅有两次。

（2）汉文帝时期

《史记·孝文本纪》载汉文帝前元三年（前177年）“五月，匈奴入北地，居河南为寇”；“十四年冬，匈奴谋入边为寇”；“后二年，上曰‘朕既不明，不能远德……间者累年，匈奴并暴边境，多杀吏民’”；“后六年冬，匈奴三万人入上郡，三万人入云中”。

《史记·匈奴列传》载“汉孝文皇帝十四年，匈奴单于十四万骑辱朝那、萧关，杀北地都尉卬，虏人民畜产甚多，遂至彭阳。使奇兵入烧回中宫，候骑至雍甘泉……匈奴日已骄，岁入边，杀略人民畜产甚多，云中、辽东最甚，至代郡万余人”；文帝“后四岁，老上稽粥单于死，子军臣立为单于……军臣单于立四岁，匈奴复绝和亲，大入上郡、云中各三万骑，所杀略甚众而去”。

《史记·孝文本纪》载文帝后元六年（前158年）匈奴侵扰；《汉书·五行志》载文帝后元六年（前158年）“匈奴大入上郡、云中，烽火通长安”；《汉书·天文志》载“孝文后六年十一月，匈奴入上郡、云中”。而《史记·匈奴列传》载汉文帝后元四年（前160年）军臣立为单于，立四岁而又侵扰，应是在汉文帝后七年（前157年）。《汉书·匈奴传》却载“军臣单于立岁余，匈奴复绝和亲”，岁余估计是汉文帝后元五年（前159年）左右。以上后元六年、后元七年、岁余，只是略有差，应属同一次。

《史记·匈奴列传》所载汉文帝前元十四年（前166年）后的“岁入边”，是否从前元十四年到后元七年每年均有侵扰，尚需推敲。若每年均有侵扰，则不必再单独记载“军臣单于立四岁”的侵扰。《史记·封禅书》也不会再强调“明年”即汉文帝前元十六年（前164年）“匈奴数入边，兴兵守御”。又如，《汉书·郊祀志》载文帝前元十七年即后元元年（前163年）“匈奴数入边”，《汉书·五行志》载文帝后元三年秋“匈奴愈骄，侵犯北边，杀略多至万余人”。由此可知，匈奴并非年年入边，“岁入边”只指“前元十六年”“后元元年”“后元三年”，加上前文提到的“后元六年”，一共四次。

除上述记载外，《汉书·文帝纪》载十一年夏六月，“匈奴寇狄道”。因汉文帝前元十七年（前163年）更始为后元元年，后元七年（前157年）六月去世，故汉文帝统治的23年中，匈奴侵扰“三年五月”一次、“十一年夏六月”一次、“十四年冬”一次、“岁入边”四次，共7次，尤其集中在“十四年”后。

（3）汉景帝时期

《史记·匈奴列传》载“终景帝时，时小入盗边，无大寇”；《汉书·匈奴传》载“终景帝世，时时小入盗边，无大寇”。又《汉书·李广苏建传》载汉景帝时期，广“为上谷太守，数与匈奴战”。说明有匈奴侵扰，但未记录次数，只记载

“数”战。因文献有一、二和三、五的确切数量记载，鲜有“四”的记载[①]，又因“数”大于一、二，故可能为“四”。

《史记·孝景本纪》载汉景帝前元元年（前156年）五月“匈奴入代，与约和亲”；“中二年二月，匈奴入燕”；中六年“八月，匈奴入上郡”；后二年“三月，匈奴入雁门”。又《汉书·景帝纪》载中二年春二月“匈奴入燕”；中六年“六月，匈奴入雁门，至武泉，入上郡”；后二年春“匈奴入雁门”。《汉书·五行志》载中六年六月“匈奴入上郡取苑马”。

“中六年八月”与“中六年六月”中间略有时间差，可能是“中六年六月”至武泉，而“八月”至上郡，故将其记作一次。由上述文献记载可知，汉景帝时与匈奴的“数”战，可记作四次。汉景帝于公元前157年至公元前141年在位，约16年。

（4）汉武帝马邑伏击前

《汉书·武帝纪》载汉武帝元光元年冬十一月，“卫尉李广为骁骑将军屯云中，中尉程不识为车骑将军屯雁门，六月罢”，未明示匈奴有进犯，但《汉书·景十三王传》载汉武帝“元光中，匈奴大入汉边”。故元光中可算一次匈奴侵扰。然《史记·匈奴列传》《汉书·匈奴传》载汉武帝即位，“匈奴自单于以下皆亲汉，往来长城下”；后元光二年（前133年）马邑伏击失败后，才有“匈奴绝和亲，攻当路塞，往往入盗于汉边，不可胜数”。故元光元年（前134年）的“大入汉边”规模应该不会太大，否则《史记·匈奴列传》《汉书·匈奴传》不会不载。

综上所述，汉初匈奴侵扰情况如下：汉高祖采取和亲政策后不详；汉惠帝、高后统治的14年中有2次，平均7年一次；汉文帝统治的23年中有7次，平均3年一次；汉景帝统治的16年中有4次，平均4年一次。其中，尤以汉文帝时匈奴侵扰时间和人数记载最为详细。而且从汉高祖时匈奴四十万进犯，到汉文帝时匈奴入上郡、云中各三万骑，再到汉景帝时无大寇，最后到汉武帝时匈奴皆亲汉等不同记载，可以看出，匈奴对西汉王朝的侵扰呈减弱趋势，出兵人数和规模也呈下降趋势。

2. 汉匈战争情况

汉武帝元光二年（前133年），西汉王朝与匈奴彻底公开彼此的不信任，战争公开化，以此为开端，西汉王朝与匈奴进入战争期。为明确战争期间汉匈出击应战兵力和战争结果，特制“汉匈战争记录统计表”（如表3-1所示）。

---

① 黄永美、徐卫民：《西汉长安人口地理探析——以元始二年长安人口为例》，《西北大学学报（自然科学版）》2012年第3期。

表中时间以元光二年(前133年)开始,仅统计有战争的时间;表中战争记载既有西汉王朝的主动出击,也有匈奴的主动出击;表中参考文献选择有战争记载的主要资料。

表3-1　汉匈战争记录统计表

时间	汉匈战争记载	参考文献
元光二年	夏六月,汉将三十万众屯马邑谷中,诱致单于,欲袭击之。单于入塞,觉之,走出。诱击失败	《史记·匈奴列传》《汉书·武帝纪》《汉书·匈奴传》《资治通鉴·汉纪十》
元光三年 元光四年 元光五年	匈奴绝和亲,攻当路塞,往往入盗于边,不可胜数	《汉书·匈奴传》
元光六年	春,匈奴入上谷,杀略吏民。秋,汉使四将各万骑击胡关市下,卫青得胡首虏七百人,公孙贺无所得,公孙敖为胡所败七千,李广为胡所败。冬,匈奴数千人盗边,渔阳尤甚。汉使将军韩安国屯渔阳备胡	《史记·匈奴列传》《史记·卫将军骠骑列传》《史记·李将军列传》《汉书·武帝纪》《汉书·匈奴传》《汉书·五行志》《资治通鉴·汉纪十》
元朔元年	秋,匈奴二万骑入辽西,杀太守,杀略二千余人;入渔阳,败都尉,杀略千余人;入雁门,杀略千余人。安国东徙屯北平,数月,病死。复召李广为右北平太守,匈奴数岁不敢入。汉遣卫青将三万骑出雁门,李息出代郡,获首虏数千级	《史记·匈奴列传》《史记·卫将军骠骑列传》《汉书·武帝纪》《汉书·匈奴传》《资治通鉴·汉纪十》
元朔二年	春正月,匈奴入上谷、渔阳,杀略吏民千余人。遣将军卫青、李息出击,获首虏数千级,牛羊百余万。收河南地,置朔方、五原郡	同上
元朔三年	夏,匈奴数万骑入代郡,杀太守,略千余人。秋,又入雁门,杀略千余人	同上
元朔四年	匈奴入代郡、定襄、上郡,各三万骑,杀略数千人。匈奴右贤王怨汉夺河南地而筑朔方,数为寇,盗边,及入河南,侵扰朔方,杀略吏民甚众	同上

续表

时间	汉匈战争记载	参考文献
元朔五年	春，卫青将六将，军兵十余万人击胡，获众男女万五千余人，畜数千百万。其秋，匈奴万骑入杀代郡都尉，略千余人	《史记·匈奴列传》《史记·卫将军骠骑列传》《汉书·武帝纪》《汉书·匈奴传》《汉书·五行志》《资治通鉴·汉纪十一》
元朔六年	春二月，卫青将六将军，兵十余万骑击胡，斩首三千余级；夏四月，卫青复将六将军击匈奴。得首虏前后万九千余级，汉亡两将军、三千余骑	《史记·匈奴列传》《史记·卫将军骠骑列传》《史记·李将军列传》《汉书·武帝纪》《汉书·匈奴传》《资治通鉴·汉纪十一》
元狩元年	五月，匈奴万骑入上谷，杀数百人	《史记·匈奴列传》《汉书·武帝纪》《汉书·匈奴传》《资治通鉴·汉纪十一》
元狩二年	春三月，遣霍去病将万骑击胡，斩首八千余级。张骞、李广击胡，广杀匈奴三千余人，尽亡四千人。夏，霍去病、公孙敖数万骑击胡，斩首虏三万余级，降者两千五百人。匈奴入代郡、雁门，杀略数百人。秋，匈奴昆邪王将其众合四万余人，号称十万来降，置五属国以处之。以其地为武威、酒泉郡	《史记·匈奴列传》《史记·卫将军骠骑列传》《史记·李将军列传》《汉书·武帝纪》《汉书·匈奴传》《汉书·张骞李广利传》《资治通鉴·汉纪十一》
元狩三年	匈奴入右北平、定襄各数万骑，杀略千余人	《史记·匈奴列传》《汉书·武帝纪》《汉书·匈奴传》《资治通鉴·汉纪十一》
元狩四年	夏，卫青、去病各将五万骑，私负从马复四万匹，步兵转者踵军数十万击胡。青围单于，斩首万九千级；去病与左贤王战，斩获首虏七万余级；汉军士死数万人，马死十余万匹。后匈奴远遁，而幕南无王庭；汉马少，无以复往。汉度河自朔方以西至令居，往往通渠置田	《史记·匈奴列传》《史记·卫将军骠骑列传》《史记·李将军列传》《汉书·武帝纪》《汉书·匈奴传》《资治通鉴·汉纪十一》
元鼎五年	匈奴入五原，杀太守	《汉书·武帝纪》《资治通鉴·汉纪十二》

续表

时间	汉匈战争记载	参考文献
元鼎六年	遣贺将万五千骑出九原二千余里，至浮苴井未见一匈奴人，后骠侯赵破奴万余骑出令居数千里，至匈河水，皆不见匈奴。乃分武威、酒泉地置张掖、敦煌郡，徙民以实之	《史记·匈奴列传》《汉书·武帝纪》《汉书·匈奴传》《资治通鉴·汉纪十二》
元封四年	匈奴寇边，遣拔胡将军郭昌、浞野侯屯朔方	同上
太初二年	汉使破奴将二万骑出朔方西北二千里，至浚稽山还，匈奴追击，破奴捕首虏得数千人。未至受降城四百里，匈奴八万骑围，破奴被捕，军降。匈奴遂遣奇兵攻受降城，不能下，乃寇入边而去	《史记·匈奴列传》《资治通鉴·汉纪十三》
太初三年	汉使光禄徐自为筑城障列亭至卢朐，韩说、卫伉屯其旁，使路博德筑居延泽上。秋，匈奴大入云中、定襄、五原、朔方，杀略数千人，败数二千石而去，行坏光禄所筑亭障。右贤王入酒泉、张掖，略数千人。会任文击救，尽复失其所得而去	《史记·匈奴列传》《汉书·武帝纪》《汉书·匈奴传》《资治通鉴·汉纪十三》
天汉二年	夏五月，汉贰师将军将三万骑击右贤王，得首虏万余级而还。匈奴大围贰师，汉兵物故什六七。又遣因杅将军出西河，毋所得。李陵将步骑五千人出居延北，与单于战，斩首虏万余级，粮尽被围，降匈奴。同年，以匈奴降者介和王成娩为开陵侯，将楼兰国兵击车师；匈奴遣右贤王将数万骑救之，汉兵不利，引去	《史记·匈奴列传》《史记·李将军列传》《汉书·武帝纪》《汉书·匈奴传》《汉书·五行志》《资治通鉴·汉纪十三》
天汉三年	秋，匈奴入雁门，太守坐畏懦弃市	《汉书·武帝纪》《资治通鉴·汉纪十四》
天汉四年	春正月，汉遣贰师将军李广利将六万骑、步兵七万人，路博德将万余人，韩说步兵三万人，公孙敖将万骑、步兵三万人。广利与单于战连日，降。敖与左贤王战，不利，皆引还	《史记·匈奴列传》《汉书·武帝纪》《汉书·匈奴传》《资治通鉴·汉纪十四》

续表

时间	汉匈战争记载	参考文献
征和二年	九月，匈奴入上谷、五原，杀略吏民	《汉书·武帝纪》《汉书·匈奴传》《资治通鉴·汉纪十四》
征和三年	春正月，匈奴入五原、酒泉，杀两都尉。三月，遣广利将七万人、商丘成二万人、马通四万骑击匈奴。成至浚稽山，与虏战，多斩首；通至天山，虏引去，因降车师。皆引兵还。广利败，降匈奴	《汉书·武帝纪》《汉书·匈奴传》《汉书·张骞李广利传》《资治通鉴·汉纪十四》
后元二年	武帝葬后。冬，匈奴入朔方，杀略吏民；发军屯西河，左将军桀行北边	《资治通鉴·汉纪十四》

记载不一致处，表中未一一显示，直接采用一个数字，特作如下说明。一是元狩二年（前121年）霍去病斩首胡人数量。《史记·匈奴列传》载“得胡首虏万八千余级”，而《汉书·武帝纪》和《汉书·匈奴传》则分别载为“斩首八千余级”和“得胡首虏八千余级”。又《史记·卫将军骠骑列传》载天子曰“获首虏八千余级”，《资治通鉴·汉纪十一》载“获首虏八千九百余级”，《汉书·张骞李广利传》载“杀数万人”。因为《史记·卫将军骠骑列传》的记载是天子诏书内容之一，数字较有说服力，且《汉书·武帝纪》《汉书·匈奴传》都采用“八千余级”，故表中采用“八千余级”数字。二是元朔二年（前127年）卫青、李息出击匈奴，战获牛羊数记载不一致。《史记·匈奴列传》《资治通鉴·汉纪十》等载获“牛羊百余万”，《汉书·匈奴传》载“羊百余万”，而《史记·卫将军骠骑列传》却载“畜数十万”。以多数记载为准，故选择百余万。同样，天汉四年（前97年），贰师将军李广利出击匈奴的步兵人数采用《汉书·武帝纪》《汉书·匈奴传》《资治通鉴·汉纪十四》等载的“七万人”为准。

综上所述，汉武帝使用建元、元光、元朔、元狩、元鼎、元封年号均有6年，太初、天汉、太始、征和年号均有4年，后元年号有2年，共54年，其中与匈奴之间有战争记录的有26年，集中在元鼎年号前，主要是卫青、霍去病出击匈奴时期，且收获颇大。而且元鼎年号之前匈奴出击西汉王朝破坏力度也比此后大，如史载元鼎年号前匈奴杀略多数千人，元鼎年号后则是杀吏民，数量不明，且次数明显减少，这是由于元狩四年（前119年）匈奴远遁，而幕南无王庭，且汉王朝马少，无以复往。但这一时期属于战争期，不但有匈奴的出击，还有西汉王朝的出击，均属于战争双方的正常反应，故这一段时期匈奴的出击不能算作对西汉王朝的侵扰。

3. 汉昭帝、汉宣帝时期

汉武帝时期汉匈战争后，匈奴远遁，对汉王朝的侵扰逐渐减少，危害也微乎其微。

(1) 汉昭帝时期

《汉书·昭帝纪》没有直接记载汉匈战争或匈奴侵扰情况，仅有始元二年(前85年)“冬，发习战射士诣朔方，调故吏将屯田张掖郡”，其他文献未发现汉昭帝始元二年匈奴侵扰记载，也许只是西汉王朝单方面的防御，故不计入。

《汉书·匈奴传》载始元二年壶衍鞮单于立，“后二年秋，匈奴入代，杀都尉……是时，单于立三岁矣。明年，匈奴发左右部二万骑，为四队，并入边为寇。汉兵追之，斩首获虏九千人，生得瓯脱王，汉无所失亡……明年，复遣九千骑屯受降城以备汉，北桥余吾，令可度，以备奔走……明年，单于使犁汙王窥边……时汉先得降者，闻其计，天子诏边警备。后无几，右贤王、犁汙王四千骑分三队，入日勒、屋兰、番和。张掖太守、属国都尉发兵击，大破之……其明年，匈奴三千余骑入五原，略杀数千人，后数万骑南旁塞猎，行攻塞外亭障，略取吏民去……于是拜明友为度辽将军，将二万骑出辽东。匈奴闻汉兵至，引去”。第一次“后二年秋、单于立三岁”，则“匈奴入代，杀都尉”应该是在始元四年(前83年)。第二次“匈奴发左右部二万骑”应该是在始元五年(前82年)，“九千骑屯受降城以备汉”应在始元六年(前81年)。第三次“犁汙王窥边”在元凤元年(前80年)。第四次“匈奴三千余骑入五原”在元凤二年(前79年)。

然而《资治通鉴·汉纪十五》却载汉昭帝元凤元年，“匈奴发左、右部二万骑为四队，并入边为寇。汉兵追之，斩首、获虏九千人，生得瓯脱王；汉无所失亡”。元凤二年，“匈奴复遣九千骑屯受降城以备汉”。元凤三年，“匈奴单于使犁汙王窥边……时汉先得降者，闻其计，天子诏边警备。后无几，右贤王、犁汙王四千骑分三队，入日勒、屋兰、番和。张掖太守、属国都尉发兵击，大破之，得脱者数百人……先是，匈奴三千余骑入五原，杀略数千人；后数万骑南旁塞猎，行攻塞外亭障，略取吏民去……匈奴怨之，方发二万骑击乌桓”，汉“于是拜明友为度辽将军，将二万骑出辽东。匈奴闻汉兵至，引去”。

而且《资治通鉴·汉纪十五》记载与《汉书·匈奴传》记载的内容相同，如匈奴兵数、汉方反应、侵扰结果等均相同，故可将它们看作相同事件，即汉昭帝时期匈奴侵扰有四次：第一次，匈奴入代，杀都尉。第二次，匈奴发左右部二万骑入边，汉兵斩首获虏九千人，汉无所失亡。第三次，右贤王、犁汙王入日勒、屋兰、番和，西汉王朝早有准备，大破之。第四次，匈奴三千余骑入五原，略杀数千人，后数万骑南旁塞猎，略取吏民去，汉派明友出，匈奴引去。

第一次记载匈奴只杀了都尉，第二次、第三次匈奴损失惨重，第四次匈奴略杀数千人，与被汉“斩首获虏九千人”不成比例，说明汉昭帝时期匈奴侵扰破坏力度减小，而且“匈奴为边寇者少利，希复犯塞”（《汉书·匈奴传》）。《汉书·循吏传》也载“至于始元、元凤之间，匈奴乡化，百姓益富”。

（2）汉宣帝时期

《汉书·宣帝纪》载汉宣帝本始二年（前72年）“匈奴数侵边，又西伐乌孙。乌孙昆弥及公主因国使者上书……秋，大发兴调关东轻车锐卒，选郡国吏三百石伉健习骑射者，皆从军……凡五将军，兵十五万骑，校尉常惠持节护乌孙兵，咸击匈奴。三年……夏五月……校尉常惠将乌孙兵入匈奴右地，大克获，封列侯”。

《汉书·匈奴传》《资治通鉴·汉纪十六》也记载了汉宣帝本始二年（前72年），汉五将军及校尉常惠凡二十余万众出兵匈奴，“匈奴闻汉兵大出，老弱奔走，驱畜产远遁逃，是以五将少所得。度辽将军出塞千二百余里，至蒲离候水，斩首捕虏七百余级，卤获马牛羊万余。前将军出塞千二百余里，至乌员，斩首捕虏，至候山百余级，卤马牛羊二千余……蒲类将军出塞千八百余里，西去候山，斩首捕虏，得单于使者蒲阴王以下三百余级，卤马牛羊七千余……祁连将军出塞千六百里，至鸡秩山，斩首捕虏十九级，获牛马羊百余……虎牙将军出塞八百余里，至丹余吾水上，即止兵不进，斩首捕虏千九百余级，卤马牛羊七万余……校尉常惠与乌孙兵至右谷蠡庭，获单于父行及嫂、居次、名王、犁汙都尉、千长、将以下三万九千余级，虏马牛羊驴骡橐驼七十余万”（《汉书·匈奴传》）。

而且此后匈奴又“会天大雨雪，一日深丈余，人民畜产冻死，还者不能什一”（《汉书·匈奴传》），丁令、乌桓、乌孙三国趁机攻击匈奴，“凡三国所杀数万级，马数万匹，牛羊甚众。又重以饿死，人民死者什三，畜产什五，匈奴大虚弱，诸国羁属者皆瓦解，攻盗不能理。其后汉出三千余骑，为三道，并入匈奴，捕虏得数千人还。匈奴终不敢取当，兹欲乡和亲，而边境少事矣”（《汉书·匈奴传》）。史载汉宣帝神爵二年（前60年）秋，匈奴日逐王将万余人来降，九月匈奴单于遣人奉献，贺正月，始和亲，神爵四年（前58年）五月，匈奴单于遣人来汉朝，此后匈奴侵扰稀少。《汉书·匈奴传》亦载“北边自宣帝以来，数世不见烟火之警，人民炽盛，牛马布野”。

汉武帝之后的汉昭帝、汉宣帝统治时期，史书虽有载匈奴数侵，但未载杀略详细数字，不比汉初动辄杀略数千，可见侵扰规模、危害极小或者匈奴并无所得。而且汉宣帝本始二年（前72年）与乌孙联手出击匈奴，虽五将少所得，也斩首捕虏四万二千余级，卤获马牛羊牲畜七十九万余，可见匈奴损失惨重。因此汉武帝之后，匈奴侵扰力度明显变小，不能构成西汉长城修筑的外在因素，故不归入匈奴侵扰之列。

（二）汉初匈奴侵扰的原因分析

1. 经济基础的本质，特殊气候的推动

从上述历史存在看，匈奴对西汉王朝边境的掠夺贯穿着西汉初期、武帝时期、武帝之后的较长时期，但真正能够称为侵扰的，其实只存在于汉初。学界对匈奴侵扰原因的分析也主要是针对汉初匈奴侵扰情况的探讨，历来说法不一。王小甫先生归纳匈奴侵扰的原因有七种：第一，匈奴本性；第二，气候变迁；第三，人口膨胀；第四，贸易受阻；第五，掠夺有利；第六，扩大统治；第七，文化不同。[①]下面对这七种观点略作探讨。

第一，匈奴本性观点，多是相对于中原文化而言的。中原王朝自周时就号称礼仪之邦，四方少数民族则被看作"蛮夷"，"'四夷'则泛指东西南北四方的殖民地——东夷之民被发纹身，南蛮之民雕题交趾，西戎之民被发衣皮，北狄之民衣羽毛穴居"[②]。这就将"四夷"定位成落后于中原地区的野蛮民族，对其唯有怀德感化之，如《盐铁论·忧边》中言："夫蛮、貊之人，不食之地，何足以烦虑，而有战国之忧哉？若陛下不弃，加之以德，施之以惠，北夷必内向，款塞自至，然后以为胡制于外臣，即匈奴没齿不食其所用矣。"[③]用中原王朝的优越感来断定匈奴本性趋向，掺有偏激感情，有丑化、恶化之嫌，故以性格论作为匈奴侵扰的原因，难免失之偏颇。

第二，人口膨胀观点，苦无确切数字可考，且据王小甫先生所言，实际上近代以前任何一个游牧民族的人口数字现在都无法确定。[④]游牧民族生产周期较长，势必影响人民生活，其流动性的游牧生活对繁育下一代也有影响。又因为"在一个游牧社会中日常生产工作最主要的特色是，无论男、女、老、少，人们在一年绝大多数时期均十分繁忙。而且由于环境变量大，许多工作都十分迫切，或来得十分突然"[⑤]，导致人口膨胀的时机并不多。即便匈奴战争时有杀略吏民、掠夺人口，特别是掠夺妇女与儿童[⑥]，但这要付出沉重代价，且数量有限；而且被掠夺而来的人要从事繁重劳动，不可能造成人口

---

①④　参见王小甫《古代游牧部族入侵农耕地区问题的研究》，《史学情报》1988年第3期。

②　陈强：《古史新辨》，《复旦学报（社会科学版）》2012年第3期。

③　桓宽撰，王利器校注：《盐铁论校注》，中华书局，1992年，第161～162页。

⑤　王明珂：《游牧者的抉择：面对汉帝国的北亚游牧部族》，第57页。

⑥　刘光华：《西北通史》（第一卷），兰州大学出版社，2005年，"序言"第1页。

快速、持续地繁衍，人口膨胀短期内很难达到。

第三，贸易受阻观点很难成立。从汉高祖实行和亲政策以来，虽高后曾限制出关禁物“毋与蛮夷越金铁、田器、马、牛、羊；即予，予牡，毋予牝”（《资治通鉴·汉纪五》），汉景帝时御史大夫绾曾奏“禁马高五尺九寸以上，齿未平，不得出关”（《汉书·景帝纪》），而且对外来物品也有所限制，如《汉书·高惠高后文功臣表》载宋子惠侯九嗣，“孝景中二年，坐寄使匈奴买塞外禁物，免”，但都未关闭贸易。而且汉景帝时禁物制度的存在恰好说明贸易仍存在，否则何须禁物。甚至汉武帝马邑伏击后，双方已明确进入战争期，“汉亦尚关市不绝以中之”（《史记·匈奴列传》），［正义］引如淳云：“得具以利中伤之。”《汉书·匈奴传》颜师古注可能更为准确，即“以关市中其意”。[1]纵然史料中有因匈奴侵扰一度停止贸易的记载，但也是先侵扰后贸易受阻，贸易受阻不是侵扰的前提，是结果。而且贸易影响的是少数拥有剩余产品的游牧富人，这些人还多是匈奴上层，他们可以从和亲中得到财富，和亲比侵扰付出的代价要小，且和亲财富是不断增加的，即便不满意，也可通过和亲手段得到满意结果。贸易受阻作为侵扰原因实难成立。

第四，掠夺有利观点。泽田勳先生曾指出游牧民族南下入塞会掠夺家畜、人口、谷物，而且他们经常把家畜和百姓作为主要掠夺目标，这样做是为了使游牧经济再生产活动恒常化；因为谋求更多家畜、确保优良的牧场是游牧民族不可欠缺的课题，而扩大牧场有一定限度，且通过技术革新提高生产力非一朝一夕能够完成，所以最有效的方法就是掠夺中原家畜，最合适的掠夺对象是军马。[2]这是明显的掠夺有利观点，只是这种掠夺获得的财富是人口和家畜。这一观点疑点重重，一则中原的马匹质量普遍不如匈奴，汉武帝时期还在积极与匈奴进行贸易获得优质马匹，那么匈奴掠夺到的马匹对于他们而言可有益处？再则，边郡百姓从事游牧业的人口数量有多少，若仅是农耕者畜养家畜，其马匹数量是否可观，也就是真正掠夺到的马匹数量实属可疑。且泽田勳先生也指出，发动掠夺马匹的战争是因为人口迅速膨胀或发生出其不意的天灾时，补充家畜是生存下去的必要条件[3]，人口膨胀不再赘言，天灾是掠夺财富的前提，故匈奴侵扰的原因又追溯到了气候原因。又泽田勳先生赞同洼田藏郎观点，即“当时处在匈奴势力控制之下的自贝加尔湖南岸至今中国内蒙古自治区，自古以来就全部都是产铁地带，后来匈奴之

① 参见王子今《秦汉交通史新识》，中国社会科学出版社，2015年，第125页。

② 参见〔日〕泽田勳著，王庆宪、丛晓明译《匈奴——古代游牧国家的兴亡》，第156、157页。

③ 参见〔日〕泽田勳著，王庆宪、丛晓明译《匈奴——古代游牧国家的兴亡》，第157页。

所以要大规模南下，其目的就是为了能够制造（拥有）更多的铁制武器”[①]。为确保手工业物品的正常供应，在势力范围内建立手工业生产基地，而从事生产的是从中原掠夺来的百姓，所以从中原掠夺大量人口是因为要确保在相关领域内所需要的劳动力，虽然史料未载，但游牧民族特别重视拥有手工业技术的人。[②]边郡人口复杂，原有游牧民族的留守者、内属民族、内地迁徙而来的汉人等，其中真正拥有手工业技术的人口比例虽无法确定，但数量不会太大，很难想象匈奴会为了这些极少数的人，发动掠夺战争。何况又如何确保掠夺一定会成功？

《史记·匈奴列传》记载匈奴“利则进，不利则退”，然这种情况的前提是匈奴“苟利所在，不知礼义”，又与本性说联系在一起。其实游牧民族发动战争掠夺财富，需要一定的军事实力，即掠夺有利观点实质上反映的是匈奴强有力的军事。也就是萧启庆先生所说，当游牧民族有统一的政治组织，而且兵强马盛时，常会发动大规模的掠夺战。因为掠夺算得上在游牧社会大受欢迎的一种“生产方式”。朝贡贸易的利润，似为可汗和少数贵族所垄断，而掠夺的战利品，则由大家分享。然而军事实力也是相对而言的，若匈奴一直占有军事优势，为掠夺有利，岂不“岁岁入边”？而《汉书·荆燕吴传》载汉景帝吴楚“七国之乱”时，吴王曾“南使闽、东越，闽、东越亦发兵从”，“赵王遂亦阴使匈奴与连兵”，然而匈奴并未出兵。若匈奴为“掠夺有利”而不顾军事情况，此时掠夺不正是好时机？可见，汉初百废待兴之际，西汉王朝缺乏应对匈奴的战术，游牧民族才一时占据上风。而此后西汉王朝储蓄马匹、发展骑兵，匈奴未必一直保持军事优势，不参与“七国之乱”便是很好的实证，由此可见掠夺并非一直有利。

第五，扩大统治观点。即便是在汉初诸侯王投降匈奴时，匈奴也未占领土地，如《史记·匈奴列传》载“燕王卢绾反，率其党数千人降匈奴，往来苦上谷以东”，只是“往来”而未占领。又载汉文帝前元十四年（前166年），匈奴扰边，汉出兵击匈奴，未到，“单于留塞内月余乃去，汉逐出塞即还，不能有所杀”；汉文帝后元六年（前158年）亦有匈奴扰边，汉屯田备战，然“数月，胡人去”（《史记·孝文本纪》），可见匈奴并未有长期占领的意思。因为这一时期，匈奴等少数民族发动战争，往往为掠夺实物，很少真正占领土地进行开发。不仅对西汉王朝如此，对西域也是如此，匈奴需要西域臣服纳贡，而未将其直接纳入匈奴统治，故谈不上扩大统治。

---

① 〔日〕泽田勳著，王庆宪、丛晓明译：《匈奴——古代游牧国家的兴亡》，第109页。

② 参见〔日〕泽田勳著，王庆宪、丛晓明译《匈奴——古代游牧国家的兴亡》，第156、158页。

第六,文化不同观点。经济基础决定上层建筑,文化不同实质就是经济基础的不同,这与蔡凤林先生提出的匈奴以游牧经济为主线,王明珂先生提出的游牧民族经济的制约、刘光华先生提出的游牧民族不能生产所需的全部物资等观点相同,根本的是经济基础问题。[①]而经济上的依附历来是造成匈奴入侵边境和发动征服战争的主要原因之一,因为游牧的生产方式,“从最基本的层面来说,是人类利用农业资源匮乏之边缘环境的一种经济生产方式……相对于农业生产来说,这是一种单位土地产值相当低的生产方式”[②]。游牧的生产能力不如农业,游牧民族不能自给自足,尤其是纯粹的游牧民族,对于游牧之外的辅助性生业与外来资源非常依赖。[③]

然而匈奴虽然以游牧为主,随季节变化而迁徙,却“儿能骑羊,引弓射鸟鼠;少长则射狐兔:用为食……其俗,宽则随畜,因射猎禽兽为生业”(《史记·匈奴列传》),即除了游牧,辅助生计还有狩猎。又汉匈战争,卫青北击匈奴至赵信城,“得匈奴积粟食军。军留一日而还,悉烧其城余粟以归”(《史记·卫将军骠骑列传》),有筑城、积粟,数量之大可见一斑。汉文帝后元元年(前163年)匈奴“会连雨雪数月,畜产死,人民疫病,谷稼不孰”(《汉书·匈奴传》),可知仍有谷物种植。况且汉初有许多亡入匈奴的农业生产者,他们并没有鲜明的民族立场[④],在适宜农耕地带发展农业,从而促使匈奴经济基础得以完善和发展是很有可能的。还有考古工作者在匈奴古墓中发现的石臼、农作物种子、谷物、铁镰、大型陶器、铁铧等与农业有关的资料,以及学者在漠北挖出的几处属于公元前2世纪至公元1世纪的匈奴城镇遗址,都可以论证匈奴人有从事农耕的定居生活。[⑤]又“在伊沃尔加城塞遗址不仅发现了生产黍、粟等谷物的遗迹,而且还发现了制造金属类器具的痕迹。这种以铁器为首的手工业生产,不仅存在于伊沃尔加地区,而且在匈奴控制的广大领域都有发现……可是对于过着迁徙游牧生活的他们来说,生产铁器、木材等

---

① 参见蔡凤林《游牧民族军事性形成原因初探——以游牧经济生活为主线》,《中国边疆史地研究》1996年第4期;王明珂《游牧者的抉择:面对汉帝国的北亚游牧部族》,第185页,“匈奴的整体经济是以牧业为主体,并从事其他生计活动来补充生活资源,及减少游牧生产不稳定性造成的危机……对外掠夺与贸易,是匈奴取得补助性资源最普遍的途径”;刘光华《西北通史》(第一卷),“序言”第1页,“作为世界史上的一个普遍现象,游牧民族是不能生产其生活和生产上所需要的全部物资的。游牧民族为了获得他们所需要的物资,只有两条途径:一为掠夺;二为交易”。

② 王明珂:《游牧者的抉择:面对汉帝国的北亚游牧部族》,第26页。

③ 参见王明珂《游牧者的抉择:面对汉帝国的北亚游牧部族》,第147页。

④ 王子今:《汉代北边“亡人”:民族立场与文化表现》,《南都学坛》2008年第2期。

⑤ 参见林幹《匈奴史》,内蒙古人民出版社、人民出版社,2010年,第136~138页。

手工业产品是不可能做到的事情……他们掠夺中原北方的人口，很有可能就是让他们从事这种手工生产”[①]。

再加上当时逃亡到匈奴的大量汉人，也有可能过着定居的生活。虽然无法实地勘察匈奴城堡遗址，对匈奴定居规模和数量尚无法断定，但不可否认匈奴很早就有农业生产，即匈奴并非纯粹的游牧民族，其狩猎、农业，甚至筑城技术、冶铁等手工业技术也有所发展。故此，匈奴的补助性资源有所得，就不一定选择掠夺。一是贸易未受阻，二是汉朝长城防御的完善、迁徙屯田人数的增加、骑兵的培养和战术研究等方面的提高，匈奴从事掠夺的代价不断增加，他们必须权衡得失。

第七，气候变迁观点。前文提到受制于种种原因，匈奴会减少或不入侵边境，但事实是仍然有匈奴侵扰存在，且多发生在秋冬季节。而且“匈奴对其他草原部族的战争，也往往在秋冬季节发动”[②]。秦汉时期匈奴的活动范围，主要是在今内蒙古高原及其南方邻近华北与新疆的草原地带。在内蒙古草原游牧中，出冬场一般是3月下旬，此时牲畜羸弱，草资源不丰，且有春雪的威胁，因此是最困难与危险的时节。5月至9月进入夏季，此时最好的放牧场所是在大河边上或沿溪谷的山坡上，这也是牧人生活较清闲的季节。9月至11月为秋季放牧时节，一般而言，此时为了抢膘（利用好的草地及运动，让牲畜脂肪厚、肌肉实）人畜移动较多，又须打草储备为冬季之用，因此相当忙碌。冬季是许多游牧人群生活比较艰难的季节。为了避风寒，牧民大多居于山谷或靠近山边坡的冬场，非有必要不长程迁移。[③]可见匈奴游牧生活，冬春季是牲畜比较羸弱的时节，夏季草场牧草丰盛，是牲畜成长的最佳季节，而秋季又忙于准备过冬，需要做很多工作。而匈奴选择繁忙的秋季和不易出行的冬季节发动侵扰，必定有不得不为的原因。从《史记·匈奴列传》记载“宽则随畜，因射猎禽兽为生业，急则人习战攻以侵伐”的顺序看，匈奴选择攻伐是在“急”的情况下，故其攻伐“可能也有被动的因素”[④]。

关于可能的被动因素，美国学者亨廷顿曾提出匈奴侵扰原因是气候的观点，虽然其制定的气候曲线已被认为是有问题的，气候决定论的观点也不被认同[⑤]，但匈奴依靠、适应自然环境的生产模式，确实是不争的事实。因为畜群生长和繁殖需要足够的水草和适宜的气候，这些都受自然条件的约束，

---

① 〔日〕泽田勳著，王庆宪、丛晓明译：《匈奴——古代游牧国家的兴亡》，第168页。

②④ 王子今：《秦汉边疆与民族问题》，第78页。

③ 王明珂：《游牧者的抉择：面对汉帝国的北亚游牧部族》，第144、47、165页。

⑤ 参见王小甫《古代游牧部族入侵农耕地区问题的研究》，《史学情报》1988年第3期；谢觉民《人文地理学》，中国友谊出版公司，1991年，第23页。

极其不稳定。特别是当时社会生产力水平较低,抗拒自然灾害的能力小,在风灾、雨雪、严寒、旱疫降临时,牧畜大批死亡,使得游牧社会生产、社会经济受到破坏,人民处于饥饿困毙的境地,甚至部族也会濒于绝境。[①]虽然匈奴有一个"赵信城",也不排除汉初诸侯王投降匈奴后筑城定居,但更多的匈奴人仍以游牧为主,为方便活动,不会随身携带或存储过多的东西,总之"在财产方面,他们不宜拥有太大、太多的物质财产"[②]。他们主要的财富聚集在畜养的牲畜上,为适应不同季节,选择饲养不同种类的牲畜,而且这种饲养不是圈养,是自然放牧,储存方式较为单一,受自然气候的影响比较大,尤其是干旱、暴风雪等特殊气候的影响,承受的风险也较大。虽然竺可桢先生对五千年气候的研究表明西汉王朝处于温和时期,东汉时才趋于寒冷,但这并不意味着整个西汉王朝每个季度都处于温和期,相反,文献记载中各种大旱、风、雪、地震等特殊气候在汉初是层出不穷的。

匈奴没有文字,也就没有留下文献资料,只能从中原王朝的记载中寻找匈奴相关史料。关于匈奴气候记载最早见于《史记·匈奴列传》载汉武帝元封六年(前105年)"冬,匈奴大雨雪,畜多饥寒死"。元封六年之前的匈奴气候情况如何,未有记载。一种可能是西汉王朝对此并不关心,一种可能是未恶劣到载入史册的程度,因为元封六年引起"左大都尉欲杀单于"的政局动荡,所以才被记载。近年在甘肃敦煌发现汉代悬泉置遗址,出土的简牍中有自然灾害的记录,如"县泉地热多风涂丘干燥毋急其湿也度＝得榱六枚今遣效谷仓曹令史张博 Ⅱ90DXT0211②:26　建造二年九月庚申朔壬戌敦煌长史渊＝以私印行太守事丞敞敢告部都尉卒＝人谓　南塞三侯县郡仓令曰敦煌酒泉地热寒＝不雨早杀民田贷种秆麦及芒厚以廪＝当食者小石 Ⅱ90DXT0215③:46　五凤二年十一月己卯朔丁亥侍谒者光＝持节使下敦煌太守承书从事今敦煌＝太守书言今年地动如诏书 Ⅱ90DXT0115③:77 ◪送使渠犁校尉莫府掾迁会大风折伤＝盖□十五枚御赵定伤◪ Ⅱ90DXT0215④:36 ◪二月中送使者黄君遇逢大风马惊折＝死□◪ Ⅱ90DXT0215④:71"[③]。然而这是在汉武帝统治之后的天气情况,而且只是笼统的"湿""热寒不雨""地动""大风",具体月份不详。汉武帝元封六年之前的天气,简牍尚未有详细记录。然而在匈奴发动侵扰的年份中或发动侵扰之前,文献中有详细的西汉王朝气候记载,如汉文帝前元三年(前177年)

① 参见林幹《匈奴史》,第135页。

② 王明珂:《游牧者的抉择:面对汉帝国的北亚游牧部族》,第52页。

③ 甘肃省文物考古研究所:《敦煌悬泉汉简释文选》,《文物》2000年第5期。

"秋,天下大旱"(《汉书·五行志》);后元元年(前163年)"诏曰:间者数年比不登,又有水旱疾疫之灾"(《汉书·文帝纪》);后元二年(前162年)"地动"(《史记·汉兴以来将相名臣年表》);后元六年(前158年)"春,天下大旱"(《汉书·五行志》),"夏四月,大旱,蝗"(《汉书·文帝纪》),"天下旱,蝗"(《史记·孝文本纪》)。汉景帝中元六年(前144年)三月雨雪、雨雹,"后二年正月,地一日三动"(《史记·孝景本纪》);又"孝景时,上郡以西旱"(《史记·平准书》)。汉文帝在位时被侵扰7次中的4次(即汉文帝三年五月、后元元年、后元三年和后元六年),汉景帝在位时被侵扰4次中的2次(即汉景帝中元六年六月、后元二年三月),都是在文献有记载的灾情前后不久发生的,这恐怕不是巧合。因为以上灾害如天下旱、风雪、雨雹均未注明受灾地方,很有可能是全国大范围的。而匈奴所处之地较之内地更为干旱、寒冷,想要摆脱上述特殊气候的影响恐怕很难,只可能是灾情更严重,故匈奴难免会处于"急"的情况,从而导致"人类行为的因应"①。特别是在初春发动侵扰,必是匈奴面临储存不够、畜牧无所食的非常"急"的局面,即"急则人习战攻以侵伐"的前提"急"出现了,否则也不会在人饿、畜疲季节发动侵扰。

综上所述,纵然匈奴有狩猎、零星农业、手工业等为辅助生计,还有贸易往来、和亲等带来丰厚利益,使匈奴游牧生产的局限有所缓解;但是匈奴的游牧本质决定其存储财富有限,在恶劣气候摧残时,不但游牧生产主业受挫,其副业缓解力度也有所下降。在这种紧急情况下,虽然西汉长城防御体系的完善使匈奴掠夺付出的代价增加,但"两害相权取其轻",匈奴仍会选择侵扰。可以说,游牧民族的生产基础,在面临特殊气候时会直接推动匈奴通过侵扰来获得补给。而且除了匈奴自身和气候影响外,西汉王朝对匈奴的态度也诱使和刺激了匈奴侵扰。

2. 西汉王朝对匈奴的歧视

上述各种匈奴侵扰原因均是从匈奴着手的研究,当然无可置疑匈奴侵扰西汉王朝边境,匈奴必定要负责任,但受侵扰的西汉王朝是否就确实"无辜"受扰,而无须负责呢？也不尽然,"中国王朝与游牧社会短暂和平的破解是双方的错误导致的战争爆发"②。

(1) 西汉王朝对匈奴的歧视态度

《国语·周语》载"先王之制,邦内甸服,邦外侯服,侯卫宾服,蛮夷要服,

---

① 参见王子今《秦汉边疆与民族问题》,第81页。

② 译自 Sechin Jagchid & Van Jay Symons. *Peace, War, and Trade Along the Great Wall*. Bloomington & Indianapolis: Indiana University Press. 1989: 16.

戎狄荒服”。崔瑞德、鲁惟一先生认为，自夏起中国划分为五个同心的和分层次的地带区域。[①]王柯先生认为在“天下”这一系统中，甸服、侯服与要服这三个“服”才是最基本的区分概念。无论是五服还是三服的分法，无外乎内外之别，即从夏起，有了内外层次的不同概念，不同层次的区别关键是文化不同。古代文献中记载了许多蛮、夷、戎、狄不守礼法的史实，于是尚武、好战的非“礼”民族性成为先秦时期“中国”人歧视、仇恨“四夷”的原因，而且对于游牧民族和狩猎民族来说，抢夺农耕民族的农产品，是他们日常生活中必不可少的补充手段。同时，西汉王朝受传统的天下思想影响，如果将匈奴与其等同，就等于承认两个“天下”与两个“天子”，这与一贯的“天下”观不符合。所以上至皇帝、下至百姓，对匈奴不可能以“兄弟”视之。

第一，西汉王朝上层对匈奴的歧视。贾谊就曾对西汉王朝、匈奴的定位进行过详细描述：“凡天子者，天下之首，何也？上也。蛮夷者，天下之足，何也？下也。”（《汉书·贾谊传》）匈奴自然也是蛮夷之一。晁错上书也言：“臣闻汉兴以来，胡虏数入边地。”（《汉书·爰盎晁错传》）上书称匈奴为“胡虏”，反映当时西汉王朝君臣并不将匈奴看作是一个对等政府，而是威胁汉王朝的蛮夷之邦，只能算作西汉王朝的“臣子”，且多“悖逆不轨”。所以西汉王朝虽已与匈奴签订了兄弟之约，但并不将匈奴作为对等政府看待，和亲便被看作是蒙羞之事，故关于和亲具体事宜在文献中几乎未见记载。“中国是一个‘中华思想’之国。在这样的中原政权看来，纵使仅在外表上（形式上）与之结成了以汉朝皇帝为兄、匈奴单于为弟的‘昆弟’关系，并且是在被迫无奈的情况下才将这个一直被自己蔑视为‘戎狄’的匈奴承认为是与自己处于完全平等地位的另一方的，而这仍然属于无以复加的奇耻大辱。”[②]贾谊对和亲政策的批评可能就反映了他的许多同僚们的心理。甚至关市贸易也被看作是匈奴强求的结果，如贾谊云：“夫关市者，固匈奴所犯滑而深求也，愿上遣使厚与之和，以不得已许之大市。”[③]自然贾谊、晁错等高层参谋与皇帝相互影响，既表明西汉王朝上层对匈奴的态度，也深化西汉王朝上层之间对匈奴不看重和歧视的思想，才会有史书所记载的和亲人员不愿前往、使者敢与匈奴当面辩论、边吏辱骂等行为，这些都是西汉王朝上层不重视、下层仿效的结果。

第二，边吏、汉使对匈奴的歧视。《史记·匈奴列传》载文帝前元三年（前

---

① 参见〔英〕崔瑞德、鲁惟一编，杨品泉等译《剑桥中国秦汉史》，中国社会科学出版社，1992年，第408页。

② 〔日〕泽田勲著，王庆宪、丛晓明译：《匈奴——古代游牧国家的兴亡》，第33页。

③ 贾谊撰，阎振益、钟夏校注：《新书校注》，中华书局，2000年，第138页。

177年)，匈奴致书解释先前侵扰之事，“汉边吏侵侮右贤王，右贤王不请，听后义庐侯难氏等计，与汉吏相距，绝二主之约，离兄弟之亲”，明确匈奴右贤王侵扰原因是汉边吏的侵侮。如果说匈奴自己提出“边吏侵侮右贤王”的解释，可能存有虚假，为自己开脱之嫌，那么《史记·匈奴列传》载出使匈奴的汉使与匈奴人辩论“匈奴俗贱老”，《资治通鉴·汉纪六》载文帝时期，“汉使或訾笑匈奴俗无礼义者”，这些内容恐怕不存在诬陷，使者已在匈奴境内，尚还辩论匈奴是非，又何况身在汉境内的边吏？故边吏侵辱一事可能是真。这也表明了当时以边吏、使者等为代表的汉王朝对匈奴的态度。

(2) 汉初政策失误

第一，汉初急于削减异姓王，加速匈奴侵扰。冒顿单于统治时期匈奴实力达到最强，而西汉王朝是经过秦末战争刚建立起的新王朝，经济匮乏，百废待兴。刘邦却急于消除异姓王，使异姓王忧心忡忡，最终无奈投降匈奴，如《史记·韩信卢绾列传》载“匈奴冒顿大围信，信数使使胡求和解。汉发兵救之，疑信数间使，有二心，使人责让信。信恐诛，因与匈奴约共攻汉，反，以马邑降胡，击太原”。“太史公曰：韩信、卢绾……南面称孤。内见疑强大，外倚蛮貊以为援，是以日疏自危，事穷智困，卒赴匈奴。”

以卢绾为例，遭到刘邦猜疑，迫于形势，无奈之下投降匈奴，直接引来匈奴侵扰。还有拥有将吏的韩王信等诸侯王投降匈奴后，迅速扩充了匈奴兵力，如《史记·匈奴列传》载汉初“冒顿得自强，控弦之士三十余万”，而“平城之围”时“冒顿纵精兵四十万骑围高帝于白登”。而此时韩王信带领的士兵还未与单于汇合，这样匈奴兵力总数不止四十万。又《史记·韩信卢绾列传》载卢绾“悉将其宫人家属骑数千居长城下……高祖崩，卢绾遂将其众亡入匈奴”，《汉书·匈奴传》载“燕王卢绾复反，率其党且万人降匈奴”。这样，匈奴的兵力就远大于“自强”时的“三十万”，“匈奴以汉将众往降，故冒顿常往来侵盗代地”，提高了匈奴侵扰的频率。

又韩王信等人投降匈奴后，相比较于匈奴，更积极侵扰西汉王朝。如《史记·匈奴列传》载刘敬结和亲后，首先打破约定的是韩王信等汉降将而非匈奴，“韩王信为匈奴将，及赵利、王黄等数倍约，侵盗代、云中。居无几何，陈豨反，又与韩信合谋击代”。《汉书·魏豹田儋韩王信传》载“信为匈奴将兵往来击边，令王黄等说误陈豨。十一年春，信复与胡骑入居参合”。降匈奴的汉将吏“数倍约”，直接引诱匈奴加入侵扰行列中，起到了推波助澜的作用。韩王信为匈奴引路，使得原本只对边塞发动侵扰的匈奴深入汉境，“匈奴大攻围马邑，韩王信降匈奴。匈奴得信，因引兵南逾句注，攻太原，至晋阳下”(《史记·匈奴列传》)。还有投降将吏与匈奴联手发动侵扰，“匈奴使左右贤王将万余骑与王黄等屯广武以南，至晋阳，与汉兵战”（《汉书·魏豹田儋韩王信传》），使匈奴侵扰危害扩大。

第二，西汉王朝未认真履行约定。史载约定内容只有“高帝乃使刘敬奉宗室女公主为单于阏氏，岁奉匈奴絮缯酒米食物各有数，约为昆弟以和亲，冒顿乃少止”（《史记·匈奴列传》），虽然奉送公主的数量和年数未定，但送“絮缯酒米食物”则是每年都有，且各有数，而史书中却极少有汉初诸位皇帝年年履行约定的记载，仅有一些间断的履约记载。例如，汉惠帝三年（前192年）时遣宗室女和亲一次，高后受匈奴辱回书赠送礼物一次。汉文帝前元六年（前174年）赠送礼物一次，老上单于即位时汉王朝遣宗室女和亲一次。汉文帝时史书另载“复与匈奴和亲”三次，但不知是否都有送礼或宗室女。一次是汉文帝初，应该有送。一次是因匈奴侵扰中断和亲，后又和亲，未必送。一次是军臣立为单于，应该有送。《史记·孝景本纪》载前元元年（前156年）五月匈奴入代，与约和亲，《汉书·景帝纪》载前元元年四月与约和亲，这两次应该指的是一次。汉景帝前元二年（前155年）二月有匈奴入燕，秋与匈奴和亲，但未明确是否有送。汉景帝前元五年（前152年）夏遣公主一次。汉武帝即位则明和亲约束。由此可见，汉初除单于即位表示和亲外，就是在匈奴侵扰缓解后“和好”即表示一次，但是否按照和亲协定送礼或奉送公主，则不明确。其他年份均没有记载送“絮缯酒米食物”事件，也有可能并未年年送。

此前提出和亲的刘敬曾明确指出“若陛下不能遣长公主，而令宗室及后宫诈称公主，彼亦知，不肯贵近，无益也”（《史记·刘敬叔孙通列传》），然汉王朝终未派遣真公主和亲。和亲目的是“无战以渐臣”，和亲人员担负着艰巨的政治使命，理应精挑细选、考核培训。然史料却无此项记载，尤其是和亲公主，不但没有记载公主出嫁前是否培训，也没有记载汉初和亲公主是否促进汉匈关系缓和，与后来的解忧公主和王昭君为汉匈关系作出的贡献形成鲜明对比。可能汉初参与和亲的公主不及解忧公主和王昭君贡献大，或许根本无所作为。跟随的和亲人员，不但没有考核、安抚，甚至在明知不愿意前往的情况下，还强行送其和亲，如《史记·匈奴列传》载“孝文皇帝复遣宗室女公主为单于阏氏，使宦者燕人中行说傅公主。说不欲行，汉强使之。说曰：‘必我行也，为汉患者。’”致使中行说心中产生仇恨，并不利于汉王朝实现通过和亲缓解汉匈关系的大目标。

于是中行说“既至，因降单于，单于甚亲幸之”，尽毁汉朝“无战以渐臣”的计划，指出匈奴“所以强者，以衣食异，无仰于汉也”，教唆单于不要贪恋汉王朝送去的衣食，当然也包括美人。他还教单于左右用疏记法统计人口和牲畜，参与汉与匈奴的外交事务，从中破坏汉匈关系，如文书和礼仪接待等。

而且中行说对匈奴选择与汉王朝和平相处还是侵扰汉王朝起着关键作用，如《史记·匈奴列传》载中行说与汉使的辩论："汉使无多言，顾汉所输匈奴缯絮米糵，令其量中，必善美而已矣，何以言为乎？且所给备善则已；不备，苦恶，则候秋孰，以骑驰蹂而稼穑耳！"强势的话语说明他在匈奴政治决策中的地位。还有贾谊上书言匈奴事也提到中行说，"陛下何不试以臣为属国之官以主匈奴？行臣之计，请必系单于之颈而制其命，伏中行说而笞其背"（《汉书·贾谊传》），可见中行说在汉匈关系中影响力之大。

本来，匈奴"儿能骑羊，引弓射鸟鼠；少长则射狐兔：用为食。士力能毌弓，尽为甲骑。其俗，宽则随畜，因射猎禽兽为生业，急则人习战攻以侵伐，其天性也"（《史记·匈奴列传》）。这种尽为甲骑的习战攻伐天性在当时是匈奴的优势，中行说必然提议匈奴保持传统和优势，《史记·匈奴列传》载中行说"日夜教单于候利害处。汉孝文皇帝十四年，匈奴单于十四万骑入朝那、萧关"。虽然单于留塞内月余便去，汉出击也无所杀。又中行说从中挑唆，导致"匈奴日已骄，岁入边"。且其后老上稽粥单于死，军臣立为单于时，《史记·匈奴列传》还再次提到"而中行说复事之"，也说明参事的中行说对匈奴影响非常大，果真"军臣单于立四岁，匈奴复绝和亲"，而大规模侵扰汉王朝。汉文帝时期匈奴扰边一共7次，5次集中在十四年及其后，应该与此人有很大关系。

第三，对匈奴政策的摇摆不定。汉初，汉与匈奴互不信任。西汉王朝没有完全寄希望于和亲，不认真履行和亲协议便是明证。甚至在晁错建议下，汉文帝还积极徙人实边，加剧了匈奴的猜疑，不利于汉匈关系的和平发展。[①]史载汉惠帝、高后时匈奴侵扰，西汉王朝未有任何军事应对。汉武帝时博士狄山总结"高帝欲伐匈奴，大困平城，乃遂结和亲。孝惠、高后时，天下安乐，及文帝欲事匈奴，北边萧然苦兵"（《汉书·张汤传》）。可见汉文帝已不满足于和亲政策维持下的汉匈关系，"欲事匈奴"，故汉文帝时汉匈关系最为紧张，"甚者，兴师十余万众，近屯京师及四边，岁发屯备虏……匈奴所杀郡守、都尉，略取人民，不可胜数"（《汉书·韦贤传》）。

然"欲事匈奴"的汉文帝面对匈奴侵扰，却并未摆出"欲事匈奴"的架势。起初史料还有汉文帝应对匈奴侵扰的兵数，如《史记·孝文本纪》记载，三年（前177年）六月，汉文帝面对匈奴右贤王的侵扰，"发边吏骑八万五千诣高奴，遣丞相颍阴侯灌婴击匈奴"。然而到了十四年（前166年），"上乃遣三将军军陇西、北地、上郡，中尉周舍为卫将军，郎中令张武为车骑将军，军渭北，

① 参见李大龙《西汉前期"和亲"政策新论》，《民族研究》1993年第4期。

车千乘，骑卒十万……以东阳侯张相如为大将军，成侯赤为内史，栾布为将军，击匈奴”。《史记·匈奴列传》载汉文帝十四年(前166年)，“以中尉周舍、郎中令张武为将军，发车千乘，骑十万，军长安旁以备胡寇。而拜昌侯卢卿为上郡将军，甯侯魏遬为北地将军，隆虑侯周灶为陇西将军，东阳侯张相如为大将军，成侯董赤为前将军，大发车骑往击胡。单于留塞内月余乃去，汉逐出塞即还，不能有所杀”。《史记·孝文本纪》记载“军陇西、北地、上郡、渭北”的兵数一共十万，《史记·匈奴列传》明确这十万全部用来保卫京师。《史记·李将军列传》载“孝文帝十四年，匈奴大入萧关，而广以良家子从军击胡，用善骑射，杀首虏多，为汉中郎”，说明汉王朝确实与匈奴作战，但史料却没有出击匈奴的兵数记载。只记载保护皇城的兵数，而不记载出击匈奴的兵数，应该是数量不及保卫皇城的士兵数量，不然为何不载？甚至文帝后元六年(前158年)“以中大夫令勉为车骑将军，军飞狐；故楚相苏意为将军，军句注；将军张武屯北地；河内守周亚夫为将军，居细柳；宗正刘礼为将军，居霸上；祝兹侯军棘门：以备胡。数月，胡人去，亦罢”(《史记·孝文本纪》)，连屯兵数都未记载。相对于汉武帝元光“二年十一月，单于将十万骑入武州，汉遣兵三十余万以待之”(《汉书·天文志》)的记载而言，汉文帝不能算是“欲事匈奴”。而且汉文帝时期记载的一系列变化，说明汉文帝统治后期为应对匈奴侵扰而屯兵的数量不如其前期数量。

“时小入盗边，无大寇”的汉景帝时期，仍然有李广数与匈奴战，积极应战匈奴的表现，如《汉书·五行志》载景帝中六年(前144年)“六月，匈奴入上郡取苑马，吏卒战死者二千余人”，《史记·孝景本纪》载“后二年正月……郅将军击匈奴。酺五日。令内史郡不得食马粟，没入县官。令徒隶衣七緵布。止马舂。为岁不登，禁天下食不造岁。省列侯遣之国”。而汉文帝时期面对匈奴侵扰除屯边备战外，再无其他积极应对表现。

汉初，汉文帝只顾保卫皇城、不顾边塞的做法说明对匈奴侵扰不够重视，既然不重视战争效果，完全可以认真履行和亲约定，而事实也并非如此。汉初既不认真履行和亲约定，又不实施强硬应对措施，而是处于“和亲—消极备战”这种矛盾境地，即匈奴来了则义愤填膺，而后却无实际行动，消极备战而非应战。这反倒助长了匈奴气焰，促使其下一步侵扰。难道是汉初缺少良将和兵力？非也！“臣闻汉拜郅都，匈奴避境；赵命李牧，林胡远窜。则朔方之安危，边城之胜负，地方千里，制在一贤。其边州刺史不可不慎择，得其人而任之。”(《旧唐书·突厥》)李广、郅都的存在说明并不缺乏人才，汉文帝的大量备兵也说明兵力尚可。可能是长途跋涉的消耗，或汉初“平城之围”的阴影，使他们并未做好充分的心理和实际准备，故而只能处于这种“和亲—消极备战”的矛盾境地。

汉初面临强邻在侧，刘邦却急于削减异姓王，使一些异姓诸侯王投入匈奴一方，引来匈奴，促成其大程度的侵扰。汉初采取和亲约定，然双方均未认真履行，西汉王朝希望通过和亲“无战以渐臣”，却不重视和亲人员的选拔和培训，无疑是将仇视汉王朝的人送入匈奴“怀抱”，使得汉匈关系不断恶化。

综上所述，在匈奴生产基础和特殊气候影响下，在西汉王朝态度和投降匈奴的汉人促成下，匈奴侵扰始终未断，且以汉初为主。汉武帝马邑伏击之后，汉匈关系发生了实质性变化，不再是和亲掩盖下的匈奴单方面侵扰，双方处于战争期，此时西汉王朝、匈奴均有主动出击，故匈奴发动的侵扰属于战争时期的正常反应。汉武帝之后的汉昭帝、汉宣帝时期，匈奴侵扰危害微乎其微，尤其是南匈奴内迁后，未再有侵扰，然此时长城依然存在，甚至到汉元帝时，呼韩邪单于上书愿保塞上谷以西至敦煌，请罢边备塞吏卒，西汉王朝仍未通过。而且汉长城除了沿用秦长城外，还有新建部分。新建部分主要是在汉武帝时期，汉宣帝时也有修建部分烽燧，而事实上此时匈奴侵扰危害和程度已大不如前，但汉王朝仍积极利用长城，说明长城的修建除了外因匈奴侵扰外，还有汉王朝自身的内在原因。

二、西汉长城修筑的内因

从以上匈奴侵扰历史来看，汉初诸侯王投降匈奴后，增加了匈奴兵力，引匈奴侵扰延伸到西汉王朝内部。而此时西汉王朝处于百废待兴之时，军事、经济实力无法支持其迎战匈奴，且朝廷没有足够的经验，于是借鉴历史，使用长城进行防御。汉王朝在匈奴不断侵扰和汉初政局不稳定的双重压力下，根本无暇顾及长城修建，只能沿用秦长城。此后经济发展，汉武帝出击匈奴战争胜利后，西汉王朝才有大规模修建长城。汉匈战争后，匈奴远遁，其侵扰威胁已小，特别是宣帝时期，汉王朝仍治乌垒城，使亭燧建筑向西延伸至库车西北。可见汉长城的修建除有匈奴侵扰的原因外，还有着深刻的内部原因，虽然汉匈战争中汉王朝取得了胜利，但并没有彻底摆脱匈奴威胁，而且这种威胁不只是军事上的，还有心理层面的。

（一）军事上的威胁

1. 汉初实力不足以应对匈奴侵扰

经历了秦末战争的刘邦，五月被尊为皇帝，天下刚定，罢兵归家。然而十月燕王臧荼便举起反叛大旗，攻下代地，刘邦亲自前往平定。同年秋天，颍川侯利幾恐被诛而反叛，刘邦也自将击，利幾走。两年后，韩王信与匈奴谋反太原，连续取胜的刘邦自然不能容忍韩王信与匈奴勾结，亲自平定。而精通中原车战和步兵战术的刘邦，与匈奴骑兵作战，带领步兵30多万迎战匈奴号称的40万骑兵，又遇天寒，被围困。而“匈奴地形技艺与中国异。上下山阪，出入溪涧，中国之马弗与也；险道倾仄，且驰且射，中国之骑弗与也；风雨罢劳，饥渴不困，中国之人弗与也：此匈奴之长技也”（《汉书·爰盎晁错传》），骑兵占有优势。而汉初“自天子不能具醇驷，而将相或乘牛车”的现实，无法提供充足的马匹和骑兵来应对匈奴侵扰，汉王朝最后选择和亲之路，甚至匈奴冒犯高后时也不得不回书“弊邑无罪，宜在见赦。窃有御车二乘，马二驷，以奉常驾”（《汉书·匈奴传》），以求和平。

然而“对匈奴作战的高度运动战性质作战的主力必须由骑兵组成，以便迅速地应援和迅速地追击”[1]，为此，西汉王朝大力发展骑兵。发展骑兵的前提是马匹，“马者甲兵之本，国之大用”。高祖四年（前203年）八月，“初为算赋”（《汉书·高帝纪》），开始征收算赋为车马用，如淳曰“汉仪注民年十五以上至五十六出赋钱，人百二十为一算，为治库兵车马”。为保证马匹数量，防止马匹流失，高后时实行关市禁物制度，限制“毋予蛮夷越金铁、田器、马、牛、羊；即予，予牡，毋予牝”（《资治通鉴·汉纪五》）出关，汉简中也有“⧄议，禁民毋得私买马以出抒（扞）关、郧关、函谷［关］、武关及诸河塞津关。其买骑、轻车马、吏乘、置传马者，县各以所买名匹数告买所内史、郡守，内史、郡守各以马所补名为久久马，为致告津关，津关谨以藉（籍）、久案阅，出。诸乘私马入而复以出，若出而当复入者，出，它如律令。御史以闻，请许，及诸乘私马出，马当复入而死亡，自言在县官，县官诊及狱讯审死亡，皆津关。制曰：可”[2]的记载。汉景帝时也规定“禁马高五尺九寸以上，齿未平，不得出关”（《汉书·景帝纪》）。同时汉朝还禁止屠宰马牛，以保护马匹。《盐铁论·刑德》载“今盗马者罪死，盗牛者加”，汉简中也有“府移使者□所诏书曰毋得屠杀马牛”（E.P.F.22:47A）[3]的记录。

除以上措施外，马匹的获得关键在于畜养。西汉王朝马匹来源有以下几种。一是百姓饲养，官方通过征收、购买等方式收集，“令民有车骑马一匹者，复卒三人”（《汉书·食货志》），于是政府鼓励百姓养马。二是官方饲养。

① 赖家度：《汉代军事家——霍去病》，《历史教学》1954年第10期。

② 张家山二四七号汉墓竹简整理小组：《张家山汉墓竹简〔二四七号墓〕（释文修订本）》，文物出版社，2006年，第85～86页。

③ 参见甘肃省文物考古研究所、甘肃省博物馆、文化部古文献研究室、中国社会科学院历史研究所编《居延新简——甲渠候官与第四燧》，文物出版社，1990年，第479页。

西汉王朝成立专门管理马政的机构，中央和郡国都积极养马[①]，《二年律令》记录了不同种类马匹喂养饲料的数量及对马牛保护的措施[②]，可见政府对马的重视。汉景帝时“益造苑马以广用”（《史记·平准书》），［索隐］“谓增益苑囿，造厩而养马以广用，则马是军国之用也”。汉王朝还在诸苑使用官奴婢3万养马30万匹（《汉书·景帝纪》），汉景帝中元六年（前144年）六月匈奴还曾经入上郡盗取苑马。三是从游牧民族引进马匹。西汉王朝与匈奴等游牧民族贸易，除从游牧民族获得畜牧制品外，还获得马匹，这些马匹可用于改良西汉马种，利于长途奔袭。汉王朝还从北方、西北草原通过各种渠道引进优良马种，西南山区的马种也不断传入汉王朝。[③]但无论百姓饲养、官方饲养还是引进马匹，都需要西汉王朝有足够的经济实力来饲养或交换，所以打造坚强军事实力的关键还在于经济。

汉初虽汉王刘邦为帝，但政局并非铁板一块，如汉高祖五年（前202年）十月燕王臧荼反、其秋颍川侯利幾反、十二月用计俘韩信，七年（前200年）韩王信与匈奴攻汉，八年（前199年）韩王信余部反，九年（前198年）赵相谋反事件发，十年（前197年）九月至十一年（前196年）正月赵相陈豨反代地，十一年（前196年）秋至十二年（前195年）十月淮南王黥布反等，西汉王朝初期几乎每年都有政局动荡事件，深受战争滋扰。且上述8次战争中，与匈奴战争仅1次，而西汉王朝内部战争7次，在边郡代地等发生的有4次，其后汉惠帝、高后统治的14年中未有内战记载，也未有发兵迎战匈奴的记载。但高后打压刘姓、分封吕姓的做法使得政局隐藏危机。文景二帝统治时期内政外交不稳定因素增加，汉文帝前元三年（前177年）六月济北王造反1次，而文帝统治时期匈奴侵扰7次，史载汉出兵迎战匈奴3次。汉景帝时吴楚“七国之乱”长达半年，匈奴侵扰4次，迎战匈奴1次。

从以上战争时间和数据可知，高祖时多内战，其后主要是匈奴侵扰，社会承受着内忧外患的双重压力。战争滋扰无法提供一个安定环境，百姓自然无法安心生产，尤其是边郡，影响了整个西汉王朝社会经济的发展和累积。又西汉王朝基础薄弱，“汉兴，接秦之敝，诸侯并起，民失作业，而大饥馑。凡米石五千，人相食，死者过半。高祖乃令民得卖子，就食蜀汉。天下

---

① 参见陈直《汉代的马政》，《西北大学学报（哲学社会科学版）》1981年第3期；黄敬愚《简牍所见西汉马政》，《南都学坛》2006年第3期；王裕昌、宋琪《汉代的马政与养马高峰》，《西北师大学报（社会科学版）》2004年第6期。

② 参见张家山二四七号汉墓竹简整理小组《张家山汉墓竹简〔二四七号墓〕（释文修订本）》，第66、43页；臧知非《张家山汉简所见汉初马政及相关问题》，《史林》2004年第6期。

③ 参见安忠义《汉代马种的引进与改良》，《中国农史》2005年第2期。

既定,民亡盖臧,自天子不能具醇驷,而将相或乘牛车"(《汉书·食货志》),而后8年又经历过6次战争,经济来不及慢慢积累便直接被战争消耗。同时,战争对经济发展具有极大的阻碍和破坏作用。

第一,战争占用和损失了大量的劳动力。尤其是内乱,双方占用的均是西汉王朝劳动力,直接阻碍劳动者投入生产,甚至损伤了劳动者投入生产的能力。虽然高祖时,投入战争的兵力只有击匈奴时30万的记录,但汉文帝时投入战争兵力,有8.5万迎战匈奴、10万镇压济北王、10万迎战匈奴等记录。以上数字提供了出击匈奴30余万,迎战匈奴10多万,内战10万,而汉景帝时吴楚"七国之乱"涉及诸侯王不止一个,远不止10万人。汉初内战7次、出击匈奴1次、迎战匈奴4次,动用兵力人数累计达百万。而且刘邦有两次战争发生在秋季,秋季是农忙季节,发动战争是直接与农业生产争夺劳动力。战争中士兵有损伤,高祖时30万兵"会冬大寒雨雪,卒之堕指者十二三"(《史记·匈奴列传》),堕指不仅影响士兵作战发挥,而且影响他们将来从事生产劳动。史料没有记载战争中士兵死亡人数,如果算上死亡,西汉王朝的伤亡人数则不止"十二三"。

此外,除直接参与战争的士兵外,还有成千上万的人员为战争提供后勤服务却没有记载,"丈夫从军旅,老弱转粮饷"(《史记·平准书》)。还有为战争提供牲畜的官方饲养场也占用了大量本可投入生产的劳动力。更有因战争投降匈奴和被匈奴掠去的人不计其数。汉初异姓诸侯王带领将兵投降匈奴,投降人数众多,如"燕王卢绾复反,率其党且万人降匈奴"。从匈奴侵扰的历史来看,匈奴每次侵扰杀略便是数千。这成千上万劳动力的占用和损失,给西汉王朝的农业造成巨大影响,尤其是边郡农业受到严重威胁。

第二,战争占用和损失了大量可用于生产的马、牛等牲畜,并直接消耗财富——粮草。对马、牛牲畜的消耗,有的是直接投入到战争中,如汉文帝迎战匈奴时改变了高祖出击匈奴多步兵的情况,先后动用骑8.5万、骑卒10万,骑兵数量庞大,而动用马、牛等牲畜的数量自然要高于骑兵数量。因为自古战争都讲究兵马未动粮草先行,边郡多受匈奴侵扰无法供给所需,出兵就需要运输粮草,当时用于运送粮草的除了马匹还有牛,如茂陵霍去病墓前石刻中就有石牛雕像,"虽卧而不眠,和战马类似的警觉张望的神情,是在生活中不易看到的。牛在古代耕作、运输中所起的作用,就其普遍性来说,比骡马是有过之而无不及的……他不是把胜利仅仅理解为取决于战场上的兵强马壮,他还意识到了后方物资粮秣供应的重要作用。从作者在牛背上用几条简单的阴线刻划的鞍鞯模样,便可以领会到牛的性质和这一形象所包含的深刻意义”[①]。这样耕田用牛相对就少了,汉匈战争期间影响耕牛使用尤为明显,《汉书·食货志》载“民或苦少牛,亡以趋泽,故平都令光教过以人挽犁”。除了组织专门的运粮队外,政府还发动私人运输,《二年律令·徭律》有“发传送,县官车牛不足,令大夫以下有訾(赀)者,以訾共出车牛及益,令其毋訾(赀)者与共出牛食、约、载具”[②]的记载。此外,匈奴侵扰“杀略人民畜产甚多”。当时西汉王朝屯边戍卒虽多耕作,但边粟仍不足,朝廷不得不利用赐爵位和除罪等方法募民运输及转送粮食于边郡,《史记·平准书》载“于是募民能输及转粟于边者拜爵,爵得至大庶长”。为了保证士兵的战斗力,需要长途跋涉提供粮草,但后勤人员长途运输也消耗大量粮草,故兵法曰:“兴师十万,日费千金。”而其运输速度在《二年律令·徭律》中有记录:“事委输,传送重车重负日行五十里,空车七十里,徒行八十里。”[③]粮草的运输效率非常低,如秦始皇时“起于黄、腄、琅邪负海之郡,转输北河,率三十钟而致一石”(《汉书·严朱吾丘主父徐严终王贾传》),西汉时也只是“千里负担馈粮,率十余钟致一石”(《史记·平准书》)。

因此战争造成国家财富消耗、资源毁坏、人口伤亡,社会经济和生活受战争滋扰而紧张甚至混乱,朝廷及百姓陷入生活和精神双重困境。而且汉初除战争外,还修筑大型工程,史载高祖七年(前200年)二月建成长乐宫,八年(前199年)营建未央宫。惠帝三年(前192年)“方筑长安城,四年就半,五年六年城就”(《史记·吕太后本纪》)。景帝时宫室列观与马益增修。同时还有自然灾害,据统计,汉初高祖时风灾1次、寒灾1次;汉惠帝时旱灾2次、震灾1次、火灾4次;高后时水灾3次、震灾2次、疫灾火灾各1次;汉文帝时水灾6次、旱灾6次、蝗灾2次、震灾1次、风灾2次、雹灾雪灾火灾各1次;汉景帝时水灾2次、旱灾4次、蝗灾3次、震灾5次、疫灾2次、风灾1次、雹灾3次、雪灾1次、火灾2次。[④]各种灾难的人员财物损耗,特别是火灾消耗财物后,重新修建造成二次人力物力等财富消耗。旱灾的危害也非常大,贾谊曾说,“汉之为初,几四十年矣,公私之积,犹可哀痛。失时不雨,民且狼顾;岁恶不入,请卖爵子”(《资治通鉴·汉纪五》)。

所以汉初休养生息,以发展为上,不主动在战争上消耗,面对匈奴侵扰,也只是采取晁错的建议,即“募罪人及免徒复作令居之,不足,募以丁奴婢赎

---

① 陈少丰:《中国雕塑史》,岭南美术出版社,1993年,第87~88页。

②③ 张家山二四七号汉墓竹简整理小组:《张家山汉墓竹简〔二四七号墓〕(释文修订本)》,第64页。

④ 焦培民、刘春雨、贺予新:《中国灾害通史·秦汉卷》,郑州大学出版社,2009年,第149页。

罪及输奴婢欲以拜爵者；不足，乃募民之欲往者”（《汉书·爰盎晁错传》），徙民实边，使边民与边郡紧密结合，加强防御。然而经济并不乐观，文帝鼓励节俭、发展农业，并且亲作表率常衣绨衣，宠妃慎夫人也衣不曳地、帷帐不饰文绣。景帝前元三年（前154年）上郡以西旱，于是复修卖爵令，裁其贾以招民，又徙复作，得输粟于县官以除罪。景帝后元二年（前142年）因年岁不登，不得不“令内史郡不得食马粟，没入县官。令徒隶衣七緵布。止马舂”（《史记·孝景本纪》）。由此可见，《史记·平准书》“汉兴七十余年之间，国家无事，非遇水旱之灾，民则人给家足，都鄙廪庾皆满，而府库余货财”的记载恐有不实。因为汉初战争连续，修筑大型建筑，灾害常有发生，并非“国家无事”。而且根据诏书、臣上书等记录看，汉初“岁不登”情况较多，如文帝后元元年（前163年）三月诏“间者数年比不登，又有水旱疾疫之灾……何其民食之寡乏也！夫度田非益寡，而计民未加益，以口量地，其于古犹有余，而食之甚不足者，其咎安在”（《汉书·文帝纪》）；景帝前元元年（前156年）正月诏“间者岁比不登，民多乏食，夭绝天年，朕甚痛之”，后元二年（前142年）四月诏“今岁或不登，民食颇寡，其咎安在”，后元三年（前141年）正月诏“间岁或不登”（《汉书·景帝纪》）。武帝建元“三年春，河水溢于平原，大饥，人相食”（《汉书·武帝纪》）。建元六年（前135年）淮南王安上书曰：“间者，数年岁比不登，民待卖爵赘子以接衣食，赖陛下德泽振救之，得毋转死沟壑。四年不登，五年复蝗，民生未复。”（《汉书·严朱吾丘主父徐严终王贾传》）因此，汉初经济恐难达到“都鄙廪庾皆满，而府库余货财”的繁荣程度。

综上所述，汉初匈奴处于强盛时期，而西汉王朝百废待兴、政局不稳，战争、灾害等对财富的消耗，使得西汉王朝没有足够的实力修筑新的防御工事。同时，刚建立起来的西汉王朝统治集团多平民出身，没有足够的应对经验，只能借鉴“秦有陇西、北地、上郡，筑长城以距胡。而赵武灵王……自代并阴山下至高阙为塞，而置云中、雁门、代郡……燕亦筑长城，自造阳至襄平，置上谷、渔阳、右北平、辽西、辽东郡以距胡……后秦灭六国，而始皇帝使蒙恬将数十万之众北击胡，悉收河南地，因河为塞，筑四十四县城临河，徙适戍以充之”（《汉书·匈奴传》）的历史经验，选择长城来阻隔强悍的匈奴。又因“平城之围”的影响，惠帝至景帝这几位帝王统治时，虽经济实力、骑兵发展都比高祖时有所增加，但都不敢贸然出击匈奴。

2. 汉匈战争时期

虽汉初经济没有达到粮财外溢的繁荣程度，但汉初几十年的休养生息，特别是平定吴楚七国之乱后，汉武帝统治时期政局比汉初稳定，经济、军事实力也比高祖时有所增长，故才有汉武帝元光二年（前133年）发动30万人屯马邑伏击匈奴之事，拉开了西汉王朝与匈奴战争的序幕。

从前文西汉王朝与匈奴出击情况看，西汉王朝在马邑伏击失败后，首次大规模进攻匈奴是在汉武帝元光六年(前129年)，但此后也并非每年都有出击。为明确西汉王朝出击匈奴作战详情，特制“汉匈战争中西汉王朝出兵数与战获人数统计表”(如表3-2所示)，由于匈奴兵数具体不详，故只进行西汉王朝出兵人数与战获人数的比例统计。

表3-2　汉匈战争中西汉王朝出兵数与战获人数统计表

时间	战况	出兵数与战获人数比例
元光六年	四将军各将万骑，亡一万七千余人，获首虏七百人	60:1
元朔元年	三万多骑出击，获首虏数千级	30:1
元朔二年	获首虏数千级，牛羊百余万	不详
元朔五年	出兵十余万，获众男女万五千余人，畜数千百万	7:1
元朔六年二月	兵十余万骑，斩首三千余级	33:1
元朔六年四月	得首虏万九千余级，汉亡两将军、三千余骑	不详
元狩二年春	万骑出，斩首八千余级	5:4
元狩二年夏	数万骑出，斩首虏三万余级，降者两千五百人	1:1
元狩四年	十万骑、步兵转者踵军数十万出，获八万九千余级；汉士死数万人，马死十余万匹	5:1
太初二年	二万骑出，捕首虏数千人	5:1
天汉二年	三万五千骑出，得首虏二万余级，后被围，五千全降，三万物故什六七	17:1
天汉四年	七万骑、步兵十四万人出，六万骑、步兵十万人降，其他回，战果不详	不详

因史料中少有西汉王朝出击匈奴士兵受伤或死亡情况的记载，故上表未列入西汉王朝将兵死伤数量。从上表可知，首次出击，西汉王朝出兵数量与战获人数完全不成比例，且近一半数量的士兵亡入匈奴，故此次战役并不能称作胜利，反而是损失惨重。汉武帝元朔元年(前128年)出兵数量与战获人数实际比例也不止30:1，元朔二年(前127年)虽无兵数记载，根据战获成果与元朔元年(前128年)战况来看，出动兵数应不低于30万，但此战收河南地，置朔方、五原郡，战绩明显；且这两次出击明显比元光六年(前129年)有进步，没有将兵亡人记录。元朔五年(前124年)西汉王朝军事出击真正

显出效果,出兵数与战获人数比例,比之前略显优势。出兵数与战获人数比例的稳定则在元朔六年(前123年)以后,战争投入兵数增多,战获人数也大有增加,出兵数量与战获人数比例变小,战争成效大。天汉二年(前99年),西汉王朝兵力明显变少,出兵数与战获人数比例虽比初期比例小,但投降和损失兵力严重,汉兵“三万物故什六七”,损失惨重,只是其战获首虏比首次战争的多。

(1)军事战争无法彻底消灭匈奴

汉武帝元朔六年(前123年)之前,西汉王朝投入的兵力并没有之后的多,收获也少,而损失很大。元朔六年到元狩四年(前119年)的战争阶段,西汉王朝投入战场的兵力增加,战争效果明显。但这一阶段匈奴投入作战的兵力也不断增加,如元光六年(前129年)数千人,元朔元年(前128年)二万,元朔三年(前126年)数万骑,元朔四年(前125年)六万骑,元朔五年(前124年)、元狩元年(前122年)万骑,元狩三年(前120年)数万等,从数千人变成数万骑。虽然元狩二年(前121年)秋匈奴昆邪王投降带来大量骑兵,削弱了匈奴兵力,然元狩三年(前120年)匈奴兵力仍比之前有所增加。元狩四年(前119年)战争达到顶峰,双方损伤也达到最高,其后投入战争兵数减少。西汉王朝兵马减少,匈奴远遁,幕南无王庭。西汉王朝在朔方以西至令居屯兵,通渠置田。

此后匈奴只有元鼎五年(前112年)入五原、元封四年(前107年)寇边,但人数微乎其微,因为数千人都有记录,而这两次没有记录,数量应较少,且无战果。这表明元狩四年(前119年)大规模作战后,匈奴只是远逃,但并未被消灭,因而仍有小规模寇边事件。天汉二年(前99年)赵破奴带领骑兵迎接准备投降西汉的匈奴左大都尉,被八万匈奴骑围困而降,可见匈奴兵力仍很多。天汉三年(前98年)徐自为筑城障列亭至卢朐,韩说、卫伉屯其旁,路博德筑居延泽上,同年虽有匈奴盗边,然其无所得。此后天汉四年(前97年)、征和三年(前90年)的战争中,汉王朝出兵数量很大,成效甚微,战争中失亡大,故“自贰师没后,汉新失大将军士卒数万人,不复出兵”(《汉书·匈奴传》)。

由上可见,西汉王朝只是集中一段时间取得胜利,使匈奴丢失大片利于放牧的地区,如“祁连山麓一带水草丰美,林木葱茂,冬温夏凉,适宜牧养牲畜,是匈奴重要富源地区之一”[1],从而迫使匈奴向环境严峻的北方、西方转移,但始终没有完全消灭匈奴。而且西汉王朝主动出击匈奴后,匈奴也会连

---

① 赖家度:《汉代军事家——霍去病》,《历史教学》1954年第10期。

续地反攻。西汉王朝占领新的领土后，便立即修筑防御工事，以加强防御，如收河南地后置朔方、五原郡，使出击与防御双向结合，而不是单纯依靠战争。虽然双方停战期间，匈奴曾求和亲，但汉遣使被扣留，因此和亲之路不通，其后“单于之遁走，其兵往往与汉兵相乱而随单于”（《史记·匈奴列传》），“北方的匈奴并未偃旗息鼓”[①]，于是在和亲不可行、匈奴未灭的情况下，“自贰师将军伐大宛之后……自敦煌西至盐泽，往往起亭，而轮台、渠犁皆有田卒数百人，置使者校尉领护”（《汉书·西域传》），即在战争后，仍使用防御方法来保卫战争已得的成果。

(2) 经济无法支持继续大规模战争

一方面，匈奴游牧的本性使他们可以长途跋涉逃避打击，当西汉王朝大部队撤退后，又可机动返回。另一方面，历史没有提供除长城外更多的可行选择，故西汉王朝在新占领区域修筑长城。更为关键的是，西汉王朝自身在战争中消耗较大，经济实力无法支持其继续深入追击匈奴或保持胜利局势，不得不运用长城来保卫胜利果实。

第一，汉武帝时期与匈奴的战争阻碍和破坏了西汉王朝的经济发展，对社会财富造成大量消耗。

首先，最直接的是战争占用和损失了大量劳动力。战争阶段西汉王朝派出骑兵动辄数万，而实际参与战争的不仅仅是骑兵，还有其他士兵或私从者，多未被记录，如《史记·匈奴列传》载元狩四年（前119年）“乃粟马发十万骑，私负从马凡十四万匹，粮重不与焉”，其中“私负从”，[正义]“谓负担衣粮，私募从者，凡十四万匹”。除了元狩四年的战争，其他年份的战争只记录了骑兵或步兵，未有私从数量，所以按此比例看，西汉王朝出击匈奴的人数大于记载数目。

还有文献记载战场上将兵的逃亡和投降情况，少则五千，多则数万。而逃亡或投降的将兵对西汉王朝影响更大，因为他们亡入匈奴，不仅直接削弱了西汉王朝兵力，还补充了匈奴兵力，同时参与匈奴政治经济生活，增加了西汉王朝再次作战取胜的难度。特别是贰师将军投降后，西汉王朝兵力大损，不再出兵。

其次，这一阶段所需马匹比汉初多，因为这一阶段西汉王朝多主动深入匈奴内部作战，如《史记·卫将军骠骑列传》载元狩二年（前121年）“骠骑将军出北地，已遂深入……骠骑将军逾居延至祁连山”，元狩四年（前119年）卫青“至窴颜山赵信城”，霍去病“封狼居胥山，禅于姑衍，登临瀚海”。长途跋涉地深入作

---

① 〔法〕勒内·格鲁塞著，蓝琪译：《草原帝国》，商务印书馆，1998年，第64页。

战，所需战马不只是一匹，从“私负从马凡十四万匹”，可见骑兵出战时配备有机动马匹，或称为副马，如《汉书·赵充国辛庆忌传》载“至四月草生，发郡骑及属国胡骑伉健各千，倅马什二，就草，为田者游兵”。颜师古注曰：“倅，副也。什二者，千骑则与副马二百匹也。”所以战争需要大量马匹。

虽然武帝时期“盛养马，马之来食长安者数万匹，卒牵掌者关中不足，乃调旁近郡”，“众庶街巷有马，阡陌之间成群”（《史记·平准书》），“长城以南，滨塞之郡，马牛放纵，蓄积布野”（《盐铁论·西域》）。大量马匹畜养也给国家带来负担，比如，汉武帝养马最盛之时有马40万匹，按匹日斗五升算，则日需粟6万斛，则一年要消耗粟2190万斛。按谷斛70钱算，40万匹马食粟一年约需15亿钱。即使汉武帝时谷贱，按斛30钱算也6亿多钱。因此在西汉王朝众多的马匹成为国家的一个负担。[①]而且战场上马匹损失惨重，如《史记·匈奴列传》载元狩六年（前117年）“汉两将军大出围单于，所杀虏八九万，而汉士卒物故亦数万，汉马死者十余万。匈奴虽病，远去，而汉亦马少，无以复往”。又有《史记·卫将军骠骑列传》载“两军之出塞，塞阅官及私马凡十四万匹，而复入塞者不满三万匹”。还有，太初二年（前103年）汉破奴将二万骑被围而降。天汉二年（前99年）贰师将军将三万骑击右贤王被围，汉兵物故什六七，李陵五千兵被围而降。《汉书·昭帝纪》载“夏，罢天下亭母马及马弩关”，应劭曰：“武帝数伐匈奴，再击大宛，马死略尽，乃令天下诸亭养母马，欲令其繁孳，又作马上弩机关，今悉罢之。”

所以，马匹的大量损失迫使汉王朝不得不征集马匹，“除千夫、五大夫为吏，不欲者出马”（《汉书·食货志》）。元狩五年（前118年）又“天下马少，平牡马匹二十万”（《汉书·武帝纪》）；元鼎五年（前112年）“车骑马乏绝，县官钱少，买马难得”，还“令封君以下至三百石以上吏，以差出牝马天下亭，亭有畜牸马，岁课息”（《史记·平准书》）；太初二年（前103年）“籍吏民马，补车骑马”（《汉书·武帝纪》），征和后又重修马复令。汉王朝还在边郡发展畜牧业，“令民得畜牧边县，官假马母，三岁而归，及息什一”（《史记·平准书》）。其实这样就进入了高成本的畜养和战争消耗的循环之中。

除了马匹，还增加牛的使用。《史记·大宛列传》载汉武帝时曾调用“牛十万，马三万余匹，驴骡橐它以万数”。汉简中也有“橐佗持食救吏士命以一郡力足以澹养数十人（一二四）”[②]的记载，可见用于运粮的牲畜不仅有马、牛，还有驴、骡等牲畜。随着骑兵规模的壮大和牲畜使用量的增加，粮草消耗自

① 参见黄敬愚《简牍所见西汉马政》，《南都学坛》2006年第3期。

② 甘肃省文物考古研究所编：《敦煌汉简》，中华书局，1991年，第225页。

然也大增，曾经还“发天下七科适，及载糒给贰师，转车人徒相连属至敦煌”（《汉书·张骞李广利传》）。

最后，战功赏赐用去了大量的财富。为鼓励士气，西汉王朝往往对有战功的将士加官拜爵、赏赐金钱。青海大通上孙家寨汉简有拜爵赏金记录，如第258号有“各二级斩捕八级拜爵各三级不满数赐钱级千”、第259号有“复战军罢不满数赐钱级”[①]等记录。《史记·平准书》载元朔六年（前123年）“捕斩首虏之士受赐黄金二十余万斤”；《资治通鉴·汉纪十一》也载元朔六年“大将军不益封，止赐千金……斩捕首虏之士受赐黄金二十余万斤”；《史记·平准书》还载元狩二年（前121年）击匈奴和赏赐“费凡百余巨万”，元狩四年（前119年）赏赐军功五十万金。大量赏赐造成“大农陈藏钱经耗，赋税既竭，犹不足以奉战士”，“是时财匮，战士颇不得禄矣”，不得不实行卖爵或赎禁锢免减罪以获钱。

综上所述，与匈奴战争阶段，战争对西汉王朝经济造成的阻碍和破坏力度远大于汉初。战争投入如养兵费、武器装备费、边防工程费、马政费、战时费、军功赏赐费、安葬费、抚恤费、归降处置费等，每一项费用的数目都十分庞大。[②]有学者指出，概略推算汉代总兵力在100万左右，每年军官俸禄、衣粮供给与转输费、军械装备及军马费等经常性费用30余亿，无论是定量还是定性考察，军费支出在当时国家财政中都占有极大的比例，约占国家财政总收入比例的26.75％、大司农收入比例的80.25％。非经常性国防工程费、战争费、军功和归降赏赐费、安葬抚恤费等或以百万计，或以千万计，或以十余亿计，或以数十亿计，甚至是数十百亿计。[③]另有学者研究指出，汉武帝从前133年至前90年间对匈奴共用兵17次，与伐匈奴有关的兵征共5次。在这22次征伐中用骑兵约120万，步兵约90万，其他补给运输人员等不可胜计。这样的人力动员以及所需运输补给上的支持（全部费用在一千亿钱以上），如果不是在国家的社会发展、政治组织、经济力量、人口数目和军事动员与骑兵训练达到一定程度，是不会成功的。[④]而正是这样的大投入，才让汉初70年的积累消耗过大。总体计算，汉武帝时对匈奴战争投入的费用及其对此后经济发展的阻碍、危害等所有损失，是一组庞大的数字，且当时除对匈奴作战外，还有其他战事。这也是汉武帝以后汉王朝多采取和亲、徙戎

---

① 李均明、何双全：《散见简牍合辑》，文物出版社，1990年，第31、32页。

② 参见胡宏起《两行军费问题研究》，《中国史研究》1996年第4期。

③ 参见上官绪智《秦汉时期军费开支、筹措与管理问题研究》，《南都学坛》2005年第6期。

④ 参见张春树《汉代边疆史论集》，转引自高荣主编《河西通史》，天津古籍出版社，2011年，第61页。

入塞、以戎为兵、“以夷制夷”等边防政策的主要原因之一。

第二，对西羌、大宛、朝鲜，以及西汉王朝南部和西南部的战事。

《史记·平准书》载“严助、朱买臣等招来东瓯，事两越，江淮之间萧然烦费矣。唐蒙、司马相如开路西南夷，凿山通道千余里，以广巴蜀，巴蜀之民罢焉。彭吴贾灭朝鲜，置沧海之郡，则燕齐之间靡然发动。及王恢设谋马邑，匈奴绝和亲，侵扰北边，兵连而不解，天下苦其劳，而干戈日滋”。由此可知在汉匈作战的同时，汉王朝还有其他战争。史载元鼎五年（前112年）至元鼎六年（前111年）汉遣路博德、杨仆、归义越侯、驰义侯等平定南越，将士数量可参考楼船将军“以数万人待伏波……与楼船会乃有千余人”（《史记·南越列传》），“将罪人，江淮以南楼船十万人”（《汉书·武帝纪》）的记载，将士总数有十万多。元鼎六年十月李息、徐自为将陇西、天水、安定骑士及中尉，河南、河内卒十万人平西羌，将士总数超过十万。同年平定东越时，汉三校尉被杀；元封元年（前110年）又遣韩说等人平定，此次无出兵人数记载。元封二年（前109年）朝鲜王攻杀辽东都尉，遣杨仆、荀彘将应募罪人击；元封三年（前108年）朝鲜降，置郡，参战数量有杨仆“兵五万人”的记载。而且在平朝鲜战争中，杨仆带领的兵士失亡众多。元封二年遣郭昌、卫广发巴蜀兵，平未服的西南夷，未有详细参战人数。元封三年（前108年）武都氐人反，分徙酒泉郡。太初元年（前104年）秋李广利将天下谪民征大宛，太初三年（前102年）回。

此外，还有西汉王朝内部的骚乱。元狩元年（前122年）十一月，诛淮南王安、衡山王的谋反，“党与死者数万人”。元封六年（前105年）益州、昆明反，遣郭昌将京师亡命者击之。征和二年（前91年）秋，卫太子与丞相大战长安，死者数万人。天汉二年（前99年）南阳、楚、齐等地盗贼滋起，“乃使光禄大夫范昆、诸部都尉及故九卿张德等衣绣衣持节，虎符发兵以兴击，斩首大部或至万余级。及以法诛通行饮食，坐相连郡，甚者数千人”（《汉书·酷吏传》）。又泰山、琅邪等群盗阻山攻城，遣暴胜之逐捕，“刺史、郡守以下皆伏诛”。

故参与对南越、朝鲜及平内乱等战争的人数也在数万、十万之多，且还有死伤数万、大量失亡等情况。于是“天下苦其劳，而干戈日滋。行者赍，居者送，中外骚扰而相奉，百姓抏弊以巧法，财赂衰耗而不赡”（《史记·平准书》）。

第三，汉武帝追求长生，信奉修仙之术，建宫殿画诸神，大封方士寻神人，还多次出巡、封山祭祀。

从元封元年（前110年）开始，几乎每年都有汉武帝巡边记载。元封元年从辽西经历北边九原。元封二年（前109年）又去缑氏、东莱、泰山、瓠子。

元封五年(前106年)冬南巡。元封六年(前105年)冬行回中、河东。太初元年(前104年)行泰山、勃海、蓬莱、甘泉。太初元年(前104年)八月行安定。太初二年(前103年)三月行河东。太初三年(前102年)正月东巡海上,四月封泰山,禅石闾。太初四年(前101年)行回中。天汉元年(前100年)三月行河东。天汉二年(前99年)行东海、回中。天汉三年(前98年)行泰山、北地。太始二年(前95年)行回中。太初三年(前102年)行甘泉宫。太初四年(前101年)行泰山、建章宫、雍、安定、北地。征和元年(前92年)行建章宫。征和三年(前90年)行雍、安定、北地。征和四年(前89年)行东莱、泰山、甘泉。后元元年(前88年)行甘泉、安定。后元二年(前87年)行幸五柞宫。其随从参考元封元年(前110年)"勒兵十八万骑,旌旗径千余里"(《汉书·武帝纪》)的标准,可知所行人员的衣食住行数目巨大,而且所过之处均多礼祠名山大川、封土建宫,开销庞大。为祭祀,元封二年(前109年)作明堂于泰山下,元光三年(前132年)修龙渊宫、元封六年(前105年)作首山宫、太初元年(前104年)修建章宫、太初四年(前101年)修明光宫等纪念性行宫。

第四,汉武帝设置新郡县、增强防御设施、修建筑、挖湖、治理河渠,每项均花费巨大。

如修筑朔方郡时"兴十万余人筑卫朔方,转漕甚辽远,自山东咸被其劳,费数十百巨万",结果"府库益虚","为郎增秩,及入羊为郎,始于此"(《史记·平准书》)。后"山东被水菑,民多饥乏,于是天子遣使者虚郡国仓廥以振贫民。犹不足,又募豪富人相贷假。尚不能相救,乃徙贫民于关以西,及充朔方以南新秦中,七十余万口,衣食皆仰给县官。数岁,假予产业,使者分部护之,冠盖相望。其费以亿计,不可胜数"(《史记·平准书》),可见设置和发展新郡所需费用之多。史载,元光五年(前130年)发卒万人治雁门阻险;元朔三年(前126年)秋罢西南夷、城朔方城等加强防御;元狩三年(前120年)发谪吏穿昆池以习水军;元光六年(前129年)穿漕渠通渭,而且当时朝廷内争言水利,甚至河西、酒泉也引河及川谷之水灌田,"穿汾、河渠以为溉田,作者数万人;郑当时为渭漕渠回远,凿直渠自长安至华阴,作者数万人;朔方亦穿渠,作者数万人:各历二三期,功未就,费亦各巨万十数"(《史记·平准书》)。

第五,汉武帝时期灾害也很多。

据统计,汉武帝在位的54年中,有灾情发生的年份有31年,共发生灾害次数高达56次,其中水灾8次、旱灾14次、蝗灾10次、震灾5次、疫灾1次、风灾2次、雹灾3次、霜灾1次、雪灾6次、寒灾1次、火灾5次。[①]灾害范围广至多郡,严

① 焦培民、刘春雨、贺予新:《中国灾害通史·秦汉卷》,第149页。

重程度致死亡,甚至出现“人相食”的现象,如《汉书·武帝纪》载元光三年(前132年)“河水决濮阳,泛郡十六”;元狩元年(前122年)十二月“大雨雪,民冻死”;元鼎二年(前115年)“三月,大雨雪。夏,大水,关东饿死者以千数”;元鼎三年(前114年),夏四月,“雨雹,关东郡国十余饥,人相食”;元封四年(前107年)“夏,大旱,民多暍死”。《史记·平准书》载“河决观,梁楚之地固已数困,而缘河之郡堤塞河,辄决坏,费不可胜计”。可见灾害不仅打乱了受灾地区百姓的生产生活秩序,而且影响整个社会的经济发展。

第六,与西域使者往来,赏赐耗费巨大。

出使西域者,所带丰厚,而且使者众多。《史记·大宛列传》载张骞再使西域,“牛羊以万数,赍金币帛直数千巨万”,致使西域与汉相通,仰慕汉财富者多矣。“诸使外国一辈大者数百,少者百余人,人所赍操大放博望侯时。其后益习而衰少焉。汉率一岁中使多者十余,少者五六辈,远者八九岁,近者数岁而反。”(《史记·大宛列传》)而且汉王朝对西域来使赏赐颇多,当时“上方数巡狩海上,乃悉从外国客,大都多人则过之,散财帛以赏赐,厚具以饶给之,以览示汉富厚焉。于是大觳抵,出奇戏诸怪物,多聚观者,行赏赐,酒池肉林,令外国客遍观各仓库府藏之积,见汉之广大,倾骇之”(《史记·大宛列传》)。

西汉王朝通常军费,“按丁、口每年常制征收算赋、口钱和更赋三项共约7866587108钱(扣除地方郡县提留,实际军费收入4302236489.36钱)”[①]。然而汉武帝时期战事频繁、规模大,持续时间较长,战争对经济的阻碍和破坏也大于汉初,再加上当时汉武帝新修各种项目、巡幸各地和灾害等情况对社会财富的消耗,使经济陷入困境,甚至影响到社会的正常秩序,如《汉书·王贡两龚鲍传》载贡禹指出汉武帝“辟地广境数千里,自见功大威行,遂从耆欲,用度不足,乃行壹切之变,使犯法者赎罪,入谷者补吏,是以天下奢侈,官乱民贫,盗贼并起,亡命者众”。故当时提供军费除了赋税外,还采取了一些临时性措施来挽救经济困境,如《史记·平准书》载“募民能入奴婢得以终身复”,置武功爵“令民得买爵及赎禁锢免减罪”,“天子乃损膳,解乘舆驷,出御府禁藏以赡之”,“募豪富人相贷假”。还有“三岁出口钱”等方法,甚至太初四年“徙弘农都尉治武关,税出入者以给关吏卒食”(《汉书·武帝纪》)。除上述措施外,汉武帝还实施新经济政策:统一铸币、算缗告缗、盐铁酒专卖、均输平准。

统一铸币:大量消耗造成汉武帝时期财政压力,当时“县官往往即多铜

---

① 参见上官绪智《秦汉时期军费开支、筹措与管理问题研究》,《南都学坛》2005年第6期。

山而铸钱,民亦间盗铸钱,不可胜数。钱益多而轻,物益少而贵”(《史记·平准书》)。汉武帝欲通过发行货币来缓解财政,元狩四年(前119年)始造币值昂贵的白金三品币和以白鹿皮为质的皮币,罢铸半两币,铸三铢流通,收缴熔毁此前的各种铸币,并严令禁止私铸。然仍有盗铸者,故元狩五年(前118年)再改三铢为五铢。元鼎四年(前113年)“赦吏民之坐盗铸金钱死者数十万人。其不发觉相杀者,不可胜计”(《史记·平准书》),故“悉禁郡国无铸钱,专令上林三官铸。钱既多,而令天下非三官钱不得行,诸郡国前铸钱皆废销之,输其铜三官。而民之铸钱益少,计其费不能相当,唯真工大奸乃盗为之”(《史记·平准书》)。

算缗告缗:元光六年(前129年)“初算商车”,李奇曰“始税商贾车船,令出算”。元狩四年(前119年)颁布缗钱令,“诸贾人末作贳贷卖买,居邑稽诸物,及商以取利者,虽无市籍,各以其物自占,率缗钱二千而一算。诸作有租及铸,率缗钱四千一算。非吏比者三老、北边骑士,轺车以一算;商贾人轺车二算;船五丈以上一算。匿不自占,占不悉,戍边一岁,没入缗钱。有能告者,以其半畀之。贾人有市籍者,及其家属,皆无得籍名田,以便农。敢犯令,没入田僮”(《史记·平准书》)。因有匿财者,故又发布告缗令,元鼎三年,“十一月,令民告缗者以其半与之”(《汉书·武帝纪》),结果“中家以上大抵皆遇告……即治郡国缗钱,得民财物以亿计,奴婢以千万数,田大县数百顷,小县百余顷,宅亦如之。于是商贾中家以上大率破,民偷甘食好衣,不事畜藏之产业,而县官有盐铁缗钱之故,用益饶矣”(《史记·平准书》)。

盐铁酒专卖:元狩三年(前120年),任东郭咸阳、孔仅为大农丞,领盐铁事。元狩六年(前117年)实行铁盐专卖,“铁专卖的性质与盐专卖不同,它不特垄断流通亦由政府直接控制生产”[①]。政府规定“敢私铸铁器煮盐者,钛左趾,没入其器物。郡不出铁者,置小铁官,便属在所县”(《史记·平准书》)。于是西汉王朝在全国产盐铁的地方设盐铁专卖署,任命当地盐铁家富者为盐官或铁官,管理盐铁事宜。天汉三年(前98年)又“初榷酒酤”。应劭曰:“县官自酤榷卖酒,小民不复得酤也。”韦昭曰:“谓禁民酤酿,独官开置,如道路设木为榷,独取利也。”颜师古曰:“禁闭其事,总利入官,而下无由以得,有若渡水之榷,因立名焉。”

均输平准:元鼎二年(前115年)“桑弘羊为大农丞,筦诸会计事,稍稍置均输以通货物”(《史记·平准书》)。[集解]引孟康曰:“谓诸当所输于官者,皆令输其土地所饶,平其所在时价,官更于他处卖之,输者既便而官有利。”桑弘羊认

① 胡寄窗:《中国经济思想史》(中),上海财经大学出版社,1998年,第95页。

为:“往者,郡国诸侯各以其方物贡输,往来烦杂,物多苦恶,或不偿其费。故郡国置输官以相给运,而便远方之贡,故曰均输。”(《盐铁论·本议》)于是“元封元年……置大农部丞数十人,分部主郡国,各往往县置均输盐铁官,令远方各以其物贵时商贾所转贩者为赋,而相灌输。置平准于京师,都受天下委输。召工官治车诸器,皆仰给大农。大农之诸官尽笼天下之货物,贵即卖之,贱则买之。如此,富商大贾无所牟大利,则反本,而万物不得腾踊。故抑天下之物,名曰‘平准’”(《史记·平准书》)。其实就是贱买贵卖,在京设“总调度室”,将全国进行均输平准,构成官营商业体系。

以上补救性政策,在当时确实迅速聚集了大量财富,缓解了汉王朝的财政危机,且对国家稳定、经济发展作出了不可磨灭的贡献,如冶铁业官营后,从事冶铁业的人数增加,铁矿规模扩大,冶铁技术提高,从而促进了社会生产力的发展、财富的积累,随之而来的是农业和屯田事业的发展,也为对外战争提供了后盾。[①]然而专卖即国家经营,时间一长也有弊端,如盐铁专卖,不仅使得“吏道益杂”,而且容易使官商勾结、狼狈为奸,甚至出现产品粗制滥造、价格贵、售点不够等情况,给百姓带来了负担。[②]吕思勉先生在论及盐铁专卖时指出“其未尝径取于民,而实则害民尤甚”[③]。而且“从现象上看,人民的赋敛负担并没有增加,但是人民购买盐铁的费用却大大提高了。这实际上是用不增加人民赋敛的假象来掩盖榨取人民的实质”[④]。再则算缗告缗,中家以上被告的多,酷吏执法严格,难免有诬告冤枉者,误伤一部分商人或扩大对象。[⑤]结果导致大豪富财富不断集中,而百姓仍然贫困。此外,均输平准实施过程中也有弊端,均输官勒买之商品并非当地农民所生产之物品,在验收或买卖过程中又有故意刁难或欺诈百姓等情况发生。[⑥]除上述外,更为关键的在于这些财富集中并未投入到经济发展中,而是用于南征北战和救灾等消耗以及新郡移民之需,故很难说这些新的经济政策是一种可持续发展的政策。[⑦]其表面对商人有所打击,而实质又存在官商联合情况,故也不能算是竭泽而渔的措施。应该肯定其聚集财富的积极作用,但也不能否认其弊端。

---

① 参见颍南《桑弘羊经济思想与经济改革述评》,《金融管理与研究》1993年第2期。

② 参见胡寄窗《中国经济思想史》(中),第96~97页。

③ 吕思勉:《秦汉史》(上),吉林人民出版社,2013年,第134页。

④ 汪锡鹏:《重评汉武帝“盐铁专卖”》,《江西师范大学学报(哲学社会科学版)》1989年第2期。

⑤ 参见赖华明《汉武帝经济改革新论》,《四川师范大学学报(社会科学版)》2003年第6期。

⑥ 参见胡寄窗《中国经济思想史》(中),第100页。

⑦ 参见韩志成《论汉武帝时期的国家理财观和财政后备制度》,《商业现代化》2009年第10期。

综上所述，西汉武帝时期，虽然与匈奴作战取得胜利，得到一些新的疆土，使匈奴向西北较为寒冷的地方迁徙，降低了匈奴侵扰频度，但终究没有彻底消灭匈奴。又因长时间战争耗费、自然灾害、祭祀封禅、修建行宫等开销存在，西汉王朝即使实施了许多临时性措施和新经济政策来挽救财政危机，也仍然不能填补持续大开支的空白，结果导致“海内虚耗，户口减半”（《汉书·昭帝纪》）。甚至到汉宣帝时期，对汉武帝的评价也有争议，“汉人之议论，则于武帝多致讥评。宣帝初即位，欲褒先帝，令列侯、二千石、博士议，夏侯胜即言武帝无功德于民，不宜为立庙乐，见《汉书》本传。《史记·大宛列传》之叙事，《汉书·西域传赞》之议论，于武帝皆深致讥焉。而《汉书·武五子传赞》，言之尤痛”[①]。

所以这一时期汉匈战争的胜利更多的是对汉初受辱的政治性报复，如太初四年（前101年）汉武帝意欲困胡，诏书言“高皇帝遗朕平城之忧，高后时单于书绝悖逆。昔齐襄公复九世之仇，春秋大之”（《史记·匈奴列传》），对匈奴战争有着复仇意义在内，而军事和经济上并未取得真正胜利。没有足够的经济后盾就无法提供强有力的后勤补给，正如有学者所指出的，虽然汉朝在这些战役中取得了重大的胜利，但仍远远没有赢得战争。有两个特殊的困难妨碍汉朝进行任何长期持久的反对匈奴的战争。首先是后勤方面的食品供应问题。其次匈奴地面的气候也给汉朝士兵造成了难以克服的困难，他们绝不可能携带足够的燃料来应对冬季致命的寒冷。[②]西汉王朝无法再进行深入持久的战争来彻底消灭匈奴，也就无法避免匈奴再来侵袭，最后选择低于战争成本的防御工事，是当时经济有限情况下的选择，同时也是汉王朝心理防御层面的选择。

（二）传统文化影响

《国语·周语》载“先王之制，邦内甸服，邦外侯服 ，侯卫宾服，蛮夷要服，戎狄荒服”。崔瑞德、鲁惟一先生认为，自夏起中国划分为五个同心的和分层次的地带区域。[③]王柯先生认为，在“天下”这一系统中，甸服、侯服与要服这三个“服”才是最基本的区分概念。换言之，“天下”是由天子直辖的王畿（甸服），公、侯、伯、子、男的诸侯国（侯服），南蛮、东夷、西戎、北狄的四夷之国或集团（要服）三个部分构成的。通常意义上的“夷夏之辨”，恐怕此时还未形成。据邢义田先生考证，商卜词中已有夷、戎、狄三字，无蛮字，但均无

---

① 吕思勉：《秦汉史》（上），第122～123页。

② 〔英〕崔瑞德、鲁惟一编，杨品泉等译：《剑桥中国秦汉史》，第421页。

③ 参见〔英〕崔瑞德、鲁惟一编，杨品泉等译《剑桥中国秦汉史》，第408页。

贬低的意思；而且周人的祖先曾生活在戎狄之处达百年，所以周人兴起之初不至于轻视戎狄，但西周末，周的太史史伯曾明确表示“是非王之支子母弟甥舅也，则皆蛮、荆、戎、狄之人。非亲则顽，不可入也”。大概周人开始贬低蛮夷，是从春秋中期以后，中原地区的农业生产力大幅度提高，而蛮夷之地则未推进农耕、未礼乐一番，终被消灭或逐至边远山区或草原，经营游牧或其他生活方式；战国时戎狄退于边陲，中原几乎完全成为诸夏的世界。“夷夏之辨”与经济生产方式有关，但关键还是文化上的不同。中原以诗书礼乐为政，而蛮夷不同，可见中原人很早就将其统治区域看成一个文化体，而不是一定的政治疆域。

因此从夏起，有了内外层次的不同概念，不同的层次由于居住的环境不同而收取贡赋不同，最为关键的是他们的文化不同。古代文献中记载了许多蛮、夷、戎、狄“不守礼法”的史实，尚武、好战的非“礼”民族性是先秦时期“中国”歧视、仇恨“四夷”的原因，而对于游牧民族和狩猎民族来说，抢夺农业民族的农产品，是他们日常生活中必不可少的补充手段。正是这种掠夺，使得“中国”认为蛮、夷、戎、狄存在着威胁。《汉书·匈奴传》曰：“《书》戒‘蛮夷猾夏’，《诗》称‘戎狄是膺’，《春秋》‘有道守在四夷’。”颜师古曰：“猾，乱也。”沈尹戌曰：“‘古者天子，守在四夷’，言德及远。”“中国”之人长此以来，不但认为华夷文化不同，还认为蛮夷是“顽”，把他们当成扰乱者，是对“中国”的威胁。如何解除威胁？“中国”之人有强烈的优越感，愿意以强烈的文化使命感化蛮夷，使四夷一体感受优越文化。所以“中国”之人对不愿意臣服的居住者进行教育感化，修远德以吸引之，即通过修名、修德使他们继续归附，不需要兴师动众征讨。[①]这样一来，理想的君王便被定格为“由内而外一乎天下”，“一”的方法就是孟子说的“用夏变夷”。据说孔子曾一度想要离开纷扰的“中国”，到九夷中去居住。有人说九夷落后闭塞，怎么能住呢？孔子说：“君子居之，何陋之有？”“去夏就夷”原是孔子一时气愤之言，但是后来“中国”的君子真想要化四夷之“陋俗”，播声教于普天之下。

既然夷夏有别，为何不直接隔绝，还要对其进行文化感化？王柯先生指出，实际上蛮、夷、戎、狄很早已经被看作是“天下”不可分割的一部分，虽是这个体系中地位最低的，但这种地位与其说是“民族歧视”，不如说是一种内外之分，且蛮、夷、戎、狄也可以随着阶级地位的改变和对文化的接受而变成华夏。邢义田先生认为，周人之后，王天下一直是中国政治发展中的一股强

---

① 参见胡克森《融合——春秋至秦汉时期从分裂走向统一的文化思考》，人民出版社，2010年，第45、46页。

大的动力。但天下到底有多大，秦始皇统一的六国疆域那么大吗？恐怕不仅仅是这些，秦始皇在刻石上刻下“人迹所至，无不臣者”，可以说他也没有统治真正的“天下”，这可能就是理想与现实的矛盾。每一个帝王都有天下梦，而且不仅仅是帝王，儒生也这么认为，如汉初贾谊向文帝上“建三表、设五饵”的建议，前提就是承认匈奴也是“天下”的一部分，而且坚持文化感化，即广施仁德教化与匈奴单于争夺民心、民众。[①]但是秦始皇筑长城、派蒙恬军队驻守的历史经验也证明了文化感化只能是理想。

因此，文化感化方法可能在游牧民族尚没有强有力骑兵的情况下更有效果，当时他们不是骑马的游牧民族，而是牧羊的民族，吕思勉先生说道“我国自春秋以前，未尝与骑寇遇，即战国时，所遇者亦小部落”；葛志毅先生也说“在战国时代匈奴兴起以前，我国北方几乎没有骑马的游牧部族”，“骑马的游牧民族生活方式特殊，进攻性与破坏性更大”。[②]当时农耕社会与游牧社会的作战方式差距不大，且游牧民族的发展和团结强度也未威胁到华夏农耕社会。到春秋战国时期，游牧民族的骑兵发展起来，特别是战国时期，再利用修德使其臣服已不现实，当时“我国中原汉族与边境各族的矛盾主要表现在与东北及北方胡人的关系上，尤其与匈奴族的关系较为紧张”[③]。以匈奴为代表的游牧民族，经常突袭边境，掠夺财物与人口，而且这种掠夺是一种间断性的。而“农业生产需要安定，方能耕种收获，而游牧统治者则逐水草而居，飘忽无定。对于这些飘忽无定的游骑，如果派许多大部队追击，他就远走，当大兵退后，他又依然返回骚扰”[④]。既然目前无法感化，暂时无法使其臣服，且实际的侵扰还存在，为了减少游牧民族的侵扰，于是“秦有陇西、北地、上郡，筑长城以距胡。而赵武灵王亦变俗胡服，习骑射，北破林胡、楼烦，自代并阴山下至高阙为塞，而置云中、雁门、代郡……燕亦筑长城，自造阳至襄平，置上谷、渔阳、右北平、辽西、辽东郡以距胡……后秦灭六国，而始皇帝使蒙恬将数十万之众北击胡，悉收河南地，因河为塞，筑四十四县城临河，徙适戍以充之”(《汉书·匈奴传》)。用修筑长城的方法，占据险要地理形势，派兵戍边、把守关键位置，防备匈奴突袭，用固定的步兵防御匈奴骑兵，因其先占据了作战的有利地形，这种以逸待劳的方式也取得了一定的功效。这也是中原统治者权衡利弊、掂量战争耗费之后的选择。

---

① 参见徐莹《贾谊夷夏观探析》，《史林》2018年第3期。

② 参见胡克森《融合——春秋至秦汉时期从分裂走向统一的文化思考》，第46页。

③ 罗庆康：《战国及秦汉长城修建原因浅析》，《内蒙古社会科学》1988年第6期。

④ 罗哲文：《长城》，第51页。

秦末内乱使长城疏于防御,匈奴趁机发展到长城内部,于是“外而不内,疏而不戚,政教不及其人,正朔不加其国;来则惩而御之,去则备而守之”(《汉书·匈奴传》)的传统做法遭到破坏。汉初一方面修缮防御,一方面采用和亲的方式来缓解汉匈冲突,然而匈奴侵扰依然存在。而且这一类“皇帝之德,存定四极”“王者无外”“普天之下,莫非王土”的观念大大鼓舞了中国历史上帝王向外扩张的野心,所以汉初刘邦也曾雄心壮志要攻打匈奴,结果“平城之围”成为沉痛的教训。汉文帝时期,贾谊等人也有建议,然生存比教化更为紧要。因为“自晚周以来,众共谓当改正者何事乎?人民之生计其首也……次于生计者为教化……以上就国内言之也。若言国外,则异民族林立,上焉者宜有以教化之,使之偕进于礼义,下焉者亦宜有以慑服之,使不为我患,此亦当时之人,以为当务之急者也。《史记·律书》曰:‘高祖有天下,三边外叛,大国之王,虽称蕃辅,臣节未尽。会高祖厌苦军事,亦有萧、张之谋,故偃武一休息,羁縻不备。历至孝文即位,将军陈武等议曰:南越、朝鲜,自全秦时内属为臣子,后且拥兵阻厄,选蠕观望。高祖时,天下新定,人民小安,未可复兴兵。今陛下仁惠抚百姓,恩泽加海内,宜及士民乐用,征讨逆党,以一封疆……’”①。

贾谊的上书是在汉文帝时期,可见当时的风气尚如此,到汉武帝统治时期也不例外。五服观念仍深入人心,建元六年(前135年)淮南王上书谏言“自三代之盛,胡越不与受正朔,非强弗能服,威弗能制也,以为不居之地,不牧之民,不足以烦中国也。故古者封内甸服,封外侯服,侯卫宾服,蛮夷要服,戎狄荒服,远近势异也”(《汉书·严朱吾丘主父徐严终王贾传》),说明胡越与“中国”不同,而且战国、秦朝、汉初的历史经验教训表明,单纯的文化感召使其归服,是不奏效的。董仲舒的“大一统”思想也深深影响着汉武帝,《汉书·董仲舒传》载“臣谨案春秋谓一元之意,一者万物之所从始也,元者辞之所谓大也。谓一为元者,视大始而欲正本也。春秋深探其本,而反自贵者始。故为人君者,正心以正朝廷,正朝廷以正百官,正百官以正万民,正万民以正四方。四方正,远近莫敢不壹于正,而亡有邪气奸其间者”。“这段话释‘元’为‘一’,‘一’即为‘大’,还是从空间看正统的意义。再如,他向汉武帝申说一系列建议,包括正君心、正朝廷、正百官、正万民,落脚点仍是‘正四方’,表示‘四方正,远近莫敢不一于正,而亡有邪气奸其间者’。意即所有的政治道德教化问题都必须在四方归一的基础上才能得到解决,故颜师古注

---

① 吕思勉:《秦汉史》,第88、90、91页。

说：'一统者，万物之统皆归于一也。'"[①]而"天下一家"的梦想又激励了帝王。所以与其说帝王影响着社会风气，不如说社会风气也影响着帝王思想。"此可见秦皇、汉武之开边，亦非其一人所为也。语曰：英雄造时势，时势亦造英雄。时势造英雄，屡见之矣，英雄造时势，则未之闻。"[②]

雄心大志的汉武帝向往"德润四海，泽臻中木……德泽洋溢，施虖方外"（《汉书·董仲舒传》），也欲"闵众庶陷害，欲刷耻改行，复奉正义，厥路亡由"（《汉书·武帝纪》），欲一统天下，实现圣王的四面八方臣服，因此对匈奴的出击除了军事需要外，还有着政治观念、文化因素的影响。"武帝以雄主，承汉七十年之厚积，其拓边以耀威德之心，盖自初即位已有之。故建元元年制诏贤良，已有何修何饬而德泽洋溢，施乎方外，延及群生之问。建元三年，闽越举兵围东瓯，东瓯告急于汉，时武帝年未二十，以问太尉田蚡，蚡以为越人相攻击，乃其常事。又数反复，不足烦中国往救，自秦时弃不属。而严助诘之，曰：'特患力不能救，德不能复。诚能，何故弃之。且秦举咸阳而弃，何但越也。今小国以穷困来告急，天子不振，又何以子万国。'上曰：'太尉不足与计。'是为武帝初事开边之第一声。元光元年，策诏贤良，又曰：'德及鸟兽，教通四海。海外肃慎北发渠搜，氐羌来服。何施而臻此。'盖武帝之侈心，欲广徕四夷，以昭太平之盛业者，自即位以来，固已甚著，初未一日忘乎怀也。"[③]从元朔六年（前123年）"今中国一统而北边未安，朕甚悼之"的诏书内容，也可见武帝对"中国一统"的迫切心情，一统的目标在《泰山刻石文》"四海之内，莫不为郡县；四夷八蛮，咸来贡职。与天无极，人民蕃息，天禄永得"中也有所表现，并将大宛马作为四夷臣服的一种标志，从其创作的《西极天马之歌》"天马来兮从西极，经万里兮归有德。承灵威兮降外国，涉流沙兮四夷服"便可看出。[④]汉武帝的思想推动当时的社会风气，"司马相如为文宣使指，谓：'世必有非常之人，然后有非常之事。有非常之事，然后有非常之功……'"，"当时内廷词臣见解率如此，亦惟此最足以深中武帝之所好。而外朝经生，重以诗书古代为之润色，遂成一朝政治理论之中心"。[⑤]

于是汉武帝打破汉初只守不攻的历史，主动出击匈奴，并在取得胜利后遣郭吉出使匈奴，希望匈奴"南面而臣于汉"，然未实现，匈奴只求和亲。后又遣使杨信，希望匈奴"以单于太子为质于汉"，也未实现。故汉武帝时期的汉匈战争虽然汉王朝取得胜利，"拓地万里，威震八荒"，然并未实现匈奴称

---

① 杨念群：《"大一统"与"中国""天下"观比较论纲》，《史学理论研究》2021年第2期。

② 吕思勉：《秦汉史》，第91页。

③ 钱穆：《秦汉史》，生活·读书·新知三联书店，2012年，第135～136页。

④ 参见崔明德《两汉民族关系思想史》，人民出版社，2007年，第30、31页。

⑤ 钱穆：《秦汉史》，第137页。

臣纳贡的政治局面，反而消耗过大，没有足够的经济军事实力来继续对匈奴穷追猛打。因为"事实上汉代天下秩序的维持，文德仅为纹饰，武力才是关键。随着汉代与四邻力量均衡关系的变化，四邻的邦国可以为汉"客臣""外臣"或仅为"臣妾"。如汉威有所不及，其"不臣"，汉王朝亦无可奈何。且这种消耗给后人也留下了心理负担，如汉宣帝甘露元年（前53年），匈奴内乱后远不如以前，呼韩邪称臣求汉助，汉仍有"汉虽强，犹不能兼并匈奴"的顾虑。即使南匈奴臣服，但这种纳贡体系也不是完全牢固的。有学者指出，当时的中原汉王朝保持一个非常平衡的贡纳体系要求胡汉双方都要具备大量特定的条件（政治、军事、经济等）。由于这些条件是变动的而不是恒定的，贡纳体系在其本质上也就是不稳定的。在这个意义上，贡纳体系可以被设想成一种微妙的平衡状态，通常对任何一方的条件变化都非常敏感；同时南匈奴还受北匈奴、其他少数民族势力影响，从严格意义上理解，汉王朝与邻近的任何一个胡族之间的贡纳关系都不是单边的或者双边的关系，而是多边的关系。这种连环性只有在贡纳体系的稳定性进一步削弱的时候才起作用。

由于华夏对蛮夷长久以来扰乱者定位的心理认识，西汉统治者认为若无法彻底消灭或兼并匈奴，则扰乱者就仍然存在。同时汉武帝时期仍有匈奴乃野蛮之人、侵盗是其天性等观念，如主父偃认为"夫匈奴行盗侵驱，所以为业，天性固然。上自虞夏殷周，固不程督，禽兽畜之，不比为人"（《汉书·严朱吾丘主父徐严终王贾传》），才会有"夷狄之人贪而好利，被发左衽，人面兽心……天地所以绝外内也"（《汉书·匈奴传》）。西汉统治者认为通过感化匈奴解决扰乱，恐怕是做不到的。而董仲舒的匈奴遣质子入汉而汉加以厚待的方法也不可行，因为战争期间"匈奴人民每来降汉，单于亦辄拘留汉使以相报复。其桀骜尚如斯，安肯以爱子而为质乎？此不合当时之言也。若不置质，空约和亲，是袭孝文既往之悔，而长匈奴无已之诈也。夫边城不选守境武略之臣，修障隧备塞之具，厉长戟劲弩之械，恃吾所以待边寇。而务赋敛于民，远行货赂，割剥百姓，以奉寇仇。信甘言，守空约，而几胡马之不窥，不已过乎"（《汉书·匈奴传》）。匈奴的威胁依然存在，且依靠战争或和亲等方法都无法消除这种威胁，因此防御是必须的。

正是对匈奴"本性贪婪、不讲诚信、无法以礼教感化"的固有认知，才使得汉人无法从心理层面上消除匈奴存在威胁的顾虑。在汉武帝之后这种心理表现更为明显，如汉宣帝时，呼韩邪前来朝拜，萧望之认为"单于非正朔所加，故称敌国，宜待以不臣之礼，位在诸侯王上。外夷稽首称藩，中国让而不臣，此则羁縻之谊，谦亨之福也。《书》曰'戎狄荒服'，言其来服，荒忽亡常。

如使匈奴后嗣卒有鸟窜鼠伏，阙于朝享，不为畔臣。信让行乎蛮貉，福祚流于亡穷，万世之长策也”(《汉书·萧望之传》)，表示对处于荒服的匈奴臣服不寄希望，这也是当时多数汉人的态度，不将匈奴作为臣服者而作为敌国看待，可见敌对立场仍然没有改变。甚至到汉元帝时，匈奴威胁甚小，且呼韩邪单于已臣服多年，此时呼韩邪单于上书愿保塞上谷以西至敦煌，请罢边备塞吏卒。汉郎中侯应以为不可，因为“周秦以来，匈奴暴桀，寇侵边境，汉兴，尤被其害。臣闻北边塞至辽东，外有阴山，东西千余里，草木茂盛，多禽兽……至孝武世，出师征伐，斥夺此地，攘之于幕北。建塞徼，起亭隧，筑外城，设屯戍，以守之，然后边境得用少安……匈奴失阴山之后，过之未尝不哭也。如罢备塞戍卒，示夷狄之大利，不可一也……夫夷狄之情，困则卑顺，强则骄逆，天性然也。前以罢外城，省亭隧，今裁足以候望通烽火而已。古者安不忘危，不可复罢，二也。中国有礼义之教，刑罚之诛，愚民犹尚犯禁，又况单于，能必其众不犯约哉！三也”(《汉书·匈奴传》)。可见汉武帝修筑防御工事后，边境只是少安，但匈奴威胁依然存在。因为侯应对匈奴的认知与汉人的一贯认知一致，说明汉元帝时汉人对匈奴的认知未变，匈奴困则卑顺、强则骄逆，又没有礼义加以教化，不能掉以轻心。汉武帝之后虽然受到匈奴侵扰的历史事实非常少，但汉人内心防范意识依然存在，故仍时时防范，特别是运用长城防御未松懈，如汉宣帝设置西域都护、治乌垒城，将长城烽燧建筑向西延伸至库车西北，居延汉简有“五凤四年八月尽五年四月吏[伤]兵名及兵伤伤别簿(174.34)”[①]等内容，可见这一时期仍使用长城防御。还有居延汉简记录汉元帝时期使用长城，如“甲渠候官建昭四年六月部候长伐钱□(145.19)”“建昭五年三月临木隧邮书课(145.34)”“建昭元年十月旦日迹(145.30+145.37)”“建昭二年秋射发矢十二中(145.30+145.37)”“竟宁元年二月庚子朔壬寅居延令宣(190.1A)”等内容。汉成帝时期，居延汉简有“建始四年七月乙亥掾[吉](146.69)”“元延三年六月乙酉朔壬子□□(214.132)”等内容。然而这时期长城修筑也只是“足以候望通烽火而已”，多是出于汉人“安不忘危”的心理防御需要。

因此，西汉长城的修建除了受汉武帝时汉匈战争后军事、经济实力不足的限制外，还深受长久以来汉人对匈奴乃至整个游牧民族“蛮夷观”的影响。总结历史教训，匈奴扰乱祸患已久，尤其汉初深受其侵扰之苦，即使经过战争后匈奴远遁，甚至到呼韩邪单于臣服多年后，西汉统治者对呼韩邪单于一

---

① 简牍整理小组：《居延汉简》(贰)，台湾“中研院历史语言研究所”，2015年，第112页。本书所引“居延汉简”记录除另有说明外，均来源于此系列文献资料，后不一一标注。

支乃至整个匈奴的戒备之心仍然存在,“安不忘危”的心理防御意识时刻提醒着西汉统治者。

(三)西汉长城修筑的过程简介

西汉长城修建是因匈奴不定时地侵扰,关于匈奴侵扰的原因,除了匈奴自身游牧经济基础受特殊气候影响外,还有西汉王朝对匈奴的态度。同时也与西汉王朝没有足够的实力彻底消除匈奴威胁有关。汉武帝时期的汉匈战争中,西汉王朝取得战争胜利,然而这个胜利来之不易。而且历史事实证明,单靠战争或和亲政策都无法保卫胜利果实,而历史经验没有提供战争、防御之外更多的选择,修建长城既是西汉王朝采取战争与防御相结合的结果,也是当时经济军事局限和心理层面不安的需要。

所以,汉武帝在汉匈战争胜利后,重点在河西地区新取得的疆域大规模修筑防御工事。《后汉书·西羌传》载“武帝征伐四夷,开地广境,北却匈奴,西逐诸羌,乃度河、湟,筑令居塞;初开河西,列置四郡,通道玉门,隔绝羌胡,使南北不得交关。于是障塞亭燧出长城外数千里……始置护羌校尉,持节统领焉。羌乃去湟中,依西海、盐池左右。汉遂因山为塞,河西地空,稍徙人以实之”。目前对汉代河西长城的修筑过程有四阶段论和五阶段论[①]两种观点,但二者只是描述的长城修筑范围不同而已,修建事实是一致的。又因为史书中记载有大量置郡、置田记录,然不可能只设郡县而无防,或置田而无保护,故笔者同意白音查干先生的观点,即在设郡同时就已开始建设防御措施。[②]也就是说,在元鼎六年(前111年)[③]初置张掖、酒泉,开始修筑东起令居、西至酒泉的防御工程。元封元年(前110年)至元封三年(前108年)“酒泉列亭障至玉门”。元封四年(前107年)、元封五年(前106年),置敦煌郡,开始开辟令居以西至盐泽地区,筑酒泉塞。[④]太初三年(前102年)“自贰师将军伐大宛之后……自敦煌西至盐泽,往往起亭”(《汉书·西域传》),即修建了东起敦煌,西至盐泽(今罗布泊)的长城。太初三年(前102年)在酒泉、张

---

① 黄永美、徐卫民:《汉长城研究综述》,《中国史研究动态》2012年第5期。

② 白音查干:《长城与汉匈关系》,《内蒙古师范大学学报(哲学社会科学版)》1998年第6期。

③ 河西四郡的修建时间,参见陈梦家《河西四郡的设置年代》载陈梦家《汉简缀述》,第179~190页;张荣芳、王川《西汉长城的修缮及其意义》,载中国长城学会编《长城国际学术研讨会论文集》,第105~108页;王昱、崔永红《令居塞建立时间考辨》,《青海社会科学》1987年第4期。

④ 参见吴礽骧《河西的汉代长城》,《文博》1991年第1期;吴礽骧《河西汉塞调查与研究》,第17页。

掖北的居延泽、休屠泽筑塞设防。天汉初筑敦煌以西之烽燧线。[①]昭帝元凤六年(前75年),"募郡国徒筑辽东玄菟城",约是今我国东北地区南部及朝鲜北部清川江(汉时称为浿水)出海处的番汗附近。[②]宣帝神爵三年(前59年),置西域都护护北道,徙屯田,田于北胥鞬,治乌垒城,去阳关二千七百三十八里,与渠犁田官相近,楼兰至渠犁的一系列烽燧亭障组成的长城建成。[③]

第二节　东汉时期长城修筑的背景

东汉王朝对长城的大规模修建或拓展较少,多是沿用西汉时期修筑的长城进行防御,甚至还一度将长城线内缩,有废弃某些关塞之举。东汉初统治重心在内部的发展,对边防采取"以夷制夷"的策略,因此没有积极拓展长城防御系统,但东汉王朝也从未放弃长城防御系统。

一、东汉初重在内政背景下的长城建设

新朝末年各地起义不断,战乱之际,各地豪强纷纷聚众自保,"豪右往往屯聚","大姓各拥兵众"。当时边郡亦如此,《后汉书·窦融列传》载"融见更始新立,东方尚扰,不欲出关,而高祖父尝为张掖太守,从祖父为护羌校尉,从弟亦为武威太守,累世在河西,知其土俗,独谓兄弟曰:'天下安危未可知,河西殷富,带河为固,张掖属国精兵万骑,一旦缓急,杜绝河津,足以自守,此遗种处也。'兄弟皆然之。融于是日往守萌,辞让巨鹿,图出河西。萌为言更始,乃得为张掖属国都尉"。于是,窦融任张掖属国都尉,并举家迁居河西,同时"抚结雄杰,怀辑羌虏,甚得其欢心,河西翕然归之"。此后更始政权失败,窦融又被推举为河西五郡大将军,居属国,领都尉职如故。在其治理下河西得以发展,"河西民俗质朴,而融等政亦宽和,上下相亲,晏然富殖。修兵马,习战射,明烽燧之警,羌胡犯塞,融辄自将与诸郡相救,皆如符要,每辄破之。其后匈奴惩乂,稀复侵寇,而保塞羌胡皆震服亲附,安定、北地、上郡

---

① 参见吴礽骧《河西的汉代长城》,《文博》1991年第1期;吴礽骧《河西汉塞调查与研究》,第17页。

② 张荣芳、王川:《西汉长城的修缮及其意义》,载中国长城学会编《长城国际学术研讨会论文集》,第108页。

③ 除《史记》《汉书》文献资料外,还参见白音查干《长城与汉匈关系》,《内蒙古师范大学学报(哲学社会科学版)》1998年第6期;吴礽骧《河西的汉代长城》,《文博》1991年第1期;吴礽骧《河西汉塞调查与研究》,第17页。

流人避凶饥者,归之不绝”(《后汉书·窦融列传》)。

而此时,汉光武帝即皇帝位,并未实现全国稳定、统一。各地豪族仍有反抗,危机四伏。还有匈奴、羌族等不断寇边。不稳定的压力,使刚刚建立起来的东汉王朝对匈奴采取避让政策;对西域也是不打击、不支持,甚至当西域要求派遣都护时,仍放任其“东西南北自在也”,如《后汉书·西域传》载“二十二年……鄯善、焉耆诸国侍子久留敦煌,愁思,皆亡归。鄯善王上书,愿复遣子入侍,更请都护。都护不出,诚迫于匈奴。天子报曰:‘今使者大兵未能得出,如诸国力不从心,东西南北自在也’”。这一时期东汉王朝对西汉长城虽有利用,但并未充分发挥其作用,甚至还一度“诏罢诸边郡亭候吏卒”,如肩水金关,“早在武帝中期即有政治、军事活动。昭帝时,已称金关或金关燧,同时又名‘通道厩’(见73EJT10,元凤四年至六年通道厩‘财物出入’、‘谷出入’等简册)这与金关地处交通要道、现存大量厩圈遗迹等情况相符。可见,当时这里至少有三个单位,兼有关卡、斥候、驿厩等多种职能。屯戍的衰落,约在王莽末年。建武初年,活动相当冷落”[①]。

（一）东汉初年战争不断

东汉初年,战争不断,《后汉书·光武帝纪》载建武元年(25年)“六月己未,即皇帝位”;“甲子,前将军邓禹击更始定国公王匡于安邑,大破之”;秋七月己亥“遣耿弇率强弩将军陈俊军五社津,备荥阳以东。使吴汉率朱祐及廷尉岑彭、执金吾贾复、扬化将军坚镡等十一将军围朱鲔于洛阳”;冬十月癸丑“遣岑彭击荆州群贼”;十二月“破虏大将军叔寿击五校贼于曲梁”。建武二年(26年)春正月,“大司马吴汉率九将军击檀乡贼于邺东,大破降之”;三月“遣执金吾贾复率二将军击更始郾王尹遵,破降之……遣虎牙大将军盖延率四将军伐刘永。夏四月,围永于睢阳……秋八月,帝自将征五校……冬十一月,以廷尉岑彭为征南大将军,率八将军讨邓奉于堵乡……使太中大夫伏隆持节安辑青徐二州,招张步降之”(《后汉书·光武帝纪》)。建武三年(27年)春“与赤眉战于回溪,禹、异败绩。征虏将军祭遵破蛮中,斩张满”(《后汉书·光武帝纪》)。几乎每年都有战事且一直延续到建武十三年(37年)才有所改善,如《后汉书·光武帝纪》载“时兵革既息,天下少事,文书调役,务从简寡,至乃十存一焉”。

除割据政权外,还有豪族势力,如建武十五年(39年)光武帝下诏度田,次年九月,“郡国大姓及兵长、群盗处处并起,攻劫在所,害杀长吏。郡县追

---

① 甘肃居延考古队:《居延汉代遗址的发掘和新出土的简册文物》,载甘肃省文物工作队、甘肃省博物馆编《汉简研究文集》,第486页。

讨,到则解散,去复屯结。青、徐、幽、冀四州尤甚”(《后汉书·光武帝纪》)。还有匈奴、羌族寇边,《后汉书·光武帝纪》载,建武十年(34年)“春正月,大司马吴汉率捕虏将军王霸等五将军击贾览于高柳,匈奴遣骑救览,诸将与战,却之”。建武十一年(35年)冬十月“马成平武都,因陇西太守马援击破先零羌,徙致天水、陇西、扶风”。建武二十一年(45年)“春正月,武威将军刘尚破益州夷,平之。夏四月,安定属国胡叛,屯聚青山,遣将兵长史陈䜣讨平之。秋,鲜卑寇辽东,辽东太守祭肜大破之。冬十月,遣伏波将军马援出塞击乌桓,不克。匈奴寇上谷、中山”。建武二十三年(47年)“春正月,南郡蛮叛……十二月,武陵蛮叛”。甚至到中元元年(56年)“参狼羌寇武都,败郡兵,陇西太守刘盱遣军救之,及武都郡兵讨叛羌,皆破之”。

战事诸多势必影响朝廷对其他事情的关注,如人才问题也是一直到建武五年(29年)才有所涉及,《后汉书·光武帝纪》载,建武五年(29年)冬十月“初起太学”。建武六年(30年)“敕公卿举贤良、方正各一人”。官员设置、税收改革也是到建武六年(30年)才涉及,建元六年“并省四百余县,吏职减损,十置其一”。即便是比较重视的陵墓建设,也是到建武二十六年(50年),汉光武帝才“初作寿陵”,甚至到中元元年(56年)才“初起明堂、灵台、辟雍,及北郊兆域”。

综上可知,东汉初年社会不稳定,朝廷对内部稳定的关注要远远超过对匈奴、西域的关注。

(二)东汉初年朝廷工作重心在内政

东汉初年,为稳定政局,汉光武帝采取一系列加强中央集权、恢复秩序的措施,对匈奴的政策也早已明晓,从臧宫与马武上书言攻匈奴事时光武帝的回复便可知。诏报“《黄石公记》曰,‘柔能制刚,弱能制强’。柔者德也,刚者贼也,弱者仁之助也,强者怨之归也。故曰有德之君,以所乐乐人;无德之君,以所乐乐身……逸政多忠臣,劳政多乱人。故曰务广地者荒,务广德者强。有其有者安,贪人有者残。残灭之政,虽成必败。今国无善政,灾变不息,百姓惊惶,人不自保,而复欲远事边外乎?……且北狄尚强,而屯田警备传闻之事,恒多失实。诚能举天下之半以灭大寇,岂非至愿;苟非其时,不如息人”(《后汉书·吴盖陈臧列传》)。同时也可看出光武帝对待匈奴问题是以“柔”治之。“所谓‘柔道’,实质就是‘儒道’,也就是儒家所行的‘仁政’。”[①]同时东汉初年光武帝对文官尤其看重,“刘秀立国,一反西汉文武并重的方针,

① 朱绍侯:《刘秀与他的功臣》,《中国史研究》1995年第4期。

‘偃武兴文’……还在硝烟弥漫之时，刘秀就采求缺文，先访儒雅，拼集以儒士为主的统治班底”[①]。而且光武帝治国勤劳，“每旦视朝，日仄乃罢。数引公卿、郎、将讲论经理，夜分乃寐。皇太子见帝勤劳不怠，承闲谏曰：‘陛下有禹汤之明，而失黄老养性之福，愿颐爱精神，优游自宁。’帝曰：‘我自乐此，不为疲也。’虽身济大业，兢兢如不及，故能明慎政体，总揽权纲，量时度力，举无过事。退功臣而进文吏，戢弓矢而散马牛，虽道未方古，斯亦止戈之武焉”（《后汉书·光武帝纪》）。

除了时局限制、光武帝以柔治国的方针和谨慎作风等导致东汉初对西域不过多干预外，可能与当时国家整体经济战略也有一定关系。“对比刘秀的南海经略和西域政策，也许应当从国家防务重心的认识、区域经济形势的判断等方面综合理解西域方向‘辞’‘让’‘却’的原因。西汉晚期王莽的东都经营，已经显现关东地方的经济文化实力受到重视，而两汉之际黄河流域大批移民南下的史实，已经开启了全国经济文化重心向东南方向转移的历史变化……刘秀的政策择定，绝不是出于一己私意，而与当时社会的经济动态、移民方向和普遍的关注倾重相趋同。”[②]

因此，基于以上考量，东汉初年光武帝工作重心在内政，采取了一系列措施加强内部建设，如削弱三公权力、集权于尚书台，加强皇权；退功臣、进文吏；同时抑制功臣权力、防范外戚专权；进一步加强监察制度；防患于未然，罢郡国兵，集中兵权；等等。

第一，退功臣、进文吏。马上打天下，不能马上治理天下，汉光武帝深谙其道，于是“光武帝在履至尊之后，强化皇权和巩固统治是其施政的主要着力点之一。为此，他以‘柔道’治国，‘退功臣而进文吏’，同时还特别注意汲取历史经验，注意抑制和防范外戚势力的滋长”[③]。“即位后，刘秀的首要目标便是消灭农民起义军和各地割据势力，统一全国；与此同时，必须对已占有的地区进行有效统治”[④]，加强文官建设。

第二，改革兵制。“刘秀‘度田’，始于（39年）六月建武十五年，此时天下刚刚统一，社会经济在历经王莽的残暴统治和十余年的战乱后，‘农商失业，

---

① 臧知非：《论刘秀罢兵的几个问题》，载赵国华《东汉史研究》，湖北人民出版社，2016年，第59页。

② 王子今：《马援楼船军击交阯九真与刘秀的南海经略》，载赵国华《东汉史研究》，第25～26页。

③ 张小锋：《薄太后“配食”高庙与光武晚年政局》，载赵国华《东汉史研究》，第140页。

④ 赵庆伟：《刘秀开国功臣群体研究》，载赵国华《东汉史研究》，第94页。

食货俱废，庐落丘墟，田畴芜秽’，到处呈现出一派萧条的景象”①。所以精兵简政也是保持政局稳定、支持经济的一项举措，“东汉之初，战乱始定，户口锐减，‘什存一二’，当务之急是精兵简政，以减轻人民的负担，与民休息，以恢复生产。刘秀罢兵是精兵简政的措施之一”②。

第三，度田。在统一战争中，豪强势大，以两淮地区为例，“建武中期的两淮地区并不完全太平，而这些动荡的制造者依然主要是盘踞当地的豪强们”③，而且“两汉之际又是豪强势力大发展的时期……因此，‘天下垦田多不以实，又户口年纪互有增减’的问题，显得相当突出”④。豪族还控制着更多的人口。⑤所以东汉初年朝廷对豪族的关注远胜于对匈奴、西域事务的关注。于是，建武十五年（39年）光武帝“诏下州郡检核垦田顷亩及户口年纪，又考实二千石长吏阿枉不平者”（《后汉书·光武帝纪》）。虽然措施的推行一度受到阻碍，但度田并没有因此而停滞，东汉自光武之后，度田成为常制，每年都要进行，这是史有明证的。因为度田政策的实施不仅仅是经济问题，也是稳定政局的需要。“与‘度田’措施相一致的，刘秀实行‘抑强’政策，来打击豪强势力、巩固东汉政权……正是光武帝、明帝整饬吏治、打击豪强，使东汉初年出现了政治清明、户口增殖的良好局面。”⑥可见豪强问题不仅是汉光武帝时期关注的重点问题，也是明帝统治时关注的问题。

到光武帝晚年，西域问题仍不是当时东汉朝廷的工作重心，《后汉书·吴盖陈臧列传》载建武二十七年（51年），臧宫与马武上书曰：“虏今人畜疫死，旱蝗赤地，疫困之力，不当中国一郡。万里死命，县在陛下。”但是光武帝反对，下诏曰：“今国无善政，灾变不息，百姓惊惶，人不自保，而复欲远事边外乎？……且北狄尚强，而屯田警备传闻之事，恒多失实。诚能举天下之半以灭大寇，岂非至愿；苟非其时，不如息人。”因为东汉王朝不愿过多干预匈奴事务，所以也不愿过多经营西域。

（三）东汉王朝与匈奴、羌、西域的交往

东汉建国之初并没有立即着手处理与匈奴、羌、西域事务，但并不是毫无往来，如《后汉书·光武帝纪》载建武六年（30年）“匈奴遣使来献，使中郎将

---

①④ 曹金华：《刘秀“度田”史实考论》，载赵国华《东汉史研究》，第65页。

② 臧知非：《论刘秀罢兵的几个问题》，载赵国华《东汉史研究》，第63页。

③ 刘萃峰：《地方豪强与东汉初年政局——以两淮地区为中心的考察》，《史林》2018年第1期。

⑤ 参见臧知非《刘秀“度田”新探》，《苏州大学学报（哲学社会科学版）》1997年第2期。

⑥ 袁延胜：《刘秀“度田”散论——东汉户口统计的真实性问题》，载赵国华《东汉史研究》，第119、120页。

报命”,《后汉书·南匈奴列传》载“光武初,方平诸夏,未遑外事。至六年,始令归德侯刘飒使匈奴,匈奴亦遣使来献,汉复令中郎将韩统报命,赂遗金币,以通旧好。而单于骄踞,自比冒顿,对使者辞语悖慢,帝待之如初”。东汉开始与匈奴“交往”。《后汉书·光武帝纪》载,建武九年(33年)“省关都尉,复置护羌校尉官”,注曰:“以牛邯为护羌校尉,都于陇西令居县。”建武十三年(37年)有“秋七月,广汉徼外白马羌豪率种人内属”,建武十七年(41年)有“莎车国遣使贡献”。

东汉王朝也同意匈奴、西域等少数民族内属或内附,如《后汉书·南匈奴列传》载建武二十六年(50年),“冬,前畔五骨都候子复将其众三千人归南部,北单于使骑追击,悉获其众。南单于遣兵拒之,逆战不利。于是复诏单于徙居西河美稷……自后以为常,乃悉复缘边八郡。南单于既居西河,亦列置诸部王,助为扞戍”。同年,南匈奴单于来朝,光武帝给予丰厚赏赐,不光“黄金、锦绣、缯布万匹,絮万斤,乐器鼓车,棨戟甲兵,饮食什器。又转河东米糒二万五千斛,牛羊三万六千头”,不久“元正朝贺……赐彩缯千匹,锦四端,金十斤,太官御食酱及橙、橘、龙眼、荔支;赐单于母及诸阏氏、单于子及左右贤王、左右谷蠡王、骨都侯有功善者,缯彩合万四。岁以为常”。

东汉王朝与匈奴、羌、西域之间也有战争,《后汉书·光武帝纪》载,建武十年(34年)“春正月,大司马吴汉率捕虏将军王霸等五将军击贾览于高柳,匈奴遣骑救览,诸将与战,却之”。建武十三年(37年)“二月,遣捕虏将军马武屯虖沱河以备匈奴。卢芳自五原亡入匈奴……五月,匈奴寇河东”。建武二十年(44年)“匈奴寇上党、天水,遂至扶风……十二月,匈奴寇天水”,“北边无复宁岁”。其中“繁忙”的当属建武二十一年(45年)“夏四月,安定属国胡叛,屯聚青山,遣将兵长史陈䜣讨平之……冬十月,遣伏波将军马援出塞击乌桓,不克。匈奴寇上谷、中山”(《后汉书·光武帝纪》)。在匈奴等寇边严重时,东汉王朝甚至内迁边郡百姓避战,如《后汉书·吴盖陈臧列传》载建武十五年(39年)“徙雁门、代郡、上谷吏人六万余口,置居庸、常山关以东”。

在处理与匈奴、羌、西域的关系时,汉光武帝非常谨慎。西汉王朝主动进攻匈奴时,尚有近七十年的积累,如杜笃所言“孝武因其余财府帑之蓄,始有钩深图远之意,探冒顿之罪,校平城之仇”(《后汉书·文苑列传》),然结果却是国家被严重消耗,“自武帝初通西域,置校尉,屯田渠犁。是时军旅连出,师行三十二年,海内虚耗”(《汉书·西域传》)。而东汉初年,既无汉武帝时的前期积累,又面临着各种不同的胡族问题,因此必须按照不同的方针制定其对外政策。东汉王朝必须应付大量的胡族,而且其中一部分位于其疆土之内。首先要考虑的不是进一步扩张,而是如何在不扰乱内部秩序的情况下把这些胡族群体收归己有。前车之鉴，汉代战争费用庞大，成为汉武帝以后朝廷采取和亲、徙戎入塞、以戎为兵、“以夷制夷”等边防政策的主要原因之一。更何况，“中元二年(57年)才有户四百二十七万九千六百三十四，口二千一百万七千八百二十，人民有以前十之二三，而且边陲萧条，障塞破坏”。特别是这一时期，东汉王朝面临的匈奴、羌等游牧民族的威胁与西汉时有所不同，不是面临着来自一个联合的、强有力的、富有侵略性的草原游牧民族的威胁，而是与边境内外的许多小的、分裂的但不构成麻烦的胡族群体产生正面冲突。由于匈奴贵族经济衰退，东汉时期的匈奴在日常必需品的供应方面有时比以往任何时候都更加依赖东汉朝廷。

综上所述，历史的经验教训和现实局势时刻提醒着汉光武帝，他谨慎思虑，即便是此后内部统一工作完成，仍将内部稳定和发展放在首位，而不愿意为匈奴、西域事宜耗损国家财富。廖伯源先生指出，征伐匈奴固不必付予匈奴金钱物资，然战争之费用太高，远过于任何方式之付费以维持与匈奴的和平关系。故武帝以后汉廷与匈奴关系的发展，在形势容许之下，汉廷不采取战争的手段。因此光武帝统治时期对西域的政策，《后汉书·吴盖陈臧列传》描述为“闭玉门以谢西域之质，卑词币以礼匈奴之使”，甚至有学者总结该方法是“用蛮夷人控制蛮夷人或用蛮夷人攻打蛮夷人”。

(四) 东汉初年的烽燧建设

东汉初年面对匈奴的一方面侵边，一方面遣使奉献的不稳定情况，东汉王朝有时也予以反击，如《后汉书·南匈奴列传》载“初，使命常通，而匈奴数与卢芳共侵北边。九年，遣大司马吴汉等击之，经岁无功，而匈奴转盛，钞暴日增”。《后汉书·耿弇列传》载建武十六年(40年)“以骑都尉秦彭为副，与奉车都尉窦固等俱伐北匈奴。虏皆奔走，不战而还”。《后汉书·铫期王霸祭遵列传》载“帝以彤为能，建武十七年，拜辽东太守。至则励兵马，广斥候。彤有勇力，能贯三百斤弓。虏每犯塞，常为士卒前锋，数破走之。二十一年秋，鲜卑万余骑寇辽东，彤率数千人迎击之……斩首三千余级，获马数千匹”。

同时东汉王朝也利用长城防御，如发展屯边事业，以拱卫长城防御。还筑亭候，修烽燧，《后汉书·南匈奴列传》载“朝廷患之，增缘边兵郡数千人，大筑亭候，修烽火”。《后汉书·朱景王杜马刘傅坚马列传》载建武十二年(36年)“遣谒者段忠将众郡弛刑配茂，镇守北边，因发边卒筑亭候，修烽火，又发委输金帛缯絮供给军士，并赐边民，冠盖相望。茂亦建屯田，驴车转运”。《后汉书·铫期王霸祭遵列传》载建武十三年(37年)“诏霸将弛刑徒六千余人，与杜茂治飞狐道，堆石布土，筑起亭障，自代至平城三百余里”。建武十四年(38

年)“屯常山、中山以备北边,并领建义大将军朱祐营。又代骠骑大将军杜茂缮治障塞,自西河至渭桥,河上至安邑,太原至井陉,中山至邺,皆筑保壁,起烽燧,十里一候”(《后汉书·朱景王杜马刘傅坚马列传》)。建武十二年(36年)“诏边吏力不足战则守,追虏料敌不拘以逗留法……遣骠骑大将军杜茂将众郡施刑屯北边,筑亭候,修烽燧”(《后汉书·光武帝纪》)。与此同时,也增加边郡戍卒数量以增强防御效果,《后汉书·铫期王霸祭遵列传》载“当是时,匈奴、鲜卑及赤山乌桓连和强盛,数入塞杀略吏人。朝廷以为忧,益增缘边兵,郡有数千人,又遣诸将分屯障塞”。《后汉书·南匈奴列传》也载“世祖以用事诸华,未遑沙塞之外,忍愧思难,徒报谢而已。因徙幽、并之民,增边屯之卒”。“东汉建武初年,不断增加北边兵力。如建武七年,杜茂屯田晋阳广武。九年,令朱祐、王常、侯进分屯常山、涿郡、渔阳,王霸为上谷守屯兵如故。十四年,令马成屯常山、中山等等。”[①]居延汉简有“建武六年七月己亥(225.6)”的记录,显示还有文书注来,说明这一时期防御烽燧仍在使用。然而长城防御效果不容乐观,从此后匈奴仍不断寇边便可知一二。有关长城调查组在山西省北部天镇、左云和右玉诸县发现了东汉长城遗迹。[②]还有学者根据居延汉简研究指出,窦融归汉之后,东汉王朝控制了包括居延塞在内的河西边塞,并且驻军屯戍,但由于东汉收缩主义政策,其屯戍规模无法与西汉时期相比,所以甲渠塞各烽燧包括甲渠候官在内的一些房屋被废弃。[③]这说明了两个问题,一是东汉初年仍在使用长城防御,二是长城防御线开始内缩,西汉时期的一些烽燧或障塞被废弃。

此后,内附属国越来越多。首先是南匈奴内附,建武二十四年(48年)春“匈奴薁鞬日逐王比遣使款五原塞,求扞御北虏……冬十月,匈奴薁鞬日逐王比自立为南单于,于是分为南、北匈奴”(《后汉书·光武帝纪》)。建武二十五年(49年),“南单于遣使诣阙贡献,奉蕃称臣;又遣其左贤王击破北匈奴,却地千余里。三月,南单于遣子入侍”(《后汉书·光武帝纪》)。建武二十六年(50年),南匈奴内迁设置属国。遣中郎将为匈奴使者是从西汉王朝后期开始的,至汉光武帝时,乃把西汉王朝临时派遣的中郎将留驻南单于庭,使匈奴中郎将之新职产生,经常处理某项事务,日久成习惯,最后成为固定职掌,变成正式官职之官员,由此可见汉光武帝时期对匈奴事宜并非完全不

① 臧知非:《论刘秀罢兵的几个问题》,载赵国华《东汉史研究》,第55页。

② 赵杰:《山西省东汉长城遗迹考察》,《河北地质大学学报》2018年第3期。

③ 参见孙占鳌、张瑛《河西汉简所见汉代西北民族关系研究》,社会科学文献出版社,2019年,第138页。

关注。

同时，北匈奴、乌桓、鲜卑也开始有所表示，《后汉书·光武帝纪》载，建武二十七年（51年）北匈奴有示好行动，“益州郡徼外蛮夷率种人内属。北匈奴遣使诣武威乞和亲”。建武二十八年（52年）“北匈奴遣使贡献，乞和亲”。建武三十一年（55年）“北匈奴遣使奉献”。建武二十五年（49年）乌桓大人来朝，后率众内属，诣阙朝贡。建武三十年（54年）“正月，鲜卑大人内属，朝贺”。

总体而言，这一时期匈奴寇边与西汉王朝初年匈奴扰边不同，这时期匈奴的实力远不如西汉初冒顿单于统治时期，所以东汉建武二十年（44年）后，在南匈奴内属、北匈奴北徙的情况下，长城防御系统有所放松，竟然于建武二十二年（46年）一度把亭候戍卒撤了，“匈奴薁鞬日逐王比遣使诣渔阳请和亲，使中郎将李茂报命。乌桓击破匈奴，匈奴北徙，幕南地空。诏罢诸边郡亭候吏卒”（《后汉书·光武帝纪》）。但诏罢只是暂时的，因为此后又根据北边军情发生而改变，“至建武二十二年……‘幕南地空’。东汉北边威胁一时解除，遂罢‘亭候吏卒’，与民休息。这和汉文帝之除戍卒令、宣帝之减戍卒数量一样，都是由实际需要决定的，都是轻徭薄赋的措施……刘秀罢亭候吏卒也是暂时的，以后随军情变化而又有恢复。如明帝之置度辽营、宜禾都尉，章帝徙陇西南部都尉戍守西域，‘悉复诸亭候’等等”①。如《后汉书·南匈奴列传》载北匈奴示好，归还汉人，“钞兵每到南部下，还过亭候，辄谢曰：‘自击亡虏薁鞬日逐耳，非敢犯汉人也。’”说明这一时期亭候仍在戍边，长城防御系统仍在使用。而且“与西汉不同的是，西汉戍卒的日常防务由边郡都尉直接管理，太守监督节制，东汉则杂以中央直接指挥，如度辽营即由中央命度辽将军统率。但边郡太守、都尉亦司其事”②。这种管理者由原来的边郡都尉管理到东汉中央直接管辖的变化，也可以看出东汉初期工作重心虽然在内部，对匈奴、西域事务虽不是重点关注，但并没有放松边防防务工作，远比“东西南北自在”要深入得多。

二、东汉明帝之后长城防御时有时无

（一）汉明帝时期

汉明帝统治初年，汉王朝边境仍战乱不断，《后汉书·铫期王霸祭遵列传》载“永平元年，偏何击破赤山，斩其魁帅，持首诣彤，塞外震詟”。匈奴屡屡寇边，永平五年（62年）“十一月，北匈奴寇五原；十二月，寇云中，南单于击

①② 臧知非：《论刘秀罢兵的几个问题》，载赵国华《东汉史研究》，第55～56页。

却之”(《后汉书·显宗孝明帝纪》)。永平六年(63年)“北匈奴犹盛,数寇边,朝廷以为忧”(《后汉书·南匈奴列传》)。东汉王朝试图通过贸易安抚北匈奴,永平六年(63年)“会北单于欲合市,遣使求和亲,显宗冀其交通,不复为寇。乃许之”(《后汉书·南匈奴列传》);永平七年(64年)“北匈奴遣使乞和亲”;永平八年(65年)东汉王朝同意贸易并加强防御,“遣越骑司马郑众报使北匈奴。初置度辽将军,屯五原曼柏”(《后汉书·显宗孝明帝纪》),此后又“诏三公募郡国中都官死罪系囚,减罪一等,勿笞,诣度辽将军营,屯朔方、五原之边县……凡徙者,赐弓弩衣粮”(《后汉书·显宗孝明帝纪》),然北匈奴仍在永平八年(65年)“寇西河诸郡”。于是东汉王朝加大防御力度,永平九年(66年)“诏郡国死罪囚减罪,与妻子诣五原、朔方占著,所在死者皆赐妻父若男同产一人复终身;其妻无父兄独有母者,赐其母钱六万,又复其口算”(《后汉书·显宗孝明帝纪》),永平十五年(72年)东汉王朝“遣奉车都尉窦固、驸马都尉耿秉屯凉州”。直至永平十六年(73年),东汉王朝对匈奴都采取容忍态度。

永平十六年东汉王朝开始用事匈奴。其实早在永平十五年(72年)时,汉明帝就有通西域的想法,《后汉书·窦融列传》载“帝欲遵武帝故事,击匈奴,通西域”,又《后汉书·耿弇列传》载耿秉言兵事,“数上言兵事。常以中国虚费,边陲不宁,其患专在匈奴。以战去战,盛王之道。显宗既有志北伐,阴然其言”。于是,汉明帝在“十六年春二月,遣太仆祭肜出高阙,奉车都尉窦固出酒泉,驸马都尉耿秉出居延,骑都尉来苗出平城,伐北匈奴”(《后汉书·显宗孝明帝纪》);十七年(74年)“令武威、张掖、酒泉、敦煌及张掖属国,系囚右趾已下任兵者……遣奉车都尉窦固、驸马都尉耿秉、骑都尉刘张出敦煌昆仑塞,击破白山虏于蒲类海上,遂入车师。初置西域都护、戊己校尉”(《后汉书·显宗孝明帝纪》)。《后汉书·西域传》也载“永平中,北虏乃胁诸国共寇河西郡县,城门昼闭。十六年,明帝乃命将帅,北征匈奴,取伊吾卢地,置宜禾都尉以屯田,遂通西域,于窴诸国皆遣子入侍。西域自绝六十五载,乃复通焉。明年,始置都护、戊己校尉”。与西域通,设置西域都护、戊己校尉,可见汉明帝对匈奴、西域之事的关心。

(二) 汉章帝时期

汉章帝在建初元年(76年)罢戊己校尉,“酒泉太守段彭讨击车师,大破之。罢戊己校尉官”(《后汉书·肃宗孝章帝纪》)。这样做并不是因为西域一片太平不需要戊己校尉,《后汉书·西域传》载“及明帝崩,焉耆、龟兹攻没都护陈睦,悉覆其众,匈奴、车师围戊己校尉。建初元年春,酒泉太守段彭大破车师于交河城。章帝不欲疲敝中国以事夷狄，乃迎还戊己校尉，不复遣都护。二年，复罢屯田伊吾”，可见在外有攻患之时，汉章帝不愿对外用兵。

但紧急时刻汉章帝又起用亭候，《后汉书·西羌传》载建初二年（77年）“迷吾遂与诸众聚兵，欲叛出塞……于是诸种及属国卢水胡悉与相应……迷吾又与封养种豪布桥等五万余人共寇陇西、汉阳，于是遣行车骑将军马防，长水校尉耿恭副，讨破之……防乃筑索西城，徙陇西南部都尉戍之，悉复诸亭候”。建初五年（80年）派徐幹为假司马率领弛刑徒及义从千人前往西域协助班超，而且此后班超坚守岗位，继续“以夷狄攻夷狄”。《后汉书·肃宗孝章帝纪》载，建初三年（78年）“行车骑将军马防破烧当羌于临洮……西域假司马班超击姑墨，大破之”；建初五年“西域假司马班超击疏勒，破之”；建初八年（83年）“夏六月，北匈奴大人率众款塞降”。所以不设置都护，不等于东汉王朝放弃防御，汉章帝对北匈奴仍有戒备，有学者指出，在战争冲击下，北匈奴已经衰弱，内部大乱，并且多人投降于汉王朝。在这种背景下，汉章帝虽然罢去了西域都护与戊己校尉，若是不耗费中原朝廷的财力，在西域仍能拥有影响力，以便牵制匈奴，并且保护西部边疆不受骚扰，应当是一件美事。

（三）汉和帝时期

汉和帝统治时期，对匈奴之事最为积极，汉王朝威望也一度远至蒙奇、兜勒等地。《后汉书·西域传》载“永元元年，大将军窦宪大破匈奴。二年，宪因遣副校尉阎槃将二千余骑掩击伊吾，破之。三年，班超遂定西域，因以超为都护，居龟兹。复置戊己校尉……又置戊部候……六年，班超复击破焉耆，于是五十余国悉纳质内属。其条支、安息诸国至于海濒四万里外，皆重译贡献。九年，班超遣掾甘英穷临西海而还……于是远国蒙奇、兜勒皆来归服，遣使贡献”。《后汉书·孝和孝殇帝纪》记载，永元元年（89年）“夏六月，车骑将军窦宪出鸡鹿塞，度辽将军邓鸿出稒阳塞，南单于出满夷谷，与北匈奴战于稽落山，大破之……窦宪遂登燕然山，刻石勒功而还。北单于遣弟右温禺鞮王奉奏贡献”。永元二年（90年）又出击匈奴，“大将军窦宪出屯凉州……北匈奴遣使称臣……遣左谷蠡王师子出鸡鹿塞，击北匈奴于河云北，大破之”。紧接着永元三年（91年）大将军窦宪遣左校尉耿夔出居延塞，围北单于于金微山，大破之，同年十二月再次设置西域都护、骑都尉、戊己校尉官。后在西域都护班超带领下，永元六年（94年）“大破焉耆、尉犁，斩其王。自是西域降服，纳质者五十余国”。永元十年（98年）烧当羌贡献，永元十二年（100年）西域蒙奇、兜勒内附，永元十六年（104年）北匈奴称臣贡献。甲渠候官发现的汉简中永元纪年简较多，因为至和帝永元年间，汉王朝再次以居延塞作为基地对匈奴大举用兵,居延地区的屯戍又繁荣起来甲渠候官此时应该又发挥了较重要的作用。[①]说明汉和帝时积极应对匈奴事务,因此文书往来才"忙碌"。

然而这一时期,南匈奴却不安分。《后汉书·孝和孝殇帝纪》载,永元六年(94年)"南单于安国从弟子逢侯率叛胡亡出塞";永元八年(96年)"南匈奴右温禺犊王叛,为寇"。而且乌桓、羌等国也开始骚乱不断,永元六年(94年)"护乌桓校尉任尚率乌桓、鲜卑,大破逢侯,冯柱遣兵追击。复破之";永元九年(97年)"西域长史王林击车师后王,斩之";同年"八月,鲜卑寇肥如……烧当羌寇陇西";永元十二年(100年)"烧当羌复叛";永元十三年(101年)"护羌校尉周鲔击烧当羌……鲜卑寇右北平"。

虽然这一阶段东汉王朝用事匈奴,但仍是战乱与称臣并存。尤其对北匈奴乞和的处理极其微妙,可以赏赐丰厚但不与遣使,《后汉书·南匈奴列传》载永元十六年(104年)"北单于遣使诣阙贡献,愿和亲,修呼韩邪故约。和帝以其旧礼不备,未许之,而厚加赏赐,不答其使。元兴元年,重遣使诣敦煌贡献,辞以国贫未能备礼,愿请大使,当遣子入侍。时邓太后临朝,亦不答其使,但加赐而已"。所以,有学者指出,东汉王朝在处理北匈奴的问题上,似乎更多地将其视为一种事实上的经济和军事力量,而不是一种法律上的政治实体。因此,前者能够用礼物与后者的贡品交换,但却极不愿意派使者去回访他们。永元十七年(105年),北匈奴的经济状况极端恶化,他们甚至拿不出送给东汉朝廷的贡品。虽然如此,他们也表示愿意送质子到东汉朝廷,只要东汉朝廷派一位皇帝的使者以示对他们的宠爱,但即使如此卑微的请求也没有获准。不过,他们获得了极其丰厚的礼物。

(四)汉安帝时期

汉安帝统治时期罢西域都护,《后汉书·班梁列传》载永初元年(107年)"西域反叛,以勇为军司马。与兄雄俱出敦煌,迎都护及西域甲卒而还。因罢都护。后西域绝无汉吏十余年"。元初六年(119年),北单于与车师后部共攻屯伊吾的汉军,略有北道。敦煌太守求出兵,东汉诸多公卿以为宜闭玉门关,遂弃西域。班勇却极力反对,认为不宜出兵但也不能放弃西域,指出"光武中兴,未遑外事,故匈奴负强,驱率诸国。及至永平,再攻敦煌,河西诸郡,城门昼闭。孝明皇帝深惟庙策,乃命虎臣,出征西域,故匈奴远遁,边境得安。及至永元,莫不内属……今曹宗徒耻于前负,欲报雪匈奴,而不寻出

① 参见孙占鳌、张瑛《河西汉简所见汉代西北民族关系研究》,第139页。

兵故事,未度当时之宜也。夫要功荒外,万无一成,若兵连祸结,悔无及已。况今府藏未充,师无后继,是示弱于远夷,暴短于海内……旧敦煌郡有营兵三百人,今宜复之,复置护西域副校尉,居于敦煌,如永元故事。又宜遣西域长史将五百人屯楼兰,西当焉耆、龟兹径路,南强鄯善、于寘心胆,北扞匈奴,东近敦煌”(《后汉书·班梁列传》)。于是“从勇议……虽复羁縻西域,然亦未能出屯。其后匈奴果数与车师共入寇钞,河西大被其害”(《后汉书·班梁列传》)。此后班勇于延光二年(123年)、延光三年(124年)、延光四年(125年)、永建元年(126年)几次出击,颇有效果,“于是车师六国悉平”。

然而这一时期除班勇外,再无其他官员有如此英勇作战之事,东汉王朝也未加大经营规模。邵台新指出,班勇以个人的才干与西域各国对汉朝仍有眷念之心,不但再度打通了西域之路,重新恢复控制车师,消灭匈奴的影响,达到东汉与西域的“三绝三通”,也完成了“断匈奴右臂”以卫护河西地区的目的。

当然在东汉与西域“绝”“通”的过程中,叛乱、寇边等事仍然存在。《后汉书·孝安帝纪》载,永初三年(109年)“冬十月,南单于叛,围中郎将耿种于美稷。十一月,遣行车骑将军何熙讨之”;永初四年(110年)“度辽将军梁慬、辽东太守耿夔讨破南单于于属国故城……二月……南匈奴寇常山……三月,南单于降”;延光三年(124年)“南匈奴左日逐王叛,使匈奴中郎将马翼讨破之”。乌桓、鲜卑亦有寇边,永初三年(109年)“六月,乌桓寇代郡、上谷、涿郡……九月,雁门乌桓及鲜卑叛,败五原郡兵于高渠谷”;元初四年(117年)“鲜卑寇辽西。辽西郡兵与乌桓击破之”;元初五年(118年)八月“鲜卑寇代郡,杀长吏。冬十月,鲜卑寇上谷”;元初六年(119年)“鲜卑寇马城,度辽将军邓遵率南单于击破之”;建光元年(121年)八月“鲜卑寇居庸关,九月,云中太守成严击之,战殁。鲜卑围乌桓校尉于马城,度辽将军耿夔救之”;延光元年(122年)“冬十月,鲜卑寇雁门、定襄。十一月,鲜卑寇太原”。

这一时期羌族叛乱是大患,而且绝西域与羌乱也有关系,《后汉书·班梁列传》载“会闲者羌乱,西域复绝”。面对羌乱,东汉王朝虽有派军,却毫无力效。《后汉书·孝安帝纪》载,永初元年(107年)“先零种羌叛,断陇道,大为寇掠,遣车骑将军邓骘、征西校尉任尚讨之”;永初二年(108年)“蜀郡徼外羌举土内属……征西校尉任尚与先零羌战于平襄,尚军败绩……先零羌滇零称天子于北地,遂寇三辅,东犯赵、魏,南入益州,杀汉中太守董炳”;永初三年(109年)“遣骑都尉任仁讨先零羌,不利,羌遂破没临洮”;永初四年(110年)“先零羌寇褒中,汉中太守郑勤战殁”;永初五年(111年)“先零羌寇河东,遂至河内”;永初七年(113年)“护羌校尉侯霸、骑都尉马贤破先零羌”;元初元年(114年)“五月,先零羌寇雍城……先零羌寇武都、汉中,绝陇道……先零羌败凉州刺史皮阳于狄道";元初二年(115年)"先零羌寇益州";元初三年(116年)五月"度辽将军邓遵率南匈奴击先零羌于灵州,破之……六月,中郎将任尚遣兵击破先零羌于丁奚城";元初四年(117年)"九月,护羌校尉任尚使客刺杀叛羌零昌……甲子,任尚及骑都尉马贤与先零羌战于富平上河,大破之。虔人羌率众降,陇右平";永宁元年(120年)正月"沈氐羌寇张掖……六月,沈氐种羌叛,寇张掖,护羌校尉马贤讨沈氐羌,破之";建光元年(121年)"护羌校尉马贤讨烧当羌于金城,不利";延光元年(122年)"虔人羌叛,攻谷罗城,度辽将军耿夔讨破之……烧当羌豪降"。凡此种种,可谓羌乱不止。《后汉书·西羌传》载"羌戎之患,自三代尚矣。汉世方之匈奴,颇为衰寡,而中兴以后,边难渐大……故永初之闲,群种蜂起"。羌乱不止,安帝、顺帝时期甚至严重到威胁东汉政权安全。①

(五)汉顺帝、汉桓帝至汉献帝时期

汉顺帝时,东汉王朝与西域联系一度恢复,《后汉书·班梁列传》载永建元年(126年)"冬,勇发诸国兵击匈奴呼衍王,呼衍王亡走,其众二万余人皆降"。"顺帝永建二年,勇复击降焉耆。于是龟兹、疏勒、于窴、莎车等十七国皆来服从,而乌孙、葱领已西遂绝"(《后汉书·西域传》)。永建六年(131年),顺帝复令开设屯田如永元时事。"东汉政府绝不允许乌桓与同族系的鲜卑联合,并且命令乌桓兵于公元127年(永建二年)2月对辽东和公元131年(永建六年)9月对渔阳两地的鲜卑用兵。这样一来,东汉政府利用南北匈奴、乌桓、鲜卑、羌等民族之间的互相矛盾,让他们相互争斗,推进了所谓的'以夷制夷'这一政策的实施。"②然东汉王朝终究是没有作出再大迈进,未派遣西域都护,故邵台新认为,顺帝即位,东汉在西域的经营仍然沿袭安帝以来的策略,并未派遣西域都护前往,而是以班勇个人的才干与胆识在西域发挥功效,再以河西诸郡为后援基地,适时出兵以为支援,但这样的评价恐怕也有失公允,因为汉顺帝统治前期对西域的经营还是非常积极的。

汉桓帝时,元嘉初期东汉王朝尚能自敦煌发兵出击匈奴,"元嘉中凉州诸羌一时俱反,南入蜀、汉,东抄三辅,延及并、冀,大为民害。命将出众,每战常负,中国益发甲卒"(《后汉书·五行志》)。《后汉书·西域传》记载,汉顺帝阳嘉四年(135年)"乃令敦煌太守发诸国兵,及玉门关侯、伊吾司马,合六千三百骑救之,掩击北虏于勒山,汉军不利",且"自阳嘉以后,朝威稍损,诸国骄放,转相陵伐。元嘉二年,长史王敬为于窴所没。永兴元年,车师后王复

① 参见薛小林《西州与东汉政权的衰亡》,《史学集刊》2017年第2期。

② 〔日〕泽田勳著,王庆宪、丛晓明译:《匈奴——古代游牧国家的兴亡》,第178页。

反攻屯营。虽有降首，曾莫惩革，自此浸以疏慢矣”。在这期间有敦煌郡守反击匈奴取胜，如汉顺帝永和二年（137年）碑记载了敦煌太守裴岑于当年带领郡兵三千人追击北匈奴并获胜的事迹，这是四十年来汉朝对匈奴取得的一次重大胜利，为此而立碑。[①]

汉灵帝、汉献帝统治时期，各地战争不断，西域事宜已无暇顾及，但汉王朝与西域仍有联系，《后汉书·宣张二王杜郭吴承郑赵列传》载“车师王侍子为董卓所爱，数犯法，谦收杀之”。所以东汉王朝从桓帝到献帝统治时期，战乱不断，统治艰难，实难再对西域励精图治。

（六）东汉光武帝后，朝廷与西域“断”“通”交替下的烽燧修筑

东汉光武帝之后，与西域关系“绝”“通”交替，仍使用长城防御，且有修缮烽燧事宜，如《后汉书·孝顺孝冲孝质帝纪》载永建元年（126年）“严敕障塞，缮设屯备，立秋之后，简习戎马”。《后汉书·南匈奴列传》也载汉顺帝永建元年“先是朔方以西障塞多不修复，鲜卑因此数寇南部，杀渐将王。单于忧恐，上言求复障塞，顺帝从之。乃遣黎阳营兵出屯中山北界，增置缘边诸郡兵，列屯塞下，教习战射”。

而且汉顺帝统治时期君臣达成共识，对边郡重要性有了新认识，《后汉书·西羌传》载永建四年（129年）“尚书仆射虞诩上疏曰：‘……《禹贡》雍州之域，厥田惟上。且沃野千里，谷稼殷积，又有龟兹盐池以为民利。水草丰美，土宜产牧，牛马衔尾，群羊塞道。北阻山河，乘厄据险。因渠以溉，水舂河漕。用功省少，而军粮饶足。……而遭元元无妄之灾，众羌内溃，郡县兵荒二十余年。夫弃沃壤之饶，损自然之财，不可谓利；离河山之阻，守无险之处，难以为固……’书奏，帝乃复三郡”。同时为保障长城修筑进展，汉顺帝还派遣使者监督修建，“使谒者郭璜督促徙者，各归旧县，缮城郭，置候驿”。

同时这一时期，边郡郡守也积极利用长城防御，如《后汉书·崔骃列传》载桓帝时期，崔寔“出为五原太守……是时胡虏连入云中、朔方，杀略吏民，一岁至九奔命。寔整厉士马，严烽候，虏不敢犯，常为边最”，通过整顿军备、严明烽燧候望，也确实起到作用。如发现的“汉龟兹左将军刘平国作亭诵”刻石，是桓帝永寿四年（158年）所立，记载了龟兹左将军刘平国率人作列亭之事，列亭就是一系列守烽火的亭。[②]说明这一时期，东汉王朝仍在这里进

① 参见马雍《新疆巴里坤、哈密汉唐石刻丛考》，载文化部文物局古文献研究室编《出土文献研究》，文物出版社，1985年，第199～200页。

② 参见马雍《〈汉龟兹左将军刘平国作亭诵〉集释考订》，载文物编辑委员会编《文物集刊》(2)，文物出版社，1980年，第45、56页。

行长城军事工程建设。可见元嘉元年(151年)之后,桓帝不再派遣军队出塞,但仍指挥当地官吏修筑防御工程。

通过对东汉历代皇帝统治时期汉匈、汉与西域关系的回顾,可知东汉王朝不如西汉王朝对西域积极,所以有学者认为"王莽之后直到东汉,西域'三绝三通',中原王朝对西域的管控能力下降,除东汉和帝时期外,基本上对西域西部、北部无法实行有效连续性管理,这显然与都护制度无法有效发挥作用有关。安帝之后,随着战略目标的转变,东汉王朝直接放弃了以使职领护为特点的都护制度,以西域长史负责西域事务,显示了中原王朝对西域关注度的下降和控制西域的力不从心"[①]。甚至为了躲避战争,东汉王朝还迁徙边郡,如《后汉书·孝安帝纪》载永初四年(110年)"先零羌寇褒中,汉中太守郑勤战殁。徙金城郡都襄武";永初五年(111年)二月"先零羌寇河东,遂至河内。三月,诏陇西徙襄武,安定徙美阳,北地徙池阳,上郡徙衙"。

但并非完全放弃,因为东汉王朝曾先后设立护羌校尉、护乌桓校尉、使匈奴中郎将、度辽将军、西域都护府和戊己校尉来加强对西域事务的管理,所以才有学者这样评价——"复兴不久的东汉政府就对周边民族采取了民族政策,公元33年设置的'护羌校尉'、公元49年设置的'护乌桓校尉'和公元50年设置的'使匈奴中郎将'都起到了非常重要的作用。此后由于匈奴、乌桓、鲜卑等族频繁叛乱,汉明帝(公元57—75年在位)又于公元65年(永平八年)设置了'度辽将军'、于公元74年(永平十七年)复置了'西域都护'与'戊己校尉'。后来历经明帝、章帝(公元75—88年在位)、和帝(公元88—105年在位)三代,东汉政府构建了完整的长城防御体系"[②],肯定了东汉王朝对西域事宜的努力以及对长城防御的完善。现今的长城考古也能给予证明,如甲渠候官遗址的发掘,据遗址和出土简册的综合分析,候官的创建至迟不晚于武帝末年。昭、宣时期,屯戍活动兴盛,曾大量建筑障塞……可能在此时已奠定了现存的规模。障的焚毁,约在王莽末年,后来改作供瞭望、燃烽的处所。连续的屯戍活动,到东汉建武八年(32年)后半年停止。此后仅有零星活动,特别是在东汉章帝、和帝时期。[③]

纵观整个东汉时期,东汉与西域"三通三绝",即使过了初期的过渡阶段,此后诸帝时期也难有励精图治。特别是东汉和帝时汉王朝击溃匈奴后,

---

① 张瑛:《汉代西域都护设置的时间及其职责相关问题考辨》,《西北民族大学学报(哲学社会科学版)》2019年第3期。

② 〔日〕泽田勳著,王庆宪、丛晓明译:《匈奴——古代游牧国家的兴亡》,第177页。

③ 参见甘肃居延考古队《居延汉代遗址的发掘和新出土的简册文物》,载甘肃省文物工作队、甘肃省博物馆编《汉简研究文集》,第481页。

鲜卑趁势发展起来，对汉王朝时服时叛。据统计，自永元九年（97年）至延光三年（124年）的28年中，鲜卑侵犯边境次数达13次之多，侵犯地区不断扩大，所到之处杀烧抢掠严重，使得边境吏民无复宁日。[①]东汉军队甚至在安帝永初元年至延光二年（107—123年），由于财政困难几乎完全撤出了西域。桓帝时期撤烽燧，"桓帝擢翯为度辽将军。翯到营所，先宣恩信，诱降诸胡，其有不服，然后加讨……由是羌胡、龟兹、莎车、乌孙等皆来顺服。翯乃去烽燧，除候望，边方晏然无警"（《后汉书·张王种陈列传》）。

东汉王朝之所以如此经营西域，主要有三个方面的原因。一则此时匈奴远不如西汉王朝初期强势，寇边强度不如西汉王朝时期。二则西域多思汉之心，故东汉容易进行羁縻。三则实在无策，如鲜卑叛乱自和帝永元九年（97年）至顺帝阳嘉二年（133年）凡37年间，平均每隔一年入寇一次，此后敛迹20年；檀石槐时又兴起，自桓帝永寿二年（156年）起为患22年；桓帝延熹九年（166年），遣使持印绶封被拒绝；灵帝熹平六年（177年，）派军作战惨败。汉廷已和战之策两穷，幸而檀石槐死后，鲜卑分散。[②]反观之，后期有些地方郡守反而有所作为，如敦煌太守裴岑，又如安帝时期的敦煌太守曹宗曾经派遣长史索班屯田伊吾，后来又上书请求出击北匈奴。东汉王朝经营西域的策略，也导致其对长城防御工事的利用远不如西汉王朝，更没有汉武帝时那般大规模修建。

第三节　小结

汉长城可以分为西汉长城和东汉长城，其大规模修建主要是在西汉王朝时期，特别是在汉武帝出击匈奴取得战争胜利之后，而大规模新修筑长城主要是在河西地区。关于西汉长城修筑的原因，学界主要关注的是外因即匈奴侵扰，已将匈奴侵扰原因归纳为七种，即匈奴本性、气候变迁、人口膨胀、贸易受阻、掠夺有利、扩大统治、文化不同，近年也有学者提出经济基础的原因。细梳资料，匈奴侵扰的历史应分阶段分析，称得上侵扰的主要是汉初，而且有规律性，汉文帝时期是高潮，此后匈奴对西汉王朝的侵扰呈下降趋势。究其原因主要是匈奴的游牧本质决定其存储财富有限，当特殊气候造成社会困急时，匈奴会通过侵扰来缓解困境。此外，西汉王朝初期对匈奴

---

① 参见黄今言《秦汉商品经济研究》，人民出版社，2005年，第199页。

② 参见张荫麟《中国史纲》，中华书局，2009年，第241～242页。

的态度也在某种程度上刺激了匈奴侵扰。

西汉时期修筑长城，除了匈奴侵扰的外因外，汉武帝时汉匈战争的事实使汉王朝清楚认识到，单纯依靠战争并不能将机动灵活的游牧民族侵扰彻底消除，居安思危的防御意识时刻提醒着西汉统治者。而且汉武帝时期与匈奴作战后经济实力不足的现实，又使其无法继续采用战争的方式来解决匈奴侵扰的威胁，总结历史经验发现，长城防御仍是最佳选择。

东汉初期政治重心在内部的稳定和发展，无心也无实力仿效西汉王朝对匈奴、对西域的积极用事。即便此后经济有所发展，东汉王朝也曾先后设立护羌校尉、护乌桓校尉、使匈奴中郎将、度辽将军、西域都护府和戊己校尉来加强对西域的管理，但整体而言东汉王朝对匈奴、西域关注度不如西汉王朝，对其控制上也是力不从心。除和帝时期外，对西域西部、北部基本上无法实行有效连续性管理。而之所以如此经营，是这一时期匈奴侵扰的程度和匈奴侵扰威胁较之西汉时期大大降低，因此东汉王朝选择了羁縻政策，更为关键的是东汉王朝自身的实力限制。但东汉王朝在采取羁縻政策的同时并未放弃长城防御方法，虽然没有大规模修建长城，但对西汉长城进行了修缮和沿用，纵然有罢烽燧之举，但都是暂时的。而且这一时期还有个别地段管理者为求自保而严明候望，加固长城防御。

总体而言，东汉时期长城的建设主要是部分烽燧的修缮和加固，长城主体仍是西汉时期修筑的长城，整个长城防御线较西汉时期有所内缩，长城戍卒数量和防御力度有所下降，因此防御效果也有所降低。因此，今天所说汉长城实际上主要指的是西汉长城。

第四章　汉长城防御体系的构成

本书研究的长城是广义的长城，即长城防御体系。从目前研究可知汉长城防御体系是以墙体为主体，以烽燧、障城、堑壕、山险、河险、天田、虎落、水门等为辅助设施的防御体系，是多项防御工事紧密结合的整体。汉王朝在利用前代长城基础上不断对长城进行完善。本章主要依据近几十年汉长城的调查资料，介绍汉长城的大体走向，并对长城主体及其辅助性防御工事分别加以介绍。本章重点在于长城防御体系，且以西汉长城为主；并非将长城走向清楚到各自然村的具体位置，而只是呈现大概方向。利用的最新材料有第三次文物普查刊出的部分成果，虽不成熟，然可供探讨。

第一节　汉长城的走向

一、汉长城东段走向

汉长城大体可分为东、中、西三段。东段包括内蒙古宁城县至河北境内、辽宁境内、吉林境内汉长城。其中今朝鲜平安北道、平壤市境内的大宁江长城是秦代修建，汉初使用，乐浪郡成立后废弃，故此处不再详细介绍。[①]截至2010年10月，考古工作者在吉林通化、白山浑江与鸭绿江中上游沿岸，陆续发现了大批战国至秦汉时期的遗址群，并最终确认这些遗址群即为燕秦汉时期辽东长城，其分布规律是五里一燧、十里一墩、三十里一堡、百里一城。[②]虽然吉林发现的遗址群在目前史学界公认的辽宁汉长城墙体以北，而且墙体发现甚少，但因其与辽西地区汉长城分布结构相似，即以墩台为主，又汉代河西地区也有只有烽燧线无墙体的建筑方法，故本书将吉林新发现

① 郑君雷:《大宁江长城的相关问题》,《史学集刊》1997年第1期。

② 参见李树林、李妍《燕秦汉辽东长城障塞遗址的量化统计分析》,《北方文物》2011年第2期；李树林、李妍《吉林省燕秦汉辽东长城考古调查概述》,《社会科学战线》2011年第10期。

的汉长城纳入研究范畴，走向大体是东沿鸭绿江北岸向西，过临江，至长白县马鹿沟镇北山障堑，西北入通化市，向西与辽宁新宾县列燧连成一线，长白县马鹿沟镇西南沿鸭绿江北岸至辽宁宽甸入朝鲜与大宁江长城对接。①

辽宁境内汉长城，从鸭绿江、宽甸河、太平哨向西北入本溪恒仁、抚顺新宾和清源，西过铁岭、开原、法库，入彰武和阜新。②再向西南经过朝阳建平县朱碌科、孤山子、张家营子、奎德素、八家农场等乡镇，西越老哈河，入内蒙古喀喇沁旗西桥乡。③但阜新至朝阳段汉长城具体走向不详。因上述路线是1975年开始调查的，可能存在行政区划的变化，如上述朝阳建平县孤山子、张家营子、八家农场等地在今天的行政地图上已经找不到了。最近又有2017年辽宁省公布的最新调查成果，没有经过孤山子，仍经过张家营子、八家国营农场。④

从内蒙古喀喇沁旗西桥乡西南过小城子、大城子、三座店，沿坤都伦河西南延伸，经甸子、头道营子、西泉，沿黑河进入河北承德三道沟门、獾子沟、三道梁顶，再西南行至志云乡，经三家乡、头沟乡进入隆化县，经中关乡，西北至十八里汰村北、牌岔子，分西、南两路；西路经隆化县城关，沿伊蚂图河西北到白虎沟、步古沟、西阿超，西南行碱房、三道营、郭家屯，越滦河入丰宁县化吉营、连桂、张百万、小坝子、窟窿山，西至赤城县(约当龙门所)东；南路从十八里汰乡西南越伊逊河川，经滦平白旗、西地、滦河，到金沟屯、张百湾、小城子，至滦平县城，再西南从安纯沟乡李栅子四楞山入丰宁县。⑤因资料收集有限，河北张家口市境内汉长城具体情况不详，只知从张家口市尚义县桃沟村进入乌兰察布兴和段。⑥

2017年辽宁省文物局刊出了最新的调查成果，与1975年的调查路线大致相同，报告登记详细到自然村。⑦辽东汉长城，从抚顺新宾满族自治县旺清门村孤脚山，自东向西经红升乡旧门村高台山、红升村、白旗村、新宾镇南

---

① 参见李树林、李妍《燕秦汉辽东长城障塞遗址的量化统计分析》，《北方文物》2011年第2期；王文《李树林提出辽东障塞长城新见解》，《中国文物报》2011年5月4日，第2版。

② 参见冯永谦《辽东地区燕秦汉文化与古长城考》，辽宁省考古博物馆学会、本溪市文化局、丹东市文物管理委员会《辽宁省本溪、丹东地区考古学术讨论会文集》，1985年。

③ 参见李庆发、张克举《辽宁西部汉代长城调查报告》，《北方文物》1987年第2期；中国长城学会《长城百科全书》，第77～79页。

④ 参见辽宁省文物局《辽宁省燕秦汉长城资源调查报告》，第131页。

⑤ 参见田淑华、赵晓光、王月华《承德地区汉代长城与烽燧调查》，《文物春秋》2006年第3期；国家文物局主编《中国文物地图集·内蒙古自治区分册》(下)，第207页。

⑥ 参见国家文物局主编《中国文物地图集·内蒙古自治区分册》(下)，第616页。

⑦ 参见辽宁省文物局《辽宁省燕秦汉长城资源调查报告》，第131页。

茶棚村黄花山、网户村南山、永陵镇前进村南山、四道沟村羊祭台岭、和睦村东南、木奇镇木奇村东岭、水手村西北、上夹河乡马尔墩岭、马尔墩村，向西进入抚顺县上马乡苍什村南山、苍什岭、三道沟村、破房沟西山，向西进入东洲区大伙房水库萨尔浒风景区小青岛林场、吴家堡村西山，向西北过浑河，进入顺城区前甸镇关岭村鹰嘴砬子山、关岭村南、靠山村北山、新北村鲍家自然村北山、果树村北山、施家村西山、高尔山北部的将军峰、抚顺肉联厂北山、河北乡将军堡村北山、新地号村南山、葛布桥头、西葛联社月牙山、半截沟村东山、二道沟村西山、滴台缝村西山、方晓村小滴台自然村东山、抚顺高湾农场东山和西山、沈阳东陵区高坎镇晓仁镜村北大台子山，向西经沈北新区和新民市境内烽燧，过辽河连接辽西长城。辽西汉长城，包括阜新、锦州北和朝阳地区三段：在阜新地区主要与燕秦故塞重合；在锦州凌海经过三台子乡、白台子乡、北镇闾阳乡、廖屯乡、黑山段家乡、义县白庙子乡；在朝阳地区均分布在建平县境内，自西北至东南先后经过万寿镇、榆树林子镇、张家营子镇、奎德素镇、八家国营农场。其中辽东故塞的走向，“是在辽河以东的新民市和沈北地区和铁岭南，东指东陵区和抚顺市西南部，直至抚顺市和本溪市交界处，沿浑河南支流小沙河和拉古河向东南延伸，过抚顺海浪后，连接本溪市的威宁营和碱厂堡一线。再向东，在宽甸县北境灌水、双山子、牛毛坞、大西岔一线，直至鸭绿江西岸”[①]。

内蒙古地区第三次文物普查为东南部秦汉长城提供了不同于上述发现的新资料。其中辽西地区秦汉长城，由东向西分布于通辽市奈曼旗和赤峰市敖汉旗、松山境内；最东端发现于奈曼旗新镇朝阳沟村东北0.48千米东向偏西北延伸至朝阳沟村西北1千米，向西南到双合兴村、大榆树村，然后向西到新安屯村、毛仁沟梁村，继续西南至蟒石沟村、敖包后村，过牤牛河，至沙日浩来镇苇塘沟村东南，西北向到湾子村，继续西至西岗岗村、敖汉旗敖音忽苏乡荷也，西北至奈曼庙、上水泉村、下水泉村、良灌村、下洼镇东山村、下洼镇东城子村，西南至西八旗村、敖吉乡刁家营子村、大敖吉村，西北到丰收乡东河北村、贝吉营子村、大龙凤沟村西南、元宝山村西北、新惠镇簸箕沟村西南、下房申村，西北至三宝山村、撒力把乡齐大窝铺村东南，西经老牛槽沟村东南转西南、陈家窝村西北，西北至关东沟村北、夹信梁村北、沟岔子村东北和西北，西南经小山村西、土城子村西北，西北至兴隆屯村南，跨越老哈河后，由敖汉旗进入松山境内夏家店乡山水坡村西南，西南至后窑村、夏家

① 参见辽宁省文物局《辽宁省燕秦汉长城资源调查报告》，第224页。

店乡八家村三队西南、夏家店村，再往西无踪迹。[①]

新发现的库伦旗汉长城，仅见于通辽市库伦旗境内，呈西南—东南走向，最南端发现于库伦旗白音花镇乃曼格尔村东北，向北经东通什村东、色楞稿村西、敖和板村东、西牌楼村东、马营子村东，至库伦镇东皂户沁嘎查东。[②]这是之前调查中未曾提到过的新发现。

以上两条资料，不知为何命名为秦汉长城、西汉长城，不清楚其划分依据，文中也未具体标明，有待进一步考证，故本书暂时不将以上资料以地图形式呈现，而只引入文字内容，以便后续研究者对比。

辽西地区南部的东汉长城主要分布于赤峰市，通辽市未见相关遗存。这些东汉长城遗存以烽燧为主，辅以堑壕和障城，自辽宁省朝阳市越过老哈河进入赤峰市喀喇沁旗境内，自东向西穿越喀喇沁旗东南部，经过乃林镇牛舍村、新房身村、三道沟村、柳灌沟村、米家营子村、新丘村、百宝营子村、炮手营子村、北山根村，西桥乡贾家梁村、三眼井村、二道村附近，转而进入宁城县，经小城子镇马牛草沟村、水泉村、桃海村、敖汉营子村、八家村、南山根村，沿八里罕河西侧的七老图山麓地带向南，经甸子镇黑城沟村折向西，沿黑里河北岸经三道营子村、热水沟村、大宝贝台村、白石头村，再经黑里河镇打虎石村、老爷庙村、丛家山头村、小窑沟村、罗匠沟门村，进入黑里河自然保护区，经石洞子梁村、大营子村、南毛村、河南营子村，西南进入河北承德境内。[③]这与之前的调查，即从内蒙古喀喇沁旗西桥乡西南过小城子、大城子、三座店，沿坤都伦河西南延伸，经甸子、头道营子、西泉，沿黑河进入河北承德，走向大致相同，只是调查更为详细，之前到西桥乡，但是没有具体到某个村，所以第三次文物普查调查得更细致，涉及的村庄更多。

二、汉长城中段走向

汉长城中段主要指内蒙古境内汉长城。沿用部分是秦汉长城，从河北尚义县桃沟到乌兰察布兴和县高庙子乡头道沟村南部大山顶，西进大同夭乡，过张皋镇、三瑞里乡。[④]此后中断，又从乌兰察布察哈尔右翼前旗老圈沟

---

① 参见内蒙古自治区文化厅（文物局）、内蒙古自治区文物考古研究所《内蒙古自治区长城资源调查报告·东南部战国秦汉长城卷》，文物出版社，2014年，第46～49页。

② 参见内蒙古自治区文化厅（文物局）、内蒙古自治区文物考古研究所《内蒙古自治区长城资源调查报告·东南部战国秦汉长城卷》，第70页。

③ 参见内蒙古自治区文化厅（文物局）、内蒙古自治区文物考古研究所《内蒙古自治区长城资源调查报告·东南部战国秦汉长城卷》，第76页。

④ 参见国家文物局主编《中国文物地图集·内蒙古自治区分册》（下），第558页。

乡口子村西山坡，经察大黑沟村、汉贲贲村向西入丰镇麻迷图。[①]西北过三义泉乡西梁村，向西过麻迷图乡到卓资哈达图乡东边墙村。[②]西南经正边墙村、五福堂村、山映梁村，至二道沟村中断；在卓资县城西大黑河北岸山麓出现墙体，继续行经苏木庆沟、泉子梁村、蒙古营村、旗下营镇，入呼和浩特市。[③]在呼和浩特坡根底村北与赵长城相会，西北过羊场、马场，沿大青山入毫沁营乡，进武川冯家窑子村。[④]从冯家窑子村向西越大青山，西北过大青山乡什尔登村，西过纳令沟乡大山东侧，中断，至哈拉合少乡烧林沟出现，西北入哈拉门独乡。[⑤]西北至固阳县大庙乡陈家村，经银号村、前康图沟、哈毛坝、西边墙壕，西行至陈家碾房村，西南入西斗铺乡王如地村。[⑥]出固阳西过巴彦淖尔乌拉特中旗部北乡梁五沟林场，入乌拉特前旗小佘太乡，北经部北乡南部，入查石太山区，西进巴音哈太苏木南镜、温根镇、呼勒斯太苏木、狼山南部大山北麓，至石兰计山谷北小黄山。[⑦]

中段汉长城新建部分是汉外长城，是两条平行线。从武川开始，南线东南起于哈拉门独乡陶勒盖村马鞍山顶，北行经西二道边村西山顶折向西北，过西红山子乡，入固阳大庙乡石兰哈达村。[⑧]西北经东公此老乡，至卜塔亥乡边墙壕村，再向西北入达茂旗乌兰忽洞乡。[⑨]又经西河乡入乌拉特中旗。[⑩]自乌拉特中旗新呼热苏木毛仁楚鲁向西北延伸，至哈日阿图西面中断，再在乌兰苏木呼和额日格北面出现，向西经川井苏木，至巴音杭盖苏木南面，入乌拉特后旗巴音前达门苏木南部。[⑪]再西经查干德日新至格日勒图苏木，西南行宝音图苏木至乌力吉苏木苏根乌素，西北经海力素进入蒙古国。[⑫]

汉外长城北线东起哈拉合少乡后石背图村大山顶，北至西乌兰不浪乡

---

① 参见国家文物局主编《中国文物地图集·内蒙古自治区分册》(下)，第509页。
② 参见国家文物局主编《中国文物地图集·内蒙古自治区分册》(下)，第516页。
③ 参见国家文物局主编《中国文物地图集·内蒙古自治区分册》(下)，第538页。
④ 参见国家文物局主编《中国文物地图集·内蒙古自治区分册》(下)，第10页。
⑤ 参见国家文物局主编《中国文物地图集·内蒙古自治区分册》(下)，第50页。
⑥ 参见国家文物局主编《中国文物地图集·内蒙古自治区分册》(下)，第65页。
⑦ 参见国家文物局主编《中国文物地图集·内蒙古自治区分册》(下)，第625页。
⑧ 参见国家文物局主编《中国文物地图集·内蒙古自治区分册》(下)，第51页。
⑨ 参见国家文物局主编《中国文物地图集·内蒙古自治区分册》(下)，第66页。
⑩ 参见国家文物局主编《中国文物地图集·内蒙古自治区分册》(下)，第69页。
⑪ 参见国家文物局主编《中国文物地图集·内蒙古自治区分册》(下)，第626页。
⑫ 参见国家文物局主编《中国文物地图集·内蒙古自治区分册》(下)，第619页。

阿路康卜村走下大山，北至二份子乡。[①]从二份子乡入达茂旗坤兑滩乡境内，至百灵庙镇东中断，在百灵庙西北巴音敖包苏木后河出现，西北入乌拉特中旗境内。[②]自乌拉特中旗进入乌拉特后旗巴音前达门苏木境内，自巴音查干向西南延伸约10千米中断，在宝音图苏木、道劳呼都格、苏亥等地断断续续向西北行进，在乌力吉苏木西北进入蒙古国境内（如图4-1所示）。[③]

另外，1990年9月榆林市文管会在巴拉素镇乔家赤西发现一段秦汉长城遗址。[④]因汉武帝时朝廷修外长城，故陕西新发现的秦汉长城可能只在汉初使用。又陕西早期长城调查显示陕西境内无汉长城，故上述1990年发现的秦汉长城遗迹不纳入本书研究的汉长城体系。宁夏回族自治区博物馆与原固原县文物工作站对宁夏境内长城进行调查时，没有对汉长城进行调查，只根据《史记·匈奴列传》内容推测汉初在宁夏应修缮使用过秦代长城。[⑤]周兴华、周晓宇在《从宁夏寻找长城源流》一书中言宁夏汉长城现存遗迹位于黄河外中卫、中宁北山、贺兰山一线。[⑥]然而宁夏文物考古研究所工作人员通过遗物和局部发掘证明这段长城不属于汉代，应该属于明代。文献记载秦末匈奴突破秦长城、占据河南塞，向内侵犯，西汉王朝退至肤施、朝那、狄道一线的故塞与匈奴为界。[⑦]然从匈奴扰边记载和西汉王朝多从北地郡出发作战看，朝那、萧关所在地段可能是争夺之地，故汉初是否在宁夏使用故塞尚不确定。又汉武帝将长城线内蒙古地区推至外线、延伸至额济纳河地区后，宁夏成了长城南侧，即使汉初在宁夏有修缮使用故塞，汉武帝后可能也不再使用。基于以上原因和第三次文物普查宁夏考古所未发现宁夏有汉长城的事实，本书认为宁夏无汉长城。

---

① 参见国家文物局主编《中国文物地图集·内蒙古自治区分册》（下），第51页。

② 参见国家文物局主编《中国文物地图集·内蒙古自治区分册》（下），第69页。

③

④ 戴志尚、刘合心：《榆林市境内新发现一段秦汉长城遗址》，《文博》1993年第2期。

⑤ 宁夏回族自治区博物馆、固原县文物工作站：《宁夏境内战国秦汉长城遗迹》，载文物编辑委员会编《中国长城遗迹调查报告集》，第45～51页。

⑥ 周兴华、周晓宇：《从宁夏寻找长城源流》，第177、182页。

⑦ 参见朱郑勇《西汉初期北部诸郡边界略考》，《中国历史地理论丛》2008年第2期。

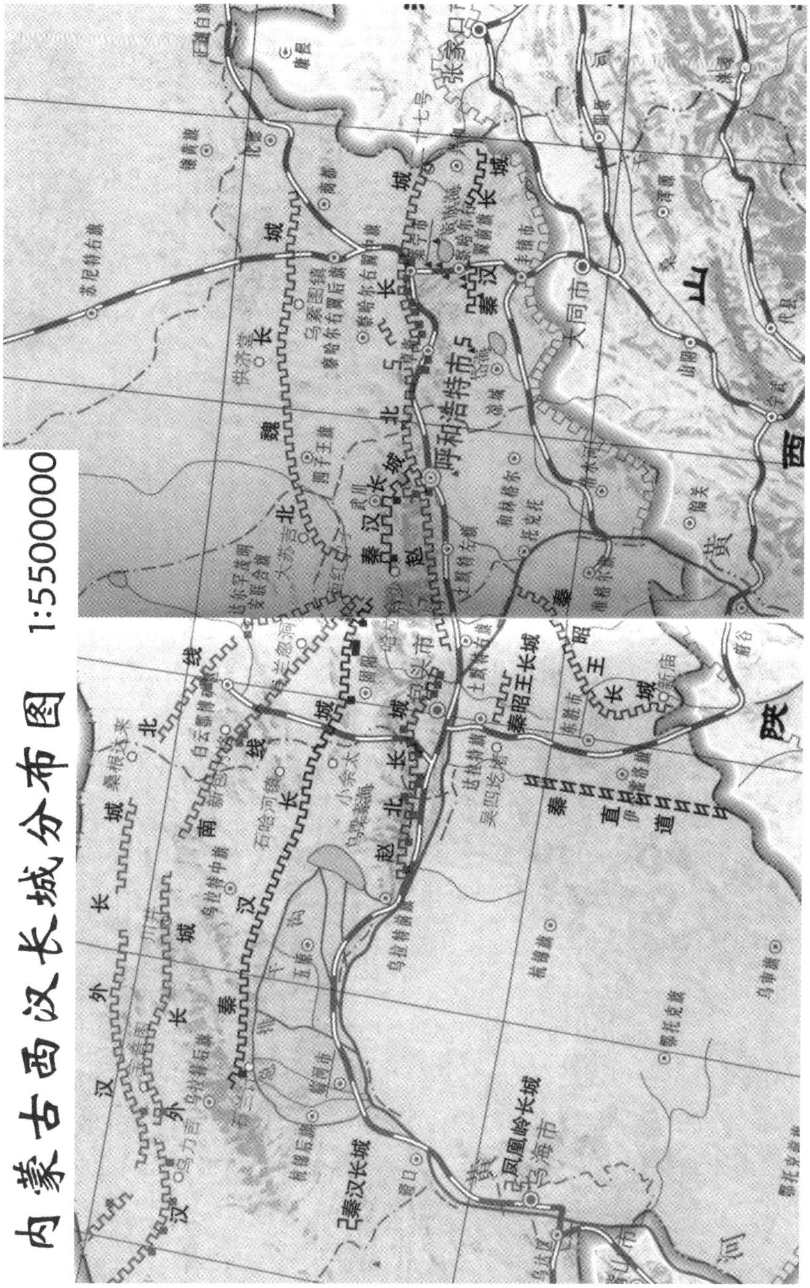

图4-1　汉长城中段分布图[①]

① 国家文物局主编:《中国文物地图集·内蒙古自治区分册》(下),西安地图出版社,2003年,第65页。

第三次文物普查时内蒙古自治区也对境内长城进行了调查，并于2011—2015年对调查资料进行了整理和编写工作，已经出版了《内蒙古自治区长城资源调查报告·明长城卷》《内蒙古自治区长城资源调查报告·东南部战国秦汉长城卷》《内蒙古自治区长城资源调查报告·阿拉善卷》《内蒙古自治区长城资源调查报告·鄂尔多斯－乌海卷》《内蒙古自治区长城资源调查报告·北魏长城卷》《内蒙古自治区长城资源调查报告·战国赵北长城卷》六部，还有《内蒙古自治区长城资源调查报告·中南部秦汉长城卷》《内蒙古自治区长城资源调查报告·金界壕卷》未出版。这些已出版的调查报告提供了部分路段的新发现，因未全部公开，尚无法绘制新的全部走向。因此，汉长城中段分布图仍沿用此前材料。

三、汉长城西段走向

汉长城西段自内蒙古额济纳旗苏古诺尔湖起，沿额济纳河南下，至甘肃金塔县循北大河向西折转，沿北山南麓和疏勒河畔，至原敦煌县西北小方盘城，向西经罗布泊、孔雀河畔延伸，不再筑城墙，而是绵延的烽燧。还有金塔县至永登县的汉塞分布，吴礽骧《河西汉塞调查与研究》已有介绍，且有清晰附图(如图4-2所示)，故此处不再赘言。

内蒙古自治区长城调查资料整理出版的《内蒙古自治区长城资源调查报告·阿拉善卷》提出，在“沙漠无人区”中发现了许多障城和汉代烽燧，“阿拉善盟境内的汉长城在阿拉善左旗、阿拉善右旗、额济纳旗均有分布。三旗汉长城的共同特点是，在特殊的沙漠地形环境下，依托河流山川等险要，以烽燧为主，辅以墙体、天田和其他单体建筑，组成一个链条式的防御与信息传递兼具的长城体系”①。

阿拉善左旗境内汉长城包括墙体、烽燧、障城、居住场所等，主要分布在两个区域：一是中部狼山西侧余脉哈鲁乃山的南、北两侧，向西南横贯全境；二是东南部沿贺兰山西麓分布。②其分布路线是，中部分为两部分，一是东起自敖伦布拉格镇西北与磴口县沙金套海苏木巴音乌拉嘎查交界处的哈鲁乃山，沿山体北麓，向西南跨亚玛雷克沙漠，经敖伦布拉格镇巴音毛道嘎查、图克木嘎查，吉兰泰镇德日图嘎查、额然陶勒盖嘎查；西止于巴音诺日公苏

① 内蒙古自治区文化厅(文物局)、内蒙古自治区文物考古研究所:《内蒙古自治区长城资源调查报告·阿拉善卷》，文物出版社，2016年，第10页。

② 参见内蒙古自治区文化厅(文物局)、内蒙古自治区文物考古研究所《内蒙古自治区长城资源调查报告·阿拉善卷》，文物出版社，2016年，第10页。

木哈日木格太嘎查[①];二是东起敖伦布拉格镇西北与磴口县沙金套海苏木巴音乌拉嘎查交界的哈鲁乃山东侧,沿山体南麓,向西南过亚玛雷克沙漠和乌兰布和沙漠交汇地带,经敖伦布拉格镇巴彦哈日嘎查、查干德日斯嘎查,吉兰泰镇呼和温都尔嘎查、乌西勒格嘎查、傲日格呼嘎查、巴特日布拉格嘎查,止于苏力图嘎查。[②]东南部沿贺兰山西麓分布的烽燧和障城,北起吉兰泰镇乌达木塔拉嘎查,向南过亚玛雷克沙漠、乌兰布和沙漠交汇地带,经吉兰泰镇苏木图嘎查,巴彦浩特镇扎海乌苏嘎查、巴彦浩特镇政府所在地、巴彦笋布尔嘎查、敖包图嘎查,巴润别立镇铁木日乌德嘎查、上海嘎查,止于巴音朝格图嘎查。[③]

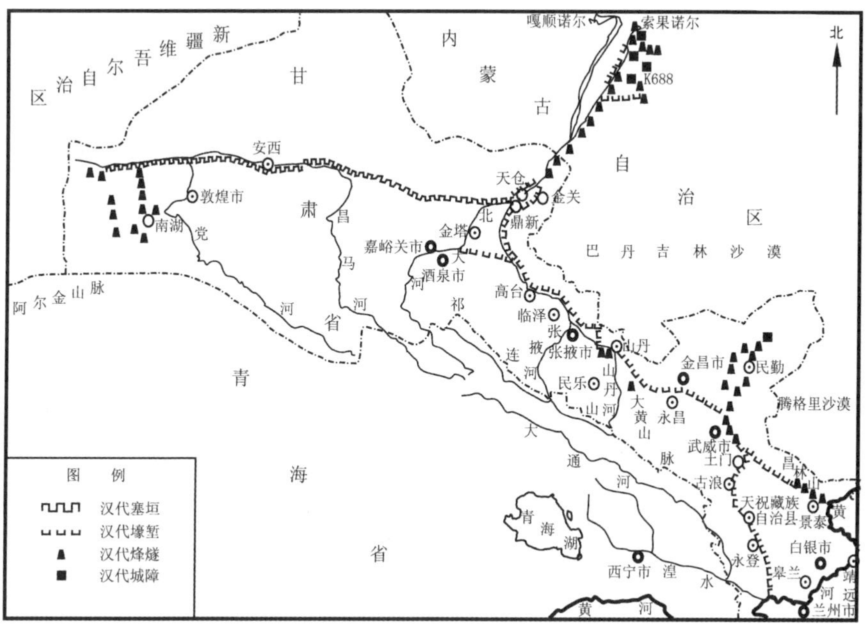

图4-2　汉长城西段分布图[④]

鄂尔多斯秦汉榆溪塞长城分为两大段落,即哈什拉川水险和新民堡长城。其中,新民堡长城位于黄河南岸平原上、库布沙漠边缘地带,呈东一西

---

① 参见内蒙古自治区文化厅(文物局)、内蒙古自治区文物考古研究所《内蒙古自治区长城资源调查报告·阿拉善卷》,第11页。

② 参见内蒙古自治区文化厅(文物局)、内蒙古自治区文物考古研究所《内蒙古自治区长城资源调查报告·阿拉善卷》,第26~27页。

③ 参见内蒙古自治区文化厅(文物局)、内蒙古自治区文物考古研究所《内蒙古自治区长城资源调查报告·阿拉善卷》,第39~40页。

④ 参见吴礽骧《河西汉塞调查与研究》,书后附地图1。

走向，黄土夯筑而成，具体是东起王爱召镇的新民堡村西北495米处，向西到达树林召镇释尼召村西北468米处。[①]

最新的新疆汉长城调查资源有25处，多为烽燧台，主要分布在丝绸之路南、北两道上，集中在尉犁、若羌、且末三县，另外在西域都护府附近的轮台、库车、拜城等县也有零星分布。[②]

第二节　汉长城防御体系主体——墙体

一、墙体的走向

汉长城年代久远，存在被后代沿用的情况，如汉代沿用的战国赵长城，北魏时继续沿用。[③]又如河西永昌县段河西堡东南、头墩西北5.5千米的明代边墙线上，发现一座烽燧遗址，根据遗址的结构、形制及残留的大量遗存等判断，“此墩台应始建于汉代，历经五凉、唐代，至明、清仍在使用”[④]。也有被破坏，如河西汉长城外侧通湖山万图峰顶下山崖石壁上遗存一块西汉末年、东汉初年的石刻，记述了汉武帝在河西设置郡县、障塞情况，后因王莽之乱，从北地郡、武威、张掖至敦煌的汉长城遭到毁坏，东汉光武帝建武初年，边郡太守又加强长城障塞的恢复与防御。[⑤]

整体来说，东汉时期汉长城遭到破坏，特别是魏晋南北朝后，汉长城毁坏严重。虽然个别地段汉长城或墩台仍被利用，但也因历代修缮造成历史叠加，给现今调查汉长城带来难度。大部分汉长城因废弃较早，除特殊时期人为破坏外，还有长期的保护不当，风吹、日晒、雨淋和自然侵蚀等，现在很难发现连续完整的墙体，无法完整勾勒出汉长城走向，需要参考辅助性防御工事、河险、山险等。前文所述汉长城的走向是汉长城整个防御系统的大体走向，是墙体、烽燧、河险、山险等相结合的走向。

长城主体是墙体，辅助性防御工事有烽燧、天田、虎落、水门，此外还有

① 参见内蒙古自治区文化厅（文物局）、内蒙古自治区文物考古研究所《内蒙古自治区长城资源调查报告·鄂尔多斯—乌海卷》，第38页。

② 参见新疆维吾尔自治区文物局《新疆维吾尔自治区长城资源调查报告》，文物出版社，2014年，第2页。

③ 参见邓宏伟、张海斌《包头境内的战国秦汉长城与古城》，《内蒙古文物考古》2000年第1期；景爱《长城》，第204页。

④ 吴礽骧：《河西汉塞调查与研究》，第33页。

⑤ 参见周兴华、周晓宇《从宁夏寻找长城源流》，第184页。

天然的山险、河险等，彼此距离非常近，如汉代的烽燧，多在长城墙体以内，距墙体很近。[①]有陡峭、连续高山或不易逾越的大河时，则利用这些天然屏障，或者在河上修律虎落、水门等。在墙体消失地段，可以参考消失前墙体走向、消失段后再次出现的墙体走向、消失段出现的烽燧或其他辅助防御工事，来判断消失段墙体位置。陈梦家先生在对居延地区内亭障序列考述时也采用此法，"凡那些已无塞墙的地方，根据其上下塞墙行进的方向并现在尚存在的零散的亭障，根据塞墙和亭障往往傍着河岸，我们可以将中断的塞重新联接起来"[②]。

汉长城墙体的走向，原则上应在上述汉长城走向范围内。除了"自贰师将军伐大宛之后……自敦煌西至盐泽，往往起亭"（《汉书·西域传》），明确敦煌至盐泽段即玉门经盐泽至渠犁这段，无建筑墙体。从目前的调查看，从甘肃永登到酒泉的令居塞，永登县、天祝县、山丹县、临泽县、高台县、酒泉市境内汉塞以堑壕为主，墙体较少。其他省的调查中也有墙体消失段较长的情况，有保存不当的情况，当然也有可能本身未建有墙体，如承德境内汉代长城，其形制主要有三种：一是沿用燕秦长城并对重点地段加以修缮；二是以烽燧、亭、障等防御工事构成，以烽燧居多；三是采取堑壕和内外墙结合的筑法。[③]若要再考证每个消失段是确实消失了还是根本未建，则需要进一步的考古发掘。

目前要单列墙体走向，只能定在上述大体走向排除河西长城西段外的范围。随着近年来全国文物普查的开展，汉长城的路线已可以具体到各省、市、乡镇、自然村，如第二次文物普查后国家文物局主编的《中国文物地图集》各省分册陆续出版，将各地区汉长城的走向具体到各个自然村，故本书不再一一列举。

二、墙体的保存现状

因各省雨量、风沙、人口、经济发展程度不同，如笔者2008年参加渭南地区第三次文物普查，发现渭南地区的魏长城因道路建设和农业发展遭到破坏。2009年笔者参与陕西早期长城调查，发现因石油开发和垦殖面积扩大等原因，陕西地区早期长城受到破坏。各省汉长城受到自然和人为影响不同，保留的汉长城墙体情况也不相同，为更好地说明汉长城墙体情况，选

---

① 参见景爱《长城》，第77页。

② 陈梦家：《汉简考述》，载陈梦家《汉简缀述》，第4页。

③ 参见田淑华、赵晓光、王月华《承德地区汉代长城与烽燧调查》，《文物春秋》2006年第3期。

取不同省份代表性墙体段，简列如下。

第一，甘肃境内：夯土墙。古浪县俞家南门村墙体残长约0.5千米，基宽2.5米，残高4米许，夯层厚25～28厘米；武威保存较好的墙体一般底宽2.5～3米，顶宽1米左右，残高4米左右，夯层厚10～15厘米。①

夯土夹草型墙体可分为普通型和典型两种。普通型夹杂有芦苇、石子等，典型的是夹杂红柳。普通型有敦煌玉门关当谷隧东墙体，以流沙、石子和芦苇等物掺和，层层上铺，每层厚度为20～30厘米，墙体高度3米多。②甘肃安西县（今瓜州县）塞墙多种，有底层压胡杨、二层红柳、三层芦苇、四层罗布麻夹沙砾构筑的，有红柳、芦苇夹沙砾结构的，还有全沙砾垒筑的。③永登县平地起筑，两层黄土之间夹一层草土，黄土夯层厚10～14厘米，夹草层厚3～5厘米，现保存明显的顶宽约1米，残高0.5～1.5米。④汪家湾墙体最明显，紧贴东山根，长约1千米，残高1～1.5米，基宽约1.5米。⑤

典型的夯土夹草型即红柳墙体。疏勒河地区的汉长城墙体多是红柳、芦苇、砂石混筑而成，被称作红柳长城，呈鱼脊状，残高1～2米，最高达2.5米，基宽约3米。⑥玉门市沿北石河南岸延伸一段墙体保存较好，连续不断，残厚1.3～2.4米，残高1.5～2.3米，以夯土夹压红柳、砂石筑成。⑦

第二，内蒙古境内：夯土墙。包头汉外长城外线墙体是断断续续的土垄，残存高度0.25～1米，宽8米，黄土夹碎石夯筑而成，土质坚硬，夯层厚12～15厘米；内线墙体黄土和砂石混合夯打，断面处可见长城实宽7米，残高1.69米，夯层厚10厘米。⑧

外包石块、内填黄砂石土的墙体。包头汉外长城内线墙体有的是两侧错缝垒砌石块、中间填黄砂石土，宽5.5～6米，残高0.7～1米。⑨原潮格旗北部乌力吉乡锡尼乌苏向东有一段用石片包外、内实夯土的墙体，基宽3.4米，

---

① 参见李并成《河西走廊东部汉长城遗迹考》，《西北史地》1994年第3期。

② 参见杨宗、温志宏《长城》，百花洲文艺出版社，2009年，第51页。

③⑦ 参见李并成《河西走廊西部汉长城遗迹及其相关问题考》，《敦煌研究》1995年第2期。

④ 参见甘肃省永登县文物馆《永登县汉代长城遗迹考察》，《文物》1990年第12期；吴礽骧《河西汉塞调查与研究》，第23页。

⑤ 参见李并成《汉令居城及其附近汉长城遗迹的调查与考证》，《长城学刊》1991年第1期。

⑥ 参见景爱《长城》，第156页；甘肃省文物局编，岳邦湖、钟圣祖著《疏勒河流域汉代长城考察报告》，第10页。

⑧⑨ 参见邓宏伟、张海斌《包头境内的战国秦汉长城与古城》，《内蒙古文物考古》2000年第1期。

顶宽2.7米,高2米;夹心墙基宽3.4米,残高平均0.5米。[①]

石片交错叠压的墙体。原潮格旗北部乌力吉乡锡尼乌苏向西的墙体,用青灰色的石片交错叠压而成,壁面整齐,基宽3.5米,顶宽2.5～3米,高2～2.5米;乌拉特中旗部北乡梁五沟林场至前康图沟沟口段墙体全是石块垒砌,基宽2～3米,残高1～2米,顶宽1.5～2米,沟谷内残高4～5米。[②]

20世纪80年代国家第二次文物普查时,考古工作者对呼和浩特、武川段、包头市汉长城进行了调查,其中保存较好、夯层明显的墙体有以下几段。

夯筑土墙。汉外长城固阳段全为夯土墙,残基宽4～5米,高0.6～1米,夯层厚10厘米;汉外长城北线达茂旗段大部分为夯土墙,残基宽6米,高0.5～1.5米,夯层厚12～15厘米;赤峰市宁城段墙体大部分为夯土墙,基宽6～7米,高0.5～1.5米;乌拉特前旗汉代沿用的赵北长城,夯土墙残基宽4～6米,高1～2.5米,夯层厚10～12厘米。[③]

石块砌墙。磴口县哈腾套海苏木布都毛都格有一段石块砌墙,沿山麓延伸,长约1.5千米,残宽4～5米,高3～4米;乌拉特前旗赵北长城,汉代沿用有石块垒砌段,残宽2～4米,高1～2米;乌拉特中旗小佘太段墙体多为石块垒砌,灰腾沟和板申图沟内各有长约2千米的墙体,基本保持原貌,基宽6米,顶宽2.5～3米,高5～6米。[④]

第三,河北境内:夯土墙。隆化郭家屯镇二道营子山脊上有长约5千米的墙体,黄沙土夯筑,横剖面呈梯形,现存高度1.5～2米,基宽6～7米。[⑤]志云乡境内有一段残长约6千米的墙体,高1.5米,宽8～10米,大部分为土筑。[⑥]这里出现了一种以石为基、上为夯土的墙体,主体是夯土,局部情况记录不详,将其归入夯土墙类。

石砌墙。丰宁波尔脑至滦平安屯沟门的墙体用土石混筑,层层叠砌,墙宽4～5米,存高1.5～2.5米。调查未写清土石混筑的具体方法,但层层叠砌,应不是外石砌内夯土,也不是掺石夯筑,只能是大型石头层层叠砌,后在缝隙中填土充实,故归为石砌型墙。

---

① 参见盖山林、陆思贤《内蒙古境内战国秦汉长城遗迹》,载中国考古学会编《中国考古学会第一次年会论文集》,第212～224页。

② 参见李逸友《中国北方长城考述》,《内蒙古文物考古》2001年第1期。

③ 参见国家文物局主编《中国文物地图集·内蒙古自治区分册》(下),第66、69、207、622页。

④ 参见国家文物局主编《中国文物地图集·内蒙古自治区分册》(下),第616、622页。

⑤ 参见郑绍宗、郑立新《河北古代长城沿革考略(上)》,《文物春秋》2009年第3期。

⑥ 参见中国长城学会《长城百科全书》,第77页;郑绍宗、郑立新《河北古代长城沿革考略(上)》,《文物春秋》2009年第3期。

第四，辽宁省境内：朝阳建平县奎德素乡的97与98号台之间保存有一段土石混合墙，约300米；张家营子青山村南梁顶上有400米长的一段墙，高1～1.5米。[①]1991年考古工作者确认辽宁省宽甸县城至长甸河口北部山区的一条石筑墙为燕秦汉长城东段遗迹，筑墙五段，保存最好的是何家大院段，长约200米，高约2米，沿山脊用乱碴石单面筑成。[②]最新调查发现墙体集中发现于辽西地区，分为土筑和石筑两种，以土筑为主[③]，如建平县北二十家子乡与内蒙古自治区敖汉旗赵宝沟长城交界处一段以黄沙土层层夯筑而成，一般夯层约10厘米[④]。青山长城1段，墙体为石墙，墙体东侧略陡，西侧略缓，现存宽6米，西侧最高2.8米、东侧高1.5米。[⑤]高家洼长城2段，墙体用夹有碎石粒的土筑成，墙体宽7.7米，北侧高1.7米，南侧高0.9米；高家洼长城3段，墙体用夹有碎石粒的土筑成，墙体宽10米，北侧高1.4米、南侧高1米。[⑥]保存较好的是建平县烧锅营子长城，较好段长1025米，以0.4～0.6米的山体基岩为基础，上部以规整的花岗岩石块错落砌筑，外侧为石墙，内填土石，基宽2.1米，上宽1.6米。[⑦]

综上所述，从目前的保存情况来看，内蒙古境内墙体类型较多，夯土墙基宽最宽8米，最高2.5米，夯层厚10～15厘米，顶宽不详；外石块内黄砂石或夯土型墙基宽3.4米，顶宽2.7米，高2米，夹心墙基宽3.4米，残高平均0.5米；石片交错叠压型或石砌型，基宽6米，顶宽2.5～3米，高5～6米。河北境内夯土墙高度1.5～2米，基宽8～10米，顶宽不详；石砌墙宽4～5米，存高1.5～2.5米。甘肃境内夯土墙底宽2.5～3米，顶宽1米，残高4米许，夯层厚10～28厘米；夹草型墙基宽约3米，高多1～2米，最高达3米，黄土夯层厚10～14厘米，夹草层厚3～5厘米。

三、墙体的建筑形制

长城修建目的是防御，故作为长城主体的墙体必须是坚固的，而长城起源本身就深受城墙影响，使用城墙修筑方式来构建长城也是情理之中。而汉长城除了黄土夯筑外，还有多种形式，如郎中侯应总结“起塞以来百有余年，非皆以土垣也，或因山岩石，木柴僵落，溪谷水门，稍稍平之，卒徒筑治”

---

① 参见李庆发、张克举《辽宁西部汉代长城调查报告》，《北方文物》1987年第2期。

② 参见常学《辽宁发现燕秦汉长城东段遗迹》，《中国科技史料》1991年第3期。

③④ 参见辽宁省文物局《辽宁省燕秦汉长城资源调查报告》，第224页。

⑤ 参见辽宁省文物局《辽宁省燕秦汉长城资源调查报告》，第132页。

⑥ 参见辽宁省文物局《辽宁省燕秦汉长城资源调查报告》，第133页。

⑦ 参见辽宁省文物局《辽宁省燕秦汉长城资源调查报告》，第225页。

(《汉书·匈奴传》)。上述各省保存汉长城的墙体既有夯土墙,也有石块垒砌的墙体,还有石块与夯土二者兼有即内夯土外包石头式的夹心墙体,还有编草、黄土、沙砾层叠分筑而成的墙体。总而言之,就地取材、因地制宜地利用材料筑成长城墙体,既节省了修筑长城所需原材料的运输费用,又提高了修筑效率。

从保存现状可知,汉长城墙体夯土墙基宽最宽12米,顶宽最宽3米,最高4米,夯层厚达28厘米,而实际修筑的基宽、顶宽、高度应远大于这些数字。从各省所见夯层比较看,甘肃境内夯层较厚,说明修筑甘肃段时汉代夯筑技术已比之前有了进步。其夯筑方法受城墙夯筑方法影响,而城墙夯筑有堆筑和版筑两种。版筑是“在夹持挡板两侧的柱端,用绳索拴系固定。筑墙所用的模板中,两侧的长板用木板,两端的挡板则为木板、竹编、小木棍兼用,夯窝以圜形圆底为主,夯具是集束棍夯。堆筑城墙……主要采用斜向夯筑,逐步加宽墙体,墙体内侧保留有筑墙增设夹板留下的木板灰痕,以及向生土下挖的固定木板的基槽。固定夹板则使用堆筑的内侧护坡”①。调查中发现,汉长城墙体均基宽顶窄,属于版筑,即将泥土投入夹板中,用夯锤将泥土打实。而且在汉长城调查中发现半圆形夯印、平底夯印,说明夯具集束棍有圆形也有方形。夯筑所用土质有红胶土、白泥土、黑泥土、黄砂土、黄砂石土等,有的纯土夯筑,有的掺沙砾,以就近取材为主,对土质选择也是多样。从夯土墙体或烽燧能够保存至今可见夯筑技术之高,墙体之坚固。

汉长城夹草型墙体目前只在甘肃省有发现,流沙、石子、红柳和芦苇等层层夯筑,土层夯筑与夯土墙方法一致,土层中间加草层。以疏勒河地区墙体为例,草层多运用当地的植被,具体有以下七种方法。(1)用当地芨芨草编成长方形筐槽,铺在长城基础上,然后芨芨草层层叠砌,上填黄土或沙砾夯筑,顶部用芨芨草覆盖夯筑。(2)用当地芦苇与黄土或砂石逐层夯筑。(3)用当地粗壮木头排列整齐,作为基础,再用黄土或沙砾逐层夯筑。(4)无草木的只用黄土夯筑。(5)用黄土做成土墼,用土墼垒砌。(6)用土墼、芦苇或芨芨草逐层垒砌。(7)盐碱地段,用盐碱土与草木搅拌层层叠砌。②

汉长城石砌墙基宽6米,顶宽2.5～3米,高5～6米;外石块内黄砂石的土石墙由两部分组成,中间是夹心墙,属于夯土墙类型,外部是石块垒砌,目前在内蒙古境内发现典型墙体基宽3.4米,顶宽2.7米,高2米,夹心墙基宽3.4米,残高平均0.5米。以上石砌型和外石块内夯土型墙体早在秦昭王长

---

① 袁广阔、侯毅:《从城墙夯筑技术看早商诸城址的相对年代问题》,《文物》2007年第12期。

② 参见甘肃省文物局编,岳邦湖、钟圣祖著《疏勒河流域汉代长城考察报告》,第83页。

城中就有发现，2009年笔者参加陕西早期长城调查时，在神木县（今神木市）发现有大量石头垒砌的长城墙体，有中间夯土两侧砌石型的；有两侧砌片石、中间填碎石充实；有片石、夯土交替使用层层上铺的；还有一侧使用砌石而另一侧使用夯土的；甚至在沙地还出现了以片石为基、上为夯土石砌型墙体。用于砌墙的石片体型较大，厚度适中，为保证墙体稳固，所用石片可能经过加工或打磨；垒砌过程中石块之间可能使用黏性土质，不然单靠石块自然垒砌稳固不够强。在调查中发现石砌墙断面处并非单纯石片，有其他土质或沙砾等杂质，但由于调查时使用工具有限，无法确定它们是后天风沙侵蚀的结果还是修筑时使用的物质，有待进一步鉴定。

总之，汉长城墙体或沿河岸延伸，或位于山脊，或位于山腰，或依于山根，或在沙漠之中，未有定制。墙体有夯土、有石砌，又或二者兼有，还有夹草型等多种。在墙体附近发现有瓦片，如河北省丰宁县境内的老虎沟汉长城及附近烽燧采集到绳纹、弦纹灰陶碎片。[①]这种现象在陕西早期长城调查中也有大量发现，无论是烽燧、关堡还是墙体附近都会有大量瓦当残片，因明长城墙体上发现在女墙之旁设排水沟，然后通过排水孔将水排出墙外[②]，又在墙体周围发现大量瓦当，推测可能在汉长城墙体上或两侧使用瓦当排水，或墙体上建有使用瓦当的建筑，具体情况有待研究。因烽燧守望士卒除了站在烽燧台上瞭望观察外，还需要每天巡视墙体外天田情况，还要沿长城墙体巡逻。按照墙体现存高度看，在墙体内巡逻似乎观察角度不够，很有可能是在墙体上巡逻。若如此，为保障戍卒巡逻时的安全，在长城墙体的顶部，内外两侧都筑有矮墙，用以保护在墙体上执行军事任务的士兵，防止他们不慎跌下墙来，并在矮墙上面留有缺口以便观察和射击。[③]这种矮墙在明长城墙体上保存较好，因汉长城坍塌严重，墙体顶部详情已不可知，出于巡逻安全需要，建筑矮墙确有其实用性，具体情况寄望于对汉长城的进一步研究。此外，还有为方便攀登长城修筑的梯道，“一般设置在高山的长城处。如高阙塞北的小黄山长城，从山下至山顶在长城内侧修了宽3.6米的台级，是为登攀长城而用的”[④]。有的墙体外侧有壕，如汉长城喀喇沁旗段墙外侧有壕，残宽6～10米，深1～1.5米。[⑤]

---

① 张汉英：《河北丰宁境内的古长城和金代界壕》，《文物春秋》1993年第1期。

② 参见景爱《长城》，第65页。

③ 参见景爱《长城》，第58、60页。

④ 罗庆康：《简析阴山长城筑造的特点》，《益阳师专学报》1989年第1期。

⑤ 国家文物局主编：《中国文物地图集·内蒙古自治区分册》（下），第192页。

第三节　汉长城防御体系重要设施——烽燧

一、烽燧分布范围和保存现状

烽燧以侦察眺望、燃火举烟示警而得名，又称亭燧、烽台、烽火台，其分布情况大致可分为两种：一是分布在长城墙体内侧附近，依靠墙体的保护观察瞭望、传递消息；二是完全没有长城墙体只有烽燧，即每隔一定距离修筑烽燧，连成烽燧线来观察瞭望、传递消息。烽燧分布范围非常广泛，除河西西部段汉长城为无墙体的烽燧线外，其他地区境内汉长城墙体附近大多建有烽燧，没有墙体的山险地段也修筑烽燧线。

从目前调查情况看，甘肃省境内汉代烽燧共有351座[①]，其中金塔县境内发现12座、玉门市境内发现12座、瓜州县境内发现54座[②]；疏勒河流域发现184座[③]；山丹县境内发现27座[④]；高台县境内发现10座、民乐县境内发现19座、甘州境内发现4座、临泽境内发现2座。[⑤]新疆境内发现烽火台26座。[⑥]内蒙古赤峰市喀喇沁旗发现汉代烽燧16座、赤峰市宁城发现汉代烽燧61座、阿拉善盟额济纳旗发现汉代烽燧130余座。[⑦]河北省隆化、丰宁、滦平境内发现汉代烽燧百余座。[⑧]辽宁省东部地区发现汉代烽燧130座[⑨]，西部朝阳市建平县境内发现52座。[⑩]吉林省通化、白山地区发现有25墩烽台。[⑪]以下列举几处保存较好或建制清晰的烽燧。

第一，甘肃省境内：金塔县烽燧T46k(A40)红墩子底基15米×15米，残高9米，烽南有长方形房址；T46i(A42)即沙墩子，残高3米，土间夹芦苇、柴

---

① 唐晓军：《甘肃境内的长城与烽燧分布》，《丝绸之路》1996年第5期。

② 李并成：《河西走廊西部汉长城遗迹及其相关问题考》，《敦煌研究》1995年第2期。

③ 景爱：《中国长城史》，第361页。

④ 甘肃省文物局、甘肃省文物考古研究所：《临洮战国秦长城山丹汉、明长城调查报告》，第46～54页。

⑤ 张涛：《大漠长河——河西长城》，甘肃人民出版社，2008年，第72～78页。

⑥ 新疆维吾尔自治区文物局：《新疆维吾尔自治区长城资源调查报告》，第1～59页。

⑦ 参见国家文物局主编《中国文物地图集·内蒙古自治区分册》(下)，第50、192、207、509、538、558、616、622、636～640页。

⑧ 张量：《战争与和平的纽带——古代长城》，第48页。

⑨ 参见辽宁省文物局《辽宁省燕秦汉长城资源调查报告》，第211页。

⑩ 国家文物局主编：《中国文物地图集·辽宁分册》(上)，西安地图出版社，2009年，第84页。

⑪ 李树林、李妍：《燕秦汉辽东长城障塞遗址的量化统计分析》，《北方文物》2011年第2期。

木筑成;瓜州县雷墩子底基8.4米×8.4米,夯土夹压芨芨草、麦草筑成,夯层厚8~10厘米。[①]乌鞘岭烽燧与西山烽燧墩均建在山巅上,距汉长城约1千米,呈正方形,东西宽5.6~6米,南北长6~7米,高5~7.5米,夯土版筑,夯层厚16~18厘米。[②]

民勤昌宁乡陶湾村四方墩,正四棱台体,底基边长27米,残高12米,夯层厚15厘米,东南角有后期补修痕迹;墩上残存土坯女墙,有面积约80平方米、残墙高2米的建筑遗迹,厚约1米的灰烬层、垃圾和积薪;墩内横架韧木二排,四角有木梁,四壁有檩木二排;墩下东南有两座较小陪墩和马厩遗址,墩周是开阔的风蚀地。[③]

第二,内蒙古境内:乌拉特后旗烽燧保存较好,有石筑和土筑两种。土筑直径约8米,残高约3米;石筑呈正方形,每边宽5米,残高4~5米。[④]新宝力格苏木东南的5座烽燧,在丘陵之巅,圆锥形,黄土夹砂石夯打而成,直径15米,高1.5米,距长城30~150米。新宝力格苏木最西北的1座烽燧、巴音珠日和苏木的2座烽燧,均为石块垒砌,圆锥形,直径10米,高1.5~2米。[⑤]阿拉善右旗烽燧沿山而筑,多垒石而成,高3~5米,基宽5~6米。[⑥]阿拉善最大墩台是阿拉善右旗阿门乌苏烽燧墩台,内部为土、碎石等搭建,外侧包石,平面呈圆形,剖面呈梯形,底部直径28.6~30.2米,高6.4米。[⑦]根据最新调查数据分析,阿拉善汉代烽燧墩台规格总体是底部边长6~7.5米,高5~6.2米,或底部长6~9米,宽5~9米,高5~9米。[⑧]

喀喇沁旗头道营燧址3座,夯土台基,圆丘状,直径10~30米,残高1~4米;磴口县哈隆格乃烽燧址9座,片石垒砌,残基长6.3米,宽7米,四墙厚1.2米,残高4米;乌拉特前旗哈拉盖烽燧址,圆角方形,边长6米,高2.5米,石块砌墙,厚约1米,南壁入口宽1.2米,外侧有台阶,西壁南端向南砌有坞壁,残长约50米,残高约1.5米。[⑨]

第三,河北省境内:隆化、丰宁、滦平一带墩台多下大上小,方形,边长8~12米,残高1.5~3米。[⑩]承德烽燧多土丘状,顶部较平,有的中间凹面,底

---

① 参见李并成《河西走廊西部汉长城遗迹及其相关问题考》,《敦煌研究》1995年第2期。

② 参见张涛《大漠长河——河西长城》,第51~52页。

③⑥ 参见李并成《河西走廊东部汉长城遗迹考》,《西北史地》1994年第3期。

④ 参见景爱《中国长城史》,第361页。

⑤ 参见邓宏伟、张海斌《包头境内的战国秦汉长城与古城》,《内蒙古文物考古》2000年第1期。

⑦⑧ 参见内蒙古自治区文化厅(文物局)、内蒙古自治区文物考古研究所《内蒙古自治区长城资源调查报告·阿拉善卷》,第177页。

⑨ 参见国家文物局主编《中国文物地图集·内蒙古自治区分册》(下),第208、616、622页。

⑩ 参见张量《战争与和平的纽带——古代长城》,第48页。

径7～20米，现存高度一般5～7米，最高的8米，最低的1米左右，有的烽燧横断面呈不规则梯形，一般向阳侧坡度缓长，背阴侧坡度较陡。①

第四，辽宁境内：辽宁东部烽燧多圆丘状，高1.5～5米，径10～30米。②朝阳建平烽燧多圆丘状，底径15～30米，高2～4米；抚顺、新宾汉烽燧遗址70余座，在浑河及苏子河两岸矮山岗上，夯土而筑，圆丘状，底径15米左右，高3～4米。③原昭乌达盟和辽西一段长城烽火台，夯土筑成，现为圆丘形，原应为梯形，底宽10米多，顶宽7米多。④辽宁西部敖汉营子43号台址夯层厚8～10厘米，达28层。⑤最新调查发现，典型的有孤脚山烽燧，台体土筑而成，呈馒首状，平面呈圆形，剖面呈梯形，顶部直径2.7米，底部直径12.7米，高3米，台体外有封闭式的圆形环壕。⑥还有西杖房烽燧，台体石筑而成，平面略呈椭圆形，南北长7.1米，东西长6.1米，东侧高1.4米，西侧高0.3、中心高1米。⑦而且在辽宁省发现有少量烽燧外有环壕或石围墙遗迹⑧，从辽宁省文物局报告材料看，笔者认为环壕或石围墙遗迹更像是烽燧附近的坞。

第五，新疆境内：克孜尔尕哈烽火台，是新疆境内年代最早、保存最完好的烽火台之一，黄土夯筑，中间夹树枝，夯层厚0.1～0.2米；烽火台平面呈长方形，由底部向上逐渐收缩，剖面呈梯形，高约13.5米，基底存长6.5米，宽4.5米，顶部望楼、木栅残迹尚存。⑨脱西克烽火台保存相对完整，台体内部填黄土，外部用土坯与芦苇相间平铺砌筑而成；烽火台由台体和围墙组成，台体平面呈正方形，剖面呈梯形，底部边长约10米，顶部边长约7米，残高约8.6米；烽火台外壁有许多三角形孔，孔宽、高约12厘米；围墙目前存东墙大部、南墙东段、北墙中段及西墙南段，复原围墙呈近方形，边长25米。⑩四十里大墩烽火台保存尚完好，黄土夯筑而成，夯筑一定厚度的黄土后铺一层树枝或原木夹层，夹层厚0.15～0.2米，共见七层。夹层间距0.8米居多，夯层最厚0.43米，烽火台台底、顶部平面呈正方形，立面呈梯形；底部边长6.8米，

---

① 参见田淑华、赵晓光、王月华《承德地区汉代长城与烽燧调查》，《文物春秋》2006年第3期。

② 参见瓯燕《我国长城的考古发现与研究》，载中国长城学会编《长城国际学术研讨会论文集》，第250～263页。

③ 参见国家文物局主编《中国文物地图集·辽宁分册》(上)，第84页。

④ 赵化成：《中国早期长城的考古调查与研究》，载中国长城学会编《长城国际学术研讨会论文集》，第238～250页。

⑤ 参见李庆发、张克举《辽宁西部汉代长城调查报告》，《北方文物》1987年第2期。

⑥⑦⑧ 参见辽宁省文物局《辽宁省燕秦汉长城资源调查报告》，第226页。

⑨ 参见新疆维吾尔自治区文物局《新疆维吾尔自治区长城资源调查报告》，第59页。

⑩ 参见新疆维吾尔自治区文物局《新疆维吾尔自治区长城资源调查报告》，第25～26页。

顶部边长4.6米，残高5.3米。[①]拉依苏西烽火台，黄土夯筑，夯层厚0.08～0.12米，台体上见许多小圆洞，见一些外露的桩木；呈覆斗形，平面近正方形，剖面呈梯形，边长约8.5米，高约6.5米。[②]

综上所述，汉长城烽燧保存情况各地不同，有的能看见顶部建筑，有的顶部较平，有的顶部中间有凹面，有的顶部已坍塌只剩底部，有的破坏严重只剩下土丘或馒头状，因坍塌、破坏等使得现存烽燧多呈上小下大形状，最低仅有40厘米。保存较好的是甘肃省民勤县昌宁乡陶湾村的四方墩，底基边长27米，残高12米，夯筑层厚达15厘米。根据调查情况看，两种分布的烽燧基本贯穿整个长城线。烽燧分布位置，靠近墙体的烽燧距墙体近的在30～150米，远的1千米左右；没有长城墙体只有列燧的烽燧，或沿山而筑，或位于山巅，或在河两岸矮山岗，因情况而定，总之以所处位置便于瞭望为准。

二、烽燧的形制和作用

汉长城烽燧建制比墙体复杂，因为墙体直接用来防御，只要保持高度和坚固度便可。而烽燧设置主要是方便戍卒瞭望观察，除夯筑外，还有其他设施。目前研究发现汉代烽燧一般由墩台、望楼、套间小屋、厕所、牲畜圈等组成，多方形，底边长5～8米，高数米，收分明显，平顶，上建小屋即望楼，望楼周围筑女墙，高1.5米左右，厚约80厘米，女墙顶无雉堞或望孔等设施，借助墩台侧面砌筑阶梯上下墩台，或凭借软梯、脚窝。[③]然目前调查发现，墩台“底边长5～8米”并非定制，因为甘肃陶湾村四方墩的底边长已达到27米。又劳榦先生考证，塞上汉代烽台，不论敦煌或居延，其较完者，多为下阔市尺一丈左右，高市尺三丈五尺左右，合以汉制，正与敦煌简所记相合。[④]烽燧上必须建筑有房屋，如瓜州县境内T40c烽顶残存小屋一间。[⑤]1977年酒泉玉门花海发现汉代烽燧遗址，上层为一小屋，现残存东墙一角，土墼垒砌，残余十六层，墙厚0.9米，墼长、宽、厚分别为0.37米、0.17米、0.12米。[⑥]望楼内一

① 参见新疆维吾尔自治区文物局《新疆维吾尔自治区长城资源调查报告》，第52页。

② 参见新疆维吾尔自治区文物局《新疆维吾尔自治区长城资源调查报告》，第49页。

③ 参见陈菁《两汉时期河西地区烽燧亭障规划营建刍议》，《甘肃社会科学》2006年第2期。

④ 劳榦：《居延汉简·居延汉简考证》，台湾“中研院历史语言研究所”，1960年，第42页。本书所引劳榦《居延汉简》一书文献资料均来源于此版本，后不一一标注。

⑤ 李并成：《河西走廊西部汉长城遗迹及其相关问题考》，《敦煌研究》1995年第2期。

⑥ 参见嘉峪关市文物保管所《玉门花海汉代烽燧遗址出土的简牍》，载甘肃省文物工作队、甘肃省博物馆编《汉简研究文集》，第15～33页。

般还有放烽燧传递信号的设备，比如甲渠塞第四燧遗址西南角有一灶膛，上方发现烟囱，可能是发布信号升烟的装置。[①]

离烽燧最近的是坞。“汉代烽燧之外，咸有围墙，即所谓坞者”，即在墩台旁或附近设置有坞，最近的是墩台侧面与坞墙相接，如敦煌马圈湾汉代烽燧东侧就紧连着坞，“坞墙与烽燧的东壁和南壁相连。坞墙夯筑，北墙长6.20米，东墙长11.10米，南墙长8.70米，残高0.84米。坞门西开，宽0.76米，双重门。坞内建筑，有过道和套房三间”[②]。坞南墙外东侧有厕所，烽燧西侧有牲畜圈。坞即小障，在障或燧的附近通常有坞的存在。一般都呈方形，四周环以较厚的墙垣，仅设一坞门出入，双重结构。坞内有数量不等的房屋，可供吏卒居住。还装有各种防御设施，如转射、射墩、深目、望火头、尖木桩、非常屋、回门等。汉代建筑的坞大多为平房，面积不大，坞墙高度为3米左右。[③]甲渠候官第四隧附近有坞，东西长21米，南北最宽15.2米，被隔墙分成东西两个院落。甲渠候官遗址发掘有坞，“坞内编号的房屋共三十七间”。一般坞内有套房数间，房间内或置土炕，或置灶台，为戍卒生活起居之用，或放置杂物；同时坞墙外建厕所、牲畜圈、垃圾场等。坞内房屋为较多戍卒提供了住所，又距离烽燧最近，能更好地保证附近烽燧安全，在烽燧被袭击时提供及时援助。根据汉简记录，坞有时还作为信号传递的场所，如居延汉简有“阳朔三年十二月壬辰朔癸巳第十七候长庆敢言之官移府举书曰十一月丙寅渠鉼庭隧以日出举坞上一表一通下餔五分通府＝去鉼庭隧百五十二里二［百］（28•1）”，以及“出坞上苣火一通（39•20）”[④]等记录。

最新的第三次文物调查中，内蒙古阿拉善地区哈鲁乃山南麓—亚玛雷克列燧系列烽燧记录中，烽燧多由墩台、坞和附燧三部分组成。[⑤]例如，查斯沟2号烽燧由墩台、坞和附燧三部分组成。墩台坍塌呈石堆状，底部直径约14.2米，高9米。墩台西南36米处有一处附燧，底部4.5米见方，高0.4米；北侧49米处有一座烽燧，底部4.9米见方，高0.7米；北侧85.3米有一处附燧，

---

① 参见甘肃居延考古队《居延汉代遗址的发掘和新出土的简册文物》，载甘肃省文物工作队、甘肃省博物馆编《汉简研究文集》，第482页。

② 敦煌马圈湾坞的情况参见甘肃省博物馆、敦煌县文化馆《敦煌马圈湾汉代烽燧遗址发掘简报》，载甘肃省文物工作队、甘肃省博物馆编《汉简研究文集》，第501～502页。

③ 参见黄今言《汉代西北边塞的“坞”》，《江西师范大学学报（哲学社会科学版）》2012年第2期；初师宾《汉边塞守御器备考略》，载甘肃省文物工作队、甘肃省博物馆编《汉简研究文集》，第142～222页。

④ 谢桂华、李均明、朱国炤：《居延汉简释文合校》，文物出版社，1987年，第67页。

⑤ 参见内蒙古自治区文化厅（文物局）、内蒙古自治区文物考古研究所《内蒙古自治区长城资源调查报告·阿拉善卷》，第27、29、30、31页。

底部5米见方，高0.6米。查斯沟2号烽燧西南约1.4千米处有查斯沟1号烽燧，东南约2.3千米处有查斯沟口2号烽燧。[①]据调查报告记录，此处附燧有一处跟烽燧线方向一致，之所以叫附燧而不是烽燧，是该地区烽燧线上的烽燧都是相距1千米以上，因此这种围绕在某一烽燧100米以内的小燧便被称为“附燧”。调查报告详细介绍附燧的设置跟烽燧有区别，附燧是指墩台周边，一般在百米的范围之内发现的有一定排列规律的小石碓。这种附燧主要有两种形制。最为常见的是一种或圆或方的小石堆；而另外一种建筑形式较为特别，数量相对较少，是在3～6米见方的范围内分别于四角筑起一座1.5～2米见方的石台，存高一般不到1米。这些附燧当与燔薪有关，是堆放积薪垛的设施，或可称之为“积薪台”。[②]但是积薪台不在烽燧上，而在其旁边，不利于情报及时传递，特别是敌人攻击烽燧时，岂不是更没有办法点燃积薪？疑惑重重，有待进一步考证。

有的烽燧还加有围墙，主要在新疆地区发现此种建制。围墙有的直接贴着烽火台边缘，如新疆脱西克西烽火台分内、外两层，内层为修整红柳包的上部并以堆土层、铺芦苇、砌土坯等方式垒成的方形台，而后又在外周贴台缘垒砌土坯墙，形成四棱梯形台状烽火台。目前烽火台外层南墙尚存，残长5米，宽0.8米，高2.4米。[③]也有围墙没有与烽火台贴合，如脱西克烽火台围墙目前存东墙大部、南墙东段、北墙中段及西墙南段。[④]从调查提供的照片看，围墙与烽火台台体之间有空隙，目前报告没有显示围墙内有房屋建筑，如果有，这样的围墙建筑很像是坞的设置。而且新疆发现的烽火台台体好多有三角形孔、小圆洞，不知道是建筑时铺木而今木头腐朽留下来的洞，还是有其他用途。

因笔者曾在陕西神木明长城烽燧旁见残存有水井，在水资源可行情况下，汉代建筑的坞内建有水井也是可能的。今居延汉简有“井”的记录，如“第十三隧长贤□井水五十步深二丈五立泉二尺五上可治园度给吏卒□(127.6)”“长孙□籍一人会丁亥治井(274.14)”“置井用人百卌七人，凡□(283.55)”等内容。还有“干旱地区，戍所用水靠泉溪、渠地、凿井。居延的‘甲渠塞’，莽时名‘甲沟塞’，皆因渠水之名称呼塞名……凡不靠近沟渠的戍

① 参见内蒙古自治区文化厅(文物局)、内蒙古自治区文物考古研究所《内蒙古自治区长城资源调查报告·阿拉善卷》，第27页。

② 参见内蒙古自治区文化厅(文物局)、内蒙古自治区文物考古研究所《内蒙古自治区长城资源调查报告·阿拉善卷》，第178页。

③ 参见新疆维吾尔自治区文物局《新疆维吾尔自治区长城资源调查报告》，第28页。

④ 参见新疆维吾尔自治区文物局《新疆维吾尔自治区长城资源调查报告》，第25～26页。

所必需凿井。居延都尉另一防线的卅井塞，亦因井得名。其属燧有名‘井东燧’(459•2)，又殄北塞的‘渠井燧’(3•14)，肩水都尉肩水塞的‘当井燧’(83•6)、‘望泉燧’(505•5)等，其燧中、附近必有井、泉水源。倘若无水，不用说进行正常的戍务，就连生命也难以维持”[①]。且居延汉简中也有置井用人百卌七’人，凡□”(283•55)、‘□隧井水五十步，阔二丈五尺，广二丈五尺，可治田，度给吏卒(127•6)等记录”。还有“额济纳旗汉代边塞依托的是水源之利，乃至距额济纳河最远的卅井塞也可见为数不少的蓄水池遗迹”[②]。

烽燧修筑方法与长城墙体相似，多为夯土版筑，同时有夯土夹草型的，夹杂芦苇、柴木、芨芨草、麦草、胡杨、红柳、芦苇、罗布麻夹沙砾等，特别是新疆地区发现的烽燧夹杂成分复杂，有夹杂树枝、原木的，如新疆四十里大墩烽火台夯筑一定厚度的黄土后铺一层树枝或原木夹层[③]；也有夹杂砂石夯打筑成的，夯层在7～10厘米。有的烽燧夯筑土质纯净，极少夹杂物，如承德市文物局与隆化县文物保护管理所工作人员1997年对隆化镇内漠海沟黄土夯筑的东烽燧进行试掘，发现“土质纯净，极少夹杂物”[④]。调查发现，夹草型墙体烽燧中土与草中间没有黏性东西，如敦煌马圈湾汉代烽燧，长方形，为三层土墼中夹一层芦苇叠砌，无黏结材料，由于多次涂草泥和粉刷，墙表草皮有的多达十二层。[⑤]这说明在夹草型烽燧墙体建筑过程中，可以不使用黏结材料；而多次粉刷草泥，不只是在烽火台，墙体表面也有粉刷草泥，目的是防潮，毛细现象容易导致墙体潮湿或雨水冲刷，潮湿的墙体就容易风化，影响稳固性。为稳固墙体和台体，需要定期粉刷。有学者考证这种做法是汉简中的“马矢涂”[⑥]，是利用马牛的粪便增加黏性，掺和泥土、草灰搅拌而后涂墙。汉简中有相关记录，如“马牛矢涂”“马牛矢”“牛马矢”(E.P.T57:108B第三栏、第五栏、第六栏)[⑦]，“省卒廿二人　其二人养　二人涂泥　□人注泥　四

---

① 初师宾：《汉边塞守御器备考略》，载甘肃省文物工作队、甘肃省博物馆编《汉简研究文集》，第159～160页。

② 参见内蒙古自治区文化厅(文物局)、内蒙古自治区文物考古研究所《内蒙古自治区长城资源调查报告·阿拉善卷》，第175页。

③ 参见新疆维吾尔自治区文物局《新疆维吾尔自治区长城资源调查报告》，第52页。

④ 田淑华、赵晓光、王月华：《承德地区汉代长城与烽燧调查》，《文物春秋》2006年第3期。

⑤ 参见甘肃省博物馆、敦煌县文化馆《敦煌马圈湾汉代烽燧遗址发掘简报》，载甘肃省文物工作队、甘肃省博物馆编《汉简研究文集》，第499～512页。

⑥ 陈菁：《两汉时期河西地区烽燧亭障规划营建刍议》，《甘肃社会科学》2006年第2期。

⑦ 甘肃省文物考古研究所、甘肃省博物馆、文化部古文献研究室、中国社会科学院历史研究所：《居延新简——甲渠候官与第四燧》，第345页。

人择韭 一人注竹关 ●二人□ 五人涂(269.4)"[①]。而且牛马矢的多少也要记录在案,是定期"拘校"的对象[②];涂泥也是戍卒分工之一,可见定期涂泥的重要性。斯坦因曾感叹:"每当傍晚时候,我个人骑着马踯躅长途,探察那些凛然的烽燧……这种垩粉的用处自然是要使人远远地便可以见到烽燧。被沙砾掩覆了的城墙还偶然存有一部分的垩粉,层次显然,可见其常经修理。"[③]垩粉即白色的粉。此外,也有石头垒砌的烽燧,如阿拉善右旗境内烽燧多垒石为墩。然而无论是夯土还是石砌烽燧,均有破坏、坍塌,因此现存烽燧形状多种多样,有覆斗形、正四棱形、长方形、圆锥形、正方形、圆丘形等。

烽燧的间距情况,陈梦家先生有"汉制三五里设一隧"[④]和"汉代烽燧台之遗留至今者,其相距亦皆近乎此,约二三英里"[⑤]两种不同结论。目前调查发现,甘肃瓜州县境内烽间相距2千米许。[⑥]甘肃永昌烽燧一般五里一小墩、十里一大墩。[⑦]内蒙古境内烽燧间距武威段在0.5~1千米,乌兰察布段5~10千米。[⑧]阴山以北外长城烽燧间距多在2.5千米左右。[⑨]包头市九原区段烽燧间距约1千米。[⑩]固阳段汉长城烽燧间距500~1000米。[⑪]阿拉善右旗境内两烽台间相距1.5~5千米。[⑫]阿拉善境内汉代烽燧间距以1~2千米居多,2~4千米的次之,4~6千米又次之,而1千米以内实属个例,10千米以外的也为数不多。[⑬]外城中的南长城沿线每隔5~10千米便建有一座烽燧。[⑭]原昭乌达盟至辽西段长城,烽台一般隔1.5千米左右,远的约2千

① 谢桂华、李均明、朱国炤:《居延汉简释文合校》,第452页。

② 参见黄今言《居延汉简所见西北边塞的财物"拘校"》,《史学月刊》2006年第10期。

③ 〔英〕斯坦因著,向达译:《西域考古记》,第169页。

④ 陈梦家:《汉代烽燧制度》,载陈梦家《汉简缀述》,第169页。

⑤ 陈梦家:《汉代烽燧制度》,载陈梦家《汉简缀述》,第176页。

⑥⑫ 参见李并成《河西走廊西部汉长城遗迹及其相关问题考》,《敦煌研究》1995年第2期。

⑦ 参见李并成《河西走廊东部汉长城遗迹考》,《西北史地》1994年第3期。

⑧ 参见国家文物局主编《中国文物地图集·内蒙古自治区分册(下)》,第50、558页。

⑨ 参见景爱《中国长城史》,第361页。

⑩ 参见国家文物局主编《中国文物地图集·内蒙古自治区分册》(下),第60页。

⑪ 参见国家文物局主编《中国文物地图集·内蒙古自治区分册》(下),第65页。

⑬ 参见内蒙古自治区文化厅(文物局)、内蒙古自治区文物考古研究所《内蒙古自治区长城资源调查报告·阿拉善卷》,第175页。

⑭ 参见景爱《长城》,第150页。

米。[1]辽东境内烽燧间距1.5千米左右。[2]朝阳建平县烽燧一般间隔1.5千米。[3]归纳可知，汉长城烽燧之间的距离通常在0.5～2千米之间，要保证相邻烽燧上戍卒能够观察到烟火蓬表等信号，距离不能太远，否则不利于观察；然五里一小墩、十里一大墩的间距也是存在的，有可能这些烽燧所在位置地形比较开阔，或者在高山之巅，否则平视五里确实也不易。

汉代长城烽燧所建位置，从调查情况看一般建在高处，站在烽燧上能保证其前和其后烽燧在戍卒视野范围内，而且从笔者参与的陕西早期长城调查经验看，在有弯路或河流拐角的地方，烽燧设置则必会保证弯路和拐角在烽燧戍卒可视范围内。如调查承德地区汉代烽燧发现，"其一，较少建于高山巅峰，多建于临近河流的黄土丘陵上，沿河流走向设置；其二，河流交汇处的三角地带分布密集；其三，重要交通路口、关口，往往设置两个并立的烽燧，一般相距30～50米；其四，烽燧之间多有古代道路遗迹"[4]。故烽燧不一定都在高山巅峰，只要高度足够观察来敌情况即可，而且还要照顾戍卒的日常生活，即要有足够的水源补给或提供便利取水才行；而沿河流走向设置烽燧，既解决了水源问题，同时又便于侦察河流情况，防止敌人沿河而下攻击。

烽燧，首要作用是侦察消息，并准确无误地传递消息，其精心选址和建筑也是为了能够及时有效地发现和传达消息。负责瞭望塔看守部门的首要职责是观察敌方的一举一动，并对试图冲击边境或闯入仓库的游牧人员采取防御反击的行动。同样重要的任务是保持同邻近哨所之间的定期联系，以确保没有防御的漏洞存在，而指挥部门也可以随时了解到前线的情况。[5]而烽燧只是一个载体、居所和工具，真正发挥侦察和传递消息作用的是戍卒。因此烽燧上必须建有带院落的房屋，以供居住、畜圈家畜、储备烽火用具等，烽燧配备也不仅有传递消息的器具，同时也有戍卒生活用具，如居延边塞守御器按其功能可分为警备食用类、取火发火器物类、烽火信号用具类、司时号令用具类、防攻斗具器物类、备用兵器附件类、坞堠射击观察装置

---

① 参见赵化成《中国早期长城的考古调查与研究》，载中国长城学会编《长城国际学术研讨会论文集》，第238～250页。

② 参见瓯燕《我国长城的考古发现与研究》，载中国长城学会编《长城国际学术研讨会论文集》，第250～263页。

③ 参见国家文物局主编《中国文物地图集·辽宁分册》(上)，第84页。

④ 田淑华、赵晓光、王月华:《承德地区汉代长城与烽燧调查》，《文物春秋》2006年第3期。

⑤ 参见〔英〕鲁惟一著，刘洁、余霄译《汉帝国的日常生活》，江苏人民出版社，2018年，第52页。

类、侦迹设施类、守护安全设施类、戍务与维修工具类、杂用类和其他。[①]“一些塔楼中有几个房间，门上装有螺栓以确保隐私……塔楼中还配备有铠甲和头盔，以及用于武器日常保养和维护的一些物品……为了日常生活的需要，人们把水储存在坛子里，他们还可能用陶制的管道来进行输水。塔楼中还会有一个火盆，以牛粪为燃料，上面的煮锅中正炖着东西，有些塔楼中还装着药箱。”[②]

汉代烽燧吏卒的职责除了谨候望、通烽火外，还“警戒便兵，即对入寇及盗贼作防御和应付”[③]，汉王朝给烽燧戍卒配备有多种作战设备，如“长斧、长椎、长棓、连梃、羊头石、壁门蒺藜等”[④]，汉简还有“●枪十(26•5)”[⑤]等记录。当敌人距烽燧不同距离时，戍卒可选用不同武器进行保护作战，从而保证烽燧不失。但烽燧戍卒以烽火警报为主，若敌人侵犯可以自卫，若敌人退去，不可远追，以免有埋伏，如居延汉简有“得仓丞吉兼行丞事敢告部都尉卒人诏书清塞下谨候望督蓬火虏即入料度可备中毋远追为虏所诈书已前下檄到卒人遣尉丞司马数循行严兵(12.1A)”“禁止行者便战斗具驱逐田牧畜产毋令居部界中警备毋为虏所诳利且课毋状不忧者劾尉丞以下毋忽如法律令敢告卒人/掾延年书佐光给事(12.1B)”等记录。

同时为了发挥烽燧作用，确保有效快速地传递消息，烽燧戍卒应昼夜皆举，侦察传递工作24小时不能间断，如《史记·司马相如列传》载“夫边郡之士，闻烽举燧燔，皆摄弓而驰，荷兵而走”。[索隐]引韦昭注：“烽，束草置之长木之端，如挈皋，见敌则烧举之。燧者，积薪，有难则焚之。烽主昼，燧主夜。”又居延汉简有“戍卒三人以候望为职戍卒济阴郡定陶羊于里魏贤已卯夜直候谁夜半时纪不谁德使戍卒除(183.7)”等内容，可见晚上戍卒仍要坚持候望。而昼夜能见度不同，故所举之烽必须有差别，如“烽与表用于日间，苣火用于夜间，积薪则日夜兼用”[⑥]；“昼举蓬表，以示警号，燔燃积薪，以望火

---

① 居延边塞守御器备设施的分类参见初师宾《汉边塞守御器备考略》，载甘肃省文物工作队、甘肃省博物馆编《汉简研究文集》，第142～222页；甘肃省居延考古队简册整理小组《“塞上烽火品约”释文》，《考古》1979年第4期；薛英群《居延〈塞上烽火品约〉册》，《考古》1979年第4期。

② 〔英〕鲁惟一著，刘洁、余霄译：《汉帝国的日常生活》，第51页。

③ 陈梦家：《汉代烽燧制度》，载陈梦家《汉简缀述》，第176页。

④ 参见特日格乐《汉长城预警体系研究》，《内蒙古大学学报(哲学社会科学版)》2010年第5期。

⑤ 谢桂华、李均明、朱国炤：《居延汉简释文合校》，第38页。

⑥ 陈直：《居延汉简研究》，第14页。

烟；夜举苣火，燔积薪，以见火光”[①]。《汉书·西域传》载王莽时期，戊己校尉部下良发动叛乱，“即将数千骑至校尉府，胁诸亭令燔积薪，分告诸壁曰：‘匈奴十万骑来入，吏士皆持兵，后者斩！’得二四百人，去校尉府数里止，晨火爇。校尉开门击鼓收吏士，良等随入”，有燔积薪记载，但未详细记载针对不同人数如何燔积薪。

关于燔积薪的具体操作在汉简中有记录，如有根据敌人数量及入侵程度和方位的不同，运用不同的信号来传递信息。1974年居延甲渠候官遗址16号房址中发现有记录不同人数入侵所举烽火规定的汉简，晚上听见有入侵，但不确定情况时，晚上举一苣火，白天举部烽；望见虏一人以上入塞，燔一积薪，举二烽，夜二苣火；见十人以上在塞外，举二烽，燔一积薪，夜举二苣火；五百人以上，白天举二烽，晚上如何举，汉简未有记录；若五百人以上攻亭障，举三烽，燔一积薪，夜三苣火；不满二千人以上，举三烽，燔一积薪，夜三苣火。因此蓬火信号以三蓬、三苣火、三积薪为极限，无论白天黑夜都要及时将消息传至都尉府。[②]由此可见蓬、苣火、积薪配套使用。居延汉简也有“匈奴人入塞及金关以北塞外亭燧见匈奴人举蓬燔积薪五百人以上加举二蓬(288.7)”“临莫隧长留人戊申日西中时受止虏隧坞上表再通［夜］坞上苣火三通(126.40＋536.4)”“见殄胡举二苣火燔一积薪(427.2A)”“□传言举二苣火燔一积薪□□(427.2B)”等记录。关于烽火品约，居延汉简也有“蓬火品约(214.14)”“虏守亭障不得燔积薪书举亭上蓬一烟夜举离合苣火次亭燔积薪如品约(14.11)”等记录。陈梦家先生依据马42对烽火品约也有研究，并制作表格如表4-1所示。[③]

表4-1　烽火信号与入寇人数对应表

入寇之数	燔薪	昼举烽	夜举火
1～10人入寇	燔一积薪	举二烽	二苣火
10～500人近塞	燔一积薪	举二烽，须扬	二苣火，须扬

① 吴礽骧：《汉代蓬火制度探索》，载甘肃省文物工作队、甘肃省博物馆编《汉简研究文集》，第242页；持同样观点的还有张量的《战争与和平的纽带——古代长城》。

② 参见甘肃省文物考古研究所、甘肃省博物馆、文化部古文献研究室、中国社会科学院历史研究所《居延新简——甲渠候官与第四燧》，第469～470页；吴礽骧《汉代蓬火制度探索》，载甘肃省文物工作队、甘肃省博物馆编《汉简研究文集》，第223～257页；上官绪智、黄今言《汉代烽燧中的信息器具与烽火品约置用考论》，《社会科学辑刊》2004年第5期；傅振伦《东汉建武塞上烽火品约考释》，《考古与文物》1980年第2期。

③ 陈梦家：《汉代烽燧制度》，载陈梦家《汉简缀述》，第167页。

续表

入寇之数	燔薪	昼举烽	夜举火
500～1000人攻亭	燔一积薪	举三烽	三苣火
虏守亭障	不得燔积薪	举亭上烽(一烟)	举离合(苣)火

疏勒河流域出土的汉简有烽火品约的具体要求，“望见虏一人以上入塞烦(燔)一责(积)薪，举二蓬；夜二苣火。见十人以上在塞外烦(燔)举如一人□□。望见虏五百人以上若功(攻)亭障烦(燔)一责(积)薪，举三蓬；夜三苣火。不满二千人以上烦(燔)举如五百人同品。虏守亭障烦(燔)举，昼举亭上蓬，夜举离合火，次亭遂和烦(燔)举如品”①。

如果烽燧戍卒所举烽火信号，下一站烽燧未接受，则应再举，如居延汉简“□不受复举火＝以故留(482.21)”等记录。如果确实因天气情况不易举蓬火，而此时有匈奴人入塞，则应立即骑马传告，如汉简“匈奴人入塞天大风风及降雨不具蓬火者亟传檄告人＝走马驰以急疾为□”(E.P.F16:16)②。又如，“亭燧第远，昼不见烟，夜不见火，士吏、候长、候史驰相告，□燔薪，以急疾为故”③。因此不拘泥于烽火，以信息被准确接收到为准。

而且对匈奴不同方位的入侵所举蓬火也不同，汉简中有“匈人奴昼入殄北塞举二蓬□烦蓬一燔一积薪夜入燔＝一积薪举坞上离合苣火毋绝至明甲渠三十井塞上和如品(E.P.F16:1)”“匈人奴昼甲渠河北塞举二蓬燔一积薪夜入燔一积薪＝举堠上二苣火毋绝至明殄北三十井塞和如品(E.P.F16:2)”“匈奴人昼入甲渠河南道上塞举二蓬坞上大表一燔一积薪夜入燔一积薪举堠上二苣火毋绝至明殄北三十井＝塞上和如品(E.P.F16:3)”“匈奴人昼入三十井降虏隧以东举一蓬燔一积薪夜＝入燔一＝积薪举堠上一苣火毋绝至明甲渠殄北塞上和如品(E.P.F16:4)”“匈奴人昼入三十井候远隧以东举一蓬燔一积薪堠上＝烟一夜入燔一积薪举堠上一苣火毋绝至明甲渠殄北塞＝上和如品(E.P.F16:5)”“匈奴人渡三十井县索关门外道上隧天田失亡举一蓬＝坞上大表一燔二积薪不失亡毋燔薪它如约(E.P.F16:6)”等记录。④

此外，汉简还有传递烽火的记录，如“七月乙丑日出二干时表一通至莫

① 林梅村、李均明：《疏勒河流域出土汉简》，第5页。

② 参见甘肃省文物考古研究所、甘肃省博物馆、文化部古文献研究室、中国社会科学院历史研究所《居延新简——甲渠候官与第四燧》，第470页。

③ 林梅村、李均明：《疏勒河流域出土汉简》，第5页。

④ 甘肃省文物考古研究所、甘肃省博物馆、文化部古文献研究室、中国社会科学院历史研究所《居延新简——甲渠候官与第四燧》，第469页。

夜食时苣火一通从东方来”“十月丁亥莫夜未半苣火一通从东方来”[①]，又如居延汉简“到北界举坞上旁蓬一通夜坞上(13.2)”等记录。可见，烽火除了传递有敌人袭击等军情外，可能还传递平安烽火，如陈直先生所言，恐汉时每夜必有报平安之烽[②]；陈梦家先生也指出，晨时鼓一通及日食、日中各表一通，似乎是报时或报平安者。[③]还有记录特殊情况，如亡人，居延汉简有“出亡人赤表火一函(212.9)”等内容。

烽火信号均以“通”定蓬火应灭时间，如一苣火一通[④]；使并山队坞上表再通，夜人定时，苣火三通和一益火一通[⑤]；一通似应即灭，二通、三通乃二应灭与三应灭[⑥]。居延汉简有“临莫隧长留人戊申日西中时受止虏隧坞上表再通[夜]坞上苣火三通(126.40＋536.4)”“□午日下餔时受居延蓬一通夜食时堠上苣火一通居延苣火(332.13)”“乐昌隧长己戌申日西中时受并山隧坞上表再通夜人定时苣火三通己酉日□(332.5)”“旁蓬一通夜食时□ 火一通人定时受坞上苣火一(349.14＋536.3＋349.29)”“出堠二苣火一通(486.49)”等记录。而且无论何种情况举烽火，都要记录在案，所以我们今天才会看到如此多汉简记录烽火情况，如居延汉简有“十二月辛未甲渠毋伤候长文候史倌人敢言之日蚤食时临木隧卒路人望见河西有虏骑廿亭北地谷中即举蓬燔一积薪虏即西北去毋所失亡敢言之/十二月辛未将兵护民田官居延都尉偿城仓长禹兼(278.7A)”等内容，也可见来偷袭的虏骑对烽燧举烽火还是有所忌惮的。

从以上记录看，汉代烽燧戍卒在传递烽火时，通常以燔积薪、举蓬和举苣火的配套使用来反映入侵敌人人数、程度和方位，如燔一积薪、举二蓬、夜二苣火为一套组合，燔一积薪、举三蓬、夜三苣火则为另一套组合，即一套组合包含燔积薪、举蓬和举苣火三项，且使用积薪、蓬和苣火的数量以三为极限。如此一来，烽火信号的配套组合中使用数量有燔积薪0、1、2、3四种情况，此处燔积薪“0”种情况指的是不得燔积薪的情况。同样举蓬、举苣火也有0、1、2、3四种情况，因为夜间苣火不能不举，即不能出现“0”的情况，但汉简中有离合苣火的记录，这种情况显然是不同于举一苣火、举二苣火的情

① 林梅村、李均明：《疏勒河流域出土汉简》，第35、36页。

② 参见陈直《居延汉简研究》，第299页。

③ 参见陈梦家《汉代烽燧制度》，载陈梦家《汉简缀述》，第168页。

④ 参见吴礽骧《汉代蓬火制度探索》，载甘肃省文物工作队、甘肃省博物馆编《汉简研究文集》，第233页。

⑤ 参见陈直《居延汉简研究》，第299、300页。

⑥ 参见陈梦家《汉代烽燧制度》，载陈梦家《汉简缀述》，第169页。

况，又每日平安火与有军情时也不同，故将举离合苣火或平安火看作是举苣火为“0”的情况。因此简单按照数学排列组合方式计算，一套组合包含燔积薪、举蓬和举苣火三项，每项有四种情况，则配套组合总共有4×4×4，即64种。

当然这只是粗略算法，因为实际情况还有烽的升举，了堠上、坞上、地烽的不同位置，还有特殊的举法。其中：“累举烽”是将烽连续地升降不止；“直上烽”约指烽升举的速度和高度异于一般烽。前者，堠上、坞上旁烽皆可累举；后者仅指堠上烽。还有一种“居延烽”，是专门代表居延都尉方面敌警的烽。[①]还有积薪也有大、小两种，约属日、夜的不同规格[②]，还有“坞上大表”的使用，所以实际所举组合数量更为复杂。初师宾先生曾根据简牍记录归纳烽火信号数量至少包括36种昼夜的信号组合，彼此无一类同。其运载信息的容量极大。而各种组合既严密又巧妙，彼此不会重合而导致混乱，详细、准确地表达出各种（或可能出现的）重要的军事势态。虽然运用数列组合粗略计算64种组合远大于36种简牍记录组合，但由于军事情报的机密性和发掘材料的有限性，今天看到的简牍记录可能只是其中一部分。但无论是36种还是64种烽火信号，都能看出汉王朝对烽火信号传递的高度重视和编制烽火品约的良苦用心。

且不说如此复杂设计如何规划完成，就是戍卒要记住这些组合也颇为费时，且能够对不同方位、人数的双重情况作出快速正确的反应，更是不易之事，可见汉王朝对消息传递煞费心思。“这是所有队伍都应该很熟悉的警报。”[③]当然也有戍卒记不住烽火品约的，如居延汉简有“□二完卒三人一人病二人见卒符浑月廿三日病伤汗卒范前不知蓬火品(46.9A)”等记录，而且若燔积薪不正确也会受到惩罚，如汉简“鉼庭候长王护　坐隧长薛隆误和受一苣火适载转一＝两到□☐(E.P.T65:228)”[④]，不仅犯错者的燧长被罚，候长同样受牵连被罚。

更为关键的是，如此错综复杂的烽火信号，从某种意义上讲已经蕴含了现代密码学气息，因为密码学就是将一种公开信息转化为秘密信息的技术

---

① 参见初师宾《汉边塞守御器备考略》，载甘肃省文物工作队、甘肃省博物馆编《汉简研究文集》，第142～222页。

② 初师宾：《居延烽火考述——兼论古代烽号的演变》，载甘肃省文物工作队、甘肃省博物馆编《汉简研究文集》，第335～398页。

③ 〔英〕鲁惟一著，刘洁、余宵译：《汉帝国的日常生活》，第52页。

④ 甘肃省文物考古研究所、甘肃省博物馆、文化部古文献研究室、中国社会科学院历史研究所：《居延新简——甲渠候官与第四燧》，第435页。

或者方法[①]，汉代烽燧戍卒将直接看到的敌人人数、方向等军事情报转化为秘密的烽火信号，犹如今天将情报转化为"0""1"代码一样。烽燧戍卒这种将军事情报隐藏在烽火信号中的传递方式，某种程度上已经使用了密码技术。蓬、苣火和积薪相当于现在密码技术中的"0""1"代码，烽燧发送烽火信号就是利用蓬、苣火和积薪等代码组合对军事情报进行加密，即烽燧戍卒将实际看到、人人都能理解的敌人情况转化为只有少数人明白的烽火信号。而且只有了解其中奥秘的人才能使用，亦如现代人使用密钥进行解密。汉朝从中央到郡、部都尉，事先统一配发编制好的品约就相当于现代密码技术中的密钥。所谓密钥就像打开秘密房间的钥匙，而拥有密钥的只有那些学习并掌握了品约的人如烽燧吏卒。这也正是汉代加密思想的体现。所谓加密思想，就是为保证事情的机密性，将原本人人都好理解的事情蕴含在特定的、只有特定人能看懂的符号中，从而保证该事情不被特定人之外的人知道。

其实这种加密思想并非汉王朝独创，如战国时期孙膑使计射杀庞涓之事，孙膑与将士约定树上白布处见火光时集体射杀，火光便是暗号，如加了密的信息，只有孙膑一方知道，而庞涓一方却不知。又如古代作战使用旗帜摆阵，或使用旗帜来指挥左中右三军进军，旗帜传达的消息就如密文，是使用方保密所在。兵书《六韬·龙韬》中《阴符》和《阴书》还专门记载了姜子牙征战期间，周王与主将互通讯息的保密方法。《阴符》记载使用阴符的保密方法，"主与将有阴符，凡八等。有大胜克敌之符，长一尺；破军擒将之符，长九寸；降城得邑之符，长八寸；却敌报远之符，长七寸；誓众坚守之符，长六寸；请粮益兵之符，长五寸；败军亡将之符，长四寸；失利亡士之符，长三寸。诸奉使行符，稽留者，若符事泄，闻者、告者皆诛之。八符者，主将秘闻，所以阴通言语，不泄中外相知之术。敌虽圣智，莫之能识"[②]。阴符和旗帜一样涵盖了加密的消息。《阴书》记载书信一分为三的秘密通信方法，也是一种消息加密传递的做法，"诸有阴事大虑，当用书，不用符。主以书遗将，将以书问主，书皆一合而再离，三发而一知。再离者，分书为三部；三发而一知者，言三人，人操一分，相参而不相知情也。此谓阴书，敌虽圣智，莫之能识"[③]。正如《六韬·龙韬》中所言，"用莫大于玄默，动莫神于不意，谋莫善于不识"[④]，反映

① 参见彭长根《现代密码学趣味之旅》，金城出版社，2015年，第1页。

② 张卫国、晓明译：《鬼谷子　六韬　三略》，崇文书局，2015年，第181页。

③ 张卫国、晓明译：《鬼谷子　六韬　三略》，第184页。

④ 张卫国、晓明译：《鬼谷子　六韬　三略》，第107页。

了秘密行动即消息加密的重要性。

秦朝时,不仅军事消息需要保密,利用专门人员传递,同时一般政府文书传递也要注意保密,如密封加盖官印和使用封泥的方法。可能上述古代加密的做法与现代意义的密码不完全相同,如暗号使用,但不可否认它也是将消息蕴含在某物中,而非直接传递消息本身。不仅中国古代有这种保密事件和思想,古代欧洲也有信息加密事件,如公元前480年,薛西斯一世准备发动波斯军队对希腊进攻时,住在波斯的希腊人利用在板上刻字后蜡封的密文技术,把这个消息传递给了希腊,挽救了希腊被灭灾难。[①]可见,对军事消息的传递使用保密方法,古今中外是一致的。

出于军事保密的需要,在历代文献中很少见到关于烽火品约具体事宜的记载,只有笼统的边郡之士举燧燔传递消息的记载。亦如陈梦家先生研究,引唐代《烽式》情况,"依式:望见烟尘,即举烽燧。放烽多少,具在式文,其事隐秘,不可具引,如有犯者,临时据式科断"。其所引式文,皆在兵部〈烽式〉内。此等式文乃军事保密,故不流传。因此,汉代烽火品条文,只可见之于汉简。[②]如今随着汉简研究的深入开展,我们才对烽火品的内容有所了解。

运用加密般错杂复杂的组合来传递消息,表明汉王朝对烽燧消息的重视,且从汉简记载的考核戍卒工作[③],得知记住这些组合是烽燧戍卒的基本功,居延汉简有"□□□□[严教]吏卒[谨]候[望]毋离署明蓬表远□□毋令使□(537.1B)""□明蓬火尉士吏候长候史警戒便兵如诏书法律(206.26)"等内容,可见当时烽燧戍卒谨候望的工作要求是非常严格的。同时烽燧戍卒还要在各种情况下快速准确地传递消息。而且从简文记载情况可见,有时匈奴人多日逗留在边塞附近,伺机犯塞,甚至攻打烽燧时,也有打打停停的情况,这时戍卒们只能坚守岗位、提高警惕,不能休息,等候援兵。[④]居延新简有"●匈奴人攻亭不得下煤茹矢射积薪(E.P.T50:8)"[⑤]等内容。由此可见烽燧戍卒守卫工作是极其艰辛的,烽燧在整个长城防御系统中的地位也是非常重要的,甚至有时因工作繁多而致使亭燧无人候望,如居延新简中有

① 〔英〕西蒙·辛格著,朱小篷,林金钟译:《密码故事》,海南出版社,2001年,第4~5页。

② 参见陈梦家《汉代烽燧制度》,载陈梦家《汉简缀述》,第166~167页。

③ 李振宏:《居延汉简与汉代社会》,第52页。

④ 参见特日格乐《简牍所见汉朝烽火制度——兼谈匈奴的对应》,载《蒙古史研究》(第十辑),内蒙古大学出版社,2010年,第33页。

⑤ 甘肃省文物考古研究所、甘肃省博物馆、文化部古文献研究室、中国社会科学院历史研究所:《居延新简——甲渠候官与第四燧》,第152页。

“☐而空亭云人力少状何如诘问(E.P.F22:519A)”[①]；“☐隧长敞亭空毋吏卒谨验☐(E.P.T51:265)”[②]。可能是“因为执行其他工作任务而荒废的亭的守卫功能；大约他们当日人手不足以同时负担日常任务与防御工作”[③]。正是因为要求严格，上级发现后才会诘问“状何”。

正是汉代烽燧排列密集，烽燧传递信号要比之后的唐代快。初师宾先生指出，汉代烽号、信息较唐代复杂。烽燧排列较唐代密集，如汉燧间距三四汉里(1200～2000米)，唐代据《烽式》相距20余里。然而烽行较唐代迅速，究其原因，一是汉代烽火制度严密、健全，其重视烽火的程度，不仅胜于唐代，亦为历代所罕见；二是经长期战争磨炼，烽火戍务赋于传统，技艺精良，吏卒干练有素。[④]

第四节　汉长城防御体系的障城

一、障城的分布范围

障、城障、障城指的是同一种汉长城防御设施。《汉书·李广苏建传》中的“障”，颜师古注：“障者，塞上险要之处，往往修筑，别置候望之人，所以自障蔽而伺敌也。”《汉书·张汤传》中的“障”，颜师古注：“障谓塞上要险之处，别筑为城，因置吏士而为障蔽以扞寇也。”《史记·匈奴列传》[正义]引顾胤云：“障，山中小城。”因此，障又可释为“小城”“城”，史书中常常城障连用。又因为《汉书·武帝纪》中的“障”，颜师古注：“汉制，每塞要处别筑为城，置人镇守，谓之候城，此即障也。”候望的长官“候”负责管理百里长一段边塞，一般驻守在障中，故障又称候城。[⑤]而城、障、坞之所以使用不同的称谓，是因其有不同之处，如陈梦家先生谓城者，长方形围墙，版筑，面积皆在130米×130米以上；称为障者，指100米×100米以内的正方形围墙；坞，小障也，凡

① 甘肃省文物考古研究所、甘肃省博物馆、文化部古文献研究室、中国社会科学院历史研究所：《居延新简——甲渠候官与第四燧》，第511页。

② 甘肃省文物考古研究所、甘肃省博物馆、文化部古文献研究室、中国社会科学院历史研究所：《居延新简——甲渠候官与第四燧》，第196页。

③ 高震寰：《论西北汉简文书与现实的差距及其意义》，《新史学》2014年第4期。

④ 参见初师宾《居延烽火考述——兼论古代烽号的演变》，载甘肃省文物工作队、甘肃省博物馆编《汉简研究文集》，第335～398页。

⑤ 许树安：《从历史文献看汉代的烽燧制度和候望系统》，《文博》1982年第2期。

包围于亭障的方形或长方形墙垣,统名为坞。[①]可见城、障、坞的名称与规模大小有关,而规模大小又受地形影响,因障、坞所处地理环境乃险要之地,不比内地地势开阔,故规模受限。

又《史记·白起王翦列传》[索隐]曰:"障,堡城。"障也是后代所称的"堡",一般是部都尉或候的治所。[②]而都尉大多居住在城内,只有个别的都尉驻守在塞外的障城中,障、障城居住的多是候。虽城、障、坞建筑意图均是提供边塞戍卒居住场所,然居住者身份有别,具体规模大小又受尊卑身份影响,坞一般居住的是戍卒,故规模最小,城规模最大,障次之。但目前调查发现也有坞规模大于障的,如居延塞甲渠候官衙称作甲渠候官,长官所居的障城23.3米×23.3米,而其南部与之相连的坞为47.5米×47.5米;障墙厚4~4.5米,残高4.6米,原高应在5米以上;坞墙厚1.8~2米,残高0.9米。[③]但仍要显示出障、坞的等级差别,除了规模,还可以在其他方面来显示差别。如上述甲渠候官的坞规模比障大一些,但"墙低矮、单薄,与都尉居住的城、塞候居住的障,有明显的区别"。

因汉代防御系统中,最高者是太守,下辖每郡划为几个防区,由数个都尉分别负责各防区的军事防卫;在防区内沿边塞又划分出几个地段,每一地段称候官,首长为候;候官中又划分几个部,部的长官称候长;每一部由几所燧组成,燧的头领为燧长。可见候比燧长高两个级别,而都尉、塞候的人员安排又是有限制的,故障城的分布不会像烽燧分布那般密集。陈梦家先生考证边郡每郡设有都尉二或二以上,如敦煌四,酒泉三,张掖三,武威二,金城无,陇西一,天水二,安定二,北地二,上郡四,西河四,朔方三,五原四,云中三,定襄三,雁门二,代郡三,上谷二,辽西二,辽东三,乐浪二。这些都尉中大部分是部都尉,少部分是属国都尉、农都尉和郡都尉。[④]而汉代河西四郡的都尉、候官均驻障[⑤],其他都尉居住情况不详。总体而言,边郡候的总数比较多,总的障城数目也应不会少;然从烽燧队长往上推算,几所烽燧才设有一个候长,几个候长才设一个居住在障城内的候,故障城数目又远少于烽燧。

① 陈梦家:《汉简考述》,载陈梦家《汉简缀述》,第5、6页。

② 参见吴礽骧《河西的汉代长城》,《文博》1991年第1期。

③ 景爱:《长城》,第85、86页。

④ 参见陈梦家《汉简所见居延边塞与防御组织》,《考古学报》1964年第1期。

⑤ 参见陈菁《两汉时期河西地区烽燧亭障规划营建刍议》,《甘肃社会科学》2006年第2期。

二、障城的保存现状

目前调查发现，汉长城障城遗址在甘肃疏勒河约有50处[①]；金塔县东部、玉门关市、敦煌市、瓜州县各1处，武威3处[②]；民勤县1处[③]、山丹县8处[④]。汉长城障城遗址在内蒙古武川有2处、包头市有20处、赤峰市有3处、乌兰察布卓资有1处、巴彦淖尔有13处[⑤]；呼和浩特东郊有1处[⑥]。河北承德有10余处[⑦]，辽宁有7处[⑧]，吉林有18座[⑨]。甘肃、内蒙古两省区境内障城保存较好。

第一，甘肃境内障城情况。民勤三角城障城遗址南北约120米、东西200米，墙垣仅存五段，高出台面2～4米，以黏土、砂石和红柳间层夯筑。金塔县东部障城，即A49，平面正方形，边长78米，夯土版筑，夹压芦苇和柴草层，基厚4米，残高4～5米；四角置角墩，南垣正中开门，有矩形瓮城；玉门关市障城，平面矩形，夯土版筑，障内面积17.7米×14米，残高5.5米，障墙上建垛墙，南开门；瓜州县昆仑障，今名小宛古城，城垣夯土版筑，略呈方形，南北182米，东西179米，墙基宽10米左右，顶宽4.5米，四面各筑马面一座，南开门，有瓮城残迹。2006年调查山丹县发现障城8座，其中燧障2座，位于长城内侧，平面长方形，黄土夯筑围墙。[⑩]

第二，内蒙古境内障城情况。包头市达茂旗新宝力格苏木莎如拉嘎查有7座障城，除最西北的一座外，其余6座建在草原地区，正方形，边长17米，墙宽3米，残高0.3～0.7米；东墙正中辟一门，宽4米。7座均为黄土夹砂石夯打筑成，四角有角楼。[⑪]

---

① 参见赵星铁等《沧桑长城》，上海科学技术文献出版社，2009年，第105页。

② 参见李并成《河西走廊西部汉长城遗迹及其相关问题考》，《敦煌研究》1995年第2期。

③ 参见张涛《大漠长河——河西长城》，第58页。

④ 参见甘肃省文物局、甘肃省文物考古研究所《临洮战国秦长城山丹汉、明长城调查报告》，第28～57页。

⑤ 参见国家文物局主编《中国文物地图集·内蒙古自治区分册》（下），第50、60、61、65、69、192、207、538、616、619、626页。

⑥ 参见刘金柱《万里长城》，黑龙江科学技术出版社，1985年，第19～20页。

⑦ 参见田淑华、赵晓光、王月华《承德地区汉代长城与烽燧调查》，《文物春秋》2006年第3期。

⑧ 参见辽宁省文物局《辽宁省燕秦汉长城资源调查报告》，第210页。

⑨ 参见李树林、李妍《燕秦汉辽东长城障塞遗址的量化统计分析》，《北方文物》2011年第2期。

⑩ 参见甘肃省文物局、甘肃省文物考古研究所《临洮战国秦长城山丹汉、明长城调查报告》，第28～57页。

⑪ 参见邓宏伟、张海斌《包头境内的战国秦汉长城与古城》，《内蒙古文物考古》2000年第1期。

阴山鸡鹿塞保存较好，残高8.7米，基宽约7米，顶宽3.7～3.8米，城垣里外均用块石砌修，墙长136米，最高2.6米，夯土23层，夯宽1米左右；后院障城北墙残长约71米，西墙残长14米，南墙长51米。四角突出类似“马面”，东南角“马面”长2米，高1.6米，基宽1米；西南角“马面”长4米，基宽4米，高2.4米；西北角“马面”长2米，高80厘米，基宽90厘米；东北角“马面”长70厘米，高40厘米，基宽60厘米。①

汉外长城南侧长城内部有障城10余座，或夯土或石筑，略作方形，大的边长约450米，小的边长约130米，障城四角有斜向外方、类似“马面”的建筑，一个城门，开在南墙或东墙正中，有的有瓮城，有的有城壕。②1994年对美岱召西侧汉代障城进行发掘，发掘面积150平方米，清理障城城基一段，城基为黄黏土、河沙及石块交混夯筑，硬度较大。③乌拉特后旗在第三次文物普查中，新发现6座障城遗址，最大的面积达到2.5万平方米，最小的有1.3万平方米。④

综上所述，在长期风吹日晒雨淋、缺乏维护和人为破坏影响下，障城现存最高8.7米，基宽最宽10米许，顶宽最宽4.5米，方形大者边长450米左右，小者17.7米×14米。劳榦先生考证汉代之障，“若玉门关，若红城子，若黑城内之汉障，大都每面外长八丈，墙厚六尺，墙高三丈，较此为大而坚”。可见现存情况，比劳榦先生考证的规模要大，但厚度和高度有所减弱；与陈梦家先生划分的城、障也有些出入。这一方面说明有风雨侵蚀破坏；另一方面说明城、障规模大小并未有明确界限，而是根据当时实际地理形势来确定防御级别，根据可以容纳的范围修筑城或障。因障、坞与城实质是一致的，即提供居所，所以在建筑理念上一致，方便居住。然而障城是长城防御系统上的设置，是防御系统的一部分，故建筑自身也要体现防御理念，如一般只开一门、有类似“马面”的建筑，有的还使用多层相套式建筑方法。⑤总之，平面布局和设施配置均是围绕提高防御而定，有别于当时内地一般城市建设，比内地一般城市建设防御级别要高。

---

① 参见罗庆康《论阴山障城的特点及其它》，《河南大学学报（哲学社会科学版）》1987年第1期。

② 参见赵化成《中国早期长城的考古调查与研究》，载中国长城学会编《长城国际学术研讨会论文集》，第238～250页。

③ 参见王大方《1994年内蒙古文物考古成果综述》，《内蒙古文物考古》1995年第1期。

④ 参见《内蒙古乌拉特后旗新发现6座汉长城城障遗址》，《西部资源》2009年第3期。

⑤ 参见陈菁《两汉时期河西地区烽燧亭障规划营建刍议》，《甘肃社会科学》2006年第2期。

三、障城的形制和作用

从劳幹先生考证的汉代障城"大都每面外长八丈，墙厚六尺，墙高三丈"，可知障城的宽度、高度、长度在地理环境允许的情况下是有限制的，如墙体、烽燧的高度、宽度等在修筑设计时有一定标准，如烽燧高度要保证足够瞭望的空间，墙体高度足可阻挡马匹简单跳跃而过等，以达到最基本的防御功能。然这些标准并未规整划一，而是因地理形势的不同又有所不同，即在保证基本防御功能基础上因地制宜地修建，故而才有陈梦家先生谓障者指100米×100米以内的范围区间，而不是一个完全一致的定制。障即小城，故障城首先也是城，建筑有城墙式的墙体、城门、内置居住使用的房屋等，还设有登城的登城道，同时出于防御需要，障城四角还建有类似"马面"的建筑，个别障城还修建瓮城、城壕、敌楼和紧连的坞。有瓮城的如阴山障城瓮城修在南垣，长方形，宽15～20米，偏门南向；鸡鹿塞障城瓮城南北14米，东西20.5米，瓮城门宽约2.5米，南向。[①]有城壕的，如吉林通化县三棵榆树镇太平沟门障堡，城垣外侧挖有凹形护城壕，经过测量，壕宽5～7米，深1.4米。[②]内蒙古10座障城中，有的也有城壕。[③]有敌台的，如乌拉特前旗增隆昌障城北墙有一个突出墙外的大夯土台基，南北最长13米，东西宽12米，高2.3米。障城一般一个城门，且不正对障内开设，而是曲折迂回地设置。[④]这样就避免敌人攻进障城时直接进入障内，曲折设计可给障内戍卒留有作战或撤退余地。设有瓮城的障城则又多了一层保护，留给戍卒缓冲时间更多。有的障城甚至还设有多层保护，如汉代河西地区障城外围建坞进行重围式保护。[⑤]

目前调查发现障城平面多呈方形，有长方形、正方形，也有菱形的[⑥]，有的坍塌严重的，只剩下一面墙或几段不连续的短墙。障城墙体构筑方法与墙体类似，多是黄土夯筑，也有土墼砌筑、石块砌筑、土石混合筑，如美岱召

---

① 参见罗庆康《论阴山障城的特点及其它》，《河南大学学报（哲学社会科学版）》1987年第1期。

② 参见李树林、李妍《吉林省燕秦汉辽东长城考古调查概述》，《社会科学战线》2011年第10期。

③ 参见赵化成《中国早期长城的考古调查与研究》，载中国长城学会编《长城国际学术研讨会论文集》，第238～250页。

④⑤ 参见陈菁《两汉时期河西地区烽燧亭障规划营建刍议》，《甘肃社会科学》2006年第2期。

⑥ 参见罗庆康《论阴山障城的特点及其它》，《河南大学学报（哲学社会科学版）》1987年第1期。

西侧汉代障城城基为黄黏土、河沙及石块交混夯筑。又如汉酒泉郡东部障城墙体夯土夹压芦苇和柴草层，石银子坊障城墙体夯土夹红柳、石块筑成。[①]在吉林还发现了石基木墙式构造的障城，即城垣以石基为基础，上以木栅构筑而成，2003年发掘通化市桦树河口障城时，有一段长50米、宽1.5～2.5米不等的基石遗址，墙基址上清晰堆积厚重黑土，推测为木栅墙被烧毁的痕迹。[②]同时为稳固障城墙体，运用收分做法，如河西一带汉代边塞建筑中收分的做法较为普遍，且坡度基本一致，一般是70°～82°。[③]同样出于防潮，障城墙体也要定期地粉刷。

在最新调查中发现，内蒙古阿拉善地区有乌兰布拉格障城，"障城由障和关厢两部分组成。关厢连接在障的南侧，平面呈长方形，东西长28米、南北长26米，北依障墙，东、南、西三侧另筑墙体，采用石块错缝堆砌，坍塌严重，宽约1.3米，残高0.1～0.6米。南墙中部开门，门宽2米。[④]而边地上的建筑以城、障、燧为主，有时障、燧之外又有坞，供人屯住，又有亭部在城外，也是居住之处。此处调查发现关厢，从地理位置的描述可知应该是在障城外的一个设置。也有学者认为，在各军事驻地中也有平民，他们住在军事工事的外层，从事田耕或其他工作，受士卒的保护，若从该层面理解，关厢即在军事工事外面的平民居住区，仿佛能够说通。然而障城本身就是为了居住，而且为了加强防御在障城外还建有坞或设计城门时选择"宁曲勿直"，那么设置这样一个关厢还放在障城外，障城内的士卒如何能起到保护平民的作用？反而是平民保护障城内的士卒，这便不易理解了。目前还未见其他地方有障城外建关厢设置，关厢的具体情况，有待进一步考证。

障城多位于地势险要之处，处易守难攻之地，或视野开阔高地，或大山之下或山腰或山顶，或河流交汇之处，或沟谷平原地带，或交通要道，如调查发现金塔县东部障城位于两河交汇处西5千米北大河北岸，敦煌市东部T24障城位于党河、疏勒河汇流处东南13千米。[⑤]障城一般不在长城墙体之上，也不与长城墙体相连，而是在长城墙体内侧，如阴山地区的障城一般离长城

---

① 参见李并成《河西走廊西部汉长城遗迹及其相关问题考》，《敦煌研究》1995年第2期。

② 参见罗庆康《论阴山障城的特点及其它》，《河南大学学报（哲学社会科学版）》1987年第1期。

③ 参见陈菁《两汉时期河西地区烽燧亭障规划营建刍议》，《甘肃社会科学》2006年第2期。

④ 参见内蒙古自治区文化厅（文物局）、内蒙古自治区文物考古研究所《内蒙古自治区长城资源调查报告·阿拉善卷》，第31页。

⑤ 参见李并成《河西走廊西部汉长城遗迹及其相关问题考》，《敦煌研究》1995年第2期。

墙体在1千米之内，远的也有15千米，近的仅5米。[1]又如内蒙古外长城南面一道长城墙体内部的障城离长城墙体50～200米。[2]包头市达茂旗新宝力格苏木莎如拉嘎查发现的7座障城北距长城墙体8～10米。[3]因为障城内居住的士卒比烽燧和坞内多，当烽燧戍卒发现敌情传递后，收到消息的障城吏卒一方面可传递消息给边城，一方面可及时支援烽燧、坞内的士卒，迎战侵犯的敌人。若障城离最直接的防御主体——墙体太远则无法及时行动支援，那么最前线的烽燧或坞内士卒就无法得到足够的兵力支援，对汉军作战极其不利。同时障城规模比烽燧、坞大，可以囤积较多生活用品和作战物资，容纳较多戍卒。且障城比边城距离长城墙体更近，在边城士卒支援前，能够及时给一线戍卒提供生活用品、作战物资和兵力支援。

因一般候管辖范围约百里，障城通常是百里间隔。然而在塞上险要之处建筑障城，又是防御需要，故百里并非定制，还要依地形而定。如乌拉特后旗新发现的6座障城遗址，每10千米即分布一座。[4]内蒙古10座障城之间约10千米。[5]包头的7座障城间距为1300～1400米。[6]同时除候居住在障内，也有部都尉居住在障内的情况，特别是在险要之地，如敦煌郡疏勒河一线东段，宜禾都尉防区下设五个候官，都尉府置在昆仑障。[7]在敌人易袭击的地方或易攻难守之地，障城又比较多些。

关于障城戍卒人数，汉简中也有记录，但记录有的只是部分障卒人数，如"八月丁丑障卒十人，一人守客，一人守邸，一人取狗湛，一人治计，一人吏养，一人使，一人守园，一人助"（《释文》二三三页）[8]等记录。居延汉简有"☐□□障卒十人　一人守园　一人助园　一人治计　一人取狗湛　一人吏养　二人马下　一人削工（267•22）"[9]；"第九障卒九人（286•9）"[10]；"［障卒］十九人　鸿嘉

① 参见罗庆康《论阴山障城的特点及其它》，《河南大学学报（哲学社会科学版）》1987年第1期。

② 参见赵化成《中国早期长城的考古调查与研究》，载中国长城学会编《长城国际学术研讨会论文集》，第238～250页。

③ 参见邓宏伟、张海斌《包头境内的战国秦汉长城与古城》，《内蒙古文物考古》2000年第1期。

④ 参见《内蒙古乌拉特后旗新发现6座汉长城城障遗址》，《西部资源》2009年第3期。

⑤ 参见赵化成《中国早期长城的考古调查与研究》，载中国长城学会编《长城国际学术研讨会论文集》，第238～250页。

⑥ 参见邓宏伟、张海斌《包头境内的战国秦汉长城与古城》，《内蒙古文物考古》2000年第1期。

⑦ 参见李正宇《敦煌郡的边塞长城及烽警系统》，《敦煌研究》1995年第2期。

⑧ 陈直：《居延汉简研究》，第86页。

⑨ 谢桂华、李均明、朱国炤：《居延汉简释文合校》，第449页。

⑩ 谢桂华、李均明、朱国炤：《居延汉简释文合校》，第482页。

二十年十月丙辰守革(3.24)";"八月丁丑障卒十人 其一人守阁 一人守邸 一人取狗湛 一人治计 二人马下 一人吏养 一人使 一人守园 一人助(267.17)";"己卯障卒十人 一人守园 一人助园 一人治计 一人取狗湛 一人吏养 一人马下 一削工(267.22)"等记录;居延新简有"⧄障候候君卿前⧄ ……一人门 ……一人木工(E.P.T48:12A)⧄""卒十二人 七月 一人守园 一人从 令史谭 一人马下 一人使(E.P.T48:12B)"[1]等记录。以上简文,障卒十人的简显示有明确工作的十人,但尚不能判断障城戍卒总数。另外,居延汉简还有"障 令史□□粟三石三斗三升少十[二月] □□自取卩 尉史＝尹□粟三石三斗三升少[十二月]□□自取卩 尉史皇楚粟三石三斗三升少庚子自取卩 尉史郭常粟三石三斗三升少十二月戊申自取卩 令史郭充粟三石三斗三升少十二月戊午自取卩 令史延年食吞远 障卒□捐之粟三石三斗三升少十月壬申自取卩 障卒赵忘生粟三石三斗三升少十月癸酉自取卩 障卒万丁粟三石三斗三升少十月癸酉自取卩 障卒戈南粟三石三斗三升少十月癸酉自取卩 障卒孟延寿粟三石三斗三升十月癸酉自取卩 障卒孔胜之粟三石三斗三升少十月癸酉自取卩 障卒徐充粟三石三斗三升少十月癸酉自取卩 障卒王奴粟三石三斗三升少十月癸酉自取卩 障卒李寿王粟三石三斗三升少十月癸酉自取卩 障卒乐胜之粟三石三斗三升少十一月丙子自取卩 [施]刑桃胜之粟三石十一月庚子自取卩(26.21)"记录。还有一条"辛亥 卒卅七人 其二病 三人养 定作卅二人 九人作墼 九人[运墼] □人累土(306.21)"的记录,此处37人是不是都属于障卒尚不清楚,即便指障城内障卒,但是不是全部也不清楚。此外,居延新简中也有三十井候官始建国天凤四年四月"当食者案"的记录,其中有"三月余戍卒二十一人(E.P.T68.196)""出戍卒二十一人(E.P.T68.197)""入戍卒十九人(E.P.T68.198)""出戍卒十九人(E.P.T68.199)""入戍卒四十一人(E.P.T68.200)""出戍卒四十一人(E.P.T68.201)""凡戍卒百一十六人(E.P.T68.206)"等内容。[2]从以上简文内容可知,障卒人数应不低于十九人,而且此简中还有"凡戍卒百一十六人",应该是该障候戍卒116人,只是不知此数是障候戍卒的标准,还是不同障城又有不同。而且因为此简有出戍卒、入戍卒记录,说明戍卒有调动,因此此处凡卒116人中是否有从烽燧借调的,也不可知。

---

① 甘肃省文物考古研究所、甘肃省博物馆、文化部古文献研究室、中国社会科学院历史研究所:《居延新简——甲渠候官与第四燧》,第130~131页。

② 马怡、张荣强主编:《居延新简释校》,天津古籍出版社,2013年,第738页。

第五节　汉长城防御体系的关城

一、关城的分布范围

古代的关又称关口、关卡，是边防地区或者区域界上的出入通道。关的设置有两种，一种是设在内地主要通道或区域界上的关，另一种是设在边防地区或国境线上的关。关卡设立的目的是严格审查过往行人，严防逃亡、犯罪之人，对内部叛乱或外敌入侵亦有防御作用，如贾谊曾言，“秦兼诸侯山东三十余郡，循津关，据险塞，缮甲兵而守之”（《新书·过秦》），侯应也说，“自中国尚建关梁以制诸侯，所以绝臣下之觊欲也”（《汉书·匈奴传》）。同样关在长城防御系统中也扮演着重要的角色。长城修建的本意是防御侵扰，但并不是隔绝与长城两侧的联系，这就需要留有通道，保证长城两侧的交往。在长城连绵的墙体上，必须留下可以出入车马的豁口或人行通道，然而如果毫无设防地大开通道，就未免“捡了芝麻，丢了西瓜”，丧失了长城防御的意义。故为了既不影响长城发挥防御作用，又不阻碍长城两侧交流，在长城墙体豁口处留有可以关闭的城门，而且出于安全需要，通常又不只是城门，还建筑一座具有各种军防设施的“城堡”，这种城堡被称作关城。[1]

关、关城均建在交通要道上，具有“一夫当关、万夫莫开”之效果，如最新调查在新疆阿克苏地区拜城县黑英山乡玉开都维村北约1.5千米、博孜克日克沟口西侧山体上发现“汉龟兹左将军刘平国作亭诵”石刻[2]，石刻记录了东汉时期西域都护府下属龟兹左将军刘平国在南北疆通道要隘凿关建城的事迹，至今在沟口北约50米有卵石堆积的关隘遗址。然而由于东汉时期朝廷工作重心发生了改变，汉王朝疆域内缩，为方便通行，原来西汉王朝修筑的关城被废弃或破坏的较多，东汉之后历代利用和维修较少，致使现在保存较好的关、关城较少，如著名的玉门关、阳关已不存在，且具体位置至今争议尚多。首先，玉门关是否有迁移。陈梦家先生认为西汉和东汉时期玉门关一直在敦煌之西，并不曾东迁或先在敦煌之东而后西迁。[3]赵评春先生认为太初三年（前102年）从敦煌东迁到敦煌西。[4]然无论是否迁徙，至少二者都承

---

① 参见景爱《长城》，第44页。

② 新疆维吾尔自治区文物局：《新疆维吾尔自治区长城资源调查报告》，第61页。

③ 陈梦家：《玉门关与玉门县》，《考古》1965年第9期。

④ 赵评春：《西汉玉门关、县及其长城建置时序考》，《中国历史地理论丛》1994年第2期。

认敦煌之西有玉门关。21世纪以来，敦煌西北80千米许的小方盘城发现“玉门都尉”等汉简，许多学者认为该城即汉玉门关。[①]早期代表有斯坦因、阎文儒、向达等。[②]近年来有董耀会等，认为玉门关关城呈方形，四周城垣保存完好，黄胶土夯筑，开西、北两门，城墙高达10米，上宽3米，下宽5米，上有女墙，下有马道，人马可直达顶部；城顶四周有宽13米的走道，设有内外女墙；现残存面积约600平方米，城垣东西长24.5米，南北宽26.4米，残高9.7米，城内东南角尚存有一条宽83厘米的马道遗迹，沿东垣直上城顶。[③]

然也有学者认为小方盘城不是玉门关所在地。早期有劳榦、陈梦家等[④]，近年有罗哲文、李岩云、侯晓星等，都持这种观点。侯晓星认为“小方盘城处的地理条件、规模，不构成古之金关锁喉之设关条件。”[⑤]罗哲文认为“有可能玉门关的关门还在小方盘以西”[⑥]。李岩云、傅立诚认为“从小方盘城周围地形环境和出土汉简分析判断，玉门关口应在小方盘城西侧150米处的南北长城线上”[⑦]。1979年甘肃省文物考古研究所与敦煌市文化馆合作对马圈湾烽燧遗址进行试掘，发掘出一批文物和汉简，吴礽骧和李永良对这些文物和汉简进行了全面的分析考证，认为小方盘城是“玉门都尉”治所，不是玉门关治所。“玉门都尉”属下有玉门候官和大煎都候官两个障候。玉门关属玉门候官管辖。[⑧]因为关城的重要标志是关门，而且既然是在长城墙体开门通行，则关门左右必须与长城墙体相联系，否则起不到长城关卡的意义。笔者赞同李岩云、傅立诚的观点，因为如果小方盘城是玉门关，那么玉门关便建在南北长城线之外，无法发挥防御侵扰、稽查出入的作用，也不是长城防御系统中的关城了，从其规模和设置看很有可能是与玉门关配套设置的障城。

关于阳关，有学者认为阳关位于敦煌市南湖乡西70千米的古董滩上，

---

① 参见何峰《河西走廊蜂腰地带古城关隘在历史上的地位》，《山西建筑》2009年第6期。

② 阎文儒：《敦煌史地杂考》，载纪忠元、纪永元《敦煌阳关玉门关论文选萃》，第122～137页；向达：《两关杂考》，纪忠元、纪永元《敦煌阳关玉门关论文选萃》，第98～107页。

③ 参见董耀会《长城》，第117页；李殿元《阳关玉门关嘉峪关考察》，《文史杂志》2011年第1期；高凤山《长城关隘城堡选介》，《华中建筑》1992年第4期；景爱《长城》，第46页。

④ 劳榦：《两关遗址考》，载纪忠元、纪永元《敦煌阳关玉门关论文选萃》，第91～97页；陈梦家：《玉门关与玉门县》，《考古》1965年第9期。

⑤ 侯晓星：《西汉玉门关遗址质疑》，《宁夏大学学报（人文社会科学版）》2002年第2期。

⑥ 罗哲文：《长城》，第123页。

⑦ 李岩云、傅立诚：《汉代玉门关址考》，《敦煌研究》2006年第4期。

⑧ 参见薛长年《西塞雄风：陇右长城文化》，第45～46页。

阳关古城无存。[①]也有学者认为阳关在“阿尔金山红山口中”[②]，或在“南湖破城与山水沟之间的古绿洲”[③]。有学者认为阳关在石棺材附近，与汉简(P.5034)中无卤涧的有关记载相合，但除石料一块外，别无他证。[④]1972年酒泉地区在文物普查时，文物工作者由古董滩向西翻越14道沙梁，在大沙漠中发现了上万平方米的一处城址，经发掘，房屋排列整齐清晰，并且有断断续续、宽厚不一的夯土城墙基址，初步断定是古阳关遗址。[⑤]1979—1995年考古工作者根据已知的南塞和南驿道的走向调查，认为阳关遗址当位于汉龙勒县西北。[⑥]然无论阳关究竟在何处，其早已废弃被毁、无保存现状是不争的事实，无资料可参考。

二、关城的保存现状

现在可以参考的关城资料，有发掘的肩水金关，关城主体建筑关门，是两座对峙如阙的长方形夯土楼橹，各方6.5米×5米，残壁最高处1.12米，最厚处1.2米，收分很不明显，基部砌一层大土坯。楼橹中间的门道宽5米。门道两侧壁脚，各残存四根半嵌在墙内的方、圆形排叉柱，下垫石块，最粗的方柱每边21厘米。据以上迹象，推知立柱顶部即门道上面，曾有过桥或门楼等建筑。楼橹外两侧向北筑的关墙都是土坯。关门内外和阙柱外侧，有排列呈正方形的虎落尖桩，有的埋在方形坑中，有的在下部刻一缺槽，再横贯一根短木。塞墙试掘发现戈壁层上的墙基宽2.8米，高出两侧地面15～20厘米。墙体残高1.3米，厚1.6～1.8米，结构较松软，其中的草末、沙砾略呈水平状。[⑦]

又知关城有关门，关门之上建楼，称为斗楼或关楼。[⑧]故肩水金关关门上也应建有门楼。而且关城并不是孤立存在的，关门内西南侧还建有坞，坞西南角还建有烽台和方堡，方堡内有住室、灶屋、仓库、院落。由此可见，关城如若发现有敌情，可及时利用烽燧传递消息；障或坞内提供房屋若干以供

---

① 参见高凤山《长城关隘城堡选介》，《华中建筑》1992年第4期；李殿元《阳关玉门关嘉峪关考察》，《文史杂志》2011年第1期。

② 景爱：《长城》，第46页。

③ 李并成：《古阳关下的又一处“古董滩”》，《敦煌研究》1999年第4期。

④ 李正字：《阳关区域古迹新探》，《敦煌研究》1994年第4期。

⑤ 参见董耀会《长城》，第118～119页。

⑥ 参见吴礽骧《河西汉塞调查与研究》，第84页。

⑦ 参见甘肃居延考古队《居延汉代遗址的发掘和新出土的简册文物》，载甘肃省文物工作队、甘肃省博物馆编《汉简研究文集》，第484～485页。

⑧ 彭年：《汉代的关、关市和关禁制度》，《四川师范大学学报(社会科学版)》1987年第4期。

居住、贮藏粮草、存放器物等，提供关城戍卒所需生活物资和兵力保障，在有敌情时能及时支援。肩水金关集合了关、障、坞、烽台、虎落等防御设施，可见为配合关城这一交通咽喉地带的设置，需要多项防御设施共同作用，来保障关城“一夫当关、万夫莫开”的重要作用。

三、关城的形制建制

因关城与长城防御主体墙体相连，出于长城设置本意，为安全起见，不可能处处开设关卡，而是仅在交通要道设立关卡以通行，因此关的设置数目有限，相比烽燧、障城而言，数目甚少，如河西地区，“根据现有资料，汉代于河西塞有四个关隘，即玉门关、阳关、金关、悬索关”[①]。关城主体建筑有关门、关墙、关楼、虎落等几部分，从汉长城障城有的设有瓮城、明代嘉峪关设有瓮城等情况看，汉长城关城设有瓮城也是有可能的。然而目前研究发现肩水金关关门与阙柱之间的距离较近，不适合建筑瓮城，调查中也没有发现类似瓮城建筑或墙基遗存。但玉门关、阳关是否建有瓮城则未可知。但有一点是毋庸置疑的，就是出于关城安全和防御大局考虑，关城内还会修建与关城配套的障、坞、烽燧等建筑，并在关城和配套设施附近埋设虎落加强防御。

关于关门，居延汉简有“二月乙巳肩水关门啬夫敢言(19.37)”[②]等记录。关门犹如城门，为方便通行，其宽度、高度应不亚于一般城门设置。如从1957年到1996年，考古工作者对汉长安城城门进行发掘，发现每个城门有三个门道，每个门道宽6～8米。[③]长安城作为西汉王朝的都城，城门宽度6米，相比而言，肩水金关关门5米的宽度还是相当宽的，又“霸城门内发现当时的车轨痕迹，实宽为1.5米，由此可见每个门道正好容纳四个车轨”[④]，这表明当时马车宽度在1.5米左右，关门虽然只有一条门道，但5米的宽度足可以保证两辆马车同时进出，也可实行双向道行驶，有进有出，方便交通。有考古工作者发现汉长城“东面3座城门与其他三面9座城门形制有所不同，即前者在门址外侧向外有凸出的夯土基址，颇似阙类建筑遗存，如宣平门外

---

① 吴礽骧:《河西的汉代长城》,《文博》1991年第1期。

② 谢桂华、李均明、朱国炤:《居延汉简释文合校》,第31页。

③ 参见李遇春《汉长安城的考古发现和研究》,《河南大学学报(社会科学版)》1981年第2期;李遇春《汉长安城城门述论》,《考古与文物》2005年第6期;刘庆柱《汉长安城的考古发现及相关问题研究——纪念汉长安城考古工作四十年》,《考古》1996年第10期。

④ 参见李遇春《汉长安城的考古发现和研究》,《河南大学学报(社会科学版)》1981年第2期;李遇春《汉长安城城门述论》,《考古与文物》2005年第6期。

阙址西距门址20米”[①]。而“汉阙是汉代的城门、宫室和显宦的宅第、祠庙和陵墓前一种表示尊严的装饰性建筑，通常立于门前甬道的两旁”[②]。在古代，汉阙是皇权的象征，是尊卑等级的标志。[③]并非每座城门都有阙的设立。而关城作为长城内外的交通要道，若为彰显汉王朝威严而设置阙倒也是有可能的。但肩水金关遗址中阙柱距离关门大约6米，距离非常近，不同于上述20米的例子。又肩水金关遗址中阙柱与关墙紧密相邻，与汉阙通常情况不同，所以肩水金关遗址中的阙到底是一种特殊的阙，还是瓮城，不得而知，有待进一步探讨。

考古工作者根据肩水金关遗迹（见图4-3）情况推断关门上还有建筑。又如汉长安城城门，两壁垂直的胭口，在两侧沿边密排几对柱础，础上立木柱，再在其上筑城门楼。[④]又《函谷关图》描绘了函谷关东门有两座高大的三层谯楼，上下两层均施平座，周围环以副阶，《过居庸关图》也有门楼设置，可知内地关隘一般有高大门楼，上设置瞭望设施。[⑤]因此长城防御系统中的关城上也应建有关楼，这样更有利于防御，符合长城防御的需要。修筑关楼，可以利用关楼较高的空间优势，观察出入关门的人和未到关门的人群，侦察是否有敌情，提前警戒或采取关闭城门等措施。如果遇有敌人攻击，在关楼上可以躲避敌人的利箭，还增强了关楼上弓弩的力度。建关楼也方便了守卫关门的戍卒居住和存放武器军械等。建关楼还相当于拔高了关城“高度”，使关城在茫茫荒野中更加醒目，尤其对外来者来说，使他们较远就能发现关城位置，引导其出城或入城。长城防御系统中的关城军事防御性要求更高，关楼上也应建有瞭望设施。

关墙的修筑方式与长城墙体类似，多夯筑。从肩水金关墙体发掘情况看，夯土中夹杂有水平状草末、沙砾，并非纯净黄土，而是结合当地实际情况掺有沙砾或其他，然其与混合型墙体构筑又有些不同，因为混合型墙体中沙砾、杂草等比例较大。

---

① 参见刘庆柱《汉长安城的考古发现及相关问题研究——纪念汉长安城考古工作四十年》，《考古》1996年第10期；李遇春《汉长安城城门述论》，《考古与文物》2005年第6期。

② 陈国生：《汉阙的文化意味》，《华夏文化》1996年第1期。

③ 参见龚廷万、龚玉《关于汉阙研究尚待商榷的问题》，《四川文物》2011年第3期。

④ 参见李遇春《汉长安城城门述论》，《考古与文物》2005年第6期。

⑤ 参见张玲《秦汉关隘制度研究》，河南大学博士学位论文，2012年。

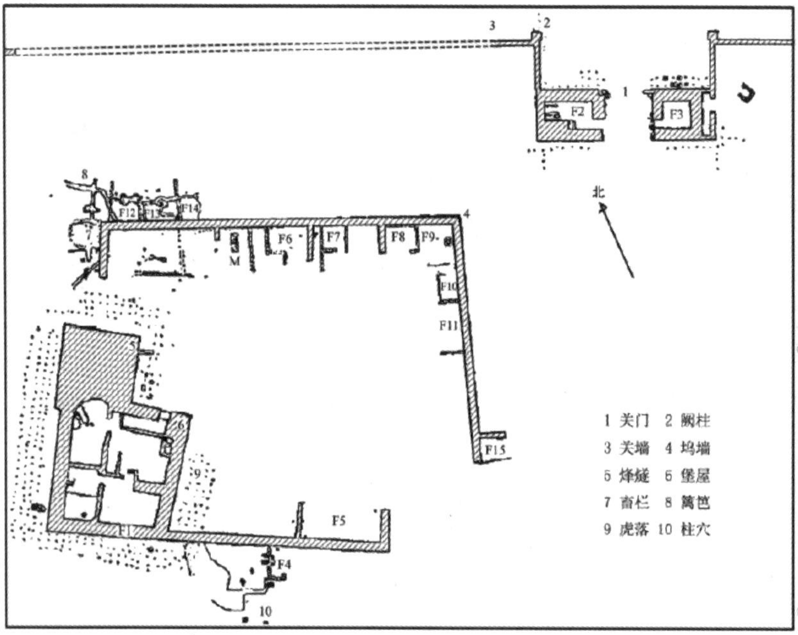

图4-3 肩水金关遗址平面图[①]

关城对过往人群有严格的管理制度，必须持有证件才可以出入，为此还设重兵把守。[②]《史记·孝景本纪》载景帝四年(前153年)“复置津关，用传出入”，[集解]应劭曰：“文帝十二年，除关，无用传，至此复置传，以七国新反，备非常也。”张晏曰：“传，信也，若今过所也”。《汉书·文帝纪》也载文帝十二年(前168年)三月“除关，无用传”。虽然以上文献记载的“关”并不包含长城系统上的关城，但根据张家山汉简《二年律令》的公布，“除关无用传”的关指的是环绕关中的五关和关中与关外的水路交通要津[③]，是针对汉王朝内部的关城通行情况，但可以作为参考。既然对内部诸侯防范已如此严格，长城的关，联系着长城内外的咽喉地带，就更需要传了。传是通过关城时需要出示的证明文书，是汉代最常见的身份证明文书之一，一般为木质，上书写证明身份的内容，外加封泥。[④]《史记·孝景本纪》中关于“传”，[集解]引如淳注为

① 甘肃居延考古队：《居延汉代遗址的发掘的新出土的简册文物》，载甘肃省文物工作队、甘肃省博物馆编《汉简研究文集》，第484页。

② 景爱：《长城》，第44页。

③ 参见臧知非《论汉文帝“除关无用传”——西汉前期中央与诸侯王国关系的演变》，《史学月刊》2010年第7期。

④ 参见张玲《秦汉关隘制度研究》，河南大学博士学位论文，2012年。

“两行书缯帛，分持其一，出入关，合之乃得过，谓之传”。还有一种通关证明——符，一半置于官府，一半置于关城，出关办公之人合二为一方可通关，有的符上明确通关人员身份及相关证明，有的没有，符的使用较为严格。[①]此外，居延地区发现“棨信(EJT21：01)21×16厘米。红色织物，上方缀系，墨笔篆书‘张掖都尉棨信’六字……这件棨信，文字简明，显然属于幡信之类。它可能是缀在信使所执的棨上(或悬于车马仪仗的棨戟上)，或单独持行。既是通行关禁的证件，又是高级官吏的一种标识，与居延所出一般的木制符传过所有明显区别”[②]。又《史记·孝景本纪》[集解]引张晏曰：“传，信也，若今过所也”，因此过所也是一种通关凭证。还有繻，《汉书·严朱吾丘主父徐严终王贾传》载终军从济南入关，“关吏予军繻。军问：‘以此何为？’吏曰：‘为复传，还当以合符。’军曰：‘大丈夫西游，终不复传还。’弃繻而去”。张晏曰：“繻，符也。书帛裂而分之，若券契矣。”而且繻对不考虑返回的单程旅行无效，同时在发繻关以外地区不通用[③]，可见繻的使用是有范围要求的，并非全国通用。如此便有传、符、棨信、过所、繻等多种过关凭证，然究竟是因地区、因事情还是因身份来使用以上通关证件，这个问题不在本书的研究范围，故不再详细探讨。总之，严格的传符制度保证了关城对过往行人的排查有据可依，戍卒认真检查校对，才能发挥关城“一夫当关”的功效。

除了关城外，明长城调查中发现，为满足军事需要，在长城墙体上还建有许多狭小隐蔽的暗门。[④]汉王朝是否在军事紧急时也开设暗门？因调查未有发现，故不可知。然关城不远处确实存在与其配套而建的障、坞和烽燧等，此外，在关门和坞四周还建有虎落。初师宾指出，汉之虎落，实是先秦之柴薄、藩篱。所谓虎落，乃言其坚固有力，可阻挡临近攻城，是城防外围一道简易工事障碍物，后世发展为羊马墙。虎落实例，即金关遗址坞堠西北、北侧的篱笆墙，先于地面挖出窄沟槽，内植两排较粗的柳棒，再用细柳枝横向加以编织，遗存先露出地面10厘米不等，外表原可能涂泥，以防火焚。[⑤]由此可见，虎落是在坞、烽燧、关门外不远处设置的一道简易障碍。挖沟的做

① 传、符内容参见〔日〕大庭脩著，徐世虹译《汉简研究》，第134～149页；张玲《秦汉关隘制度研究》，河南大学博士学位论文，2012年。

② 甘肃居延考古队：《居延汉代遗址的发掘和新出土的简册文物》，载甘肃省文物工作队、甘肃省博物馆编《汉简研究文集》，第487～488页。

③ 参见〔日〕大庭脩著，徐世虹译《汉简研究》，第143页。

④ 参见景爱《长城》，第67页。

⑤ 参见初师宾《汉边塞守御器备考略》，载甘肃省文物工作队、甘肃省博物馆编《汉简研究文集》，第197、198页。

法如陷阱，涂泥不但防火更隐蔽，若其不露出地面，涂泥会使其更像地面，更不易被发现。虎落遗存露出地面10厘米，显然不是设置陷阱，而是一道屏障式、木桩式的墙，与尖桩效果一样。尖桩实例在金关、甲渠候官及第四燧基脚周围有发现，“多为四行，行、株距离为60～70厘米，呈三角或方形布局。每桩上端多砍削成三棱锐尖，垂直埋筑地下，在建筑物周围形成一道宽三米的‘保护带’，可防止近攻，扎伤人马，阻挠对工事的破坏”[①]。显然，尖桩也是高出地面，不然无法扎伤近攻的人马。然而虎落也有用于埋伏的，如1974年发掘甲渠候官遗址时“在坞四周三米以内地面，发现埋没四排尖木桩，其完整者高33厘米，间距约70厘米，作三角形的行列，这就是所说的强落。强落之上埋以沙土，然后画作符号，即所谓天田”[②]。上述虎落埋伏之物并未高出地面，而且上面还设有天田掩盖，可见虎落也并非一种形式。

总之，虎落、尖桩设置无疑是在关、坞四周添加防护带，增强关、坞的防御强度。关城并不是单独存在，而是与配套的障、坞、烽燧、虎落相互配合，共同发挥作用，实现长城的防御功效，也为长城过往行人通过提供了安全保证。

第六节　汉长城防御体系的堑壕、天田

一、堑壕

长城防御系统中的堑壕或称壕堑，就是在地上挖掘深沟，以宽阔的壕沟来阻挡敌人前进，与壕沟相似。壕沟的利用历史较早，西安半坡遗址居住区外就有大围沟、环壕，大围沟是为保护居住区和全体氏族成员的安全而作的防御设施之一，平面呈南北长的不规则的圆形。现在保存下来的北边、东边和东南的一部分，略成弓形；北部向东转折部分成圆弧形，由东南角向西转的地方略成直角，现存长度为300多米。[③]还有高陵县（今西安市高陵区）杨官寨遗址北区的聚落环壕，平面形状大致呈梯形，基本为南北向布局，周长约1945米，壕内面积达24.5万平方米，壕沟宽6～9米，深2～4米，最宽处约

---

① 初师宾：《汉边塞守御器备考略》，载甘肃省文物工作队、甘肃省博物馆编《汉简研究文集》，第198页。

② 傅振伦：《东汉建武塞上烽火品约考释》，《考古与文物》1980年第2期。

③ 参见中国科学院考古研究所、陕西省西安半坡博物馆《西安半坡——原始氏族公社聚落遗址》，第49页。

有13米。[①]后来人们认识到壕沟经受不住长年风吹日晒雨淋，为提高防御，墙垣便被运用起来，湖南澧县城头山遗址就是利用土墙作为主要防御设施的重要证据。[②]后来又发展为以城墙为“盾牌”的防御性城池，且环壕或壕沟功效仍被利用，如护城河便是壕沟的变相利用。而挖壕沟时排出的土大多就近处理在壕沟内外侧，堆垒成土垄，受此影响，并在筑墙技术提高的基础上，长城便应运而生了。同样长城防御体系中壕沟的功效依然存在，就是在长城墙体、障城墙垣外面为加强防御而修建堑壕，堑壕便是壕沟的再发展。挖掘堑壕时所取出之土，扬弃在壕的两侧，形成低矮的土垄，这种土垄可以使堑壕变深，著名的考古学家李文信称之为壕壁。[③]长城墙体外挖堑壕的，如昭盟地区宁城县大营子乡西南部的山脊上可清楚看到土石结构的墙痕，墙外有宽3米、深1米的壕沟；喀喇沁甸子乡的柳罐沟村东梁顶上残留有呈土埂状的墙和壕沟，有的地段由于水土流失，沟已淤平，从一些沟崖断面观测，沟宽3～4米，深1.5米。[④]

堑壕除了作为长城墙体和障城的配套防御设施外，也有作为主要防御设施的，主要分布在干旱的沙漠草原地区，由于地质构造原因，这一地区多沙少土，多沙的土质比较松散，缺乏黏性，难以夯打成型。因地制宜，只能挖堑壕。[⑤]从甘肃永登到酒泉的令居塞，永登县、天祝县、山丹县、临泽县、高台县、酒泉市境内的汉塞以堑壕为主，永昌县境内东段遗迹消失，不甚明了，推测仍为堑壕，但已在明代夯筑边墙时被改造了，武威市境内从其东段和西段的结构推测，当为堑壕。目前调查情况略举几例如下。

第一，永登县境内：永登县堑壕在河谷阶地和地势平缓地区是中间开沟、两侧堆垄，在山梁坡地是上坡掘壕、下坡堆垄；且山梁坡地构筑的堑壕多沿山梁西坡或南坡延伸，一般上宽6～8米，底宽1.5～2.5米，深0.5～2米。[⑥]

第二，天祝县境内：石灰沟以东堑壕多沿山麓延伸，中间掘壕、两侧堆垄；石灰沟以西堑壕多沿山腰延伸，上坡掘壕、下坡堆垄；金强河南岸山腰堑壕底宽约2.7米，上宽约6米，沟深约1.2米，下坡土垄顶宽约1米；其中北岸的西堑壕底宽约4米，上宽约9米，东土垄底宽约6.2米，顶宽约1米，内残高

---

① 参见陕西省考古研究院《陕西高陵县杨官寨新石器遗址》，《考古》2009年第7期。

② 参见单先进、曹传松、何介钧《澧县城头山屈家岭文化城址调查与试掘》，《文物》1993年第12期。

③ 景爱：《长城》，第23页。

④ 李庆发、张克举：《辽宁西部汉代长城调查报告》，《北方文物》1987年第2期。

⑤ 景爱：《长城》，第25页。

⑥ 参见吴礽骧《河西汉塞调查与研究》，第23页。

约1.8米,外残高约1.1米,西土垄底宽约5米,顶宽约0.9米,内残高约1.3米,外残高约0.7米;山腰的堑壕上宽约4米,深1～1.7米,垄内残高约0.5米。①

第三,山丹县境内:2006年调查山丹县发现壕堑19段,是平地下挖,呈马脊梁状,呈“V”或“U”形,因毁坏而时断时续。②峡口北口堑壕底宽约3.7米,上宽约13.6米,北土垄残高约2.4米,上宽约4.4米。金山子山腰堑壕底宽约3.8米,上宽约13米,南土垄上宽约2.9米。312国道附近堑壕底宽约5米,上宽约14米,北土垄残高约2米。③

第四,临泽县境内:渠庄子村山前冲积扇上发现呈“人”字形的两条堑壕,一条呈西北—东南走向,现残长500米;一条呈东北—西南走向,现残长200米。④

由上可知,堑壕分布范围广泛,河谷阶地、地势平缓地区甚至平地、山麓、山腰、山前冲积扇等多种地段都有分布。且不同地段堑壕还略有不同,如山腰延伸的堑壕采用上坡掘壕、下坡堆垄,因为若两侧堆垄,上坡垄土易坍塌填入壕内,从而影响堑壕深度。从调查情况的上宽、下宽和沟深的记录看,堑壕整体呈“V”形或“U”形,最深3米左右。“V”形堑壕顶宽最宽约4米,“U”形堑壕最宽底宽约5米、上宽约14米。14米的宽度足以保证马匹或人无法跳跃而过,完全可以起到阻挡作用,而高度3米左右,人为翻爬也是有一定难度的。两侧堆积的土垄除马脊梁状外,还有梯形的,保存最好的底宽约6.2米,顶宽约1米,内残高约1.8米,外残高约1.1米。若按理想的数学公式推算,采用高度相同、两侧平均分土原则,则此土垄配套挖掘的堑壕应是顶宽12米,底宽2米,参照目前调查中“U”形堑壕数值看,此等规模的堑壕是完全可能的。

两侧土垄又称壕壁,有学者认为堑壕两侧的壕壁,是扬弃之土自然堆积而成,没有经过夯打。⑤因未见有夯层,故没有经过夯打之说成立。但扬弃时自然堆积而成垄却有些可疑,因为实际调查发现土垄有上宽、下宽,且能保存到现在,没有被风雨侵蚀或变凌乱,若只是挖掘时随意丢弃一旁而成,无规整或挤压拍打,现在恐怕难见还成型的垄;再者,堑壕所建地区土质本

① 参见吴礽骧《河西汉塞调查与研究》,第26页。

② 参见甘肃省文物局、甘肃省文物考古研究所《临洮战国秦长城山丹汉、明长城调查报告》,第28～57页。

③ 参见吴礽骧《河西汉塞调查与研究》,第34页。

④ 参见吴礽骧《河西汉塞调查与研究》,第39页。

⑤ 参见景爱《长城》,第23页。

身就松软，若无规整或挤压拍打，两侧松软的堆土也会因风力或雨水作用而落入挖好的壕内。从堑壕挖掘本质看，堑壕主体部分与壕沟基本一致，要挖掘深沟，但堑壕比壕沟还多了两侧或一侧的垄，因此堑壕内部是否经过修饰、规整或拍打等加工，因目前的调查报告中未注明有拍打或修整痕迹，故具体不可知。

二、天田

《汉书·爰盎晁错传》中的"虎落"，郑氏注曰："虎落者，外蕃也，若今时竹虎也。"苏林曰："作虎落于塞要下，以沙布其表，旦视其迹，以知匈奴来入，一名天田。"颜师古曰："苏说非也。虎落者，以竹篾相连遮落之也。"虎落在前文"关城"一节中已做过介绍了，"以竹篾相连遮落"的虎落说法是对的，也就是天田、虎落是不同的设施。天田之名，常见于简牍，塞有天田，部也有天田。[①]天田是把长城墙体和关口外侧地面上的杂草、树丛铲去，把地表整平，然后直接锄治或在地面上铺设呈带状的细沙或细土而成；目的是留存过往天田者尤其是外来入侵者的足迹，以便侦察，从而判断敌情并及时采取御敌措施。[②]天田与唐代文献记载的"土河"类似，"土河，于山口贼路，横断道，凿阔二丈，深二尺，以细沙散土填平，每日检行，扫令净平，人马入境，即知足迹多少"（《通典·守望拒法》）。汉简中也多见"天田"记录，如居延新简中有"临木隧卒三人卒陈卢癸未日尽壬辰积十日毋人马兰越塞天田出入迹卒汜□癸巳日迹尽壬寅积十日毋人马兰越塞天田出入迹卒□汉癸卯日迹尽壬子积十日毋人马兰越塞天田出入迹 凡积卅日（E.P.T43:32）"[③]；"候长寿候史胜之七月丙午日迹尽乙亥卅日从第十隧南界尽第十六隧北界毋越塞天田出入（E.P.T56:22）"[④]；"候长充候史谊三月戊申积丁丑积卅日日迹从第四隧南界北尽第九隧北界毋兰越塞天田出入迹（E.P.T56:25）"等记录。居延汉简有"□望明画天田□（214.67）""丁卯日迹［尽］□毋越塞出入迹（54.14）"等记录。

---

① 傅振伦：《东汉建武塞上烽火品约考释》，《考古与文物》1980年第2期。

② 参见侯丕勋《"天田"义源及具体制度——简牍研究的一点初步想法》，《西北师大学报（社会科学版）》1996年第1期；刘光华《西汉西北边塞》，《西北民族大学学报（哲学社会科学版）》2005年第1期；汪桂海《简牍所见汉代边塞徼巡制度》，《中国边疆史地研究》2006年第3期。

③ 甘肃省文物考古研究所、甘肃省博物馆、文化部古文献研究室、中国社会科学院历史研究所：《居延新简——甲渠候官与第四燧》，第102页。

④ 甘肃省文物考古研究所、甘肃省博物馆、文化部古文献研究室、中国社会科学院历史研究所：《居延新简——甲渠候官与第四燧》，第307页。

然而天田主要是置沙，若长久不打理则容易被吹散，或板结而流失。而由于天田周边环境变化影响，现在已经很难找到汉代天田的实例，只能从汉简记录来了解和研究天田情况。从汉简记录内容可知巡查、画治天田和瞭望发信号一样，是烽燧戍卒的主要工作。[①]烽燧戍卒谨候望白天尚可，夜间无法清晰可见，使用天田，若夜间有人马偷渡则会留下足迹。戍卒每日巡查天田是否有人马足迹，判断是外人闯入还是内部人员外逃，并将情况记录在日迹簿，而且还需传递消息，如汉简记录"匈奴人渡三十井县索关门外道上隧天田失亡举一蓬＝坞上大表一燔二积薪不失亡毋燔薪它如约(E.P.F16:6)"[②]等内容。居延汉简还有"卒邓非乙酉迹尽甲午积十日 卒董圣乙未迹尽甲辰积十日 卒郭赐乙亥迹尽癸未积九日 凡迹廿九日毋人马兰越塞天田出入迹(18.8)"等记录。故天田验迹，主要在于为事后的补救提供参考，尤其是为境内的治安和肃奸提供参考。[③]巡查天田的工作从天刚亮就开始，而且巡查戍卒要带上日迹符，如(1)十二月戊戌朔博望隧卒旦徼迹，西，与青堆隧卒会界上，刻券乀乇。十二月戊戌朔青堆隧卒旦徼迹，东，与博望隧卒会界上，刻券乀显明。(2)四月威胡隧卒旦迹，西，与玄武隧迹卒会界上，刻券。(3)□第六平旦迹符[④]；"九月辛亥步昌候长持第十符过田"[⑤]。带上日迹符，一是要戍卒彼此间互相验证身份；二是可以刻券证明巡查事实。

每天均有戍卒认真巡查天田，至少一遍。正常情况下除了戍卒外，候长、候史也需要每月把自己管辖地段的烽燧巡视一遍，如居延汉简有记录"六人迹八月丁亥尽廿九日四百五十五里八十步 其五人人行八十里 一人五十五里六十步迹还一反负马矢六石"[⑥]；"候长寿候史胜之(E.P.T56:22)"

---

① 参见陈直《居延汉简研究》，第51～53页；李振宏《居延汉简与汉代社会》，第2、3页；汪桂海《简牍所见汉代边塞徼巡制度》，《中国边疆史地研究》2006年第3期；傅振伦《东汉建武塞上烽火品约考释》，《考古与文物》1980年第2期；刘光华《西汉西北边塞》，《西北民族大学学报(哲学社会科学版)》2005年第1期；李正宇《敦煌郡的边塞长城及烽警系统》，《敦煌研究》1995年第2期。

② 甘肃省文物考古研究所、甘肃省博物馆、文化部古文献研究室、中国社会科学院历史研究所：《居延新简——甲渠候官与第四燧》，第469页。

③ 参见李正宇《敦煌郡的边塞长城及烽警系统》，《敦煌研究》1995年第2期。

④ 参见汪桂海《简牍所见汉代边塞徼巡制度》，《中国边疆史地研究》2006年第3期。

⑤ 林梅村、李均明：《疏勒河流域出土汉简》，第36页。

⑥ 林梅村、李均明：《疏勒河流域出土汉简》，第43页。

"候长充候史谊(E.P.T56:25)"等巡查情况。[①]当然候长、候史的巡视不仅是巡查天田,更多的是督查烽燧戍卒工作,巡视内容包括各燧戍卒的工作情况、日迹簿、武器装备、生活用具、有无敌情等多种,并制作成吏日迹簿供上级考核。巡查过程中若发现有内部人员外逃的足迹,及时上报并组织人员追赶,无论追赶结果如何都需要及时上报并记录。若日迹簿记录不清楚或故意有所隐瞒,则会受到惩处,如"兰入,不知何一步入,迹安所到而不得从迹,又不劾候史"[②]等记录。

巡查天田后还要对天田进行画治,即用木杖等工具消除人马足迹,重新恢复平沙模样,便于明日再来巡查;或发现杂草生长,也应及时锄掉。画治天田,一般烽燧戍卒巡查后便可自己解决,但如果有军事冲突或人马过多,破坏严重时,一个戍卒不能在规定时间内解决画治,就需要安排更多的人来完成这项工作,汉简中就有多人共同参与画治的记录,如"若干人画天田,率人画若干里,若干步"(流沙坠简八);"六人画沙中天田六百里,率人画三百步"(流沙坠简九)。[③]疏勒河流域出土的汉简中也有记录,如"若干人昼天田率人画若干里若干步"[④];"卅二人画天田卅二里　率人日画三步　凡四□"[⑤];"六人画沙中天田六里　率人画三百步"[⑥]。居延汉简中也有"□望明画天田□(214.67)"等记录。而且画治工作应尽可能一天完成,不影响第二天巡查使用,因为如果画治时间多过两天,就难以判断足迹是戍卒还是敌人留下的,天田验迹就没有意义了。天田用来防敌,应该属于不耕种的范围,仅画边界,不加锄土。[⑦]但有时候也需要锄治,如"在黄土地段或易被洪水冲击地段,锄治的次数可能较多"[⑧]。

除了平地地面上设有天田外,有学者认为虎落之上有时也再设"天田",如1974年发掘甲渠候官遗址,在坞四周3米以内地面发现埋没有4排尖木

① 参见汪桂海《简牍所见汉代边塞徼巡制度》,《中国边疆史地研究》2006年第3期;甘肃省文物考古研究所、甘肃省博物馆、文化部古文献研究室、中国社会科学院历史研究所《居延新简——甲渠候官与第四燧》,第307页。

② 参见傅振伦《东汉建武塞上烽火品约考释》,《考古与文物》1980年第2期。

③ 陈直:《居延汉简研究》,第53页。

④ 林梅村、李均明:《疏勒河流域出土汉简》,第36页。

⑤ 林梅村、李均明:《疏勒河流域出土汉简》,第41页。

⑥ 林梅村、李均明:《疏勒河流域出土汉简》,第43页。

⑦ 参见陈直《居延汉简研究》,第53页。

⑧ 侯丕勋:《"天田"义源及具体制度——简牍研究的一点初步想法》,《西北师大学报(社会科学版)》1996年第1期。

桩，就是所谓的虎落，在虎落之上埋沙土，画作符号，也就是所谓的天田。[①]实际上，此处虎落上铺设的细沙有两重含义：一是掩盖虎落，形成陷阱设置，在其上行走恐怕不仅是留下足迹，更是会陷入其中；二是如果人马侥幸躲过陷阱，则已在细沙上留下痕迹，起到天田应有的作用，但这种情况估计比较少。而且根据戍卒锄治天田的任务来看，这种天田恐怕不易于后期不断锄治，一次成型，然若不加以打理，经过风吹、沉漏，是否还会在虎落之上存在，这是存疑的。那么这种设置是否还能够称为天田，有待商榷。

天田以平整地面覆盖沙土或细土为主，然在山麓、山腰、河谷地带的长城墙体或关口外不易设置天田，天田并不是与长城墙体或关口完全配套的标准设施，只选择在易有敌情的长城墙体或关口外设置，一般呈长条形。天田与长城墙体或关口的距离应不远，因为巡查天田的戍卒以烽燧为单位进行分工。若太远，一是不易开展巡查和画治工作；二是不方便一个戍卒一日内完成工作；三是不能正确反映长城附近情况，失去了设置的意义。但准确的距离，因没有较好的保存情况，文献也没有明确记录，故情况尚不清楚。但学者已经根据汉简记录有所探索，如天田设置范围有“天田广阔有六里，应为每队之范围”[②]，“戍卒以亭隧为单位巡察天田，距离不会太远，大约3～5里”[③]等。又因为天田在每个烽燧管辖范围内，而烽燧间距通常在0.5～2千米之间，然五里一小墩、十里一大墩的间距也是存在的；同时结合汉简记录，理论上讲天田广阔五里左右应为最佳。然而最新调查显示，阿拉善汉长城中的天田一般并行于烽燧一侧，与烽燧线距离很近，多在5～50米，最远者不过100余米，系扫取附近细沙、小石子堆积而成，通常两道或三道并行。现存遗迹保存较差，一般底宽1.7～3.5米，高0.01～0.4米，相互内侧间距5～6.5米。阿拉善右旗雅布赖天田的细沙均已流失，仅存断续相连的3道列石，将其分为宽、窄并行的两路；两路天田宽分别为7.5～8.3米、3.8～6.5米，现存列石宽0.1～1.6米、高0.1～0.8米”，期待更多的调查数据，以完善天田情况。

---

① 参见傅振伦《东汉建武塞上烽火品约考释》，《考古与文物》1980年第2期。

② 陈直：《居延汉简研究》，第53页。

③ 刘光华：《西汉西北边塞》，《西北民族大学学报（哲学社会科学版）》2005年第1期。

第七节　因地制宜原则在汉长城中的体现

至此可见，汉长城集合了墙体、烽燧、障城、堑壕、山险、河险、天田、虎落、水门等建筑，具备了一整套体系化特征。而且汉长城并非按照一个模板修筑，而是采用因地制宜的原则，灵活地使用多种形式，最明显的莫过于除了主体墙体设置外，还结合自然优势，灵活使用山险、水险等。此外，因地制宜原则还体现在汉长城修筑时使用材料的就近原则，以及不同地区长城功能侧重不同等方面。

一、汉长城防御关系链的形成

汉长城防御体系以墙体为主体，同时还设烽燧、坞、障城、关城、虎落、堑壕、天田、水门等辅助性防御设施。以墙体为参照物，以距离墙体的位置为标准，墙体外侧较远的是天田，即平整土地，上铺细土或沙土留住人马印迹，以补夜间观察不清之缺，然只能对已发生事情采取挽救措施，或未全面发生的战事展开预防。天田发挥的是警戒功能，本身无任何防御功效或阻碍作用。比天田靠近墙体的是堑壕，在墙体外侧挖沟成壕，两侧堆土成垄，二者构成堑壕来阻碍人马前进，属于直接设置障碍进行防御。堑壕与墙体距离尚不清楚，并非紧贴墙体，又不可太远，在当时作战工具如弓箭、弩的射程范围内。且堑壕除作为配套设施外，在干旱多沙、不易建筑墙体的地区，可直接代替墙体而存在。再向墙体靠近，设置的是关城外侧的虎落，是将削尖的木头置入挖好的坑中或使用柳枝编篱笆墙，或露出地面直接扎伤误入的人马，或上覆盖天田为陷阱。虎落形式虽无定制，然目的一致，即对误入人马造成伤害以阻碍其前进，故虎落也具有防御功效。再向墙体靠近，是与墙体相连的关城、水门等，关城主要为长城内外往来人员提供方便，出于防御需要，在墙体提供交通的豁口处设置关城。关城处于交通要道上，在战事时也是首当其冲的战场，故关城是重要防线。同时与墙体直接相连的河险地区，为加强防御还建有虎落、水门等。水门犹如墙体的豁口建筑关门一般，居延汉简记录有“[水]门隧(146.35)”“水门隧长昭武平都里公乘江胜客年卅 建昭三年(284.31)”“水门隧卒蔡当时 负百六十九(306.1)”“[以]所持木仗书灭迹复越水门(336.32)”“以廪水门卒田安年八月(337.9)”“水门隧长觻得市阳里王常贤 今重在肩水(562.21)”等内容。陈梦家先生指出，水门当是近水的边塞越过水道而筑的水关，居延简(236.32)曰：复越水门。自居延至玉门关的边塞，大部分是傍额济纳河、临水和疏勒河而修筑的，只有酒泉北大河南流三墩西北至玉门县北一段无河可傍。[1]现在很难见到汉代水门实例，呼和浩特大青山小井沟峪口长城是汉代沿用的赵秦长城，疑有水门建筑，“沟底两道墙垣，均为土石混筑，相距一百多米。南垣，一端顶在绝壁上，另一端顶在陡坡下，中间被河水冲断。在河槽东侧，有2米高的土丘一座，可能是所谓‘溪谷水门’的遗迹”[2]。

墙体内侧，最靠近墙体的是烽燧，烽燧旁一般还有坞。烽燧主要用于警戒和传递消息，并且使用烟火、蓬表、旗帜等加密传递。及时准确地传递军情，朝廷才能第一时间采取应对措施。从根本上说，烽燧主警戒，但是当敌人越过墙体靠近烽燧时，烽燧戍卒也可进行保卫烽燧、阻击敌人前进的战斗，从此层面讲，烽燧也是一道防线。烽燧房屋有限、容纳戍卒有限，为了更好地保护烽燧，其紧邻有坞。坞建有墙垣，周围通常会设有虎落，具有防御功效，可容纳较多戍卒，与烽燧一起构成一道防线。距离墙体稍远或等同于烽燧距离的是障城，比坞容纳更多戍卒。有敌情时障城戍卒可以支援烽燧和坞。障城自身也是防御性较强的建筑，若敌人攻过烽燧防线至障城，障城戍卒也可进行保卫战，因而障城也是一道防线。

综上，汉长城以长城墙体为中心，由外向内依次是天田→堑壕→虎落→墙体→关城→烽燧→坞→障城的设置，除天田外，其他均可单独成为一片障碍区，又可以彼此相互配合、共同作用。然而上述防御关系链并非一个标准模式，如汉代河西长城西部只有烽燧和堑壕而无墙体，而长城墙体之外的天田、堑壕、虎落也非完全整套使用，有的地段有天田或堑壕，有的地段二者兼有，而虎落所用也较少，多在关城附近。

二、汉长城因地制宜的设置

汉初长城多沿用秦长城，汉长城大规模修建是在汉武帝时期，主要是汉匈战争汉王朝取得军事胜利后；此后汉王朝对长城多是修缮管理，而较少进行大规模修筑。

（一）汉代修缮利用前代长城和新建长城

汉长城沿用前代长城，主要是关西一带利用秦昭王长城。笔者在陕西早期长城调查中，发现秦昭王长城有二次修建痕迹，特别是在墙体夯土中夹杂有外绳纹内布纹、外绳纹内网格纹的瓦片，同时在墙体周围也散落有大量

---

① 参见陈梦家《汉代边塞考略》，载陈梦家《汉简缀述》，第207页。

② 朝克：《呼和浩特地区长城遗存》，《内蒙古文物考古》1994年第2期。

外绳纹内布纹、外绳纹内网格纹的瓦片，说明汉代对该段长城进行过使用。“汉半两的发现则确定汉代初期曾经使用该长城。但是在调查时，长城沿线并没有发现五铢钱，应该是武帝时期大规模出击匈奴，致使‘幕南无王庭’，之后，故塞即废弃不用。”[①]

承德境内汉代长城形制主要有三种：一是沿用燕秦长城并对重点地段加以修缮；二是以烽燧、亭、障等防御工事构成，以烽燧居多；三是采取堑壕和内外墙结合的筑法。[②]除此外，根据调查，河南地、阴山南北麓、燕山地区的河北省、内蒙古自治区、辽宁省等地的汉长城几乎全部沿用战国赵长城、燕长城和秦始皇长城。因此汉长城修缮部分主要是指对战国长城、秦长城的修缮使用。汉王朝新建的部分基本上集中在西北地区，即居延塞、令居塞、疏勒河长城和北部内蒙古高原地区的外线长城。所以，汉长城是因地制宜地选择使用原有长城还是新建长城。

（二）设置完善，灵活多样

汉长城墙体或沿河岸延伸，或位于山脊，或位于山腰，或依于山根，或在沙漠之中，并没有统一定制。同时还灵活地使用自然环境作为防御设置，如山险、水险。如张掖以北的龙首山主峰东大山，山上无汉代堑壕，仅利用此山峰；还有敦煌以北之哈拉湖等沼泽地带，塞墙止于泽边；还有金关遗址以北至内蒙古额济纳旗布肯托尼段，以巴丹吉林沙漠为屏障，仅筑烽燧线为塞防。[③]也有的是对天然屏障稍加修整再使用，如一般在两个山头之间的坳口处垒石以连接两个山头。[④]

同时与墙体直接相连的河险地区，为加强防御还建有虎落、水门等。还有的是以墩台与城墙交替构筑的长城遗迹，如由河北省隆化县中关乡河南村东来，每隔约2000米即筑一墩台，一直进入承德县头沟乡，当延伸到志云乡后，复变为城墙，向东蜿蜒而去，在三道沟门乡獾子沟进入内蒙古自治区宁城县大营子乡，又继续东去，此时又为墩台，进入喀喇沁旗的西桥乡。这道墩台长城，在宁城县是沿老哈河上游的一个支流黑里河走，在喀喇沁旗是沿老哈河又一条支流坤都河东去，然后由甸子乡过老哈河，进入辽宁省建平

---

① 于春雷：《长城的进化——以陕西长城为例》，《文博》2016年第4期。

② 参见田淑华、赵晓光、王月华《承德地区汉代长城与烽燧调查》，《文物春秋》2006年第3期。

③ 参见吴礽骧《河西的汉代长城》，《文博》1991年第1期。

④ 参见罗庆康《简析阴山长城筑造的特点》，《益阳师专学报》1989年第1期。

县境。[①]

总之,汉长城趋于完善和体系化,既有单独防御的墙体、堑壕,又有防御和警戒兼备的烽燧,也有随时可以进行支援和防御的坞、障,还有防御体外加"一层保护膜"般的虎落。

三、汉长城使用材料的因地制宜

汉长城墙体既有夯土墙,夯筑所用土质有红胶土、白泥土、黑泥土、黄砂土、黄砂石土等几种,有的纯黄土夯筑,有的掺有沙砾,以就近取材为主,对土质选择没有定制。所以墙体类型多种多样,其中夯土夹草型墙体又可分为夹杂有芦苇、石子等普通型墙体和夹杂红柳的典型墙体两种,如敦煌玉门关当谷隧东墙体以流沙、石子和芦苇等物掺和,层层上铺。[②]又如疏勒河汉长城墙体多是红柳、芦苇、砂石混筑而成,被称作红柳长城,呈鱼脊状。[③]也有石块垒砌的墙体,如原潮格旗北部乌力吉乡锡尼乌苏向西的墙体,用青灰色的石片交错叠压而成。[④]还有石块与夯土二者兼有即内夯土外包石头式的夹心墙体。包头汉外长城内线墙体有的是两侧错缝垒砌石块、中间填黄砂石土。[⑤]还有编草、黄土、沙砾层叠夯筑而成的各种夹心墙体。

此外,还有直接用沙或细土的设置——天田。天田是把长城墙体和关口外侧地面上的杂草、树丛铲去,把地表整平,然后直接锄治或在地面上铺设呈带状的细沙或细土而成。除了平地地面上设有天田外,虎落之上有时也再设天田。

还有不筑墙体直接挖堑壕的,如甘肃永登县境内的汉塞以堑壕为主。还有直接利用山势的,如乌拉特后旗汉长城,利用狼山中、东段的陡峻山梁防守,未见墙体,只有山谷口处有烽燧。[⑥]阿拉善境内的汉长城不是以墙体为主的防御体系,而是以亭障为主构成防御体系;在这种广袤的沙漠环境下,修筑绵延的墙体显然不利于防御,因山水之便,有山靠山、有水靠水是阿

---

① 参见李庆发、张克举《辽宁西部汉代长城调查报告》,《北方文物》1987年第2期;冯永谦《辽东地区燕秦汉文化与古长城考》,载辽宁省考古博物馆学会、本溪市文化局、丹东市文物管理委员会《辽宁省本溪、丹东地区考古学术讨论会文集》,第132~136页。

② 参见杨宗、温志宏《长城》,第51页。

③ 参见景爱《长城》,第156页;甘肃省文物局编,岳邦湖、钟圣祖著《疏勒河流域汉代长城考察报告》,第10页。

④ 参见李逸友《中国北方长城考述》,《内蒙古文物考古》2001年第1期。

⑤ 参见邓宏伟、张海斌《包头境内的战国秦汉长城与古城》,《内蒙古文物考古》2000年第1期。

⑥ 国家文物局主编:《中国文物地图集·内蒙古自治区分册》(下),第619页。

拉善盟汉长城选址和分布的一个突出特点。[①]

总而言之,汉长城修筑多是就地取材,因地制宜利用材料和自然优势构成长城墙体和其他设置[②]

四、不同地区的长城功能侧重不同

汉长城防御体系是由墙体和附属设施共同构成的,而且不是全程完全一个模式,所以各地具体构成又有所差异,这便决定了不同地区长城功能侧重不同,比如河西走廊、河套地区是汉代重点开发区,是移民屯垦政策的重要实施区,所以郡县设置频繁,遗迹很多,长城防御体系也较为复杂,集中了长城所有设施。又如内蒙古高原、新疆等地区,防御作用大于开发作用,相对移民较少,防守亦很简单,少见连绵的墙体,多为烽燧线。以烽燧线为主体,是汉代长城建设中最重要的新特点,也被后代沿用。

(一)烽燧设置不同的地区功能侧重不同

烽燧分布情况大致分为两种:一是分布在长城墙体内侧附近;二是完全没有长城墙体只有烽燧,即每隔一定距离修筑烽燧连成烽燧线来观察瞭望、传递消息。从调查情况看,烽燧一般建在高处,站在烽燧上保证其前和其后烽燧在戍卒视野范围内。没有墙体只有列燧的烽燧,或沿山而筑,或位于山巅之上,或处在河两岸矮山岗上,因地理情况而定。

烽燧只是载体,真正发挥侦察和传递消息作用的是戍卒。烽燧吏卒的职责除了谨候望、通烽火外,还"警戒便兵,即对入寇及盗贼作防御和应付"[③]。特别是没有墙体保护的烽燧线,不仅要传递信息,更要自保。从简文记载可知有时匈奴人多日逗留在边塞附近,伺机犯塞,甚至攻打烽燧时也有打打停停的情况,这时戍卒们只能坚守岗位、提高警惕,不能休息,等候援兵。[④]

有墙体保护的烽燧相对而言,多了一层保护,靠近墙体的烽燧距长城墙

① 参见内蒙古自治区文化厅(文物局)、内蒙古自治区文物考古研究所《内蒙古自治区长城资源调查报告·阿拉善卷》,第174页。

② 参见张荣芳、王川《西汉长城的修缮及其意义》,载中国长城学会编《长城国际学术研讨会论文集》,第105～115页;唐晓峰《内蒙古西北部秦汉长城调查记》,《内蒙古大学学报(人文社会科学版)》1977年第3期;罗庆康《战国及秦汉长城修建原因浅析》,《内蒙古社会科学》1988年第6期。

③ 陈梦家:《汉代烽燧制度》,载陈梦家《汉简缀述》,第176页。

④ 参见特日格乐《简牍所见汉朝烽火制度——兼谈匈奴的对应》,载《蒙古史研究》(第十辑),第33页。

体较近的为30～150米，远的1千米左右；又有附近的障城支援，其传递信息功能要远高于自保功能。由此可见，虽然烽燧的主要功能都是传递信息，但有墙体保护的烽燧和无墙体保护的烽燧，显然被赋予的功能不同。

（二）堑壕设置不同的地区功能侧重不同

堑壕本是长城墙体的附属设施，多在墙体之外。当然，也有作为主要防御设施的，主要分布在干旱的沙漠草原地区，由于地质构造原因，这一地区多沙少土，土质比较松散，缺乏黏性，难以夯打成型。因地制宜，只能挖堑壕。[①]从甘肃永登到酒泉的令居塞，永登县、天祝县、山丹县、临泽县、高台县、酒泉市境内的汉塞以堑壕为主。永昌县境内东段遗迹消失，不甚明了，推测仍为堑壕，但已在明代夯筑边墙时被改造了。武威市境内从其东段和西段的结构推测，当为堑壕。因此，该地区的堑壕从配套使用中的防御“配角”演变为防御的“主角”。

（三）河西长城被赋予保护丝绸之路的功能

汉长城的修建保护了丝绸之路的畅通，保证了中西贸易的畅通。[②]有的地段修筑长城正是出于保护丝绸之路的目的，“随着对匈奴大规模的反击以及丝绸之路的开拓，汉政府为保证丝路的安全畅通，将其战略重点放在河西地区，甘肃河西地区的汉长城就是这样分段筑成的”[③]。因此，西汉王朝修缮长城，保护丝绸之路就是其中的一个目的。[④]河西地区的汉长城自然比其他地区汉长城多了一项保护丝绸之路畅通的功能，当时的丝绸之路分为南北二道，二道经过之地基本上就是长城或者关亭、障、烽燧修筑之处。

总之，汉王朝在长城上灵活多样地修筑各种防御工事，完善系统，增强防御力度。既利用自然环境优势合理布局，又就地取材减少运输消耗，更加注重根据不同地区特殊的地理位置而侧重不同功能，体现了因地制宜的原则。

---

① 参见景爱《长城》，第25页。

② 张荣芳、王川：《西汉长城的修缮及其意义》，载中国长城学会编《长城国际学术研讨会论文集》，第105～115页；罗哲文：《长城》；王子今：《汉代河西长城与西北边地贸易》，载中国长城学会编《长城国际学术研讨会论文集》，第133页。

③ 唐晓军：《甘肃境内的长城与烽燧分布》，《丝绸之路》1996年第5期。

④ 参见张荣芳、王川《西汉长城的修缮及其意义》，载中国长城学会编《长城国际学术研讨会论文集》，第105～115页。

第八节　小结

汉王朝不断完善长城设置，使之成为环环相扣的防御系统，以墙体为主体，在其内外进行防御。汉长城整套系统由外向内依次为天田→堑壕→虎落→墙体→关城→烽燧→坞→障城，重重警戒、设防，相互配合、共同作用，而且汉长城从修筑设计原则到具体实施，既具备历代长城修筑的总原则即因地制宜原则，同时又具有自身独特的时代特征，如玉门关以西汉长城以烽燧线为主体的布局。

第一，因地制宜原则。无论是设计理念还是具体的设置，汉长城都采用了因地制宜的原则。黄土丰富区、沙砾区、沙漠区、高山险河，不同地区设置不同，所以才有墙体类型的多种多样。不同的地理位置，防御重心不同，所以才会有不同地段建筑位置选址不同。甚至同样的设置如烽燧、堑壕，在不同的地区发挥功能也不同。

第二，沿用和新建相结合。因地制宜总原则的贯彻，使得汉长城的修筑并没有拘泥于完全自建。而且历史教训和现实经济压力迫使汉王朝不得不选择对已有的长城进行修缮，特别是汉初。直到汉武帝时，汉王朝才将长城防御拓展到新获得的地区。其实秦代长城，也是秦始皇在沿用已有长城基础上在部分地区加以新建而形成的，所以这种沿用和新建长城的结合，并非汉代独创。但是将长城防御拓展到河西地区确实是汉代独创，而且还能让部分已有长城得到合理利用。

第三，系统化的防御关系链。汉代之前的长城以墙体和烽燧为主，而汉代长城更灵活地实施，防御类型多种多样，在长城墙体两侧进行完善，形成严密的防御链。“长城本身具有整体性、结构性和层次性的特点，其系统内部各要素之间具有相互维系而构成整个有机整体的力量。长城整体的防御功能不等于各子系统在孤立状态下功能的总和。”[①]因此与前代长城相比，汉长城更加系统化，设施更加完善。同时在烽火传递上，汉代烽火预警方式多种多样，复杂加密式的传递蕴含了汉代人的加密思想，传播信息准确又高效，比之后的唐代烽燧传递速度还要快。

第四，烽燧线设置。烽燧本是附属设施，在长城修筑史上鲜有烽燧作为独立的防御设施，因为烽燧戍卒本就有限，为更好地防御，多与坞、障、关城相结合。而汉代“自贰师将军伐大宛之后……自敦煌西至盐泽，往往起

---

① 董耀会：《长城学的概念、特征及分类》，载《瓦合集：长城研究文论》，第17页。

亭”(《汉书·西域传》),明确敦煌至盐泽段即玉门经盐泽至渠犁这段长城没有建筑墙体、堑壕,而是用烽燧线。其实这样设置与当时实际情况有关,长城设置本为防御游牧民族不定期的侵扰,而汉匈战争后,一方面,匈奴远遁,势力大不如以前;另一方面,汉王朝与南匈奴关系缓和,与西域友好往来;同时再加上汉王朝在长城两侧设置的屯田区增多,有相对应的军事力量进行防御,而且该地区烽燧线功能的重心也发生了变化,其更多的是发挥为商旅指引路线、维护丝绸之路畅通的作用,所以该地区仅用附属设施烽燧线设置。

第五章　汉长城的功能和影响

基于防御观念和无法完全摆脱匈奴等少数民族侵扰的现实，汉王朝沿用自春秋战国以来的防御工事——长城，并结合汉武帝时出击匈奴的胜利，新建长城，规模比之前更加完善，形成以墙体为主体，以天田、堑壕、虎落、关城、水门、烽燧、坞、障城、山险、水险等为辅助的长城防御体系，形成重重警戒设防的防御关系链。在长城防御关系链中各防御设施相互依托、相互作用，防御匈奴等游牧民族不定时的侵扰，这便是长城的外防功能。同时，坚固高耸的长城墙体不只是阻挡了外部人员的非法进入，还限制了内部人员的任意外出。因为当时确实存在大量亡人，还存在着亡人不断增加的隐患，而劳动力的重要性使得汉王朝不得不考虑笼络或控制西汉王朝的人员，长城另一项功能被发掘，即防止西汉王朝人员外逃的内防功能。汉长城外防功能和内防功能是如何实施的，实施效果如何，是本章所要探讨的主要问题。因汉长城内防功能被关注较少，故本章重点在于长城内防功能。同时在边塞地区，邮驿管理系统由都尉府、候官、部、燧分级管理，与汉长城防御系统的管理系统一致，长城戍卒是否充当邮递员角色，是否利用长城之便进行邮传，邮传功能是否是长城附带功能，本章第三节对此略作探讨。

第一节　汉长城的外防功能

一、汉长城如何实现外防功能

从第四章“墙体”一节已知，汉长城以墙体为主，无论是建在山腰、山顶、河岸或平原，均以防御为主。建在山顶则是在最高处拦截敌人通过，如乌兰察布兴和段长城墙体遗迹仅见于高庙子乡头道沟村南部大山顶上[①]；巴彦淖

① 参见国家文物局主编《中国文物地图集·内蒙古自治区分册》(下)，第558页。

尔哈腾套海苏木布都毛都格有一段沿山麓延伸的长城遗迹[①]，在乌拉特前旗小佘太乡北部沿查石太山脊顶蜿蜒东行[②]；辽宁朝阳张家营子青山村南梁顶上保存有近400米的墙体。[③]在山腰的墙体则尽可能修筑在方便防御的山北侧或西侧山坡，如甘肃山丹县第一道长城从独峰顶北侧绕过[④]，还有乌拉特中旗秦汉长城在狼山南部东西横亘的大山北麓逶迤东行。[⑤]然匈奴等少数民族多骑兵，翻山越岭发动袭击的可能性最小，故建在山顶或山腰的墙体发挥实际作用的概率较小，但不排除小规模人为翻越的可能。出于防御和系统完整性考虑，在山体高度不够或坡度较大的山顶、山腰、山麓修建墙体。另外，有的山旁是交通要道，出于安全考虑也需要修筑防御工事。此外墙体既可以直接作为防御体，也可作为防御盾牌，而且墙体设置位置和高度受当时作战工具如箭弩的射程影响。

除上述山顶或山腰有墙体外，在有河流的地区修筑墙体是为保护河流，即将河流规划在长城南侧，在河流北岸或西岸建筑防御工事，如乌兰察布卓资段长城在大黑河北岸山麓出现。[⑥]这样修筑，一是防御的戍卒生活需要水源，将河流归在长城南侧有利于利用水源；二是防止敌人利用河流而行，或对河流进行破坏以威胁沿岸戍卒生活，如大宁江长城贴近河流东岸，将大宁江及其支流圈入长城内侧，与辽西地区的秦长城贴近英金河北岸，汉长城贴近坤都河西北岸，分别将英金河、坤都河圈入长城以内一样，是燕秦汉时期修筑长城的习惯做法，目的是控制水源。[⑦]

汉王朝还利用墙体高度和坚固度进行防御。墙体高度，现保存较好的夯土墙顶宽最宽3米，最高4米；石砌墙顶宽2.5～3米，高5～6米。由此可见，修建时墙体高度在6米以上，而顶宽在3米以上。目前熟知的奥运会马术场地障碍赛，设置的障碍高度分三个级别，最低为C级1.2米高；其次为B级1.2～1.4米，一般仅设置数道1.4米高的障碍；最高为A级1.6米。魏坚先生根据汉外长城北线现存墙体遗迹底宽一般在2.3～2.4米，顶宽约2米，高1.1～1.2米的数据，认为汉外长城不足以作为一道屏障阻挡匈奴骑兵，像是

---

① 参见国家文物局主编《中国文物地图集·内蒙古自治区分册》（下），第616页。

② 参见国家文物局主编《中国文物地图集·内蒙古自治区分册》（下），第622页。

③ 参见李庆发、张克举《辽宁西部汉代长城调查报告》，《北方文物》1987年第2期。

④ 参见甘肃省文物局、甘肃省文物考古研究所《临洮战国秦长城山丹汉、明长城调查报告》，第35～36、36～38页。

⑤ 参见国家文物局主编《中国文物地图集·内蒙古自治区分册》（下），第625页。

⑥ 参见国家文物局主编《中国文物地图集·内蒙古自治区分册》（下），第538页。

⑦ 参见郑君雷《大宁江长城的相关问题》，《史学集刊》1997年第1期。

在一个统一尺度要求下完成的"第一工程",并推断汉武帝最终把对匈奴的防线后撤设在理想的秦长城一线。[①]笔者对这一观点持怀疑态度。首先,要考虑长城多年坍塌因素。其次,在秦长城沿线发现汉代遗物,并不能表明汉武帝撤至这一线,因为修筑汉外长城之前,西汉王朝也曾使用秦长城,有汉代遗物非常正常。最后,若汉武帝撤回秦代长城,为保证系统的防御性,在宁夏应有汉长城与甘肃汉长城相连,但目前宁夏调查中没有发现汉长城。故汉外长城的功能并不能完全否定。而如今在阴山地区的乌拉特中旗胡勒嘎尔有一条笔直的砂土垄,据当地牧民推测,如果砂垄高过1.3米,马骑是无法越过的。[②]对比可见,虽然墙体只有一道,然"统一尺度"至少是6米的高度和3米的宽度,马匹应该也不可能一跃而过。无论是建在山腰、山顶还是平地,墙体对于少数民族骑兵来说都是一道无法轻易越过的障碍。保存至今仍能看见汉长城墙体有残高5～6米和清晰夯层,可见墙体修筑之坚固。

有的地方也直接利用天然屏障水险、山险甚至沙漠来代替长城墙体进行防御,如张掖以北的龙首山主峰东大山,山上无汉代堑壕,仅利用此山峰;还有敦煌以北之哈拉湖等沼泽地带,塞墙止于泽边;还有金关遗址以北至内蒙古额济纳旗布肯托尼段,以巴丹吉林沙漠为屏障,仅筑烽燧线为塞防。[③]也有的是对天然屏障稍加修整再使用,如一般在两个山头之间的坳口处垒石以连接两个山头。[④]

总之,汉长城防御关系链中有警戒系统如天田、烽燧进行日夜警戒,一有敌情便可及时上报或组织抵御,这样在时机上就占据了优势。堑壕则是在坚固的墙体外又设置了一道不可能轻易逾越的宽沟,形成敌人袭击时第一道障碍。虎落或陷阱设置则可有效阻止敌人靠近墙体,是第二道障碍。而每道障碍都为墙体内侧烽燧报警传信、上级增援争取了时间。在敌人靠近主体防线墙体或交通要道关城时已受到两次打击,士气和实力都会有所损伤,而坚固的墙体和防御设施齐全的关城是第三道障碍。同时墙体内侧烽燧戍卒也可参与到墙体障碍区作战,又可进行保护烽燧的战争,其旁又多有坞,组成第四道防线。距离烽燧较近的障城和坞,比烽燧规模大、戍卒和武器弹药多,组成第五道防线。这五道防线以第三道为主,当敌人迫近第一道或第二道防线时,戍卒均在墙体掩护下作战,或在关城上作战,不出关,也不越过墙体与来袭的敌人在第一道、第二道防线地区作战。如果敌人攻过

---

① 参见魏坚《河套地区战国秦汉塞防研究》,《边境考古研究》2007年第4期。

②④ 参见罗庆康《简析阴山长城筑造的特点》,《益阳师专学报》1989年第1期。

③ 参见吴礽骧《河西的汉代长城》,《文博》1991年第1期。

关城或墙体，则可在第四道和第五道防线区依次进行作战。因为烽燧上配备有作战器械，其邻旁的坞也有戍卒和器械，不能直接丢弃第四道防线而退缩。

二、汉长城外防效果

从上述防御关系链可知，汉王朝除了利用建筑本身防御外，还有大量戍卒积极有效地利用长城防御工事防御，如居延新简记录"●匈奴人攻亭不得下煁茹矢射积薪(E.P.T50:8)"[①]，证明烽燧戍卒积极防御的事实。这一时期影响长城防御效果的因素有两个，一是长城防御体系本身设置是否完备，二是戍边的士卒是否积极利用长城防御体系，使之发挥效果，而且戍卒是长城发挥功能的关键。从现今的调查情况看，在边防地区无论是高山大川，还是沙漠沼泽，汉王朝均设置有相应的长城防御工事，如《后汉书·西羌传》载汉武帝时期"初开河西，列置四郡……于是障塞亭燧出长城外数千里"，除了有主体建筑外，还有大量的辅助性设施。总之，天田→堑壕→虎落→墙体→关城→烽燧→坞→障城的防御关系链，使长城更加完整，具有体系化。

为保证长城功能有效地发挥，汉王朝制定了规范的守御制度，并对戍边士卒进行严格管理。

首先是官员设置，在郡太守下分设了四个层次的管理机构对边塞进行管理，分别是都尉府、候官、部、烽燧。都尉府长官是都尉，一般在城中。候官驻地即障，长官称候。部的长官称候长，一般候、候长要出巡所辖领域，还要对巡视情况进行记录。燧设燧长，是边塞最基层的管理人员，所领戍卒每日以烽燧为单位进行候望、巡天田等工作，并制作日迹簿。上述四个机构除了最高长官外，还有配套的下属，如都尉丞、千人、司马、候丞等人员，既有各自横向机构，又有纵向的层层管理。[②]

其次是加强每一个边塞戍卒的管理。第一，加强户籍管理。汉编户齐民登记内容是户主及家庭成员的姓名、性别、年龄、职业、籍贯、爵位与官位、财产等。边塞戍卒同样执行。汉简中有大量关于戍卒的名籍记录，如居延汉简有"万岁部建平五年五月吏卒粟名籍""元康九月吏卒名籍""甲渠候官

---

① 甘肃省文物考古研究所、甘肃省博物馆、文化部古文献研究室、中国社会科学院历史研究所：《居延新简——甲渠候官与第四燧》，第152页。

② 四个机构官员设置情况参见陈梦家《汉简所见居延边塞与防御组织》，载陈梦家《汉简缀述》，第37～70页；许树安《从历史文献看汉代的烽燧制度和候望系统》，《文博》1982年第2期；马曼丽《从汉简看汉代西北边塞守御制度》，《中国边疆史地研究》1992年第1期。

建始二年正月部卒名籍”[①]等记录。而且各烽燧每月都要编制戍卒名籍向上级呈报，以便及时了解戍卒的增、减、亡等情况。即使是探亲的家属，也有专门名籍进行记录，如居延汉简有“卒家属在署名籍(185.13)”“□戍卒家属在署廪名籍(191.10)”“·右卒家属见署名籍　[用](194.13+194.3)”等内容，虽不知这些家属是探亲还是长居，但都说明家属到来也是需要载入名籍的。第二，加强日常管理。边塞各隧每月上报一次戍卒日迹簿，要求标明隧名、该月担任任务的戍卒姓名、担任任务的详细时间等，对未担任本隧该月任务的戍卒姓名及其从事的具体工作予以说明，呈报给上级，上级同样制作戍吏日迹簿向更高一级呈报。这样便于朝廷掌握戍卒情况，及时发现戍卒动向。第三，加强奖惩力度。朝廷将日迹簿作为考核吏卒的一项制度，与吏卒功劳相连，作为惩罚或奖励的依据，也督促戍卒尽职尽责工作。

汉王朝以系统防御体系建筑本身为前提，以强有效的管理保证吏卒恪尽职守、积极利用长城御敌。特别是汉昭帝、汉宣帝时期，长城外防功能尤为明显。因为昭、宣二帝有感于汉武帝时南征北战致使国库亏空，于是致力于完备边塞守御制度，这对抵御不定期的入侵颇为有效。[②]《汉书·匈奴传》记载汉昭帝时期“汉边郡烽火候望精明，匈奴为边寇者少利，希复犯塞”，正是因为外防功能有效，在呼韩邪单于上书元帝请求汉罢边塞吏卒时，元帝才会犹豫而令有司议，郎中侯应也才谏言：“至孝武世，出师征伐，斥夺此地，攘之于幕北。建塞徼，起亭隧，筑外城，设屯戍，以守之，然后边境得用少安……十年之外，百岁之内，卒有它变，障塞破坏，亭隧灭绝，当更发屯缮治，累世之功不可卒复。”(《汉书·匈奴传》)

而且汉昭帝、汉宣帝时匈奴侵扰明显减少，汉王朝出击匈奴次数也减少。关于汉匈冲突，《汉书·宣帝纪》载本始二年(前72年)“御史大夫田广明为祁连将军，后将军赵充国为蒲类将军，云中太守田顺为虎牙将军，及度辽将军范明友、前将军韩增，凡五将军，兵十五万骑，校尉常惠持节护乌孙兵，咸击匈奴”。《汉书·元帝纪》载建昭三年(前36年)“秋，使护西域骑都尉甘延寿、副校尉陈汤挢发戊己校尉屯田吏士及西域胡兵攻郅支单于。冬，斩其首，传诣京师，县蛮夷邸门”。可见侵扰次数与汉初相比已大大减少。这一时期汉匈关系的主流和趋势是友好的，《汉书·宣帝纪》载神爵二年(前60年)“秋，匈奴日逐王先贤掸将人众万余来降。使都护西域骑都尉郑吉迎日逐，

---

① 参见王威海《中国户籍制度——历史与政治的分析》，上海文化出版社，2006年，第58～59页；张荣强《汉唐籍帐制度研究》，商务印书馆，2010年，第91～100页。

② 参见马曼丽《从汉简看汉代西北边塞守御制度》，《中国边疆史地研究》1992年第1期。

破车师，皆封列侯”；五凤二年（前56年）“冬十一月，匈奴呼遬累单于帅众来降，封为列侯”；五凤四年（前54年）正月“匈奴单于称臣，遣弟谷蠡王入侍。以边塞亡寇，减戍卒什二”；甘露元年（前53年）“匈奴呼韩邪单于遣子右贤王铢娄渠堂入侍”，“冬，匈奴单于遣弟左贤王来朝贺”；甘露三年（前51年）“匈奴呼韩邪单于稽侯㹪来朝……郅支单于远遁，匈奴遂定”。总之“匈奴益弱，不得近西域”（《汉书·西域传》），汉匈关系缓和，“至于宣、元之世，遂备蕃臣，关徼不闭，羽檄不行”（《后汉书·西域传》）。

而这一时期汉匈关系的缓和与长城的外防功能的发挥分不开，如《汉书·西域传》载汉武帝关于轮台屯田事宜时提到“曩者，朕之不明，以军候弘上书言‘匈奴缚马前后足，置城下，驰言“秦人，我匄若马”’，又汉使者久留不还，故兴遣贰师将军，欲以为使者威重也”。其中“城”，余太山先生注解为长城。[①]由此可见长城防御系统完善后，匈奴想要侵扰汉王朝边境变得困难，这也是为何匈奴不直接杀入城内，而是在城下叫嚣引诱汉戍卒出城作战的原因。

此外，出土汉简亦有所反映，如戍卒日迹簿中多见“毋人马兰越塞天田出入迹”等记录，又如临木隧卒三人记录的凡积卅日毋人马兰越塞天田出入迹(E.P.T43:32)[②]、候长寿候史胜之记录的毋越塞天田出入(E.P.T56:22)，候长充候史谊记录的毋兰越塞出入天田迹(E.P.T56:25)[③]等。还有“☑候长充 六月甲子尽癸巳积卅日 日迹从第四隧南界北尽第九隧北界毋越塞兰出入天田迹(6:7)”；“卒郭钤乙酉迹尽甲午积十日 卒董圣乙未迹尽甲辰积十日 卒郭赐之乙巳迹尽癸未积九日 凡迹廿九日毋人马兰越塞天田出入迹(18•8)”；“吞远候史李赦之 三月辛亥迹尽丁丑积廿七日从万年隧北界南尽次吞隧南界毋人马兰越塞天田出入迹 三月戊寅送府君至卅井县索关因送御史李卿居 延尽庚辰积三日不迹(206•2)”[④]等，均能看出这一时期汉匈关系缓和。

但这一时期以匈奴为代表的游牧数民族对边塞侵扰只是减少，并非断绝，如《汉书·匈奴传》载“乌桓与匈奴无状黠民共为寇入塞，譬如中国有盗贼耳”。汉简记录有备战情况，如“●范君上月廿一日过当曲言窦昭公到高平

① 余太山：《两汉魏晋南北朝正史西域传要注》，中华书局，2005年，第186页。

② 参见甘肃省文物考古研究所、甘肃省博物馆、文化部古文献研究室、中国社会科学院历史研究所《居延新简——甲渠候官与第四燧》，第102页。

③ 参见甘肃省文物考古研究所、甘肃省博物馆、文化部古文献研究室、中国社会科学院历史研究所《居延新简——甲渠候官与第四燧》，第307页。

④ 谢桂华、李均明、朱国炤：《居延汉简释文合校》，第9、28、319页。

还道不通●天子将兵在天水闻羌胡欲击河以西　今张掖发兵屯诸山谷麦熟石千二百帛万二千牛有贾马＝如故七月中恐急匆匆吏民未安(E.P.F22:325A)”[①]。还有记录检查天田戍卒被掳情况，如“收降候长赏候史充国　四月乙巳日迹积一日毋越塞兰＝渡天田出入迹　乃丙午日出一干时虏可廿余骑＝萃出块沙中略得迹卒赵盖众　丁未日迹尽甲戌积廿八日毋越＝塞兰渡天田出入迹(E.P.T58:17)”[②]。还有“●匈奴人即持兵刃攻亭吏拔剑助卒闭户重关下戊(2000ES9SF3:3)”；“建武四年九月戊子从史闳敢言之行道以月十日到橐他候官遇橐他守尉冯承言今月二日胡虏入酒泉□□⧄(2000ES9SF3:4A)入肩水塞略得焦凤牛十余头羌女子一人将西渡河虏四骑止都仓西放马六十余骑止金关西月九日＝蚤食时……⧄(2000ES9SF3:4B)”；“恐为胡虏所围守闳即夜与居延以合从王常俱还到广地胡池亭止虏从靡随河水草北行虏□……⧄(2000ES9SF3:4D)”[③]等内容。居延汉简也有“·匈奴人入塞候尉吏以檄言匈奴人入犯人数都尉(163.4)”等记录匈奴等少数民族侵扰掠夺的情况。类似这种匈奴人犯边，兵刃相见，“略得吏士”“燔烧亭燧”“毁坏障坞”等内容，不胜枚举。[④]还有虽未行动，但动机明显，如汉简有“未央候史包队长畸等疑虑有大众欲并入为寇”故禀报上级等内容，于是由于匈奴有攻击的预兆，居延都尉府下令戒严，并令将此令由广田燧传到各燧。[⑤]

汉简中还有“●捕斩匈奴虏反羌购偿科别(E.P.F22:222)”；“●其生捕得酋豪王侯君长将率者一人⧄吏增秩二等从＝奴与购如比(E.P.F22:223)”；“其斩匈奴将率者将百人以上一人购钱十万吏增秩二等＝不欲为⧄(E.P.F22:224)”；“有能生捕得匈奴间候一人吏增秩二等民与购钱十⧄ ＝⧄人命者除其罪(E.P.F22:225)”；“能与众兵俱追先登陷阵斩首一级购钱五万如比(E.P.F22:226)”；“●右捕匈奴虏购科赏(E.P.F22:231)”；“●有能生捕得反羌从儌外来为间候动静中国兵欲寇盗＝杀略人民吏增秩二等民与购钱五万从奴它与购如比(E.P.F22:233)”；“⧄言吏吏以其言捕得之购钱五万

---

① 甘肃省文物考古研究所、甘肃省博物馆、文化部古文献研究室、中国社会科学院历史研究所:《居延新简——甲渠候官与第四燧》,第498页。

② 甘肃省文物考古研究所、甘肃省博物馆、文化部古文献研究室、中国社会科学院历史研究所:《居延新简——甲渠候官与第四燧》,文物出版社,1990年,第350页。

③ 额济纳汉简研读班:《额济纳汉简释文校正》,载孙家洲主编《额济纳汉简释文校本》,文物出版社,2007年,第77、78页。

④ 侯宗辉:《汉简所见河西边郡“盗贼”考论》,《敦煌研究》2012年第4期。

⑤ 参见〔日〕大庭脩著,徐世虹译《汉简研究》,第201～202页。

与众俱追先登□☒(E.P.F22:234)”[①]等记录,鼓励戍卒捕斩说明当时存在匈奴、羌人到汉地或刺探军事或杀略民众的情况,可见汉长城的外防作用并不能完全杜绝这种侵扰。居延汉简也有“夜见匈奴人(351.5)”等记录,虽然未有明确时间,但至少说明有烽燧防御,仍然可见匈奴进犯。

综上所述,以墙体为主体,以天田、堑壕、虎落、关城、水门、烽燧、坞、障城等为辅助的长城防御体系,建筑本身的高度、宽度和坚固度就足以阻挡外来袭击者,且多重障碍、多道防线。而且汉王朝配备有充足戍卒和武器装备,戍卒充分利用长城防御关系链,积极防御。汉武帝后,在战争严重创伤和长城防御体系严密预警作用下,匈奴侵扰事件相对减少,特别是汉昭帝、汉宣帝之后,长城防御体系趋于完备,外防功能发挥显著。然而从出土汉简记录看,长城外防功能只是有效减少了外来侵扰,而未彻底消灭侵扰。

第二节　汉长城的内防功能

长城防御工事本身不但有效地阻挡了侵扰者,同时也遏制了内部人员的随意外出。同时,汉王朝还有意地利用长城来减少亡人。所谓亡人,“是当时对内地逃往匈奴居地的民人的通行称谓。居延汉简中的相关资料,告诉我们‘亡人越塞’现象曾经相当普遍。于是汉文帝致匈奴单于外交文书中肯定对方‘亡人不足以益众广地’的认识”[②]。因为当时确实存在大量亡人,而且有不断增加的隐患。又秦始皇在黄河流域修筑了四十四座县城,并且设置了屯田兵。当然,这里也包含了防止游牧狩猎民族入掠的用意,但与其这样说还不如认为这样做乃是为了防止中原北方农民的向北逃亡[③],如陕西延安吴起县三道川长城墙体在山体的南坡设置,疑是为防内。所以汉长城,尤其西汉时期设置之初,基于大量亡人的现实,不仅具有外防功能,同时兼具内防功能。

一、特殊亡人的类型及影响

汉长城内防功能的形成与当时亡人有关。亡人“作为流动人口,具有背

---

① 甘肃省文物考古研究所、甘肃省博物馆、文化部古文献研究室、中国社会科学院历史研究所:《居延新简——甲渠候官与第四燧》,第492页。

② 王子今:《汉简河西社会史料研究》,商务印书馆,2017年,第10页。

③ 参见〔日〕泽田勳著,王庆宪、丛晓明译《匈奴——古代游牧国家的兴亡》,第22页。

离编户齐民社会结构定式的身份”[①]，除了侯应归纳的三种主要类型，即“往者从军多没不还者，子孙贫困，一旦亡出，从其亲戚，六也。又边人奴婢愁苦，欲亡者多，曰‘闻匈奴中乐，无奈候望急何！’然时有亡出塞者，七也。盗贼桀黠，群辈犯法，如其窘急，亡走北出，则不可制，八也”（《汉书·匈奴传》）外，还有“败降”者、“诱降”者等特殊亡人。这些特殊亡人一方面直接给汉王朝带来战争和经济消耗；另一方面为后继亡人打下基础，是汉代亡人不断的一个诱因。

（一）特殊亡人的类型

第一种，战败而降匈奴者。如汉初“匈奴大攻围马邑，韩信降匈奴”。元朔六年（前123年）卫青出击匈奴，“亡两将军，军三千余骑”，其中两将军中便有前将军赵信。元狩二年（前121年）李广“杀匈奴三千余人，尽亡其军四千人”。太初元年（前104年），赵破奴被匈奴包围，投降，其所率两万骑尽入匈奴。天汉二年（前99年）“李陵兵败，降匈奴”。征和三年（前90年）“李广利败，降匈奴”。

第二种，作战期间贪生怕死而降匈奴者。如武帝元光五年（前130年），出击匈奴时，公孙敖“亡卒七千人”，李广“失亡多”。天汉四年（公元前97年），公孙敖战不利，亡士卒多。甚至有校尉弃军北逃，“代郡将军敖、雁门将军广所任不肖，校尉又背义妄行，弃军而北，少吏犯禁”（《汉书·武帝纪》）。

第三种，因政治危机而降匈奴。如卢绾在被汉高祖怀疑时，“悉将其宫人家属骑数千居长城下……四月，高祖崩，卢绾遂将其众亡入匈奴，匈奴以为东胡卢王”（《史记·韩信卢绾列传》）。武帝时，卫律因与汉武帝宠臣李延年相善，被李推荐出使匈奴，在出使期间，闻李因事被灭族，卫怕受牵连，遂降匈奴。

第四种，随和亲队伍去匈奴，与汉王朝反目成仇。如文帝遣宗人女翁主去匈奴进行和亲，“使宦者燕人中行说傅翁主。说不欲行，汉强使之。说曰：‘必我也，为汉患者。’中行说既至，因降单于，单于爱幸之”（《汉书·匈奴传》）。在中行说的挑唆下，汉匈关系曾一度紧张，故中行说也是典型的特殊亡人。

第五种，投降匈奴的汉使者。一是被扣押后而降，如史书载武帝时汉匈互派使者，汉使者被匈奴扣留的前后有十余批人，虽且鞮侯单于即位后，“尽归汉使之不降者”，但也说明有的已降不归。又《汉书·李广苏建传》载苏武率百余人出使匈奴，被扣留，得返回时只有九人。可见已降人员数量之多。二是主动投降，如使者卫律，还有元帝初元五年（前44年）“卫司马谷吉使匈

---

① 王子今：《汉代北边“亡人”：民族立场与文化表现》，《南都学坛》2008年第2期。

奴,不还”。

第六种,被匈奴掳去的,被迫成为脱离编户齐民身份的特殊亡人。因为匈奴等游牧民族本身就需要大量的人力调配,加上连年战争、灾害导致人口损耗,故匈奴对人口的需求非常迫切。在侵扰时,匈奴还掠夺人口,如“孝文十四年,匈奴单于十四万骑入朝那萧关,杀北地都尉印虏人民畜产甚多”(《汉书·匈奴传》)。汉武帝马邑伏击六年后,“匈奴二万骑入汉,杀辽西太守,略二千余人……伊稚斜单于既立,其夏,匈奴数万骑入代郡……略千余人。秋,又入雁门,杀略千余人。其明年,又入代郡、定襄、上郡……杀略数千人”;其明年秋“匈奴万骑入代郡,杀都尉朱央略千余人”(《汉书·匈奴传》),杀掠不止。

(二)特殊亡人的影响

第一,当时汉将多次率众而降,数量非常大,汉王朝的兵力削减严重,如《汉书·匈奴传》载“自贰师没后,汉新失大将军士卒数万人,不复出兵”。而且这些投降的将兵熟悉汉朝边境的军事部署和汉军作战方法,而且“匈奴得汉降者,常提掖搜索,问以所闻”,这便对汉王朝作战极其不利。甚至投降匈奴的将领中,有的还帮助匈奴制定作战战略,或直接带兵作战,如李陵、赵信、李广利等,这就给汉王朝争取战争胜利带来了更大难度,不得不投入更多战斗物资,使得汉王朝经济消耗更大。

第二,有些特殊亡人给汉王朝边境带来战争,如“韩信为匈奴将,及赵利、王黄为数背约,侵盗代、雁门、云中。居无几何,陈豨反,与韩信合谋击代……是时匈奴以汉将数率众往降,故冒顿常往来侵盗代地”(《汉书·匈奴传》)。文帝前元十四年(前166年),因中行说挑唆,汉匈关系紧张,匈奴“十四万骑入朝那萧关,杀北地都尉印,虏人民畜产甚多”,并“使骑兵入烧回中宫”。战争直接受害者除了将兵外,就是生活在边郡的边人,他们或被杀或被掠。边郡损失大量劳动力,对边郡生产也造成危害。

第三,特殊亡人为匈奴做了宣传。如韩信、陈豨相继而降,如果韩信在匈奴生活不济或遭受迫害,恐怕就不会引起陈豨、卢绾在政治危机时选择投降匈奴。投降匈奴的官兵享受着高官厚禄,如赵信被单于封为“自次王”,其受尊重程度仅次于单于。卫律“赐号称王,拥众数万,马蓄弥山”,李广利妻单于女,尊宠在卫律上。即使是被掳去的人,在当时确实曾经在一定程度上使匈奴控制的人口有所增益[①],而且并非都是过着惨无人道的生活,因为并

① 参见王子今《汉代北边“亡人”:民族立场与文化表现》,《南都学坛》2008年第2期。

不都是作为低层次的劳动力流入匈奴的，他们往往将先进的文化因素带到草原大漠[①]，仍有特殊亡人积极参与社会生活。[②]特别是大规模流入的汉人，曾被用于农业，如《汉书·匈奴传》记载，汉武帝后元元年（前88年）匈奴"会连雨雪数月，畜产死，人民疫病，谷稼不熟"；始元四年（前83年）卫律劝单于"穿井筑城，治楼以藏谷"；地节四年（前66年）匈奴"遣左右大将各万余骑屯田右地"。平安生活的特殊亡人积极参与生产，促进了当地经济发展，无形中为匈奴做了宣传。

除上述亡人客观上为匈奴做宣传外，还有匈奴有意地宣传。英国学者崔瑞德、鲁惟一研究认为，匈奴对汉王朝的威胁是双重的：他们经常侵入汉王朝边境，并且在边境地区的汉朝人中间，特别是那些强有力的地方领袖中间，散布不和的政治影响。这种政治威胁在叛变问题上表现得最为清楚。[③]有的匈奴直接出面，但更多的是亡入匈奴的人做宣传，对其子孙和汉王朝的将吏、使者、边人等进行诱降。如汉初先是投降匈奴的臧衍劝降张胜，后张胜劝降卢绾。汉武帝时期，投降匈奴的卫律和李陵都曾奉单于命，劝说苏武投降。有意地宣传也确实起到了效果，如张胜、卢绾的投降，边人奴婢都知道"匈奴中乐"。

第四，在这些特殊亡人中，后者往往受前者影响，即所谓"往者"效应，先行亡人传递了引导性的消息。[④]受特殊亡人引导和匈奴的宣传诱惑，汉代亡人不断，主要有"往者从军不还者贫困子孙""边人奴婢愁苦者""盗贼群辈犯法者"三种。首先是往者的贫困子孙，最有可能在其贫困时选择投其亲戚。其次，盗贼或犯法者受影响，为逃避罪责而亡，如"居延骑士广都里李宗坐杀客子杨充元凤四年正月丁酉亡（88•5）"。最后是那些生活贫困的边人"愁苦者"。

然而这三种主要亡人中，特殊亡人子孙有的已随其去匈奴，如因政治危机而逃亡的卢绾、被掠去的边人。有的被汉王朝杀害，如李陵母弟妻子皆伏诛、李广利家族灭矣，又如《二年律令·贼律》中有"以城邑亭障反，降诸侯，及

---

① 参见王子今《汉代北边"亡人"：民族立场与文化表现》，《南都学坛》2008年第2期。

② 关于汉人在匈奴参与的生产生活情况，可参见张元城《西汉时期汉人流落匈奴及影响》，《中国边疆史地研究》2000年第2期；王子今《汉代北边"亡人"：民族立场与文化表现》，《南都学坛》2008年第2期；吴明月《谈西汉时期汉人入居匈奴及其影响》，《内蒙古师范大学学报（哲学社会科学版）》1995年第4期；王庆宪《匈奴地区的中原人口及汉匈关系》，《中央民族大学学报（哲学社会科学版）》2006年第6期。

③ 参见〔英〕崔瑞德、鲁惟一编，杨品泉等译《剑桥中国秦汉史》，第415页。

④ 王子今：《汉代北边"亡人"：民族立场与文化表现》，《南都学坛》2008年第2期。

守乘城亭障，诸侯人来攻盗，不坚守而弃去之若降之，及谋反者，皆要(腰)斩。其父母、妻子、同产，无少长皆弃市”[①]的记载。有的没有子孙，如宦者中行说。“盗贼群辈犯法者”因是犯科之辈，属于被逮捕、惩治人员，能顺利北亡者估计也不会太多。故主要亡人中，数量比例较大且朝廷最为关心和最想控制的是“边人愁苦者”。

二、边人“愁苦者”逃亡原因

边人组成复杂、生活环境恶劣，很容易成为“愁苦者”，又因地理之便，故易在特殊亡人引导和匈奴宣传诱惑下选择北亡。因而边人“愁苦者”时有逃亡出塞，成为典型。

(一) 边人复杂的成员组成

第一，徙边的内地汉人。晁错的计划是徙罪人或奴婢为先，最后才是民，而且是以招募形式，《汉书·爰盎晁错传》载“募罪人及免徒复作令居之；不足，募以丁奴婢赎罪及输奴婢欲以拜爵者；不足，乃募民之欲往者”。张晏曰：“募民有罪自首，除罪定输作者也，复作如徒也。”臣瓒曰：“募有罪者及罪人遇赦复作竟其日月者，今皆除其罚，令居之也。”而汉武帝实施时却与晁错计划并不一致。迁徙的内地汉人，有的是因贫困，如《汉书·武帝纪》载元狩四年(前119年)冬，“有司言关东贫民徙陇西、北地、西河、上郡、会稽凡七十二万五千口，县官衣食振业，用度不足，请收银锡造白金及皮币以足用”。除会稽郡外，五分之四都在西北地区，总数是“七十二万五千口”，至少有五十八万两千口徙往西北地区，数量非常大。有的是政治命令的迁徙，如元鼎六年(前111年)羌人与匈奴通使，攻令居、安故，围枹罕，汉遣将军李息、郎中令徐自为将兵十万人平之，“羌乃去湟中，依西海、盐池左右。汉遂因山为塞，河西地空，稍徙人以实之”(《后汉书·西羌传》)，“乃分武威、酒泉地置张掖、敦煌郡，徙民以实之”(《汉书·武帝纪》)。可见迁徙的并非罪人或奴婢，而是“人”“民”，也未以募的形式，而是政治命令。

此外，迁徙的还有谪民、奴婢、弛刑之人和刑徒等。天汉元年(前100年)“发谪戍屯五原”。汉元帝时贡禹建议将官奴婢“免为庶人，廪食，令代关

---

① 张家山二四七号汉墓竹简整理小组：《张家山汉墓竹简〔二四七号墓〕(释文修订本)》，第7页。

东戍卒,乘北边亭塞候望”。居延汉简有许多弛刑、刑徒[1]充军戍边的记录,如“元康二年五月癸未,以使都护檄书,遣尉丞赦将弛刑五十人送致将军车□发(118•7)”“二月,尉薄食弛刑屯士四人为谷小石(464•3)”等。零星记载刑徒充军戍边活动的尚有269•11、288•22、288•27、337•8、146•97、227•8等数简,说明刑徒充戍的普遍性。[2]

第二,少数民族成员。边人中除内地汉人外,还有少数民族成员,有的是留守者,有的是战争俘获的,有的是投降内迁的,如“景帝时,研种留何率种人求守陇西塞,于是徙留何等于狄道、安故,至临洮、氐道、羌道县”(《后汉书·西羌传》)。虽汉武帝北却匈奴,西逐诸羌,但仍免不了有极少数的留守者。同时还有逃亡到汉境内的不同民族的人,《汉书·匈奴传》载孝文帝后元二年(前162年),遣使遗匈奴书,其中有“单于毋言章尼等”内容,颜师古曰:“背单于降汉者。”

更多的是大规模来降汉的。如元狩二年(前121年)秋,浑邪王来降,“乃分徙降者边五郡故塞外,而皆在河南,因其故俗,为属国”(《史记·卫将军骠骑列传》)。[正义]曰:以来降之民徙置五郡,各依本国之俗而属于汉,故言“属国”也。五郡,谓陇西、北地、上郡、朔方、云中。《汉书·百官公卿表》载:“武帝元狩三年昆邪王降,复增属国,置都尉、丞、候、千人。”

这些少数民族成员加入边郡后,有的编入军队,有的参与戍边。如元封三年(前108年)“天子以故遣从骠侯破奴将属国骑及郡兵数万,至匈河水,欲以击胡”(《史记·大宛列传》)。史书中还有发“金城、陇西、天水、安定、北地、上郡骑士、羌骑”等记载,“可见属国中收容匈奴骑兵不少,且担任作战任务”[3]。居延汉简中有夷胡队、受降卒的记录。居延新简中也有“史将军发羌骑百人(E.P.F22:325B)”[4]的记录。又悬泉汉简中有“羌徒”“羌人六人作”“羌屈调作柱”等记录。种种简文内容表明羌人在河西从事徒、御、邮、骑、畜

---

① 弛刑就是指被免除刑罪而被送往边境从事守备的人。参见〔日〕永田英正著,张学锋译《居延汉简研究》,第133页。此外关于弛刑、刑徒的资料还参见陈直《居延汉简研究》,第87页;陈晓鸣《两汉边防兵制若干问题之比较——以西、北地区为中心》,《史学月刊》2001年第2期。

② 参见陈晓鸣《两汉边防兵制若干问题之比较——以西、北地区为中心》,《史学月刊》2001年第2期。

③ 林幹:《匈奴史》,第92页。

④ 甘肃省文物考古研究所、甘肃省博物馆、文化部古文献研究室、中国社会科学院历史研究所:《居延新简——甲渠候官与第四燧》,第498页。

夫等事务，成了汉朝边塞防御的组成部分。[①]可见这些以种种方式来到汉境内的少数民族成员，已经加入到汉代生活的方方面面。

（二）边地的环境

第一，自然环境恶劣。西北地区环境与内地不同，汉朝官员很早就认识到这一点，如晁错曾说“匈奴地形技艺与中国异。上下山阪，出入溪涧，中国之马弗与也”（《汉书·爰盎晁错传》）。而这样的环境被认为对于汉人是不可居住的，因为“匈奴处北地，寒，杀气早降”。寒气使得这里乃“积阴之处也，木皮三寸，冰厚六尺”，而原本生活在这里的人“食肉而饮酪，其人密理，鸟兽毳毛，其性能寒”。他们能够抵挡寒冷，“辟居北垂寒露之野，逐草随畜，射猎为生，隔以山谷，雍以沙幕，天地所以绝外内也”（《汉书·匈奴传》），而汉人则未必能够抵挡此寒。又边地风沙大，《汉书·卫青霍去病传》有载汉军在西域遇“大风起，沙砾击面，两军不相见”。“他们中的一些人可能已经准备好了面对西北地区的极端天气，在这里，夏季有如热带般的炽热，冬季有长达数月的寒苦。”[②]最为重要的是“其地不可耕而食也”，因为“胡地沙卤，多乏水草……秋冬甚寒，春夏甚风，多赍鬴鍑薪炭，重不可胜，食糒饮水，以历四时”（《汉书·匈奴传》）。相比于内地，这里极寒极冷，风沙大，四季不分，如悬泉汉简资料显示，“敦煌地处沙漠、戈壁包围之中，自然条件较差，时常有各种灾害发生。从简文间接反映的主要灾害有干旱、地震和风暴”[③]。而且这里沙泽卤地严重，缺乏足够用水，总体而言，受气温分布特征和热量资源等因素的影响，塞外生态条件不适宜农耕[④]，“新兵们将会面临地形上更加糟糕的困难，这里几乎没有地方允许农夫耕种稷或麦子”[⑤]。以农业耕种为生的内地汉人恐怕需要很长时间才能适应这样恶劣的环境。

第二，生活艰难，无法自足，食物受限于官府。虽然晁错对徙边之人有过规划，“皆赐高爵，复其家。予冬夏衣，廪食，能自给而止……其亡夫若妻者，县官买予之……使先至者安乐而不思故乡，则贫民相募而劝往矣……先为筑室，家有一堂二内，门户之闭，置器物焉，民至有所居，作有所用，此民所

① 马智全：《汉简所见汉代河西羌人的生活状态》，《西北民族大学学报（哲学社会科学版）》2011年第6期。

②⑤ 〔英〕鲁惟一著，刘洁、余霄译：《汉帝国的日常生活》，第51页。

③ 何双全：《敦煌悬泉汉简内容概述》，《文物》2000年第5期。

④ 还有汉简中保留有“盛寒不和”“苦候望春”“方春时气不调”等记录，详细参见王子今《秦汉长城的生态史考察》，载丁新豹、董耀会主编《中国（香港）长城历史文化研讨会论文集》，第62～69页。

以轻去故乡而劝之新邑也。为置医巫，以救疾病，以修祭祀，男女有昏，生死相恤，坟墓相从，种树畜长，室屋完安，此所以使民乐其处而有长居之心也”（《汉书·爰盎晁错传》）。但因为实施时并未与规划一致，边人的生活并不安乐，而是非常艰难。如《汉书·魏相丙吉传》载元康中“边郡困乏，父子共犬羊之裘，食草莱之实，常恐不能自存，难于动兵”。最主要是粮食不能自足，有饥馑之苦。早在汉文帝时，就有边粟不足的情况，于是“募民能输及转粟于边者拜爵”；孝景时，“亦复修卖爵令，而贱其价以招民；乃徙复作，得输粟县官以除罪”（《史记·平准书》）。汉武帝时徙人于边，虽然官府提供食物，借贷农耕所需的种子、工具等，但边人待遇不同。以戍边吏卒为例，一般戍卒一个月三石三斗三升少，而弛刑徒只有三石[①]；而且吏卒供应的是粟，弛刑徒供应的是比粟稍差的谷物。[②]故虽专门组织屯田耕作，从内地去的边民也多从事农耕，但仍不能自给自足，以居延地区为例，在推行了赵过的代田法后，在一定程度上能够自给自足。[③]汉宣帝在边郡筑仓，一度为边人生活提供保障。但后来均遭破坏，以至于西汉末边地粮食仍不足，如《汉书·匈奴传》载王莽当政时“天下遭阳九之厄，比年饥馑，西北边尤甚……边既空虚，不能奉军粮”。所以西汉时期，边人仰仗县官衣食，用度不足在所难免，如“徙贫民于关以西，及充朔方以南新秦中，七十余万口，衣食皆仰给于县官。数岁，贷与产业，使者分部护，冠盖相望，费以亿计，县官大空”（《汉书·食货志》）。再加上官吏数横赋敛，如为追求财富，障候长吏使卒猎兽，故边人生活最基本的必需品粮食受限于官府。

而且根据居延汉简中廪名籍所记的口粮标准，如戍卒一个月三石三斗三升少；而且分等级发放，还受粮食歉收程度的影响。《三国志·魏书·袁张凉国田王邴管传》记载三国时孤老者“五升不足食”。虽西汉王朝的一升比三国时期的一升实际量大，但不至于是2倍，由此可见戍卒和家属配给得到的粮食并不是按照人可以吃饱的食量供给的，而只是提供给边塞戍卒和家属勉强维持劳动和生命的基本口粮。[④]况且当时存在贪污之风，黄今言指出，汉时贪污受贿风气弥漫于整个社会，上自达官贵人，下至郡县小吏，这在文献中累见记载。西北边塞也不例外，当时涉及此类案件的简文多有，还有人盗窃公物。再者就是拖欠奉钱。吏员的奉钱本应该按照官阶秩级，按月发

---

① 参见陈直《居延汉简研究》，第23页；李振宏《居延汉简与汉代社会》，第138页。

② 详细参见李振宏《居延汉简与汉代社会》，第139页。

③ 参见〔日〕永田英正著，张学锋译《居延汉简研究》，第125页。

④ 参见徐扬杰《居延汉简廪名籍所记口粮的标准和性质》，《江汉论坛》1993年第2期。

放；但实际上，西北戍所的吏奉，却经常有拖欠现象，少则两三个月，多则八九个月，甚至一年。[1]这就很难保证粮食补给如期进行。

第三，边人承受了严重的徭役和劳作，尤其是参加戍边的士卒，工作量大、休息少，还要受基层官吏差役之苦。“由于距离边塞较近，边民的徭役负担自然重于内郡人……边民不仅戍卒徭役是在边塞服，连一年一月的更卒徭役，往往也在边塞服役，其戍边的时间自比内郡人要长”[2]，还要承担繁重的工作。以戍卒为例，据汉简记录，戍卒主要军务是候望、巡视天田，此外还有杂务如伐茭、出固、涂泥、守阁、守邸、削工、记账、做饭、守园等。如“⧄□□障卒十人，一人守园，一人助园，一人治计，一人取狗湛，一人吏养，二人马下，一人削工(267.22)”；“八月丁丑障卒十人，一人守客，一人守邸，一人取狗湛，一人治计，二人马下，一人吏养，一人使，一人守园，一人助(《释文》二三三页)”[3]等记录，可见戍卒分工明确，人人工作。此外，因燧卒人员有限，按照汉代屯戍常制，每燧配制不少于三人。而一些候部不可能留有备杂役的戍卒。鉴于这些情况，候官、候部就要不时地从值守于烽燧的戍卒中抽调人员，以充杂役，被抽调的戍卒就称之为省卒。[4]这便增加了烽燧戍卒的工作量。

戍卒的工作量，有学者以十月戊寅卒董益迹尽丁亥十日、十月戊子卒王相迹尽丁酉十日、十月戊戌卒王偡迹尽丁未十日、凡三十日迹毋越塞出入迹[5]的记录为依据，认为每月30天或29天，由三名燧卒轮流值守，在烽燧上巡视。最常见的轮流值守方法是每人轮值10天。每月需要值守的时间只有10天，这样就会有大量的闲置时间。[6]居延汉简就有“第三隧 卒□□甲[申迹]尽癸巳积十日 卒韩曼金甲辰迹尽壬子积九日 卒□□□[甲]午迹尽癸卯积十日 凡迹廿九日毋人马兰越塞天田出入迹(257.3)”“⧄ 十月戊寅卒董登迹尽丁亥十日 十月戊戌卒王偃迹尽丁未十日 十月戊子卒王相迹尽丁酉十日 凡卅日迹毋越塞出入迹(257.19)”等内容。但也有学者认为居延戍卒夜间主候望，日间又轮流做杂工，又无休假之期。[7]戍卒的主要工作，一是候望，二是巡视天田，故一日至少要有两人同时工作，一人一月只工作十

---

① 参见黄今言《居延汉简所见西北边塞的财物“拘校”》，《史学月刊》2006年第10期。

② 孙言诚：《秦汉的戍卒》，《文史哲》1988年第5期。

③ 陈直：《居延汉简研究》，第86页。

④ 参见李振宏《居延汉简与汉代社会》，第56页。

⑤ 参见李振宏《居延汉简与汉代社会》，第83页。

⑥ 参见李振宏《居延汉简与汉代社会》，第83、85页。

⑦ 参见陈直《居延汉简研究》，第87页。

天，恐怕难以实现。如果同时有杂役，恐怕一日内三人同时工作也是有的。而白天黑夜连续工作，又无休假则可能只是特殊情况，另当别论。居延汉简有“戍卒二人以候望为职(183.7)”等内容，所以一般情况下，每燧配制三人，其中一人候望、一人巡天田，一人每月工作应为二十日，休息十日。又因通常会有杂役或省卒，省卒工作十日休一日，比起戍卒在烽燧上值班，其工作要劳累繁重得多[①]，休息日为每月三至十日。从居延汉简看，一日内一人承担两项工作，是存在的，但这是否是通例，则不可知。总体来说，工作时间还是较长的。[②]“防御线上当然有很多工作要做”，其中弛刑徒及刑徒工作尤多，休息日更少。

同时戍卒还担负着地方治安任务，如汉简有“状辞居延肩水里上造年卌六岁姓匽氏除为卅井士吏主亭燧候望通烽火备盗贼为职(456.4)”[③]；“守候史以迹候盗贱(贼)为署昂迹见隆出所部大薪举满刻时毋长吏□(一九〇)”[④]；“上造居延累山里年卌八岁姓周氏建武五年八月中除为甲(E.P.T68:16)”“渠斗食令史备寇虏盗贼为职至今月八日客民不审(E.P.T68:17)”“赵氏为甲渠候长署第十部以主领吏迹候备寇(E.P.T68:165)”“虏盗贼为职乃十二月(E.P.T68:166)”[⑤]等记录；居延汉简还有“迹穷追良捕□(193.10)”等记录。“士兵也要负责治安管理，以防止罪犯或逃兵逃到汉帝国官府控制以外的地区”[⑥]，可见士兵工作之多。[⑦]戍卒还要参与一些运输活动，如汉简所记录的“●十部治卒车吏名(E.P.T59:115)”“四人诣官廪　四人运水(E.P.T65:268)”[⑧]等内容，日常所需廪食领取、运粮茭、大宗物品的搬运也要由戍卒自己来完成；还要自己动手制作或修缮车辆。[⑨]居延汉简有“以九月旦[始]运粪(73.30)”；“八月丁丑障卒十人　其一人守阁　一人守邸　一人取狗湛　一人治计　二人马下　一人吏养　一人使　一人守园　一人助(267.17)”；“辛亥　卒卅七人　其二病　三人养　定作卅二人　九人作墼　九人[运墼]　□人

---

① 参见李振宏《居延汉简与汉代社会》，第62页。

② 〔日〕永田英正著，张学锋译：《居延汉简研究》，第133页。

③ 谢桂华、李均明、朱国炤：《居延汉简释文合校》，第568页。

④ 甘肃省文物考古研究所编：《敦煌汉简》，第227页。

⑤ 甘肃省文物考古研究所、甘肃省博物馆、文化部古文献研究室、中国社会科学院历史研究所：《居延新简——甲渠候官与第四燧》，第456、457、464页。

⑥⑦ 〔英〕鲁惟一著，刘洁、余霄译：《汉帝国的日常生活》，第52页。

⑧ 甘肃省文物考古研究所、甘肃省博物馆、文化部古文献研究室、中国社会科学院历史研究所：《居延新简——甲渠候官与第四燧》，第366、437页。

⑨ 参见张俊民《从汉简谈汉代西北边郡运输的几个问题》，《中国社会经济史研究》1996年第3期。

累土(306.21)”等记录,可见戍卒参与工种复杂多样。

此外,边塞戍卒还深受边塞官吏私自差遣之苦,如《汉书·西域传》载“今边塞未正,阑出不禁,障候长吏使卒猎兽,以皮肉为利,卒苦而烽火乏,失亦上集不得,后降者来,若捕生口虏,乃知之”。颜师古曰:“言边塞有阑出逃亡之人,而主者不禁。又长吏利于皮肉,多使障候之卒猎兽,故令烽火有乏。又其人劳苦,因致奔亡。凡有此失,皆不集于所上文书。”官吏如此欺下瞒上,劳役戍卒,难免会有不甘受此劳苦而奔亡者。从居延汉简“☒□□□卒戍边远去父母亲戚居寒苦吏将作任人力谨愚以文理□(279.3)”的内容,亦可知当时戍卒远离父母亲戚,深受寒苦,又受将吏差遣之苦。最底层的戍卒还被基层官吏候长等殴打,如“故甲渠候长唐博叩头死罪博前为甲渠鉼庭候长今年正月中坐搒卒骰狱七月廿☒(4•9)”[①];“以 牒验问久故时与獂道丞儿谭为吏者隧长徐宗知谭故为甲渠候长未尝以吏贼殴捶击(135•10,317•7)”[②]。虽然汉代对滥用职权殴打吏卒的行为是严加禁止的,但是似乎屡禁不止。[③]戍卒尚如此,可以想象边民生活也是很辛苦的。官吏私自差遣其他边人估计也是有可能的。在本已辛苦的劳作下,边人深受殴打摧残。

第四,边人还饱受战争之苦,存在被掠夺或杀害的威胁。汉兴以来,胡虏数入边地,攻城屠邑,驱略畜产,杀吏卒,抢财物。匈奴侵扰有汉惠帝、高后的14年中2次,汉文帝的23年中7次,汉景帝的16年中4次。汉武帝时期是主动出击,边郡必有安排,但无辜伤及也有可能。汉昭帝、汉宣帝时仍有小规模侵扰,南匈奴内迁后,少数民族的侵扰情况方才改观。每次战争直接打乱边人生活秩序,他们流离失所,躲避战争或直接参与战争,无暇生产,甚至生命都受到威胁。

综上所述,远离故土的内地汉人在恶劣环境中艰苦工作,面对战争威胁和死亡的恐惧,恐怕已无法安心生产生活,然而又得不到上级怜悯和官府及时、足够的生活资助。况且边人中还有些不安分的成员,如弛刑徒和刑徒等。还有些属国,本匈奴之人,有思旧之心,如汉元帝初元元年(前48年)“秋八月,上郡属国降胡万余人亡入匈奴”。他们本是游牧民族,习惯了松散自由的生活,是否能够适应汉王朝严格的边塞政策,从而担当起守边的责任?边郡属于农耕与游牧区域的过渡地带,如美国学者拉铁摩尔所言,“过渡地区的居民是受他们自己的利益支配的。在两者都有利可图的情况下,他们

① 谢桂华、李均明、朱国炤:《居延汉简释文合校》,第5页。

② 谢桂华、李均明、朱国炤:《居延汉简释文合校》,第224页。

③ 参见于振波《简牍与秦汉社会》,湖南大学出版社,2012年,第91页。

同时利用汉族的农耕技术与草原的畜牧技术。在贸易和文化交流上，过渡地区居民可以在中原内地与草原之间获得利益。[1]面对匈奴的美化宣传、特殊亡人的诱导，边人怎能不绝望而生降敌之心？又因边郡地利之便，故“时有亡出塞者”。

居延汉简有大量亡人记录，如“□□隧长□□候塞亡簿人名(110.23)”；“出亡人赤表火一函(212.9)”；“吏卒谨候望已先闻知失亡重(213.40)”；“马长吏疑有吏卒民屯士亡者具署郡县里名姓年长物色所衣服赍操初亡年月日人数白报与病已·谨案居延始元二年戍田卒千五百人为骍马田官穿泾渠乃正月己酉淮阳郡(513.17+303.15)”；“校甲渠正月尽三月四时出折伤牛车二两吏失亡以赦令除［C30(甲附30)］”；“·右六人其二亡出四出妻子(L35)”等内容。汉简中还有“门伤人亡(二三一·九七)”；“颍川郡长祝自建里李广元凤四年六月乙亥亡正兴赵(一四八·三八)”等记录，举不胜举。甚至汉文帝与单于既约和亲之时，制诏御史曰：“匈奴大单于遗朕书，言和亲已定，亡人不足以益众广地，匈奴无入塞，汉无出塞，犯今约者杀之，可以久亲，后无咎，俱便。朕已许之。其布告天下，使明知之。”(《史记·匈奴列传》)这显然是朝廷对欲逃亡匈奴的人所发出的严重警告。可见当时亡人问题非常突出。

三、汉长城内防功能的发挥

面对亡出规模的加剧，特别是边人的亡出，汉王朝一方面做出让步，释放亡人，如汉文帝遣使遗匈奴书“今闻渫恶民贪降其趋，背义绝约，忘万民之命，离两主之欢，然其事已在前矣……朕释逃虏民，单于毋言章尼等”(《汉书·匈奴传》)。同时又通过和亲政策迫使匈奴限制亡人，如汉诏书“匈奴大单于遗朕书，和亲已定，亡人不足以益众广地，匈奴无入塞，汉无出塞，犯今约者杀之，可以久亲，后无咎，俱便。朕已许。其布告天下，使明知之”(《汉书·匈奴传》)。另一方面汉王朝也加大控制力度，拉铁摩尔认为，汉时中国边疆政治的主要目标，就是使草原边疆的人们在不能完全符合汉族规范时，至少应该不出中国规范的范围[2]，长城可以说是汉王朝要稳定边疆的一种努力，用以限制中原地区汉人的活动范围，并隔绝草原民族[3]，故汉王朝将长城视为内防工具，赋予它内防功能，长城便有了防止亡人越境的作用。[4]具体

---

①② 参见〔美〕拉铁摩尔著，唐晓峰译《中国的亚洲内陆边疆》，第331页。

③ 参见〔美〕拉铁摩尔著，唐晓峰译《中国的亚洲内陆边疆》，第324页。

④ 主要意义在于防御外侵。然而汉长城也有防止亡人越境的作用。参见王子今《汉代北边“亡人”：民族立场与文化表现》，《南都学坛》2008年第2期。

落实内防工作的是长城戍卒。故首先对戍卒进行严格管理,加强名籍和日迹簿管理,如居延汉简有“[吏卒谨迹候]望禁止往来行(278.6A)”,目的均是加强对执行内防任务的戍卒的管理,防止其北亡。居延汉简有“戍卒三人以候望为职戍卒济阴郡定陶羊于里魏贤已卯夜直候谁夜半时纪不谁德使戍卒除(183.7)”的记录,对不称职的戍卒予以除名,从而保证长城内防功能能够有效地发挥。在严格管理戍卒基础上,汉王朝通过边塞吏卒发挥长城内防功能。

第一,要求吏卒尽职尽责,执行《津关令》,严把关塞。《二年律令·津关令》载:“御史言,越塞阑关,论未有□,请阑出入塞之津关,黥为城旦舂;越塞,斩左止(趾)为城旦;吏卒主者弗得,赎耐;令、丞、令史罚金四两。智(知)其请(情)而出入之,及假予人符传,令以阑出入者,与同罪。非其所□为□而擅为传出入津关,以□传令阑令论,及所为传者。县邑传塞,及备塞都尉、关吏、官属、军吏卒乘塞者□其□□□□□日□□牧□□塞邮、门亭行书者得以符出入。制曰:可。”[①]

因为出入关塞者均有文书,而且文书上有出入者的详细情况,如持有者的籍贯、姓名、年龄及所要到达的目的地等”[②]。严格审查通关文书,检查出入者证件,辨别真伪,“请诸诈(诈)袭人符传出入塞之津关,未出入而得,皆为赎城旦舂;将吏智(知)其请(情),与同罪”[③],从而避免有人从关塞直接逃亡。

在这种严格把关基础上,还需要将过往人员登记上报,《二年律令·津关令》也有要求,“将吏为吏卒出入者名籍,伍人阅具,上籍副县廷。事已,得道出入所。出入盈五日不反(返),伍人弗言将吏,将吏弗劾,皆以越塞令论之”[④]。戍卒对经过的人口进行详细登记,汇集成册后,逐渐向上汇报。如居延汉简有“[与]金关为出入六寸符 从事(11.8)”;“牛车如牒实出入敢言(218.5)”;“☒[闰月甲辰]居延与金关为出入六寸券齿百从第一至千左居官右移金关符合以从事 ·第十九(274.10)”;“□年闰月甲辰居延与金关为出入六寸符券齿百从第一至左居官右移金关符合以从事(274.11A)”等记录。过境人员会被要求出示他们的通关文牒,戍卒在确认每一个过境人员的身

① 张家山二四七号汉墓竹简整理小组:《张家山汉墓竹简〔二四七号墓〕(释文修订本)》,第83页。

② 参见侯宗辉《汉简所见西北边塞的流动人口及社会管理》,《中国边疆史地研究》2011年第1期。

③④ 张家山二四七号汉墓竹简整理小组:《张家山汉墓竹简〔二四七号墓〕(释文修订本)》,第84页。

份不在通缉名单上,也没有携带违禁品之后,会把过境人员的名字记入过境名册,然后才会准许其通关。名册记录包括行程的日期、期限以及使用的交通工具等。[①]

第二,边塞吏卒要学习法律。从居延汉简中看,屯戍吏卒的政策性学习,分三种情况:一是学习当朝现行的天子诏令、政策法令;二是学习建汉以来的各项法令文书;三是学习地方政府、各级屯戍官署的政策法令。[②]这便使得吏卒执行任务时有法可依,特别是《二年律令》中的《亡律》《捕律》,及"舍匿法"等,如《二年律令·捕律》载亡人匈奴外蛮夷、守弃亭障烽燧者,不坚守降之,及从塞徼外来降而贼杀之,皆要斩,妻子耐为司寇,作如。[③]《二年律令·亡律》载"匿罪人,死罪,黥为城旦舂,它各与同罪。其所匿未去而告之,除。诸舍匿罪人,罪人自出,若先自告,罪减,亦减舍匿者罪"[④]。这给戍边吏卒,特别是那些有思亡之心者或有所藏匿者一次法律震慑。

同时学习法律后,边塞吏卒对内地发往边关的通缉文书,能够认真对待,依法实施,大力搜索所管辖地段,确定没有逃亡者藏匿在边地。编户齐民和戍卒的名籍均有案可考,即便是流动人口也有严格的管理方法。[⑤]而通缉罪犯的文书一般提供了犯罪人员的基本特征,如汉简"初亡时驾车服牡乘阑鞏车黄车茵□□□"的记录,便于搜查逃亡者。每次搜查,也是对边郡吏民的一次检查和警告。居延汉简有"□来循驰亡人所依倚匿处必得=诣如书毋有令吏民相牵证任致书以书言谨杂与候史廉骍北亭长欧等八人戍卒孟阳等十八人处索新□□□亡人所依处投书相牵(二五五·二七)";"□案捕疑亡人所依倚匿处必得=诣如书毋有令吏民相牵证任爰书以书言谨杂与候史廉骍北亭长欧等八人戍卒孟阳等十人[廋]索[部界中疑]亡人所[依]匿处爰书相牵(255.27)";"还界中书到遣都吏与县令以下逐捕搜索部界中听亡人所隐匿以必得为最诏所名捕还事=当奏闻毋留如诏书律令(一七九·九)"等记录。对于越塞的亡人予以逐捕搜索,曾经是汉代长城体系戍守部队的防务内容之一[⑥],搜索不力则应承担一定责任,如《二年律令·盗律》载"盗出黄

---

① 参见〔英〕鲁惟一著,刘洁、余霄译:《汉帝国的日常生活》,第52页。

② 参见李振宏《居延汉简与汉代社会》,第112～117页。

③ 参见汪桂海《简牍所见汉代边塞徼巡制度》,《中国边疆史地研究》2006年第3期。

④ 张家山二四七号汉墓竹简整理小组:《张家山汉墓竹简〔二四七号墓〕(释文修订本)》,第31页。

⑤ 对流动人口的管理,参见侯宗辉《汉简所见西北边塞的流动人口及社会管理》,《中国边疆史地研究》2011年第1期。

⑥ 参见王子今《汉代北边"亡人":民族立场与文化表现》,《南都学坛》2008年第2期。

金边关徼，吏、卒、徒部主者智（知）而出及弗索，与同罪；弗智（知），索弗得，戍边二岁”[①]。

第三，值勤的候望戍卒要注意观察，严格巡视天田，将有无足迹记入日迹簿中，如汉简“亡人迹入止塞长北部候长部（一〇四·四三）”的记录。若发现有境内人员越过边塞外逃，要立刻上报，收到报告的上级，应迅速调集所辖范围内机动戍卒，尽可能地沿足迹将其追回。《二年律令·津关律》规定：“□、相国、御史请缘关塞县道群盗、盗贼及亡人越关、垣离（篱）、格堑、封刊，出入塞界，吏卒追逐者得随出入服迹穷追捕。”[②]居延汉简有“［从］迹入塞及出塞各种迹穷追以檄（123.60）”“迹穷追良捕□（193.10）”等记录。如若无果，仍应将此事向上级汇报，汇报方式可采取文书，也可利用烽燧传递，如居延汉简“出亡人赤表函一北 ▨……▨ 昏时四分时乘胡队长□付乘山队长普函行三时中程（五〇二·三）”，记录了通过烽燧传递上报亡人消息的事情。

然而长城内防效果不佳。汉王朝虽严格要求落实内防功能，吏卒也积极贯彻，但长城并未完全阻止亡人。从汉匈关系缓和时，双方有约不受降便可看出，如汉宣帝、汉元帝时仍约定“自长城以南天子有之，长城以北单于有之。有犯塞，辄以状闻；有降者，不得受”（《汉书·匈奴传》）。专门在约定中提出，说明汉宣帝、汉元帝时还是有较多“投降者”。到王莽时，约定改为“中国人亡入匈奴者，乌孙亡降匈奴者，西域诸国佩中国印绶降匈奴者，乌桓降匈奴者，皆不得受”（《汉书·匈奴传》）。说明此时亡人仍然存在。其实若不改善亡人中最重要的边人生活状况，边人“愁苦者”就会存在，也就无法从根本上遏制亡出者。

综上所述，汉长城所形成的重重障碍不仅对非法入境者起作用，对汉王朝内部无传符而外出的人也有阻碍作用。因为当时存在大量特殊亡人，他们直接或间接引诱汉王朝内部生活无奈之人逃亡。而边人是开发边郡的主要力量，也是守卫边疆戍卒的主要来源。按照晁错的徙边设计，让徙边之人与边地相结合，边人为了自己生活的家园也会勇于保卫边郡，正如《史记·司马相如列传》载司马相如言“夫边郡之士，闻烽举燧燔，皆摄弓而驰，荷兵而走，流汗相属，唯恐居后，触白刃，冒流矢，义不反顾”，所以边人是边郡实力所在，也是朝廷最为关注和重视的。但相对于内地，边人所处地理环境和生

---

① 张家山二四七号汉墓竹简整理小组：《张家山汉墓竹简〔二四七号墓〕（释文修订本）》，第19页。

② 张家山二四七号汉墓竹简整理小组：《张家山汉墓竹简〔二四七号墓〕（释文修订本）》，第84页。

活环境都较为艰苦,极易成为“愁苦者”而逃亡,且现实中已存在亡人现象,而且规模有扩大迹象,朝廷不得不加以控制,利用趋于完备的长城防御体系进行有效、可行的内防。长城建筑本身的内防功能是客观存在的,除此外,还通过守边戍卒严格执行关符制度,严把关门,同时烽燧戍卒在高处瞭望和巡视天田也有内防功效;最后是配合治安或专门地搜索亡人。然而尽管长城建筑本身已经够高大坚固,戍卒也积极地发挥长城内防功能,但若不改变边人生活的环境,终究无法从根本上遏制亡人情况。

第三节　汉长城不具备邮传功能

一、汉代邮传制度

秦代要求向上级请示必须呈送书面报告,如睡虎地秦简《内史杂》载“有事请殹(也),必以书,毋口请,毋羁请”[①],又《田律》有“近县令轻足行其书,远县令邮行之”[②]的规定,《行书》中也有“行传书,受书,必书其起及到日月夙莫(暮),以辄相报殹书有亡者,亟告官。隶臣妾老弱及不可诚仁者勿令。书廷辟有曰报,宜到不来者,追之”[③]。以上记载,说明秦代已有邮的设置。汉承秦制,同样也继承了秦代邮传制度,并不断完善,如《史记·留侯世家》载“留侯病,自强起,至曲邮”。关于“邮”,[索隐]引《汉书旧仪》云“五里一邮,邮人居间,相去二里半”。《二年律令·行书律》有“十里置一邮。南郡江水以南至索(?)南水,廿里一邮”;“北地、上、陇西,卅里一邮;地险陕不可邮者,得进退就便处”等规定。[④]还有,尹湾汉墓出土简牍《集簿(1号)》《东海郡属县乡吏员定簿(2号)》中分别有邮、邮人和邮佐的记载。[⑤]而且除了邮,还有亭,多“邮亭”合称,如《汉书·循吏传》载“吏出,不敢舍邮亭”;《汉书·赵充国辛庆忌传》载赵充国守边时看到“邮亭多坏败者”,便命万二百八十一人,“分屯要害处。冰解漕下,缮乡亭”。又有学者以悬泉汉简为例研究,发现亭作为最基

① 睡虎地秦墓竹简整理小组:《睡虎地秦墓竹简》,第105页。

② 睡虎地秦墓竹简整理小组:《睡虎地秦墓竹简》,第25页。

③ 睡虎地秦墓竹简整理小组:《睡虎地秦墓竹简》,第104页。

④ 张家山二四七号汉墓竹简整理小组:《张家山汉墓竹简〔二四七号墓〕(释文修订本)》,第45页。

⑤ 参见易桂花、刘俊男《从出土简牍看秦汉时期的行书制度》,《中国历史文物》2009年第4期;吴荣曾《汉代的亭与邮》,《内蒙古师范大学学报(哲学社会科学版)》2002年第4期。

层的邮驿机构，主要负责文书的传递。[①]

还有置，《汉书·公孙刘田王杨蔡陈郑传》载戾太子发兵入丞相府时“丞相长史乘疾置以闻”，颜师古注：“置谓所置驿也。”《汉书·冯奉世传》载羌人“攻陇西府寺，燔烧置亭”，颜师古注：“置谓置驿之所也。”《史记·孝文本纪》载汉文帝言有“今纵不能罢边屯戍，而又饬兵厚卫，其罢卫将军军。太仆见马遗财足，余皆以给传置。”[索隐]按《广雅》云：“置，驿也。”《续汉书》云：“驿马三十里一置。”故乐产亦云传置一也。言乘传者以传次受名，乘置者以马取匹。如淳云：“律，四马高足为传置，四马中足为驰置，下足为乘置，一马二马为轺置，如置急者乘一马曰乘也。”考古发现有西汉的“悬泉置分为坞和厩两个部分，坞内有房舍十二间，当是为供行旅或置的管理人员所居住而设置。厩有数间，供牲畜栖息”[②]。

而且汉代邮传方式多样化。据居延汉简记录，汉代传递文书方式有“以邮行”“以亭行”“亭次行”“亭次急行”“行者走”“燧次行”“燧行”“故行”“吏马驰行”“马驰行”“驿马行”等十一种。[③]目前学者对以上传递方式的具体传递形式尚有争议，如宋会群和李振宏先生认为“前七种可列为步递类，后四种可列为马递类”。黄文弼、高敏、刘广生、森鹿三等先生认为“以邮行”“以亭行”“亭(燧)次行”者均为徒步传递普通文书，而“吏马驰行”“马驰行”则是用车、马快速传递紧急文书；劳幹、楼祖诒和徐乐尧等学者则认为“以邮行”是驿马传递普通文书，而“吏马驰行”者为紧急或重要的文书；王国维、劳幹、陈直、楼祖诒、李均明等均说“以次行”是“露布不封之书”。[④]有不同争议，恰好说明当时传递形式已经非常多样，有徒步、骑马、马车等；有的是依次传递，有的并非依次传递；有的是日夜兼程，而有的并不需要。文书性质不同则邮行方式和传行速度也不同，这样安排，保证了紧急和重要的文书先行，一般普通文书慢行，显现了邮传轻重缓急的实效性。

汉代邮传的管理，在中央由丞相总管，典属国(汉成帝以后为大鸿胪)是实际管理者，九卿中的卫尉、大鸿胪都直接执行邮驿事务。[⑤]在地方，特别

---

① 参见张俊民《敦煌悬泉汉简所见的“亭”》，《南都学坛》2010年第1期。

② 吴荣曾：《汉代的亭与邮》，《内蒙古师范大学学报(哲学社会科学版)》2002年第4期。

③ 参见宋会群、李振宏《汉代居延地区邮驿方位考》，《河南大学学报(社会科学版)》1993年第1期。

④ 参见高荣《简牍所见秦汉邮书传递方式考辨》，《中国历史文物》2007年第6期。

⑤ 参见曹尔琴《中国古都与邮驿》，《中国历史地理论丛》1994年第2期；高荣《秦汉邮驿的管理系统》，《西北师大学报(社会科学版)》2004年第4期。

是边塞地区“为都尉府、候官、部、燧分级管理”[1]。而汉长城防御体系亦是由太守统领的都尉府、候官、部、燧层层分工管理的，文件传递过程是否利用长城，则是本节所要探讨的问题。

二、汉长城与邮传

用于邮传的亭和长城防御系统的亭燧应该不同。因为邮传功能的亭担负着邮传任务，而长城烽燧则不同，其以侦察眺望、燃火举烟示警而得名，故又称亭燧、烽台、烽火台。

虽然名称为亭燧，但此处亭燧的亭显然不等于具有邮传功能的亭。且邮传需要时间保障，所以用于邮传的亭的设置要考虑交通，也要考虑安全，而烽燧设置要考虑军事防御需要，以居延地区为例，边塞的邮路，大部分是与军事防御分开的，是专设的邮路，而且是主干邮路，如甲渠河南道上塞及金关至毛目一段。当然也有两者结合在一起的，如甲渠河北塞、三十井塞的大部、广地等。[2]敦煌汉简有捕律亡入匈奴外蛮夷守弃亭障烽燧者不坚守降之及从塞徼外来降而贼杀之皆要斩妻子耐为司寇作如(983)[3]的记录；居延新简有“⧄□为吞北隧长官令乘第四积且一□常独居亭(E.P.T44:35)”[4]；“●匈奴人攻亭不得下煁茹矢射积薪(E.P.T50:8)”[5]等记录。又《后汉书·光武帝纪》载建武十二年(36年)“参狼羌寇武都，陇西太守马援讨降之……遣骠骑大将军杜茂将众郡施刑屯北边，筑亭候，修烽燧”。若亭候和烽燧是一样的，那么又怎么有“弃亭障烽燧”“筑亭候，修烽燧”等记录，这样岂不是重复？而且第一条是法律条文，岂会犯如此错误？可见亭候、烽燧应是不同概念，代表不同设置。因此不能简单理解为烽燧即邮传功能的亭。“烽燧在汉简中或称‘亭’‘燧’‘亭燧’‘亭障’等，边郡的亭燧有不同的功能类型：有属于军事候望系统的烽燧；属于邮驿系统的邮亭、都亭；属于屯田系统的农亭；属于治安系统的乡亭、市亭；属于警卫系统的城亭、门亭等。”[6]因此在边郡地

---

① 高荣：《秦汉邮驿的管理系统》，《西北师大学报(社会科学版)》2004年第4期。

② 参见徐乐尧《居延汉简所见的边亭》，载甘肃省文物工作队、甘肃省博物馆编《汉简研究文集》，第298～334页。

③ 参见吴礽骧、李永良、马建华释校《敦煌汉简释文》，甘肃人民出版社，1991年，第101页。

④ 甘肃省文物考古研究所、甘肃省博物馆、文化部古文献研究室、中国社会科学院历史研究所：《居延新简——甲渠候官与第四燧》，第127页。

⑤ 甘肃省文物考古研究所、甘肃省博物馆、文化部古文献研究室、中国社会科学院历史研究所：《居延新简——甲渠候官与第四燧》，第152页。

⑥ 参见王琳峰《从屯田到守边——以玉门关为例谈经济与军事双重因素下的汉长城体系》，《西部人居环境学刊》2017年第2期。

区,邮传的亭和长城防御系统中的亭燧是不同的。

而且还有学者通过简牍资料,考证秦汉时期的邮人是一种专门职业,而不是定期服徭役,任期是终身的,甚至有可能是父子相继的,一旦有人成为邮人,其本人将不服徭役,其家庭成员的户籍也随之发生变化,有别于普通的民籍;并指出汉代西北边塞的大量文书主要由燧卒传递,烽燧间传递文书一般是徒步奔跑,鉴于邮与邮之间的距离要比燧与燧之间的距离长得多,所以要求的速度更快。[1]既然邮人是专门职业者,那怎会选择烽燧戍卒担任呢?因为戍边是一年一换,不是终身制。既然邮与邮之间的距离比燧与燧之间的距离长,那说明邮不是燧,不是寄靠在燧上。如此从事专职邮传的人便不能再称为燧卒,因为他们不再属于长城防御系统。但由于边塞长城防御系统和邮传系统的管理者一致,汉简中也有"临木燧建始二年三月邮书刺(E.P.T51:391)"[2];"甲渠障候以邮行□ 男子郭长入关檄丁酉食时到府=皆后宫等到留迟记到各推辟界=中定吏主当坐者名会月晦有(E.P.F22:151B)"[3];"☑西临木燧长忠敢言之谨移邮书☑(127·29)"[4]等记录,可知长城防御系统的管理者或实施者确实有从事邮传工作的。所以有学者认为,汉长城是一个集预警系统、驻军系统、屯田系统、后勤保障系统、邮传系统为一体的综合性防御体系[5],因此也将邮传系统纳入了长城防御系统。还有学者认为,都尉府和候官主要是对邮书的运行进行监督检查,而部(候长、候史)、燧(长)除对本辖区邮书运行进行监督管理外,本身也直接承担递送邮书的工作。[6]陈梦家先生也指出,甲渠候官的函检上,往往注明"某月某日第几卒某以来"字样,此"第几卒"即甲渠候官第一燧至第三十八燧,皆属于候官而兼司传递文书。[7]然而正常情况下候长、候史需要每月把自己管辖地段的烽燧巡视一遍,燧长同戍卒一样要参与候望、巡天田、制作日迹簿等工作,很难想象,候长、候史、燧长是如何进行长城防御工作又进行文书传递的,二者是同时进行吗?

---

① 参见于振波《简牍与秦汉社会》,第101、102页。

② 甘肃省文物考古研究所、甘肃省博物馆、文化部古文献研究室、中国社会科学院历史研究所:《居延新简——甲渠候官与第四燧》,第204页。

③ 甘肃省文物考古研究所、甘肃省博物馆、文化部古文献研究室、中国社会科学院历史研究所:《居延新简——甲渠候官与第四燧》,第486页。

④ 谢桂华、李均明、朱国炤:《居延汉简释文合校》,第210页。

⑤ 参见特日格乐《汉长城预警体系研究》,《内蒙古大学学报(哲学社会科学版)》2010年第5期。

⑥ 参见高荣《秦汉邮书管理制度初探》,《人文杂志》2002年第2期。

⑦ 参见陈梦家《汉简考述》,载陈梦家《汉简缀述》,第29页。

又烽燧一般间隔在0.5～2千米，而汉代行书速度，用今天的记录方法，是每小时2.167千米[①]，烽燧间距距离使得燧长或戍卒在巡视天田的时候有可能带上文书直接将其传递给另一个烽燧，并依次接力传递。但燧长或戍卒画治天田是在长城墙体外劳作，带上文书一则不方便工作，二则也使文书处于一种不安全的境地，因为汉简中有戍卒在治理天田时被掳的记录，与文书传递的保密性不符。秦汉时期为保证邮书安全和保密，在寄发邮书时实行严格的检署和登记制度，即发文者用木板封缄文书，在木板上均有刻齿、封泥，盖印后用绳捆束，并于结绳处施以拓有文书签署者或其衙署印文的封泥。每个邮驿机构均要对所寄发文书进行登记，注明封缄时间（月份和干支日）和封缄者职、名等，对从其他地区转来的文书也需要处理，要作详细记录。[②]即便是上级机关或官吏向下属组织或吏卒发布文告即露布，也是有封泥的。[③]不可能将已密封的文书置于危险境地，因此携带文书进行劳作的可能性较小。

当然也不排除先进行邮传后治理天田的情况，然这种方式是有局限性的，只适用能够使用步行依次传递的文书。而在需要昼夜紧急传递文书或用马车传递文书的情况下，则无法同时参与天田的画治。且候长、候史巡视进程更慢，因为他们巡视内容有天田、戍卒日迹簿、武器装备、烽火品约等多项，不可能有时间专门参与邮传，然而不排除候长、候史巡查时附带传递第一个燧的文书，但是由于邮传时效性和巡查烦琐之间的矛盾，候长、候史不可能依次每燧亲自传递文书。部（候长、候史）、燧（长）以对本辖区邮书运行监督管理为主，承担递送邮书为次，尤其是候长亲自传递的可能性最小。

每份文书传递都有时限规定，在规定时限内，将邮书送达，则称为“中程”，如果没有在规定时限内完成，则评定为“不中程”，凡“不中程”者，必须查明原因，以备追查，不仅当事者要承担责任，而且其主管人员同样会受到体罚。[④]居延汉简也有关于没有按照规定时间送达的记录，如“[移]中程不

---

① 参见张俊民《居延汉简中的邮书档案》，《档案》1997年第3期。

② 邮发文书的检署和登记制度，参见高荣《秦汉邮书管理制度初探》，《人文杂志》2002年第2期；张玉强《汉简文书传递制度述论》，《人文杂志》1994年第5期；王栋梁《从悬泉汉简看汉代的邮驿制度》，《社科纵横》2007年第6期。

③ 参见高荣《简牍所见秦汉邮书传递方式考辨》，《中国历史文物》2007年第6期。

④ 参见宋会群、李振宏《汉代居延地区邮驿方位考》，《河南大学学报（社会科学版）》1993年第1期；高荣《秦汉邮书管理制度初探》，《人文杂志》2002年第2期；张俊民《居延汉简中的邮书档案》，《档案》1997年第3期；高荣《秦汉邮驿的管理系统》，《西北师大学报（社会科学版）》2004年第4期；吴荣曾《汉代的亭与邮》，《内蒙古师范大学学报（哲学社会科学版）》2002年第4期。

中程(246.44)”“界中八十里书定行十时留迟二时解何(231.2)”等。为保证文书及时地传递,不可能让参与防御的戍卒兼职进行邮传,必须由专门戍卒承担,所以邮传系统是由都尉府、候官、部、燧分级管理,与长城防御体系并列的一个系统。但并非每燧均参与所有文书的传递,如重要的文书只需传达至候官,并不需要在每个烽燧均进行停留或更换邮递人员。

为方便边塞地区的邮传,当时燧都设有驿骑。同时根据文书性质的不同,使用不同邮传形式,烽燧或提供驿骑,或提供传递人员,或根本不参与,甚至有同一方向但不同邮传路线的邮传。如甲渠候官界内的邮程,北起第一站是当曲燧,第二站是不侵燧,从收降至不侵的邮路只有一条,而从不侵往南进入吞远部界中,至少有三条邮路[①],具体如下所示:

邮程一　收降←→当曲←→不侵←→吞远←→城北←→临木

邮程二　收降←→当曲←→不侵←→执胡←→城北←→临木←→卅井

邮程三　收降←→当曲←→不侵←→万年←→武疆→?

在边塞地区,长城防御系统和邮传系统虽然管理机构一致,然而却是两个并列的系统。但这两个并列系统又存在着互补,在军事紧急情况下,长城防御系统依赖邮传系统及时、保密地传达信息,更好地实现长城防御功能,而邮传系统的及时传达又依靠长城防御系统提供安全保障和驿置的支持,二者相辅相成,共同作用。

综上所述,边塞邮传系统虽然不属于长城直接发挥功能的一部分,但与长城功能却有着密切关系,邮传系统畅通与否既是长城功能能否发挥的前提,也是长城防御效果的反映。同时长城建筑体系中烽燧、障城还为邮传工作的开展提供服务,或提供置驿马匹,或派遣人员参与,或进行监督管理。总之,邮传系统、长城防御系统二者互为依托、共同作用,保障了边塞防御工作的开展。

第四节　汉长城对长城两侧的影响

汉长城功能的发挥,促使长城外政局发生新变化。而稳定的局势是经济发展的前提,所以长城地带首先得以开发,并向外延伸,以西汉时期为例,

---

① 参见宋会群、李振宏《汉代居延地区邮驿方位考》,《河南大学学报(社会科学版)》1993年第1期。

长城的修筑和完善促进了西汉王朝和西域经济发展。同时在长城的安全保障下，各民族的交流方式、内容和规模增加，出现杂居、通婚现象，相互认同度提高，交往交融日益加深。在长城保护下丝绸之路畅通，中西方贸易、文化交流得以开展。

一、汉长城稳定了长城内外的政局

西汉初年，匈奴不断南侵，对西汉王朝造成了很大威胁，还曾以河西为根据地，入寇陇西，威胁关陇地区，使西汉王朝处于十分不利的境地。所以汉武帝出击匈奴时，首先夺得河套地区，解除了匈奴对长安的威胁。汉匈战争后，西汉王朝将长城修筑延伸至河西地区，并逐渐完善成以墙体为主体，以天田、堑壕、虎落、关城、水门、烽燧、坞、障城等为辅助的体系化防御工事，且这一防御工事有效地发挥了内防、外防功能，使匈奴快速突击、速战而去、频繁骚扰的战术特长受到限制，所以"边郡烽火候望精明，匈奴为边寇者少利，希复犯塞……匈奴希寇盗，北边幸无事"（《汉书·匈奴传》）。这与汉文帝时期贾谊所言"今西边北边之郡，虽有长爵不轻得复，五尺以上不轻得息，斥候望烽燧不得卧，将吏被介胄而睡"（《汉书·贾谊传》），形成鲜明对比。所以汉长城的完善，首先，改变了汉初汉王朝被侵扰的局面，解除了匈奴对长安的威胁，东汉时边郡官吏利用长城防御，亦是解除了边境的侵扰，如《后汉书·崔骃列传》载崔寔"出为五原太守……寔整厉士马，严烽候，虏不敢犯，常为边最"。其次，带来了边境安全，为汉王朝边郡屯田提供了保障。最后，为汉王朝控制和安排长城内的百姓生活提供了方便。汉王朝积极发挥长城内防功能，控制人口逃亡，所以"长城对西汉王朝而言，具有维护其封建专制统治的工具"[①]。总之，汉武帝时期大规模修筑长城后，匈奴侵扰次数明显减少，汉王朝也少发动出击匈奴的战争，长城两侧出现缓和状态。《汉书·匈奴传》载"北边自宣帝以来，数世不见烟火之警，人民炽盛，牛马布野"。

然而汉匈战争中受挫的匈奴，其游牧民族生活方式依然继续，所以在严重灾害影响下仍需要补给，但通过战争、越过长城障碍获得物资则希望渺茫，尤其在长城逐渐完善后，越过长城障碍获得物资则变得异常艰难，如《汉书·匈奴传》记载，汉昭帝统治时期"边郡烽火候望精明，匈奴为边寇者少利，希复犯塞"。因此匈奴为获得补给物资，首先是转换抢掠对象，先是"二万骑击乌桓……闻汉兵至，引去"，后又"击乌孙，取车延、恶师地……匈奴闻汉兵大出，老弱奔走，驱畜产远遁逃"，可见匈奴抢夺终未成功；此后匈奴又遭到

---

① 白音查干：《长城与汉匈关系》，《内蒙古师范大学学报（哲学社会科学版）》1998年第6期。

西域地区联合攻击，日渐势弱。神爵二年（前60年），匈奴“单于将十万余骑旁塞猎，欲入边寇”，也因“赵充国将兵四万余骑屯缘边九郡备虏”，不敢入，罢兵。这再次证明汉长城有效地阻止了匈奴侵扰。此后单于暴虐杀伐，引起内部不满，“姑夕王恐，即与乌禅幕及左地贵人共立稽侯狦为呼韩邪单于”，匈奴内乱。在呼韩邪单于困时，“左伊秩訾王为呼韩邪计，劝令称臣入朝事汉，从汉求助”，左伊秩訾曰：“强弱有时，今汉方盛，乌孙城郭诸国皆为臣妾。自且鞮侯单于以来，匈奴日削，不能取复，虽屈强于此，未尝一日安也。今事汉则安存，不事则危亡，计何以过此”（《汉书·匈奴传》），于是呼韩邪单于从其计，采用新方法转嫁游牧民族的天然不足，即向汉王朝称臣，依附于汉王朝，从而取得汉王朝资助。《汉书·匈奴传》载“元帝初即位，呼韩邪单于复上书，言民众困乏。汉诏云中、五原郡转谷二万斛以给焉”。于是“呼韩邪竟北归庭，人众稍稍归之，国中遂定”，呼韩邪单于逐步稳固政权，还迎娶王昭君，加强了与汉王朝的联系。

而呼韩邪单于的依附，改变了匈奴对汉王朝朝贡体系的看法。美国学者巴菲尔德研究指出，“朝贡体系的要求是相当仪式化的。由于呼韩邪是一位单于，因此他就被以特礼相待，位列所有汉朝贵族之上，并赠予礼物，但汉朝并无意吞并其部众。在得知这一消息之后，郅支改变了政策，也派一名人质到汉廷争夺朝贡收益。匈奴意识到，汉人主要关心的是象征性的归附，只要匈奴能够归附，汉廷就算为之破费也在所不惜。从这时开始，朝贡体系与“归附”“敬颂”“纳贡”之类的词语联系在一起。一旦这些特征了然于世之后，草原上的部落就再也不会强烈反对了。与之相反，他们将朝贡体系视作先前那样用来对中原施加影响的一种新体系。汉廷和匈奴都清楚，在这种新诚意的背后，隐藏的是游牧民族通过劫掠或勒索侵扰中原的能力。[①]

在长城内外政局趋于稳定之时，汉王朝在西域的影响力也得到加强，《汉书·西域传》载“自武帝初通西域，置校尉，屯田渠犁”；“至宣帝时，遣卫司马使护鄯善以西数国……乃因使吉并护北道，故号曰都护。都护之起，自吉置矣。僮仆都尉由此罢，匈奴益弱，不得近西域……自宣、元后，单于称藩臣，西域服从，其土地山川王侯户数道里远近翔实矣”。

因为这一时期汉王朝承受的军事压力主要来自北方，对外交往的主要方向也是北方；汉王朝外交和军事的主要注意力长期凝聚于北方，通过对“北边”的经营，形成了政治威势，扩大了文化影响。[②]所以汉长城的修建和

---

① 参见〔美〕巴菲尔德，袁剑译《危险的边疆：游牧帝国与中国》，第78～79页。

② 参见王子今《汉简河西社会史料研究》，第1页。

功能的有效发挥，有效地减少了匈奴的侵扰，同时，匈奴通过侵扰获利的补给方法也因长城层层防御而退出历史舞台，取而代之的是向汉王朝臣服，从而获得赏赐、资助，以弥补游牧民族的不足。呼韩邪单于政权趋于稳定也增强了汉王朝在西域的影响和控制力度。

二、汉长城加强了长城内外开发

政局稳定是经济发展的保障，在长城内外政局趋于缓和状态下，汉王朝开始在长城内外屯田。“屯田内有亡费之利，外有守御之备”，长城防御系统与屯田相辅相成。长城的有效防御，离不开屯田生产的支持，如《史记·匈奴列传》载“汉使光禄徐自为出五原塞数百里，远者千余里，筑城障列亭至卢朐，而使游击将军韩说、长平侯卫伉屯其旁”。而屯田能否顺利开展，又依赖长城的有效防御，二者相辅相成。桑弘羊在建议轮台屯田时也明确指出，“可遣屯田卒诣故轮台以东，置校尉三人分护……张掖、酒泉遣骑假司马为斥候，属校尉，事有便宜，因骑置以闻。田一岁，有积谷，募民壮健有累重敢徙者诣田所，就畜积为本业，益垦溉田，稍筑列亭，连城而西，以威西国……严敕太守都尉明烽火，选士马，谨斥候，蓄茭草”（《汉书·西域传》），肯定了屯田与长城烽燧建设的依存关系。“就屯垦与戍边的辩证关系而言，屯垦与戍边互为目的，都以对方的存在发展为自己存在发展的条件。屯垦着眼于经济发展，为了戍边，为戍边提供必需的物质基础；而戍边着眼于政治统治，必须屯垦，是保证屯垦存在发展的前提。”①

所以汉长城为边郡之人提供了相对安稳的生活，为边郡屯田提供了环境，于是“匈奴远遁，而幕南无王庭。汉度河自朔方以西至令居，往往通渠置田，官吏卒五六万人，稍蚕食，地接匈奴以北”（《史记·匈奴列传》）。《后汉书·西羌传》载顺帝永建四年（129年）“尚书仆射虞诩上疏曰：……《禹贡》雍州之域，厥田惟上。且沃野千里，谷稼殷积，又有龟兹盐池以为民利。水草丰美，土宜产牧，牛马衔尾，群羊塞道。北阻山河，乘厄据险。因渠以溉，水舂河漕。用功省少，而军粮饶足……’书奏，帝乃复三郡……既而激河浚渠为屯田，省内郡费岁一亿计。遂令安定、北地、上郡及陇西、金城常储谷粟，令周数年”。今天在轮台、沙雅、若羌等县境和罗布泊北岸发现一些两汉屯田的遗址和汉代灌溉系统。②长城调查发现，从酒泉郡金塔县至敦煌这段长城，与令居至金塔县的长城，构成一个“T”字形的犄角之势，有效地保护了疏勒

① 张运德：《两汉时期西域屯垦的基本特征》，《西域研究》2007年第3期。

② 参见孟池《从新疆历史文物看汉代在西域的政治措施和经济建设》，《文物》1975年第7期。

河和弱水流域的农垦区及中原连接西域的河西通道。[①]

而且屯田首先使长城沿线形成了一个独特的“长城地带”[②],即农耕与畜牧混合地带,是农耕地带与游牧地带的过渡带。本书所言长城地带,具体而言是指西汉时期修筑长城后,在墙体、天田、堑壕、虎落、关城、水门、烽燧、坞、障城、山险、水险等整个长城防御体系影响下,南北、东西各数百千米乃至上千千米的农牧交错地带——在长城防御体系周边。既包含长城内汉王朝控制下的边郡、属国,也包括长城外汉王朝控制下的屯田区,还包括匈奴、羌、西域等控制下的宜耕宜农地区。由于处于农耕与畜牧混合地带,长城地带也被形象地称为农牧业的分界线。然而长城设置并非为迎合今天所知的400毫米等降水量线,其设置首先依靠的是汉王朝实力,如西汉王朝积极在长城外屯田,而东汉王朝则不断内缩,甚至一度弃关。其次考虑是否适宜汉人生活,如汉武帝时期匈奴王庭远遁,但西汉王朝并没有将长城推至匈奴王庭处,而是修筑在允许农耕技术注入的过渡地带。应劭曰“武帝始开三边,徙民屯田,皆与犁牛”,汉昭帝时期“发习战射士诣朔方,调故吏将屯田张掖郡”(《汉书·昭帝纪》)。汉宣帝时仍然选择土地肥沃之地屯田,“都护治乌垒城,去阳关二千七百三十八里,与渠犁田官相近,土地肥饶”(《汉书·西域传》);东汉时仍如此,《后汉书·西域传》也载东汉王朝“立屯田于膏腴之野,列邮置于要害之路”。

为发展长城地带,汉王朝不断充实该地带,特别是西汉时期。汉文帝时晁错曾谏言徙民实边,“上从其言,募民徙塞下”。汉武帝时徙民实边更具规模,《史记·平准书》明确记载汉武帝时期有两次徙民实边,第一次是“山东被水菑,民多饥乏……乃徙贫民于关以西,及充朔方以南新秦中,七十余万口,衣食皆仰给县官。数岁,假予产业,使者分部护之,冠盖相望。其费以亿计,不可胜数”;第二次是“初置张掖、酒泉郡,而上郡、朔方、西河、河西开田官,斥塞卒六十万人戍田之。中国缮道馈粮,远者三千,近者千余里,皆仰给大农”。有学者统计,汉武帝时期先后向西北徙民总数160多万。[③]而且汉武帝之后仍徙民实边,《汉书·西域传》载宣帝神爵三年(前59年)“乃因使吉并护北道,故号曰都护……匈奴益弱,不得近西域。于是徙屯田,田于北胥鞬,

---

① 参见薛长年《西塞雄风:陇右长城文化》,第28页。

② 参见〔美〕拉铁摩尔著,唐晓峰译《中国的亚洲内陆边疆》,第324~325、331~332页;夏明亮、童雪莲《“长城地带”考古学术语属性探讨》,《东北史地》2012年第5期;黄永美《西汉西北地区长城地带探究——以西汉政府控制区为例》,《重庆师范大学学报(社会科学版)》2020年第3期。

③ 参见沈飞德《西汉徙民实边与唐初羁縻政策辨析》,《历史教学问题》1990年第5期。

披莎车之地，屯田校尉始属都护”。连云港东海县尹湾汉墓出土简牍《东海郡吏员考绩簿》中有“平曲丞胡毋[钦]七月七日送徒民敦煌”的记录。[①]学者研究“徒”应为“徙”，因其后接“民”字，在汉代文献中“徙民”是习惯用法，且敦煌又是西汉王朝徙民之所，又考绩簿成于汉成帝永始四年（前13年），由此可见汉成帝时也曾徙民敦煌。[②]

除徙民实边外，还允许长城防御戍卒的家属常居边郡，有举家迁徙甚至举族迁徙而来的，如《汉书·西域传》记载“良等随入，遂杀校尉刀护及子男四人、诸昆弟子男，独遗妇女小儿”。又如罗布泊出土的34号汉简记录了一个叫宋均的屯戍者从南阳携妻子和若干私从者迁徙来屯戍。[③]居延汉简中也有大量家属居边记录，如“制虏隧卒张放 妻大女自予年廿三用谷二石一斗六升大 子未使男野年二用谷一石六斗六升大(231.25)”，“俱起隧卒丁仁母大女存年六十七用谷二石一斗六升大 弟大女惠文年十八用谷二石一斗六升大 弟使女肩年十三用谷一石六斗六升大 凡用谷六石(254.11)”等内容。还有专门的家属署名籍，如“卒家属在署名籍(185.13)”“寿二年十一月卒家属廪名籍(276.4A)”等。而且无论是吏，还是一般戍卒，都可以带家属，因为“两汉政府为充实边塞人口、稳定军心，还鼓励吏卒携带家属在边塞常居，这在汉简中有所反映……在军中准许带家属的人员可以是吏，也可以是一般戍卒”[④]。

还有罪犯徙边，如《汉书·武帝纪》载元狩五年（前118年）“徙天下奸猾吏民于边”。戾太子兵变失败后，“其随太子发兵，以反法族。吏士劫略者，皆徙敦煌郡”（《汉书·公孙刘田王杨蔡陈郑传》）。汉宣帝时丞相杨敞之子杨恽犯罪，“廷尉当恽大逆无道，要斩。妻子徙酒泉郡”（《汉书·公孙刘田王杨蔡陈郑传》）。汉成帝时“商素憎陈汤，白其罪过，下有司案验，遂免汤，徙敦煌”（《汉书·翟方进传》）。汉哀帝时“贺良等皆伏诛。寻及解光减死一等，徙敦煌郡”（《汉书·眭两夏侯京翼李传》）。

同时还将战俘或内附部族安置在边郡，如《汉书·卫青霍去病传》载“乃分处降者于边五郡故塞外，而皆在河南，因其故俗为属国”。《汉书·武帝纪》载元狩二年（前121年）“将军去病、公孙敖出北地二千余里，过居延”，颜师古注曰：“居延，匈奴中地名也，韦昭以为张掖县，失之。张掖所置居延县者，以

① 参见滕昭宗《尹湾汉墓简牍释文选》，《文物》1996年第8期。

② 参见刘磐修《汉代河西地区的开发》，《历史教学》2002年第11期。

③ 参见朱宏斌《两汉西域屯田及其在中西农业科技文化交流中的作用》，《中国农史》2003年第2期。

④ 杨芳：《汉简所见河西边塞军屯人口来源考》，《中国边疆史地研究》2009年第1期。

安处所获居延人而置此县。”这些各种形式来到边郡的人充当起保卫边郡的成员，为边郡发展提供了动力。

长城地带得以充实才能更好地发展。第一，参与屯田的百姓、田卒、戍卒等人多来自内地，有着丰富的耕作经验和农业生产技术，所以设置河西四郡后，“习俗颇殊，地广民稀，水草宜畜牧，故凉州之畜为天下饶。保边塞，二千石治之，咸以兵马为务；酒礼之会，上下通焉，吏民相亲。是以其俗风雨时节，谷籴常贱，少盗贼，有和气之应，贤于内郡。此政宽厚，吏不苛刻之所致也”（《汉书·地理志》）。迁徙者举家甚至举族迁徙而来，所以自身携带农业生产工具也是极有可能的。同时汉王朝为鼓励生产，允许迁徙者借贷置办产业，“徙贫民于关以西，及充朔方以南新秦中，七十余万口，衣食皆仰给于县官。数岁，贷与产业”（《汉书·食货志》）。迁徙者的充实和屯田的开展为边郡农业发展带来了劳动力、生产工具和技术，促进了边郡开发。居延汉简中有籴粟记载，而且不只是在汉代居延地区，在敦煌也有此类记录，说明边塞防御人员从当地农民手中购粮的做法在西北边塞广泛存在，且不限定于某一地区；这也说明当地农民的粮食曾有过生产富足，不仅可以自用，还可有剩余出卖的事实。[①]

第二，政府开发新的生产技术，曾推广至边郡。如汉武帝时赵过改进犁耕技术，西汉王朝将这一技术推广到河西地区，“教边郡及居延城。是后边城、河东、弘农、三辅、太常民皆便代田，用力少而得谷多”（《汉书·食货志》）。通过甘肃武威磨咀子48号汉墓出土的西汉木牛犁模型以及陕西绥德王得元墓汉画像石牛耕图、陕西米脂汉画像石牛耕图、内蒙古和林格尔汉壁画墓农耕图等文物资料[②]，也可知汉代长城地带农业技术的发展情况。“二牛抬杠”的耕作方法在西汉晚期开始为中原地区所采用，从和林格尔以及内蒙古其他地方的东汉墓壁画可以知道，到了东汉晚期，这种较为先进的耕作方法已经相当普遍地推广到了长城以北辽阔的草原地带。壁画的作者，还在耕过的垧土上，画了几条平行线，表示翻起的碎土成行，谷物的种植有垄有沟。这是采用了赵过的代田法。[③]所以除了迁徙者无意地传播农耕技术外，还有汉王朝有意地推广农业生产技术。

① 参见于振波《简牍与秦汉社会》，第65页。

② 参见甘肃省博物馆《武威磨咀子三座汉墓发掘简报》，《文物》1979年第12期；陕西省博物馆、陕西省文物管理委员会《陕北东汉画象石刻选集》，文物出版社，1959年，第8页；陕西省博物馆、陕西省文物管理委员会《米脂东汉画象石墓发掘简报》，《文物》1972年第3期；内蒙古自治区博物馆文物工作队编《和林格尔汉墓壁画》，文物出版社，1978年，第81页。

③ 参见内蒙古自治区博物馆文物工作队编《和林格尔汉墓壁画》，第20页。

第三，水利灌溉技术、园圃技艺、冶铁业等各种手工业技术也被带到长城地带。《史记·匈奴列传》载水利灌溉内容，“匈奴远遁，而幕南无王庭。汉度河自朔方以西至令居，往往通渠置田”。居延汉简有“治渠卒河东皮氏毋忧里公乘杜建年廿五(140.15)”“五渠佐政十人　□□[一人] [率]什一人(498.10)”的记录。今人研究指出，在若羌县米兰发现过一个汉代灌溉系统，沿着古代米兰河道，修建了总闸、分水闸、干渠和支渠，有的支渠长达2千米。[①]《汉书·张骞李广利传》载大宛先是城内无井，后“宛城中新得汉人知穿井”。《三国志·魏书·乌丸鲜卑东夷传》注释引《魏书》有乌桓东胡“能作白酒，而不知作曲糵”。画像石中的中室南耳室西壁厨炊图中画了酿造活动，表示正在酿酒或制醋。当时，中原的酿造技术已经传到了长城地带。[②]纺织技术得以传播，如《后汉书·崔骃列传》言崔寔“出为五原太守。五原土宜麻枲，而俗不知织绩……寔至官，斥卖储峙，为作纺绩、织纴、练缊之具以教之，民得以免寒苦”。建筑技术方面，墓葬本身就是建筑艺术的杰作，建造者掌握了比较先进的砌砖技术，平面布局均衡对称而有变化，砖室墓上画出一些梁柱斗拱，使满壁彩绘与墓室建筑融为一体。在建筑技术和建筑艺术两方面，证明都已达到中原地区同样的水平。[③]

在农业带动下，长城地带工商经济也开始发展。西汉开发长城边区以有组织地开发农业为根本，河套地区主要采用筑城屯垦的民屯方式，河西地区主要是戍军的军屯，也有循序渐进式的移民屯垦。农业经济的开发带动和促进了这一地区的工商经济的发展。[④]如今在悬泉置遗址发现的大量漆纱，说明髹漆技术已传入长城地带。[⑤]在陕西发现的东汉时期汉墓亦能说明当时长城地带手工业发展情况。因为在边地趋于安定的环境下，边境经济得以发展。这里的农、牧业得到了发展，出现了大地主和大牧主……又因地通边境，与南匈奴进行贸易，一些由手工业和商业起家的工商业者，他们有的富甲一方。另外还有一些终身驻守于此的文武官员和移民实边中的富户。这些人都有条件营造奢侈的墓室，加之上郡一带所产砂石，易于采运和雕刻，这样，在东汉盛行以用画像石装饰墓室的风尚，便也普遍地在上郡地

---

① 参见孟池《从新疆历史文物看汉代在西域的政治措施和经济建设》，《文物》1975年第7期。

② 参见内蒙古自治区博物馆文物工作队编《和林格尔汉墓壁画》，第20页。

③ 参见内蒙古自治区博物馆文物工作队编《和林格尔汉墓壁画》，第28页。

④ 参见张南《论西汉长城边区的经济开发》，《内蒙古社会科学》1989年第3期。

⑤ 参见周旸《漆纱》，载赵丰主编《丝路之绸：起源、传播与交流》，浙江大学出版社，2015年，第80页。

区流行起来。[1]而要铸造画像石墓室,必须先有其技术,所以这些墓室的发现说明东汉时期的墓室铸造工艺在边郡也已被掌握。

长城地带经济的发展与交通道路建设密不可分,二者相互促进,因为在构筑长城边防工事的同时,秦汉王朝相当重视西北新经济区的建设,西北长城道路成为西北新经济区的主要动脉。从西北长城防区汉墓出土车辆模型及汉墓壁画中关于运输活动的画面可以知道,当地经济的繁荣是以交通的发展为条件的,而这一地区经济的发展又进一步促进了交通的发展。[2]因此长城建设的同时,其实也在进行道路建设,因为“汉朝中央政府为了巩固边防和发展边疆地区的经济与文化,为了维持安定的秩序和保障交通安全,在西域重要的商道上修筑了许多城垒和连绵不断的烽燧台,驻扎戍兵,除了军事任务以外,兼管交通运输”[3]。

长城地带的发展增进了汉王朝经济的发展,西汉时期表现尤其明显。《汉书·万石卫直周张传》载“元封四年,关东流民二百万口,无名数者四十万,公卿议欲请徙流民于边以适之”,“至昭帝时,流民稍还”,所以长城地带首先是缓解了汉王朝大量流民无所安抚的压力,有利于内地的安定和发展。其次是屯田生产获得的粮草可就地筹集军粮,减轻了从内地长途运输的消耗,缓解了汉王朝的财政压力。同时各种技术的引进,促使了边郡和西域的发展,边郡和西域的发展又为长城防御提供了良好的后勤保障,为防御军队提供了强有力的后盾,实现了晁错设想的耕战守结合、民兵结合。

长城地带的发展也影响到西域。除边郡屯田外,汉王朝在天山南麓的交通要道、绿洲之上的西域地区也有屯田,如汉武帝初通西域时,便“屯田渠犁”。米兰古城(今若羌县境内)遗址至今还存有比较完整的汉代水利灌溉系统。[4]而西域“其地皆无丝漆,不知铸钱器。及汉使亡卒降,教铸作他兵器。得汉黄白金,辄以为器,不用为币”(《史记·大宛列传》)。《汉书·傅常郑甘陈段传》中陈汤曾言关于胡人已有变化,“夫胡兵五而当汉兵一,何者?兵刃朴钝,弓弩不利。今闻颇得汉巧,然犹三而当一”。“颇得汉巧”正说明汉人的冶铁水平对西域的影响;而且还在新疆发现了很多汉代矿冶遗址,如今库车市阿艾山遗址、民丰县尼雅遗址等。还有考古发现汉代西域的冶铁中心

---

① 参见陕西省博物馆、陕西省文物管理委员会《陕北东汉画象石刻选集》,第7页。

② 参见王子今《汉简河西社会史料研究》,第16~17页。

③ 孟池:《从新疆历史文物看汉代在西域的政治措施和经济建设》,《文物》1975年第7期。

④ 参见张运德《两汉时期西域屯垦的基本特征》,《西域研究》2007年第3期。

大部分分布于屯区及其附近。[①]

又因为长城地带的发展也是汉王朝农耕文化的展示，而西域"大率土著，有城郭田畜"，其生产方式分两种，北部地区以乌孙为代表，主要是游牧方式，南北两道上的以绿洲农业为主要生产方式。[②]所以"自建武以来，西域思汉威德，咸乐内属。唯其小邑鄯善、车师，界迫匈奴，尚为所拘。而其大国莎车、于阗之属，数遣使置质于汉，愿请属都护"(《汉书·西域传》)，"自宣、元后，单于称藩臣，西域服从"。同时在西域的汉王朝派去的屯田者有的还参与西域政治经济，提供了各种技术或有效指导，如鄯善国，"王自请天子曰：'身在汉久，今归，单弱，而前王有子在，恐为所杀。国中有伊循城，其地肥美，愿汉遣一将屯田积谷，令臣得依其威重。'于是汉遣司马一人、吏士四十人，田伊循以填抚之。其后更置都尉"(《汉书·西域传》)。

所以，在完善的长城防御体系保障下，形成了新的发展地带即长城地带，长城地带的发展又支持着汉王朝社会整体发展，也带动了西域发展。但是由于过度地开发长城地带，超出了长城地带的承受能力，破坏了环境的自我调节，环境开始恶化，在东汉时期已呈现严重后果，植被减少、水土流失，土地沙漠化、盐碱化，如鄂尔多斯、巴彦淖尔境内许多西汉时期的城址和墓葬被黄沙掩埋。[③]

三、汉长城促进了长城内外各民族的交往交流

(一) 在汉长城保障下的民族交往交流

战争冲突也是一种独特的文化交流方式，虽然"战争会造成交战国之间交往、贸易的暂时中断，但也从某种意义上加强了双方的联系，还造成一种特殊的文化交流的机会。战争双方都有必要研究和关注对方的状况，'知己知彼，百战不殆'。这种研究和关注必然造成对对方的了解、学习和借鉴。战争还造成俘虏和掠夺，这也是获取对方文化成果的机会。战争还要求建立联盟，拉拢各方对付共同的敌人"[④]，然而在缓和状态下，长城内外交往形式更多样、交流更广泛。

首先，汉长城缓和了长城内外冲突状态，形成了一个宜农宜牧的长城地

① 参见朱宏斌《两汉西域屯田及其在中西农业科技文化交流中的作用》，《中国农史》2003年第2期。

② 参见孙占鳌、张瑛《河西汉简所见汉代西北民族关系研究》，第72页。

③ 参见马利清《先秦两汉时期长城地带经济开发得失探究》，《中国文化研究》2008年第3期。

④ 石云涛：《汉代丝绸之路的开拓与中外交流途径》，载石云涛《丝绸之路与汉唐文史论集》，大象出版社，2018年，第6页。

带，一方面汉王朝向长城地带大量迁徙汉人，另一方面内服的少数民族在此设置属国，如西汉时期，“乃分徙降者边五郡故塞外，而皆在河南，因其故俗，为属国”，属国所处民族是否与汉人有婚姻则不可知。但到东汉时期，《后汉书·西羌传》载班彪言“今凉州部皆有降羌，羌胡被发左衽，而与汉人杂处，习俗既异，言语不通”，又载“湟中月氏胡，其先大月氏之别也，旧在张掖、酒泉地。月氏王为匈奴冒顿所杀，余种分散，西逾葱领。其羸弱者南入山阻，依诸羌居止，遂与共婚姻。及骠骑将军霍去病破匈奴，取西河地，开湟中，于是月氏来降，与汉人错居”。此外，罗布泊出土一件牛群走失的佉卢文书、尼雅遗址出土一件土地买卖的佉卢文书，都说明罗布泊遗址和尼雅遗址发现内地与当地人交错杂居情况。[①]既然与汉人杂处，则不可避免会有交流、婚姻。东汉时期，随着南匈奴的内迁，汉王朝境内的匈奴人口已经超过了20万人。东汉王朝还强令大批汉人迁移到这些边郡，于是汉人和匈奴杂居的聚落开始发展。因而无论是属国还是杂处的民族，其与汉人的关系，与之前相比有所加强，因地缘关系，彼此交流增多。“长城内外，各民族错居杂处”[②]，互通婚姻，而婚姻又促进民族间的交往交流。

其次，以长城地带为基础和平台，民族间的交往交流向长城内外潜移默化地延伸，逐渐带动各民族间的交流、贸易，相互吸引，其中婚姻增多，文献资料中以政权的上层通婚居多，如西汉时期汉与乌孙通婚、乌孙与匈奴之间也有婚姻，细君公主被“乌孙昆莫以为右夫人。匈奴亦遣女妻昆莫，昆莫以为左夫人”（《汉书·西域传》）。还有长城内外政局稳定，西域各国臣服，纷纷向长安送侍子，这些侍子归国后，也会带去各种技术，为西域发展提供支持。坎库尔墓葬被推定为东汉时期北匈奴墓葬，其墓葬装饰豪华，亦可见当时的北匈奴受到汉文化和中亚土著文化的影响，逐渐失去了固有文化和血统的纯粹性。[③]

还有大量亡人的存在，也加速了民族交流，如“卫律为单于谋‘穿井筑城，治楼以藏谷，与秦人守之。汉兵至，无奈我何。’即穿井数百，伐材数千”（《汉书·匈奴传》）。这说明其实在这之前穿井、筑城技术匈奴已掌握。“汉的亡人曾经在民族文化交流中发挥过明显的作用……同样，汉帝国也往往‘得匈奴降者’。可以作为与汉‘亡人’反方向人口流动的历史例证的，还有‘胡

① 参见汪宁生《汉晋西域与祖国文明》，《考古学报》1977年第1期。

② 盖山林、陆思贤：《内蒙古境内战国秦汉长城遗迹》，载中国考古学会编《中国考古学会第一次年会论文集》，第224页。

③ 〔日〕泽田勳著，王庆宪、丛晓明译：《匈奴——古代游牧国家的兴亡》，第189页。

巫''胡贾''胡骑'在中原的活跃表现,胡奴也服务于内地社会经济。而较大规模的游牧族内迁史事,是匈奴的内附。"①

因此,长城内外的少数民族开始受汉文化影响,或通过婚姻,或通过送侍子入长安了解学习汉文化。在少数民族与汉民族的混居、邻居、婚姻等多种形式的交流中,有的少数民族不断吸收汉族的生产生活方式,如考古发现匈奴也发展农业,种植各种小米,匈奴人穿丝绸、用筷子、吃大米、住半泥土棚屋、仿制马车等衣食住行深受汉文化影响。又如乌桓、鲜卑,在两汉时期不断向中原迁徙,上谷、渔阳诸郡早已是汉人和匈奴、乌桓、鲜卑等族错居杂处的地区。②羌族与氐族相同,到了汉代中叶已逐渐"汉化",尤其是一些东迁的部落,生活方式则已与汉人相差不多了。也有少数民族之间相互交流、影响,如混居在一起的羌族和氐族,最初是两个不同的民族,地望、语言、生活方式、风俗习惯都不同,经过汉代的迁徙之后,两族交错居住,婚俗与服饰也彼此影响,但彼此部落并不相同。

可谓是"自秦汉起,匈奴、东胡、氐、羌、乌桓、鲜卑等各民族不断来到长城内外,同这里的汉族交侵错居,相互交往"③。所以各民族间的经济、文化、社会生活、语言、服饰、生活习惯等相互影响,并不会因为长城的修建而有所间断。相反,长城的修建,为交流提供了安定环境,提供了政治保障,长城的修建"既遏制不了南北各族人民之间的接触往来和经济文化交流,也隔断不了北方民族的南下和中原内地人的北上,更挡不住南北各族人民之间的相互吸收、彼此融合。这是历史的潮流和发展趋势"④。

(二) 长城内外民族交流的形式和内容

首先,在长城防御下长城内外政局稳定,汉王朝与西域交往频繁,民族交流增多,如政治婚姻。汉王朝与乌孙通婚,"汉元封中,遣江都王建女细君为公主,以妻焉。赐乘舆服御物,为备官属宦官侍御数百人,赠送甚盛……公主至其国,自治宫室居,岁时一再与昆莫会……昆莫年老,语言不通,公主悲愁……公主死,汉复以楚王戊之孙解忧为公主,妻岑陬……翁归靡既立,号肥王,复尚楚主解忧……昆弥及太子、左右大将、都尉皆遣使,凡三百余人,入汉迎取少主。上乃以乌孙主解忧弟子相夫为公主,置官属侍御百余

---

① 王子今:《汉简河西社会史料研究》,第10页。

② 参见内蒙古自治区博物馆文物工作队编《和林格尔汉墓壁画》,第18页。

③ 黄雪寅:《内蒙古草原民族与北方长城地带各民族的关系》,《内蒙古考古》1998年第2期。

④ 舒顺林:《论东汉时期长城内外各族的经济文化交流》,《内蒙古师范大学学报(哲学社会科学版)》1989年第2期。

人,舍上林中,学乌孙言”(《汉书·西域传》)。在婚姻形势下,汉语与乌孙语言得以碰撞交流。公主可以备官属,还带去百余人,虽然具体陪嫁而去的百余人有何技能不确定,但从自治宫室也能略知一二,绝非等闲之辈。因此这些和亲队伍不但带去了大量财富,还带去了农耕技术、手工业技术、音乐艺术、礼义文化等,如跟随公主而去的冯夫人,“初,楚主侍者冯嫽能史书,习事,尝持汉节为公主使,行赏赐于城郭诸国,敬信之,号曰冯夫人。为乌孙右大将妻”(《汉书·西域传》)。冯夫人并不是个例,想必更多的侍从也已与当地人婚姻。

同时这一时期乌孙与匈奴之间也有婚姻,“匈奴亦遣女妻昆莫,昆莫以为左夫人”。还有嫁到乌孙的解忧公主有女与龟兹婚姻,《汉书·西域传》载解忧公主“生三男两女:长男曰元贵靡;次曰万年,为莎车王;次曰大乐,为左大将;长女弟史为龟兹王绛宾妻;小女素光为若呼翎侯妻”,“时乌孙公主遣女来至京师学鼓琴……过龟兹。龟兹前遣人至乌孙求公主女,未还。会女过龟兹,龟兹王留不遣,复使使报公主,主许之。后公主上书,愿令女比宗室入朝”。余太山先生指出,及至汉宣帝本始年间,汉文化早已渗入西域,特别是葱岭以东各国。乌孙与汉联姻,吸收汉文化自然便捷,龟兹既是乌孙紧邻,又是汉王朝与乌孙交往必由之途,深受影响亦不待言。龟兹王绛宾“遣人至乌孙求公主女”“爱其夫人”便有向往汉文化的因素在内,而“乐汉衣服制度”亦非始自元康元年之朝贺。①

还有西域纷纷向长安送侍子,这些侍子归国后,也会带去各种技术和法律,为西域发展提供支持,如“立尉屠耆为王,更名其国为鄯善,为刻印章,赐以宫女为夫人,备车骑辎重,丞相将军率百官送至横门外,祖而遣之。王自请天子曰:‘身在汉久,今归,单弱,而前王有子在,恐为所杀。国中有伊循城,其地肥美,愿汉遣一将屯田积谷,令臣得依其威重。’”(《汉书·西域传》)有的侍子还被立为王,“宣帝时,乌孙公主小子万年,莎车王爱之。莎车王无子死,死时万年在汉。莎车国人计欲自托于汉,又欲得乌孙心,即上书请万年为莎车王。汉许之,遣使者奚充国送万年”(《汉书·西域传》)。《后汉书·西域传》载“匈奴单于因王莽之乱,略有西域,唯莎车王延最强,不肯附属。元帝时,尝为侍子,长于京师,慕乐中国,亦复参其典法。常敕诸子,当世奉汉家,不可负也”,莎车王在汉元帝时期曾为侍子,深受汉文化影响,所以才会世奉汉家。余太山先生认为,由此可见汉王朝要求西域诸国纳质或送侍子的作用。这种举措的主要目的是扶植亲汉政权,客观上则有利于中原和西

① 参见余太山《两汉魏晋南北朝正史西域传要注》,第190页。

域的文化交流。[1]

而且这些侍子是分批进入京城的，有的等待时间长了，直接定居在河西之地。《梁书·康绚传》载康绚“其先出自康居。初，汉置都护，尽臣西域。康居亦遣侍子待诏于河西，因留为黔首，其后即以康为姓”。这说明当时西域各国侍子要在河西待诏，得到允许后才可以进入都城。不仅侍子，还有使臣、商旅恐怕也是这样的情况，“当时从西域各国来的使臣、商旅，不能直至京城，需先在河西待诏，等汉朝诏令下达后，一批一批放行，则河西经常住有一批西域人留居……允许进京有人数限制，不少随行人员只能停留在河西，其中无力返回或其他原因不能返回本国的，人数也不会太少。这些人住在河西，有的参与汉朝军政，有的自谋生计，因他们兼通语言，就成了汉朝政府与西域各国进行联系的纽带和中原与西域经济文化交流的中介”[2]。由此反观那些随和亲而去的汉人到达西域后，定居联姻则变得异乎寻常了。

而且通婚最突出的是语言文化上的交流，如汉王朝与乌孙联姻的公主学习乌孙语言，还有音乐艺术、服饰礼仪等方面的交流。《汉书·西域传》载“时乌孙公主遣女来至京师学鼓琴，汉遣侍郎乐奉送主女……而龟兹王绛宾亦爱其夫人，上书言得尚汉外孙为昆弟，愿与公主女俱入朝。元康元年，遂来朝贺。王及夫人皆赐印绶。夫人号称公主，赐以车骑旗鼓，歌吹数十人……后数来朝贺，乐汉衣服制度，归其国，治宫室，作徼道周卫，出入传呼，撞钟鼓，如汉家仪”。还有汉王朝的乐器赏赐也为音乐交流提供了机会，《后汉书·南匈奴列传》载汉天子赏赐南匈奴单于有“乐器鼓车”。《后汉书·南匈奴列传》载建武二十八年(52年)“北匈奴复遣使诣阙，贡马及裘，更乞和亲，并请音乐”，足见音乐交流的影响。当然也有科技上的交流，西域人学习汉人农耕技术、园艺技术、冶铁等手工业技术等，如《汉书·西域传》载“自宛以西至安息国……不知铸铁器。及汉使亡卒降，教铸作它兵器。得汉黄白金，辄以为器，不用为币”，颜师古曰：“汉使至其国及有亡卒降其国者，皆教之也。”

其次，非官方的贸易交流扩大。长城的完善和汉匈关系的缓和，为关市贸易提供了安全保障。在关市中，匈奴等西域诸民族用畜牧产品交换农产品或手工业制品，《后汉书·南匈奴列传》中班彪向皇帝奏疏有言匈奴用牛马换取所需物资，“北匈奴见南单于来附，惧谋其国，故数乞和亲，又远驱牛马与汉合市”，而且北匈奴对贸易的渴望始终未停，“时北匈奴犹盛，数寇边，朝廷以为忧。会北单于欲合市，遣使求和亲，显宗冀其交通，不复为寇。乃许

---

① 参见余太山《两汉魏晋南北朝正史西域传要注》，第292页。

② 王宗维：《汉代河西与西域之间的相互关系》，《新疆社会科学》1985年第3期。

之"。根据考古发现，新疆民丰尼雅1号墓地出土的"河内修若东乡杨平缣"①、1号墓地3号墓出土的"红蓝色菱格纹丝头巾"②，便是当时贸易换取所得物资的例证。

而且从西汉王朝起，随着长城内外关系缓和，贸易规模不断扩大，汉武帝时出击匈奴，也是从击胡市开始，如《史记·匈奴列传》载"自马邑军后五年之秋，汉使四将军各万骑击胡关市下"，足以说明当时从事贸易人数之多、规模之大。又汉昭帝始元五年(前82年)宣布放宽限制重要军事物资——马和弩出关的禁令。这相对于之前的禁令是一大改变，而且匈奴、西域"尚乐关市，嗜汉财物"，要求"今欲与汉闿大关"。又如大夏"其兵弱，畏战。善贾市……有市贩贾诸物"，张骞第一次出使西域回来汇报说在大夏见到蜀物，而大夏人回应说是在身毒国得此物，"吾贾人往市之身毒。身毒在大夏东南可数千里"，可见西域乐于关市贸易。所以汉昭帝时禁物放宽政策无疑提高了西域参与贸易的积极性。以罽宾国为例，汉成帝时杜钦曾总结其派来汉朝的使者有着商业利益，"奉献者皆行贾贱人，欲通货市买，以献为名"。《后汉书·南匈奴列传》载北匈奴对贸易渴望，汉王朝同意合市，匈奴则带万头牛羊进行贸易，足见贸易规模之大，"元和元年，武威太守孟云上言北单于复愿与吏人合市，诏书听云遣驿使迎呼慰纳之。北单于乃遣大且渠伊莫訾王等，驱牛马万余头来与汉贾客交易"。

而且关市贸易中的货物，除丝绸外，还有金银等其他物资，《史记·大宛列传》有得汉白金的记录，"自大宛以西至安息……其地皆无丝漆，不知铸钱器。及汉使亡卒降，教铸作他兵器。得汉黄白金，辄以为器，不用为币"。同时贸易是相互的，汉简中也有汉代戍卒购买马的记录，如居延汉简有"元延二年七月乙酉居延令尚丞忠移过所县道河津关遣亭长王礼以诏书买骑马酒泉 敦煌张掖郡中当舍传舍从者如律令 /守令吏诩佐褒 七月丁亥出(170.3A)""买马牛持刀剑(171.9)"等内容。关市贸易一直得以延续，甚至在两汉之际，"时天下扰乱，唯河西独安，而姑臧称为富邑，通货羌胡，市日四合，每居县者，不盈数月辄致丰积"(《后汉书·郭杜孔张廉王苏羊贾陆列传》)，可见在两汉之际的大动乱中，内地兵战频繁，而河西地区却独得相对安定。到汉光武帝建武二十五年(49年)"始复置校尉于上谷宁城，开营府，并领鲜卑，赏赐质子，岁时互市焉"(《后汉书·乌桓鲜卑列传》)，管理关市。东汉末年在中原地区黄巾起义内乱之时，幽州地区各民族间的互市仍然继

---

① 参见赵丰主编《丝路之绸：起源、传播与交流》，第135页。

② 参见赵丰主编《丝路之绸：起源、传播与交流》，第137页。

续,《后汉书·刘虞公孙瓒陶谦列传》载州牧刘虞“务存宽政,劝督农植,开上谷胡市之利,通渔阳盐铁之饶,民悦年登,谷石三十”。

除关市贸易外,还有民间贸易。居延汉简中有贾人、贾车等内容,说明专营贸易的商人在河西地区活动[①],“由于西北长城防区经济的进步和塞外游牧族贸易的发展,当地商业繁盛一时,西北长城道路又成为全国交通网中繁忙的商路。居延汉简中可见有‘贾车’的内容”[②]。同时市庸平贾的形成,可以说明当地民间贸易活动的活跃,已经使得经济生活相对成熟,以致自然形成了大略的定规。[③]贸易往来使游牧民族与农耕民族之间的物质、文化得以交流,丰富了少数民族的社会生活,促进了经济的发展,增强了中原王朝对少数民族的向心力。

还有,被官府抵制但仍然存在的走私贸易。通常贸易是在官府规定的地方即关市进行,并且参与贸易还需要有凭证,以防禁品出关,同时官府也打击走私贸易。即便如此,走私活动依然猖獗。如汉武帝时曾准备在马邑伏击匈奴,便是用走私交易作诱饵,“汉使马邑下人聂翁壹奸阑出物与匈奴交,详为卖马邑城以诱单于”,此处奸阑即“犯禁私出物也”,而且开始匈奴单于是相信的,说明这种贸易此前肯定已进行过多次,否则匈奴单于如何能相信?走私行为,在当时贸易总额中也许占有相当大的比重。[④]《史记·汲郑列传》也载汉武帝时期汉匈战争期间,匈奴浑邪王率众来降,等浑邪王至长安后,贾人与市者,坐当死者五百余人,而关于死因,汲黯的谏言有提到“愚民安知市买长安中物而文吏绳以为阑出财物于边关乎?陛下纵不能得匈奴之资以谢天下,又以微文杀无知者五百余人”。关于当时走私的具体商品未记载,有学者推断走私物品可能大部分是铁器,因为西汉王朝商人不可能在都城公开卖兵器给胡族人。这个例子充分说明了汉代关于走私贸易法律的严酷性,因为应劭注文有“胡市,吏民不得持兵器出关。虽于京师市买,其法一也”。在如此严苛的法律条文约束下,在长安天子脚下还有如此大批商人进行非法贸易,可想在边境地区此等贸易该是何等猖狂。

长期以来有一种误解,认为修筑长城阻碍了贸易。其实汉代贸易如关市贸易,本身就是有时间和贸易物品要求的,即使是民间集市也有一定规定,而且在汉王朝境内或出境往来都需要凭证,如《三国志·魏书·任苏杜郑

---

① 参见王子今《秦汉边疆与民族问题》,第27页。

② 王子今:《汉简河西社会史料研究》,第17～18页。

③ 参见王子今《秦汉边疆与民族问题》,第31页。

④ 参见王子今《秦汉边疆与民族问题》,第43页。

仓传》有载敦煌太守为想去洛阳贸易的西域商人颁发“过所”之事,“常日西域杂胡欲来贡献,而诸豪族多逆断绝……胡常怨望,慈皆劳之。欲诣洛者,为封过所,欲从郡还者,官为平取,辄以府见物与共交市,使吏民护送道路,由是民夷翕然称其德惠”。无论是否有长城防御,都会有关隘士卒把守检查过关凭证,而且长城修筑并没有取缔关市,反而随着长城两侧关系的缓和,为满足长城北侧贸易需求,汉王朝不断增进正当合法贸易。而长城修筑只是给走私贸易增加了难度,翻山越岭、逃避关卡检查难度增加,所以所谓长城防御阻碍交流的观点,并不客观,长城只是一定程度上减少了非法贸易。因为无论是否有长城防御,长城两侧贸易交流都是有序的、规范的交流,而不是随意的。尽管边境上保持着高度警戒,可走私活动并未完全终止,尤其在边境形势缓和、警惕防卫懈怠的地区。走私贸易在考古材料中也有体现,如1956年辽宁西丰县西岔沟发现汉武帝时期乌桓或匈奴墓葬,遗物中有大量来自汉朝的铁制兵器和工具。特别是到了东汉时期,朝廷统治重心是内政,长城防御时松时严,可想而知,边境走私贸易亦不会少。

此外还有一种特殊贸易——军市。《史记·张释之冯唐列传》载“李牧为赵将居边,军市之租皆自用飨士,赏赐决于外,不从中扰也……今臣窃闻魏尚为云中守,其军市租尽以飨士卒,〔出〕私养钱,五日一椎牛,飨宾客军吏舍人,是以匈奴远避,不近云中之塞”。《后汉书·铫期王霸祭遵列传》也有载“光武爱其容仪,署为门下史。从征河北,为军市令”。有学者研究指出,驻防的军队也促进了边境贸易的发展。自战国时期以来,在军队驻扎的地方尤其是边境地区就已经有了军市。偶尔可以看到,汉代的大部分时期仍然在使用类似的军市。居延汉简为我们提供了这方面的重要信息,如其中一枚汉简记载了关于边境上汉朝军队和归降蛮夷部队之间的经济关系。居延汉简有“私市居延愿以令取致谨(243.34)”的记录,在军事防御之地居延烽燧发现此简,应该与军市有关。也有学者将军市与关市进行区别,如按照场所不同区分开来,一般有三种类型:第一种是军市;第二种是边境集市,称为关市或互市;第三种是各边境城市中的普通集市。显然,军市是只允许军营内的戍卒交易。

另外,居延汉简还有关于“为家私市”的记录,如“道鸣沙里陵广地为家私市张掖酒泉□□□□□□□☒☒☒门亭障河津金关毋苛止录复传敢言之☒如律令/掾不害令史应　四月甲戌入(36·3)”[①];“☒与同里张利中自言为家

① 谢桂华、李均明、朱国炤:《居延汉简释文合校》,第57页。

私市张掖酒泉□□持□□▨▨(37•29)"[1];"▨为家私市张掖酒泉▨　▨月癸巳尉史宗敢言之(218•27)"[2]等内容。

关于"私市"和"为家私市",王子今、李禹阶二人在《汉代北边的"关市"》[3]一文中也有提到二者的具体情形,似乎尚不明朗,很可能与关市有关;还特别提到因为涉及张掖、居延两地,尤其值得重视。另有学者指出,根据新近的汉简资料可以再现当时边境士兵商业活动的场景。在居延汉简中,我们经常会碰到"私市"或者"为家私市"一词。这是因为许多士兵将其家庭成员一起带到了边塞。他们不仅到附近的居延地区的城市去,而且有时也跋涉到远至张掖郡治所所在的城市,或者相邻的边郡九原郡治所在的城市。而张掖、居延涉及军事防御地区,居延汉简就是在居延烽燧发现的。又居延汉简有禁止买卖的规定,如"□▨□□□行禁吏民毋贯卖▨(239•115)"[4];"▨□平吏民毋贯买▨(255•26)"[5],所以很有可能是防御戍卒参与的贸易,但应该不是为"公"而是为"私"参与的贸易,应该不是军市,而属于私下贸易,或许应是关市或边境城市中的普通集市。当时朝廷是允许边郡的官员和士兵从事贸易活动的。

最后,还出现了一种新的交流形式——宗教形式。在宗教的传播过程中,教徒传播的不只是宗教文化,还伴随有世俗文化。"宗教本身就是文化,宗教的传播就是文化交流,同时宗教又是文化交流的载体和媒介……在中外文化交流史上,宗教作为文化交流的一种载体,发挥过重要的作用。佛教产生于南亚,最早是汉代传入中国的,西汉末已有大月氏使节向中国人口授《浮屠经》,东汉末年西域入华僧人翻译出第一批佛经。随着佛教传入中国,印度富有思辨性的哲学、逻辑学、天文学、历法以及文学、音乐、绘画、雕塑、舞蹈等都伴随着佛教的传入而来……东汉末年,东来的域外高僧不少人都会一些方术,有的僧人还在自然科学方面有一定的造诣。"[6]

当然,无论是何种形式的交流,交流都是相互的,既有长城外的匈奴、西域向汉人学习,同样汉人也向游牧民族学习,如畜牧技术,"屯牧也是屯田的重要内容之一,因此蓄养西方各种奇畜,学习相关技术,也成为屯卒们的生产活动

---

① 谢桂华、李均明、朱国炤:《居延汉简释文合校》,第61页。

② 谢桂华、李均明、朱国炤:《居延汉简释文合校》,第351页。

③ 王子今、李禹阶:《汉代北边的"关市"》,《中国边疆史地研究》2007年第3期。

④ 谢桂华、李均明、朱国炤:《居延汉简释文合校》,第398页。

⑤ 谢桂华、李均明、朱国炤:《居延汉简释文合校》,第423页。

⑥ 石云涛:《汉代丝绸之路的开拓与中外交流途径》,载石云涛《丝绸之路与汉唐文史论集》,第14页。

的重要内容”[①]。引进奇物，如《汉书·大宛列传》载“汉发使十余辈至宛西诸外国，求奇物”，这些奇物中也有物种，“宛王蝉封与汉约，岁献天马二匹。汉使采蒲陶、目宿种归”(《汉书·西域传》)。而且汉人在西域屯田者多，“参与屯垦者中的许多人回到中原以后，也会在生产生活中自觉不自觉地扮演西方技术文化传播者的角色，这也是西域屯田汲取传播西方科技文化的一条重要途径”[②]。伴随而来的，除了西域特有动物、植物外，还有舞蹈、音乐、生活物品，“西域各国的农作物种子、蔬菜、瓜果以及皮、毯、毛织品等生活用品和夜光璧、明月珠等奢侈品也相继传入中原……尤其是西域传入内地的音乐、舞蹈、乐器等，也以其特有的文化内涵，深刻地影响了内地文化事业的发展”[③]。这些物品都对汉王朝的生产和生活产生了影响，如《后汉书·五行志》载“灵帝好胡服、胡帐、胡床、胡坐、胡饭、胡空侯、胡笛、胡舞，京都贵戚皆竞为之”。汉灵帝这种爱好，可见胡人影响之深远。而且这种影响绝非一日之功，因为早在西汉时期西域商人就已往来长安。还有江苏徐州狮子山西汉楚王墓中出土的带扣，造型“上铸一熊与一猛兽在贪婪地撕咬一匹马”[④]，被认为是具有北方游牧民族文化的表现。可以说“以匈奴为代表的北方游牧民族的文化风俗，大量地进入到了中原，并且对中原地区形成了广泛而深入的影响，甚至远传岭南百越。匈奴系北方民族上衣下裤的服装样式，被中原人民沿用至今。青铜饰牌、青铜短剑亦被中原人民所服用和喜爱。人字形动物纹饰的表现装饰手法也被中原人民所承袭。属于匈奴文化系统的器物与属于定居农耕文化系统的器物，往往在中原地区的同一墓葬中同时出土”[⑤]。

在长城内外政局稳定基础上，为满足匈奴、西域等贸易需求，增进贸易变得可能。正是政局稳定，百姓安心发展经济得到保障。所以在地域便利、经济贸易往来促使下，长城内外各民族融洽相处，杂居、通婚或贸易才能成为可能，各民族的交流方式多样化，交流内容增多，贸易交流规模有所扩大。在交流中，长城内外各民族增强了彼此的文化了解和认同感，影响着彼此的生活方式和心理认知。

四、汉长城促进了世界经济文化的交流

汉长城的修建为长城内外政局的稳定提供了军事保障，在此基础上，长城

①② 朱宏斌：《两汉西域屯田及其在中西农业科技文化交流中的作用》，《中国农史》2003年第2期。

③ 李明伟主编：《丝绸之路贸易史》，甘肃人民出版社，1997年，第40页。

④ 狮子山楚王陵考古发掘队：《徐州狮子山西汉楚王陵发掘简报》，《文物》1998年第8期。

⑤ 王庆宪：《匈奴风俗文化在中原地区的传播和影响》，《黑龙江民族丛刊》2003年第6期。

地带、西域得以发展，汉王朝与西域联系加强，而且汉王朝还将联系和贸易不断向西推进。如东汉时朝廷主动派使者出访大秦，大秦即拜占庭帝国，《后汉书·西域传》载“和帝永元九年，都护班超遣甘英使大秦，抵条支。临大海欲度，而安息西界船人谓英曰：‘海水广大，往来者逢善风三月乃得度，若遇迟风，亦有二岁者，故入海人皆赍三岁粮。海中善使人思土恋慕，数有死亡者。’英闻之乃止”。而大秦曾经与安息、天竺有贸易，《后汉书·西域传》载大秦“与安息、天竺交市于海中，利有十倍……其王常欲通使于汉，而安息欲以汉缯彩与之交市，故遮阂不得自达。至桓帝延熹九年，大秦王安敦遣使自日南徼外献象牙、犀角、玳瑁，始乃一通焉”。由此可知安息是汉王朝与西方贸易的中间商，所以此前安息告诉汉使甘英说要走很远才能到大秦，可能是为阻碍甘英继续前往，以垄断中西方贸易，所以到汉桓帝时汉王朝与大秦方才得以联系。

因此，在汉王朝的积极推动下，不断完善汉长城，有力地保护了丝绸之路的畅通，有的地区修建长城主要就是为保护商旅，如西汉时“随着对匈奴大规模的反击以及丝绸之路的开拓，汉政府为保证丝路的安全畅通，将其战略重点放在河西地区，甘肃河西地区的汉长城就是这样分段筑成的”①。汉王朝之所以修缮长城，保护丝绸之路就是其中的一个目的。②丝绸之路贸易盛况在考古材料中多有体现，丝绸之路之所以命名为丝绸之路，就是在这条贸易路上以丝绸流通为多。考古发现汉晋时期，典型的织锦已经出现在今新疆境内的楼兰、尼雅、营盘，甚至俄罗斯境内，最远的发现是在叙利亚帕米尔米拉遗址，可见丝绸在汉代时期已经传播到地中海沿岸。③当然除了丝绸外，还有各色物品，如楼兰遗址发掘有丝、毛、棉织品，还有漆器、铜器、木制用具和玻璃质的各色饰珠，不仅有汉五铢钱、王莽时的钱币，还有一枚公元1—2世纪大月氏在中亚建立贵霜王朝时的钱币，足以说明在楼兰地区中西方贸易的繁荣；还有焉耆古城东侧发现一座汉代墓葬，出土有汉代五铢钱、毛织品等，还有波斯萨珊王朝早期的银币。④

伴随着丝绸之路而来的除玻璃、琥珀、羊毛和亚麻制品、珍珠、玳瑁、胡粉等实际商品外，还有西方各国风土人情以及宗教，如《后汉书·西域传》载“世传明帝梦见金人，长大，顶有光明，以问群臣。或曰：‘西方有神，名曰佛，

---

① 唐晓军：《甘肃境内的长城与烽燧分布》，《丝绸之路》1996年第5期。

② 参见张荣芳、王川《西汉长城的修缮及其意义》，载中国长城学会编《长城国际学术研讨会论文集》，第105～115页。

③ 参见赵丰《定义与实证：丝绸的起源、传播与交流》，载赵丰主编《丝路之绸：起源、传播与交流》，第26页。

④ 参见李明伟主编《丝绸之路贸易史》，第88页。

其形长丈六尺而黄金色。'帝于是遣使天竺问佛道法,遂于中国图画形像焉。楚王英始信其术,中国因此颇有奉其道者"。臣子能够回答出西方神,必是西方神之说已传到内地,且这种流传程度已深,否则不会在人的大脑中形成影像使臣子一下就联想到西方神,由此记录可见伴随着丝绸之路而来的佛教在东汉明帝时已经影响极深。

汉长城保护了丝绸之路的畅通,保证了中西文化交流渠道的畅通。贸易安全得到保障也刺激了商人更加积极地从事中西方贸易,从而担当起中西方经济文化交流的媒介。新疆尉犁营盘墓地15号墓是汉晋时期的,其所在聚落,当年是丝路楼兰道上的一处交通重镇。以15号墓出土服饰为代表的文物珍品,汇聚了西域当地与东西方不同的文化因素,再现了丝绸之路多元文化的交流与交融。[①]因此,"汉长城,无论在军事防御、中西交通、文化交流、通商贸易、民族团结等方面,有其难以磨灭的历史功绩"[②];"长城不仅具有军事防御的功能,在经济上的作用更不可忽视……其积极经营北边和西域的历史意义也远远超出了作为消极边境界限而存在的军事防御作用本身"[③]。

综上所述,汉长城的修建,不仅有效地减少了长城内外冲突,还控制着汉王朝内部人员的流动。同时增加了长城外匈奴等游牧民族通过战争进行补给的难度,迫使他们采取其他方法来弥补不足,如呼韩邪单于采取内附汉王朝获取资助的方法。汉匈关系的稳定也影响着西域局势,长城地带和西域经济得以发展,游牧文化与农耕文化在生产技术等各领域得以交流。随着长城内外交流的增多,各民族杂居范围扩大,在交流中各民族互有借鉴、相互交融。因此,汉长城的修建为各民族的和睦相处提供了可能,促进了长城内外贸易的发展,为丝绸之路的畅通提供了便利,为中西方贸易提供了保障。伴随着贸易而来的还有文化,所以保护贸易的顺利进行,也是保护文化交流的进行。

第五节　小结

汉长城的修建是为了防御游牧民族不定期的侵扰,因此坚固、高耸的墙体和辅助设施使得长城建筑体本身起到了很好的防御作用。同时汉长城防

---

① 参见赵丰主编《丝路之绸:起源、传播与交流》,第142页。

② 甘肃省文物局编,岳邦湖、钟圣祖著:《疏勒河流域汉代长城考察报告》,第84页。

③ 王琳峰:《从屯田到守边——以玉门关为例谈经济与军事双重因素下的汉长城体系》,《西部人居环境学刊》2017年第2期。

御体系的完善,形成了紧密相连、密切配合的五道防线,汉王朝通过严格管理,督促戍卒积极有效地利用长城五道防线进行防御。以西汉时期为例,在汉武帝之后,匈奴侵扰的次数和破坏力度都有所减少,足见汉长城完善的防御体系防御功效。然而大量汉简记录也反映出这一时期虽然长城防御功效明显,但依然不能完全消除被侵扰的情况。

同时,汉长城还发挥着阻碍长城内侧人员随意外逃的作用。因为边郡存在大量亡人情况,而且有增加趋势。特别是汉王朝最为关心的边人,他们是边郡的主体力量,对国家边郡治理和社会稳定至关重要,然其成分复杂、生活环境恶劣,很容易成为“愁苦者”,又地理之便,容易受特殊亡人引导和匈奴宣传诱惑逃亡。为此,汉王朝利用长城戍卒严把长城关口,同时要求戍卒通过瞭望和巡视天田发现亡人迹象,还要求戍卒按律搜索、追捕作奸犯科者,以减少逃亡。然以上利用长城内防的效果并不是很好,因为若不改变边人困境,终究无法从根本上遏制亡人情况。

由于长城防御系统与邮传系统管理者有重合,汉简中也有戍卒参与邮传记录,长城极易被误认为具有邮传功能。但从长城戍卒高强度的工作量来考量,其根本无法在保障长城防御的同时再兼具邮传工作,但也有个别戍卒完全参与的情况,长城防御体系为邮传工作提供某种程度的服务。因此邮传功能不属于汉长城直接发挥的功能,但邮传系统与长城防御系统是密切相关、相互配合的两个体系。

汉长城修筑的本意并不是要隔离农耕民族和游牧民族正常的交往和交流。而且汉长城完善后,原来侵扰获得财富的途径受阻,因此游牧民族不得不采取其他的途径来解决困境时带来的危机,于是长城两侧新的交往模式和交流方式产生。首先是长城两侧的交往交流趋于稳定,特别是汉王朝愿意并鼓励交往交流,于是使者来往不断。另外,汉王朝通过徙民实边等一系列措施充实长城地带,因此长城地带初见规模、得以发展,成为长城两侧交流的平台和基地,为经济贸易提供市场和产品,为往来使者提供便利和服务,为长城两侧文化交流搭建舞台。这一时期,长城两侧的交流方式和内容逐渐增多,交流层面逐渐加深,为各民族的和睦相处提供了基础。同时,汉长城的完善为丝绸之路的畅通提供了便利,为中西方贸易、文化交流提供了保障。

第六章　汉长城与丝绸之路

汉长城的修建巩固了长城内外的政局，促进了长城地带和西域的发展，加强了汉王朝与西域的联系。在此基础上，汉长城有力地保护了中西贸易的开展，特别是对丝绸之路的畅通提供了多方面保障，但同时也对丝绸之路贸易时间、货物、场所等有所限制。此外，丝绸之路贸易的发展需求也推动了汉长城的修筑。

第一节　汉长城为丝绸之路提供环境

西汉武帝时期张骞出使西域被誉为“凿空”，但其实在张骞之前中原王朝与西域或更远的西边已有联系，考古证实先秦时期中原王朝与新疆的商品交换已远远超越地区内部，如殷墟5号墓出土玉器750余件，绝大部分属新疆玉即和田玉；鄯善洋海古墓、和静察吾乎沟4号墓地以及温宿包孜东41号墓地均出土海贝。[①]也有学者认为《史记·大宛列传》载自大宛以西至安息，其人皆“善市贾，争分铢”，与《汉书·西域传》记载相同，说明早在张骞首次出使西域之时，葱岭以西均已是重商之地。[②]既如此，为何称张骞出使西域为“凿空”？这是因为张骞之后，长城两侧贸易具有规模性和延续性，是之前贸易所无法比拟的。具体而言，既有官方贸易，也有非官方贸易，规模大、频率高。这都有赖于汉王朝的积极主导，汉王朝有意地采取各项措施推动丝绸之路贸易繁荣。

---

① 参见殷晴《丝绸之路与西域经济——十二世纪前新疆开发史稿》，中华书局，2007年，第52～54页。

② 参见余太山《两汉魏晋南北朝正史西域传研究》，中华书局，2003年，第154～157页。

一、汉王朝不反对与匈奴、西域的贸易

张骞出使西域后，汉王朝与西域得以联系。汉王朝积极推动贸易，主要通过向西域展示财富来促成官方贸易。西域贪求汉王朝财富，《史记·大宛列传》载“大宛闻汉之饶财，欲通不得，见骞，喜，问曰：‘若欲何之？’骞曰：‘为汉使月氏，而为匈奴所闭道。今亡，唯王使人导送我。诚得至，反汉，汉之赂遗王财物不可胜言’”。抓住此点，张骞许诺，与汉相通可获得“不可胜言”的财物。张骞向汉武帝汇报时有言：“在大夏时，见邛竹杖、蜀布。问曰：‘安得此？’大夏国人曰：‘吾贾人往市之身毒。身毒在大夏东南可数千里。’”可见当时已存在汉、身毒、大夏之间的转角贸易。此时汉武帝也期望威德四海，《史记·大宛列传》载“天子既闻大宛及大夏、安息之属皆大国，多奇物……贵汉财物；其北有大月氏、康居之属，兵强，可以赂遗设利朝也。且诚得而以义属之，则广地万里，重九译，致殊俗，威德遍于四海”。于是使用财物引诱，“拜骞为中郎将，将三百人，马各二匹，牛羊以万数，赍金币帛直数千巨万，多持节副使，道可便遣之旁国。骞既至乌孙，致赐谕指，未能得其决……骞即分遣副使使大宛、康居、月氏、大夏。乌孙发译道送骞，与乌孙使数十人，马数十匹，报谢，因令窥汉，知其广大”（《汉书·张骞李广利传》）。张骞再次出使西域，带去财富无数，履行了“汉之赂遗王财物不可胜言”的诺言。

该方法确实收到效果，西域遣使报谢，虽只是数十人、数十匹马，从数量上看严重不对等，所以有学者认为“这种贡、赐实质是一种不等价的易货贸易，中方的‘赐’一般总是大于对方的‘贡’”[①]，甚至认为“中国封建对外贸易固然不可能严格按价值规律进行等价交换；但是这种7:50的不等价交换，显然已远远超过了一般的国际价值和国内价值的比率，已属严重病态的商品交换了”[②]。然而“从战略目标来说，西域军事和交通价值重要，但对中原王朝来说直接经济意义不大，这就决定了汉王朝控制西域的战略目的是非经济的”[③]。此举政治意义重大，所以汉王朝与西域官方贸易开始，《汉书·张骞李广利传》载“岁余，骞卒。后岁余，其所遣副使通大夏之属者皆颇与其人俱来，于是西北国始通于汉矣”。

---

① 蒋致洁：《试论丝绸之路贸易的衰落》，载李明伟主编《丝绸之路贸易史研究》，甘肃人民出版社，1991年，第139页。

② 蒋致洁：《试论丝绸之路贸易的衰落》，载李明伟主编《丝绸之路贸易史研究》，第139～140页。

③ 张瑛：《汉代西域都护设置的时间及其职责相关问题考辨》，《西北民族大学学报（哲学社会科学版）》2019年第3期。

为彰显财富，汉武帝还“数巡狩海上，乃悉从外国客，大都多人则过之，散财帛赏赐，厚具饶给之，以览视汉富厚焉”（《汉书·张骞李广利传》）。张骞第二次出使时，不仅带去大量财富，还派多名副使，增强此次出使的影响。汉王朝造就了一批张骞的追寻者，形成一股出使西域封侯之风，《史记·大宛列传》载“诸使外国一辈大者数百，少者百余人，人所赍操大放博望侯时。其后益习而衰少焉。汉率一岁中使多者十余，少者五六辈，远者八九岁，近者数岁而反”，可谓“西北外国使，更来更去”。汉王朝影响扩展到西域以西，《后汉书·西域传》载汉和帝永元“六年，班超复击破焉耆，于是五十余国悉纳质内属。其条支、安息诸国至于海濒四万里外，皆重译贡献。九年，班超遣掾甘英穷临西海而还……于是远国蒙奇、兜勒皆来归服，遣使贡献”。班超派甘英出使大秦至条支，“使东汉政权的势力及政治影响扩展到帕米尔以西地区，这为‘丝绸之路’发展到中亚西亚乃至欧洲创造了条件”[①]。

而且这些使者有些兼具商人身份，如《汉书·张骞李广利传》载“自骞开外国道以尊贵，其吏士争上书言外国奇怪利害，求使。天子为其绝远，非人所乐，听其言，予节，募吏民无问所从来，为具备人众遣之，以广其道。来还不能无侵盗币物……其吏卒亦辄复盛推外国所有，言大者予节，言小者为副，故妄言无行之徒皆争相效。其使皆私县官赍物，欲贱市以私其利”。更有甚者以出使为名，获取利益。有学者指出，这些人虽然都假借汉朝使臣的名义，实际上都是商人，他们的目的是求利，他们的行为是营商，携带中原王朝的货物以往，搜罗外国的货物以归。买贱卖贵，从中牟利，他们得到机会就“侵盗币物”。[②]此外，在官方贸易进行中还隐藏着私人贸易。

汉王朝与西域官方贸易持续发展，汉王朝赏赐丰厚，如《汉书·西域传》载，龟兹王与夫人来朝贺，“王及夫人皆赐印绶。夫人号称公主，赐以车骑旗鼓，歌吹数十人，绮绣杂缯琦珍凡数千万”。汉宣帝甘露二年（前52年），呼韩邪单于朝贺，宣帝“赐以冠带衣裳，黄金玺盭绶，玉具剑，佩刀，弓一张，矢四发，棨戟十，安车一乘，鞍勒一具，马十五匹，黄金二十斤，钱二十万，衣被七十七袭，锦绣绮縠杂帛八千匹，絮六千斤”（《汉书·匈奴传》）；河平四年（前25年）正月时，复株絫若鞮单于“遂入朝，加赐锦绣缯帛二万匹，絮二万斤，它如竟宁时”（《汉书·匈奴传》）。建武二十六年（50年），汉光武帝除给予单于穿带、车骑使用外，还有“黄金、锦绣、缯布万匹，絮万斤，乐器鼓车，棨戟甲兵，饮食什器。又转河东米糒二万五千斛，牛羊三万六千头”（《后汉书·南匈奴

① 李明伟主编：《丝绸之路贸易史》，第61页。

② 何兹全：《中国古代社会及其向中世社会的过渡》，商务印书馆，2013年，第294页。

列传》),连游牧民族占优势的牛羊,汉人也开始赠送。并且不久,在元正朝贺后“汉乃遣单于使,令谒者将送,赐彩缯千匹,锦四端,金十斤,太官御食酱及橙、橘、龙眼、荔支;赐单于母及诸阏氏、单于子及左右贤王、左右谷蠡王、骨都侯有功善者,缯彩合万匹。岁以为常”(《后汉书·南匈奴列传》),不仅赏赐单于,连贵族大臣一并赏赐,赏赐覆盖面广。

在官方贸易中获利的匈奴、西域派遣使者逐年增多,使者“除负有一定的政治使命外,也负有一定的通商任务。随同使者前往的还有大批的西域商人”[①]。以罽宾国为例,西汉成帝时期杜钦曾总结“奉献者皆行贾贱人,欲通货市买,以献为名”。又西汉哀帝时期,汉王朝规定“单于朝,从名王以下及从者二百余人。单于又上书言:‘蒙天子神灵,人民盛壮,愿从五百人入朝,以明天子盛德。’上皆许之”(《汉书·匈奴传》)。规定200人,结果要来500人,超出的这些人恐怕不只是随从,或许还有经商者,足以证明此时西域对官方贸易的渴望。汉王朝允许超额人员到来,说明始终没有反对与匈奴、西域的贸易。东汉时对商人、贸易也采取放任自由政策,汉光武帝断然拒绝采取任何措施以限制当时积极进取的商人活动,之后的各位皇帝总体上对此也非常宽大。有时候皇帝甚至想让官员们明白执法无须过于严格,以免阻碍了商人正常的经济活动。

二、汉王朝从实际行动上支持贸易

汉王朝不仅不反对与匈奴、西域进行贸易,而且还从实际行动上支持贸易的开展。“中国的一些朝代对开通丝绸之路,往往采取了更加主动的、积极的政策和措施,对促进丝绸之路的发展,起了重大的主导的作用。其中如西汉时期张骞两次出使西域,东汉时期班超、班勇对西域及中亚、西亚的经营。”[②]汉王朝采取了一系列措施来保障贸易畅通。

第一,设置郡县。汉王朝边郡的设置、充实和发展为丝绸之路的开展提供了丰富资源和安全的贸易基地。《汉书·张骞李广利传》载“汉始筑令居以西,初置酒泉郡,以通西北国”。王子今先生在其《汉简河西社会史料研究》一书的自序中提到,张骞通西域之后,就人员往来和文化的交流而言,据《史记》卷123《大宛列传》记载,对于西域国家,“汉因使使赂赐以镇抚之”。当时形势,如《盐铁论·力耕》言“异物内流”时所谓“骡驴馲驼”。新疆罗布泊地区出土的汉锦图案中“登高明望四海”的文字,以及汉镜铭文“宜西北万里”等,

① 李明伟主编:《丝绸之路贸易史》,第42页。

② 杨建新:《论丝绸之路的产生、发展和运行机制》,《西北史地》1995年第2期。

都体现了当时汉人面对世界的雄阔胸襟。而以中原为重心的汉文化对中亚地方的影响，同样有许多例证。这样的历史进步，是在河西成为农耕基地、军事基地和贸易基地之后发生的。[①]

第二，修筑长城。《史记·匈奴列传》载“卫青复出云中以西至陇西，击胡之楼烦、白羊王于河南，得胡首虏数千，牛羊百余万。于是汉遂取河南地，筑朔方，复缮故秦时蒙恬所为塞，因河为固。汉亦弃上谷之什辟县造阳地以予胡。是岁，汉之元朔二年也”。《史记·卫将军骠骑列传》载元朔二年（前127年）“遂以河南地为朔方郡……使建筑朔方城”，又载“将军苏建……以将军筑朔方”。《史记·平津侯主父列传》也载元朔三年（前126年）“以弘为御史大夫。是时通西南夷，东置沧海，北筑朔方之郡。弘数谏，以为罢敝中国以奉无用之地，愿罢之”，明确筑朔方城之时便有朔方郡建设，长城也随之配套，为贸易畅通提供了安全保障。

第三，设立使者校尉、西域都护府。《汉书·西域传》载“自敦煌西至盐泽，往往起亭，而轮台、渠犁皆有田卒数百人，置使者校尉领护，以给使外国者”。使者校尉是汉王朝在西域行使国家权力的代表，是汉王朝在西域政权巩固的标志。[②]而且是先置校尉，再建城防御，紧跟着进行屯田保障的发展模式。[③]此后，汉宣帝神爵三年（前59年）“乃因使吉并护北道，故号曰都护。都护之起，自吉置矣”（《汉书·西域传》），汉王朝在西域设西域都护并护车师以西北道，保护商道。“为巩固对匈战争成功的果实、保障丝绸之路的畅通，汉王朝正式设置西域都护，不久又设置戊己校尉，进入了系统化、制度化管控西域的新阶段。”[④]因此设置官职除了代表汉王朝加强与西域联系外，还有专门保护商道、发展贸易的意义。

第四，开关市。汉王朝一直支持关市，即便双方进入战争状态，亦未关闭关市，如《史记·匈奴列传》载马邑伏击后，首次开战即“击胡关市下”，说明此时关市仍开。东汉时北匈奴求贸易，汉王朝同意并保护参加贸易者，《后汉书·南匈奴列传》载“元和元年，武威太守孟云上言北单于复愿与吏人合市，诏书听云遣驿使迎呼慰纳之。北单于乃遣大且渠伊莫訾王等，驱牛马万余头来与汉贾客交易。诸王大人或前至，所在郡县为设官邸，赏赐待遇之”。

---

① 参见王子今《汉简河西社会史料研究》，“自序”第5页。

② 参见李明伟主编《丝绸之路贸易史》，第41页。

③ 参见黄永美《西汉西北地区长城地带探究——以西汉政府控制区为例》，《重庆师范大学学报（社会科学版）》2020年第3期。

④ 张瑛：《汉代西域都护设置的时间及其职责相关问题考辨》，《西北民族大学学报（哲学社会科学版）》2019年第3期。

设置官邸以供往来贸易者食宿，为贸易提供便利，尤其是官方贸易赏赐丰厚。

三、汉长城为丝绸之路贸易的开展提供了环境

汉王朝不反对贸易，如悬泉汉简中有大量汉王朝与大月氏、康居等西域国家经济、文化交往的记录。这些材料描绘了2000多年前丝绸之路上东、西方国家以经济为目的交往的细节，使大家清晰地认识到：开辟、保障丝绸之路，与中亚、西亚国家进行经济贸易和文化交流，即使不是汉王朝经营西域的核心目的，也是汉王朝经营西域的重要目的之一。[①]而且汉王朝还采取各项措施来保障贸易畅通，如以筑亭障、修道路的方式保障交通线，在核心地区组织屯田，在战略要地屯兵驻扎威慑周边，保证在中原王朝国力强大时能干预西域事务、保持强大影响力。[②]其中关键是长城的完善，特别是西汉时期长城防御系统的完善为丝绸之路畅通提供了军事保障。

第一，西汉武帝时期汉匈战争后，长城的完善保护了新获得的疆域的稳定，拥有了东西方贸易中转站的控制权。因为在一般情况下，这些绿洲只能作为东西贸易的中转站，进行一种所谓的过境贸易。当然这样的货物集散市场形成的重要条件之一，就是地处交通枢纽。[③]丝绸之路"就其运行方式，就其货物运行的起点和商人的活动距离来说，很少有从长安将货物一直运往地中海沿岸，而主要是接力式的、邮传式的运行，它主要靠几个中转集散地，推动整个丝绸之路的运转"[④]。而丝绸之路中转站原本被匈奴所控制，"控制这样的交通枢纽对于匈奴也是既具有军事意义也具有经济意义的。匈奴在交通机动性方面具有优势，对于交通的重要性也予以突出的重视"[⑤]。正如学者所言，那些被我们称作早期匈奴的中心的考古遗址是以运输和战争方面明显的技术进步为特征的。[⑥]"匈奴在西域'赋税诸国，取富给焉'，此所谓'赋税'是不是也包括商业税呢？从许多迹象考虑，匈奴对西域诸国的

---

① 孙占鳌、张瑛：《河西汉简所见汉代西北民族关系研究》，第83页。

② 参见张瑛《汉代西域都护设置的时间及其职责相关问题考辨》，《西北民族大学学报（哲学社会科学版）》2019年第3期。

③ 参见余太山《两汉魏晋南北朝正史西域传研究》，第357～358、360页。

④ 杨建新：《论丝绸之路的产生、发展和运行机制》，《西北史地》1995年第2期。

⑤ 王子今：《秦汉交通史新识》，第129页。

⑥ 参见〔美〕狄宇宙著，贺严、高书文译《古代中国与其强邻：东亚历史上游牧力量的兴起》，第95页。

经济控制，应当包括对当地商业经营利润的超经济强制方式的盘剥。”[①]又如汉匈和亲时，汉王朝给予匈奴大量增缯絮，而匈奴是游牧民族，丝绸对于他们不是必需品，匈奴把所获丝绸大部分运往中亚及其以西，换取所需物品。[②]汉匈战争后，汉王朝解决了匈奴问题，控制了中转站，破坏了匈奴在西域的控制权，且汉王朝鼓励西域发展经济，开展与西域的贸易。

而且在汉匈战争中，每获胜利，汉王朝就立即采取保护措施，设郡县、建长城，如《史记·匈奴列传》载“其明年，卫青复出云中以西至陇西，击胡之楼烦、白羊王于河南，得胡首虏数千，牛羊百余万。于是汉遂取河南地，筑朔方，复缮故秦时蒙恬所为塞，因河为固。汉亦弃上谷之什辟县造阳地以予胡”。不断修筑和完善的汉长城，增强了防御能力，有效地抑制了匈奴卷土重来，避免了战争干扰，为贸易提供了稳定环境。

第二，在汉长城的军事保障下，长城地带得以充实和发展。如《史记·平准书》载武帝巡视时发现“新秦中或千里无亭徼，于是诛北地太守以下，而令民得畜牧边县，官假马母，三岁而归，及息什一，以除告缗，用充仞新秦中”，可见徙民实边的前提是加强军事防御，保证“亭徼”。此后长城地带得以充实和发展。而且在构筑防御工事的同时，西北地区的道路也得到改善，因为“在构筑长城边防工事的同时，秦汉政府相当重视西北新经济区的建设。西北长城道路成为西北新经济区的主要动脉……从西北长城防区汉墓出土车辆模型及汉墓壁画中关于运输活动的画面可以知道，当地经济的繁荣是以交通的发展为条件的，而这一地区经济的发展又进一步促进了交通的发展”[③]。西北地区道路畅通的便利，使得长城地带经济发展，贸易得以展开。在长城防御保障和汉王朝政策支持下，河西地区经济发展，因为“河西地区不仅在对匈奴的斗争中举足轻重，又是丝绸之路上的咽喉要道、经营西域的前进基地，故两汉中央都格外重视对河西的经营，制定适合河西情况的开发政策，并全部由政府主持实施”[④]。长城地带的发展为长城两侧贸易提供了场所和物质基础，也为丝绸之路贸易的展开提供了经济环境。

---

① 王子今：《秦汉交通史新识》，第129～130页。

② 参见杨建新《论丝绸之路的产生、发展和运行机制》，《西北史地》1995年第2期。

③ 王子今：《汉简河西社会史料研究》，第16～17页。

④ 刘磐修：《汉代河西地区的开发》，《历史教学》2002年第11期。

第二节　汉长城对丝绸之路贸易的保障和限制

丝绸之路上的贸易包含官方贸易和非官方贸易。汉王朝与西域贸易频繁，特别是官方贸易，疏勒河流域出土汉简有“出粟五石二斗二升以食使车师□君卒八十七人☒”“出粟一斗二升以食使莎车续相如上书良家子二人八月癸卯□☒”[①]等记录，敦煌汉简有“乌孙小昆弥使者雨墨(1915)”[②]等记录。而且这些使者有些兼具商人身份，甚者有的使者以出使为名获取利益，他们携带中原王朝的货物以往，搜罗外国的货物以归。然后买贱卖贵，从中牟利。他们得到机会就“侵盗币物”[③]。因此频繁的官方贸易中也隐藏着非官方贸易，贸易能够顺利展开无不依赖于汉长城提供的安全保障、食宿保障、道路指引等；当然汉长城在为丝绸之路提供保障之时，对丝绸之路也有限制。

一、汉长城为丝绸之路贸易提供安全保障

汉武帝大规模完善长城之前，汉王朝与西域的联系和贸易长期受匈奴控制，如《汉书·西域传》载“初，武帝感张骞之言，甘心欲通大宛诸国，使者相望于道，一岁中多至十余辈。楼兰、姑师当道，苦之，攻劫汉使王恢等，又数为匈奴耳目，令其兵遮汉使”。甚至东西方贸易多通过匈奴进行中转，如“自乌孙以西至安息，近匈奴。匈奴尝困月氏，故匈奴使持单于一信到国，国传送食，不敢留苦”(《汉书·西域传》)。

匈奴也乐于贸易，因为“匈奴通过‘关市’丰富自身经济构成，激发生产和流通的活力，与其他民族的联系也因此更为密切。在控制西域地方的时候，匈奴应当继承这一传统，甚至可能推行更为积极的政策，支持和鼓励商贸的活跃”[④]。除了与汉王朝贸易，匈奴与乌桓族和羌族也经常发生商业交换，还可能和西域各族也发生过交换，并通过西域，间接和希腊人及其他西方各族人民发生交换。[⑤]而且参与贸易的匈奴人很多，这是因为大批的匈奴人经常到这些市场来购买货物、大吃大喝。因此面对西域繁盛的商业，匈奴

---

① 林梅时、李均明：《疏勒河流域出土汉简》，第56页。

② 吴礽骧、李永良、马建华释校：《敦煌汉简释文》，第203页。

③ 参见何兹全《中国古代社会及其向中世社会的过渡》，第294页。

④ 王子今：《秦汉交通史新识》，第126页。

⑤ 参见林幹《匈奴史》，第3、146～147页。

常有“抢劫商旅”，往来商人深受困扰，正如马长寿先生所言，天山南北麓和昆仑山北麓，自古是中亚、南亚和东亚间商业交通要道，匈奴在其间设卡，收商税，护送旅客，担保过山，都可以收到不少的报酬。匈奴有时还掠夺行商和马队的货物。①

汉王朝若想与西域甚至更远的地方进行直接贸易，必须摆脱匈奴限制。基于政治、军事、经济需要，汉王朝对匈奴展开连续作战，其中决定性战役有三次。第一次在元朔二年(前127年)，汉王朝完全收复河南地区。第二次在元狩二年(前121年)，匈奴损失惨重，浑邪王率众降汉。第三次在元狩四年(前119年)，匈奴被迫远遁，幕南无王庭。至此，汉王朝打通了与西域的直接联系，此后汉王朝加强长城防御设置、建设边郡、设西域都护，保障贸易道路安全，最终实现丝绸之路的畅通和繁荣。

(一) 道路安全保障

汉匈战争后，汉王朝控制了通往西域的交通要道，同时进行长城防御建设，如《汉书·西域传》载“骠骑将军击破匈奴右地，降浑邪、休屠王，遂空其地，始筑令居以西，初置酒泉郡，后稍发徙民充实之，分置武威、张掖、敦煌，列四郡，据两关焉”。汉宣帝时又设西域都护，《汉书·西域传》载“时汉独护南道，未能尽并北道也，然匈奴不自安矣……是岁，神爵三年也。乃因使吉并护北道，故号曰都护。都护之起，自吉置矣。僮仆都尉由此罢，匈奴益弱，不得近西域”。汉王朝先后通过设郡县、建长城、设西域都护等方法来保护贸易交通安全。同时还把长城防线北线延伸至河西地区，完善长城防御系统，组成一套齐全的防御系统。在湖北鄂城出土的汉镜铭文有“天王日月上有东王父西王母主如山石宜西北万里富昌长乐”字样，其中所谓“宜西北万里”，体现出当时人们对西北方向特别的文化关注。②特别是汉长城线的延伸和完善，有力地阻止了匈奴对交通要道的侵扰。

而且汉王朝在构筑和完善长城之时，也非常注意选址，使西北长城道路成为西北新经济区的主要动脉。③如居延汉简有“☒使者杨君至都亭(74·17)”④的记录，虽然都亭不属于长城防御系统，但此简在居延烽燧处发现，有可能是使者杨君路过此处留下的过往记录，可见此处已成为过往必经之地。所以汉长城线无疑也是交通道路线，这便为丝绸之路贸易提供了

① 参见马长寿《北狄与匈奴》，广西师范大学出版社，2006年，第31页。

② 参见王子今《汉简河西社会史料研究》，第3页。

③ 参见王子今《汉简河西社会史料研究》，第16页。

④ 谢桂华、李均明、朱国炤：《居延汉简释文合校》，第131页。

道路便利。其实在修筑长城之时，汉王朝就已考虑到交通问题，“汉筑长城往往与交通建设相联系。公元前121年汉朝把长城由朔方沿黄河修至令居（今甘肃永登）；在设立酒泉郡后，又‘筑令居以西’，将长城修到酒泉；前108年又将长城由酒泉修至玉门……这些措施对保障丝路安全畅通起了重大作用”[①]。而且随着汉长城防御系统的不断完善，长城戍卒配备逐渐齐全，为往来贸易者提供了路途安全保障。

当时丝绸之路通道主要有南北两道，到西汉末年又开辟一道通道。开辟这条新线，是为了避免三陇沙和白龙堆的艰险。汉朝的城垒烽燧就分布在南北两道几条交通线上，尤其是旧北道一线居多，如今天罗布泊北岸以及在焉耆至拜城之间，发现许多大小不等的汉代城垒及烽燧遗址，有些地方甚至还能看见古代道路的痕迹。[②]为道路安全，汉王朝在道路沿线修筑烽燧等长城设施。可谓是“从大约公元前120年开始，中国开始采取积极的政策来扩大贸易活动。在北方建立起来的防线连缀成了中国最早的‘长城’，一直向西延伸到中亚，形成了供商人、商队及其他人员往来通行受保护的交通路线”[③]。

现今考古调查发现新疆四十里大墩烽火台，保存尚完好，烽火台台底、顶部平面呈正方形，立面呈梯形；底部边长6.8米，顶部边长4.6米，残高5.3米；烽火台东南有间道可达辛格尔（破城址），再南出东大山口可至楼兰。有学者推测，汉晋时当有一条危须至楼兰、山国区域的古道从附近经过，此烽火台即为该道上一处通信、预警设施；同时其地处连接南北疆交通要道的南侧，也可能是连接古代车师和龟兹地区交通线路上的一处设施。[④]四十里大墩烽火台设在丝绸之路要道上，烽燧戍卒配备有防御工具，可以自卫和保护来往行人，同时一般烽燧附近建有坞或障城，有更多戍卒守卫，这些都为道路畅通提供了军事保障，防止有人蓄意破坏道路和拦阻往来贸易者。

（二）人身和货物安全保障

在汉匈战争前，丝绸之路所经路线非常不安全，如张骞第一次出使西域时，曾两次被匈奴扣留，《史记·大宛列传》载“骞以郎应募，使月氏，与堂邑氏胡奴甘父俱出陇西。经匈奴，匈奴得之，传诣单于……留骞十余岁……还，并南山，欲从羌中归，复为匈奴所得”。张骞第一次出使西域，路线不清楚，

---

① 杨建新：《论丝绸之路的产生、发展和运行机制》，《西北史地》1995年第2期。

② 参见孟池《从新疆历史文物看汉代在西域的政治措施和经济建设》，《文物》1975年第7期。

③〔英〕鲁惟一著，刘洁、余霄译：《汉帝国的日常生活》，第49～50页。

④ 参见新疆维吾尔自治区文物局《新疆维吾尔自治区长城资源调查报告》，第52页。

不能避开匈奴，被更熟悉路线的匈奴截获实属正常。在汉匈战争中汉王朝和匈奴互派使者，均有滞留，如《汉书·李广苏建传》载“时汉连伐胡，数通使相窥观，匈奴留汉使郭吉、路充国等，前后十余辈。匈奴使来，汉亦留之以相当……武帝嘉其义，乃遣武以中郎将使持节送匈奴使留在汉者，因厚〔赂〕单于，答其善意……武以〔始元〕六年春至京师……武留匈奴凡十九岁，始以强壮出，及还，须发尽白”。汉使者苏武被滞留长达十九年而没有逃离，即便在北海无人处，也仍然“廪食不至，掘野鼠去草实而食之。杖汉节牧羊，卧起操持，节旄尽落……其冬，丁令盗武牛羊，武复穷厄”（《汉书·李广苏建传》）。作为出使匈奴的使者，不可能完全不了解这一带，然而没有逃回，足见这一带地形异常复杂，走出不易，更为关键的是路途不安全。

汉匈战争后，匈奴被迫远遁，幕南无王庭。然而匈奴的生产生活模式未变，游牧经济的局限性还会使得匈奴陷入困境。汉王朝为防止匈奴再侵扰或掠夺行商和马队的货物，有必要加强这一地带的防御和保护。于是长城防御系统不断完善，设置墙体、烽燧、坞、障城、关城、堑壕、天田等多种设施，如内蒙古自治区长城调查在以前认为的沙漠无人区中发现了许多障城和烽燧，“阿拉善盟境内的汉长城在阿拉善左旗、阿拉善右旗、额济纳旗均有分布。三旗汉长城的共同特点是，在特殊的沙漠地形环境下，依托河流山川等险要，以烽燧为主，辅以墙体、天田和其他单体建筑，组成一个链条式的防御与信息传递兼具的长城体系”①。阿拉善左旗境内汉长城包括墙体、烽燧、障城、居住场所等。②鄂尔多斯秦汉榆溪塞长城分为哈什拉川水险和新民堡长城，新民堡长城位于黄河南岸平原上、库布沙漠边缘地带。③新疆汉长城烽燧线主要分布在丝绸之路南、北两道上。④

而且长城防御系统中的各个设施布局合理，彼此“照应”。如坞与烽燧，最近的是墩台侧面与坞墙相接，敦煌马圈湾汉代烽燧东侧就紧连着坞，“坞墙与烽燧的东壁和南壁相连”⑤。拥有更多戍卒的坞距离烽燧最近，能更好地保证烽燧安全，及时提供援助。在墙体不远处还有障城，如阴山地区障城

---

①② 内蒙古自治区文化厅（文物局）、内蒙古自治区文物考古研究所：《内蒙古自治区长城资源调查报告·阿拉善卷》，第10页。

③ 参见内蒙古自治区文化厅（文物局）、内蒙古自治区文物考古研究所《内蒙古自治区长城资源调查报告·鄂尔多斯—乌海卷》，第38页。

④ 参见新疆维吾尔自治区文物局《新疆维吾尔自治区长城资源调查报告》，第2页。

⑤ 敦煌马圈湾坞的情况，参见甘肃省博物馆、敦煌县文化馆《敦煌马圈湾汉代烽燧遗址发掘简报》，载甘肃省文物工作队、甘肃省博物馆编《汉简研究文集》，第501～504页。

一般离长城墙体在1千米之内，远的也有15千米，近的仅5米。[①]又如内蒙古外长城南面一道长城墙体内部的障城离长城墙体约50～200米。[②]障城收到烽燧警报后，一方面可传递消息给边城，另一方面可及时支援烽燧、坞内士卒。障城通常百里间隔，在敌人易袭击的地方或易攻难守之地，障城设置较多些。关城位置，可参考肩水金关。肩水金关是一座烽塞关城，位于金塔县天仓北25千米、额河上游谷地北口的东岸。作为进出河西腹地、北通居延都尉的咽喉门户，拱卫着南面不远的肩水都尉府（大湾）、肩水候官（地湾）等屯戍重地。[③]关城与烽燧距离也不远，如从金关向北2千米的第一座烽燧，出土简文表明，该处为橐他塞莫当燧，亦是该塞南部候长治所。橐他、肩水二塞的分界，当在金关、莫当燧之间。[④]

长城防御系统各设施都配有防御工具，如烽燧，除谨候望、通烽火外，还"警戒便兵，即对入寇及盗贼作防御和应付"[⑤]，因为汉王朝给烽燧戍卒配备有防御设备，如"长斧、长椎、长棓、连梃、羊头石、壁门蒺藜等"[⑥]，汉简有"●枪十(26•5)"[⑦]的记录。汉简中记录的这些防攻斗具、器物的实战实用，史书、汉简均不载，据统计，有防攻斗具、器物计二十四种。[⑧]坞、障城、关城中更多戍卒，武器更全，如肩水金关发掘有残刀剑、箭、镞、表、转射、积薪等。[⑨]这样长城防御系统便可重重警戒、设防，又可相互配合，共同防御。

当然，若已有敌人侵扰，长城防御系统中的亭、障、坞等被要求保护界内来避难的吏民和畜牧者，简文有"县田官吏：令、长、丞、尉见烽火起，亟令吏民□□□□诚埶北隧部界中，民田畜牧者□□……为令(EPF16•15)""葆部界中，民田官畜牧者见赤幡，各便走近所亭障坞辟□▨马驰以急疾为故

---

① 参见罗庆康《论阴山障城的特点及其它》，《河南大学学报（哲学社会科学版）》1987年第1期。

② 参见赵化成《中国早期长城的考古调查与研究》，载中国长城学会编《长城国际学术研讨会论文集》，第238～250页。

③ 参见甘肃居延考古队《居延汉代遗址的发掘和新出土的简册文物》，载甘肃省文物工作队、甘肃省博物馆编《汉简研究文集》，第483页。

④⑨ 甘肃居延考古队：《居延汉代遗址的发掘和新出土的简册文物》，载甘肃省文物工作队、甘肃省博物馆编《汉简研究文集》，第486页。

⑤ 陈梦家：《汉代烽燧制度》，载陈梦家《汉简缀述》，第176页。

⑥ 参见特日格乐《汉长城预警体系研究》，《内蒙古大学学报（哲学社会科学版）》2010年第5期。

⑦ 谢桂华、李均明、朱国炤：《居延汉简释文合校》，第38页。

⑧ 参见初师宾《汉边塞守御器备考略》，载甘肃省文物工作队、甘肃省博物馆编《汉简研究文集》，第142～222页。

(EJF3·80)”[①]的记录。简文要求亭、障、坞等保护界内来避难的吏民和畜牧者,也理应包含经过此处的贸易者。因为烽火起,为减少界内人员伤亡,采取紧急避难,故而在界内的使者和商人也应紧急避难。

二、汉长城为丝绸之路贸易提供道路指引

丝绸之路连接着汉王朝与匈奴、西域和更远的西边贸易,然而这一条道路既遥远又曲折,如《史记·大宛列传》载“大宛在匈奴西南,在汉正西,去汉可万里……乌孙在大宛东北可二千里……康居在大宛西北可二千里……奄蔡在康居西北可二千里……大月氏在大宛西可二三千里……安息在大月氏西可数千里……条枝在安息西数千里……大夏在大宛西南二千余里”,动辄数千里、万里的距离,道路遥远。而且这数千里、数万里之间既有茫茫草原,又有盐泽之地,又有“耕田、田稻”之地,还有“民商贾用车及船”之地,地形复杂、道路曲折。在如此之路行走,迷路恐怕在所难免,如张骞第一次出使西域两次被匈奴截获,中间幸得向导指引才能抵达康居、大月氏,《史记·大宛列传》载“大宛以为然,遣骞,为发导绎,抵康居,康居传致大月氏”。

此次出使也让张骞得以熟悉地形,此后在汉匈战争中为汉军作“向导”,如《史记·大宛列传》载“骞以校尉从大将军击匈奴,知水草处,军得以不乏”。《史记·卫将军骠骑列传》也载“张骞从大将军,以尝使大夏,留匈奴中久,导军,知善水草处,军得以无饥渴”。然即便如此,张骞还有迷路之时,如《史记·大宛列传》载“其明年,骞为卫尉,与李将军俱出右北平击匈奴。匈奴围李将军,军失亡多;而骞后期当斩,赎为庶人”。不仅张骞有迷路情况,常年守卫边塞的李广也遇到此种情况,《史记·李将军列传》载“广以郎中令将四千骑出右北平,博望侯张骞将万骑与广俱,异道……汉法,博望侯留迟后期……后二岁,大将军、骠骑将军大出击匈奴,广数自请行……广不谢大将军而起行,意甚愠怒而就部,引兵与右将军食其合军出东道。军亡导,或失道”。还有汉使苏武一直被扣留长达十九年,而没有逃离。这些材料都足见这一地带道路辨识度不高,极易迷路。

如果在极易迷路的地区建有高耸的建筑并连贯起来,或者没有直接连贯而距离适宜能够彼此“呼应”间接连续起来,便会为过往此处的行人提供便利。汉长城的烽火台就起到了很好的指引道路作用,最新调查在新疆境

---

① 初师宾:《居延烽火考述——兼论古代烽号的演变》,载甘肃省文物工作队、甘肃省博物馆编《汉简研究文集》,第335~398页。

内发现烽火台26座[1]，其中在尉犁、若羌、且末三县分布集中，另外在西域都护府附近的轮台、库车、拜城等地也有零星分布。[2]有克孜尔尕哈烽火台是新疆境内年代最早、保存最完好的烽火台之一，烽火台平面呈长方形，由底部向上逐渐收缩，高约13.5米，基底存长6.5米，宽4.5米。[3]脱西克烽火台保存相对完整，平面呈正方形，底部边长约10米，顶部边长约7米，残高约8.6米。[4]四十里大墩烽火台保存尚完好，烽火台台底、顶部平面呈正方形，底部边长6.8米，顶部边长4.6米，残高5.3米。[5]拉依苏西烽火台，平面近正方形，边长约8.5米，高约6.5米。[6]其中四十里大墩烽火台东南有间道可达辛格尔（破城址），再南出东大山口可至楼兰。据此推测，汉晋时当有一条危须至楼兰、山国区域的古道从附近经过，此烽火台即为该道上一处通讯、预警设施；同时其地处连接南北疆交通要道的南侧，也可能是连接古代车师和龟兹地区交通线路上的一处设施。[7]从保存较好的烽火台现存高度遥知当年烽火台高度一定非常醒目，而且在要道的中间，必定为道路上往来贸易者提供了路标的指引作用。这种道路指引作用为此后走过这段路的斯坦因也提供过帮助，斯坦因曾感叹，“每当傍晚时候，我个人骑着马踯躅长途，探察那些凛然的烽燧……这种垩粉的用处自然是要使人远远地便可以见到烽燧。被沙砾掩覆了的城墙还偶然存有一部分的垩粉，层次显然，可见其常经修理”[8]。垩粉即白色的粉，在茫茫荒凉之地，白色醒目，远远便可以被发现，容易看见烽燧。

而且除了烽燧建筑的醒目提示外，关城也起到提示往来贸易者的作用。考古工作者根据肩水金关遗迹情况推断关门上还有建筑。又《函谷关图》描绘了函谷关东门有两座高大的三层谯楼，上下两层均施平座，周围环以副阶，《过居庸关图》也有门楼设置，可知内地关隘一般有高大门楼，上设置瞭望设施。[9]因此长城防御系统中的关城上也应有关楼，这样更有利于防御，符合长城防御需要。而且建筑关楼还相当于拔高了关城“高度”，使关城在

---

① 参见新疆维吾尔自治区文物局《新疆维吾尔自治区长城资源调查报告》，第1～59页。
② 参见新疆维吾尔自治区文物局《新疆维吾尔自治区长城资源调查报告》，第2页。
③ 参见新疆维吾尔自治区文物局《新疆维吾尔自治区长城资源调查报告》，第59页。
④ 参见新疆维吾尔自治区文物局《新疆维吾尔自治区长城资源调查报告》，第25～26页。
⑤ 参见新疆维吾尔自治区文物局《新疆维吾尔自治区长城资源调查报告》，第52页。
⑥ 参见新疆维吾尔自治区文物局《新疆维吾尔自治区长城资源调查报告》，第49页。
⑦ 参见新疆维吾尔自治区文物局《新疆维吾尔自治区长城资源调查报告》，第52页。
⑧ 〔英〕斯坦因著，向达译：《西域考古记》，169页。
⑨ 参见张玲《秦汉关隘制度研究》，河南大学博士学位论文，2012年。

茫茫荒野中更加醒目，尤其对外来使者和商人，使他们较远就能发现关城位置，引导其进入，同时也给其以路线指引。

甚至汉长城墙体，也可以让在茫茫路途中的使者和商人找到前进的方向，因为西北长城道路成为西北新经济区的主要动脉[①]，汉长城“一直向西延伸到中亚，形成了供商人、商队及其他人员往来通行受保护的交通路线”[②]。所以沿着长城线前进就找到了路线。因为秦汉长城线往往与西北道路紧密相连，“从居延汉简提供的材料看，当地烽燧等许多防卫建筑确实靠近交通要道。例如金关同时又名‘通道厩’，简文中还可见‘道上亭驿□’(149.27)、‘甲渠河南道上塞’(E.P.F.16:3)……烽燧障塞，如同甲胄零散的铁片，而交通道路就像坚韧的韦带，将它们牢牢系结为一体……北边道的主体部分与长城并行，其干线应是连接北边各郡郡治和主要县治的大道……长城在有条件的地段必然也以城上道路用于守卒调集运动。通过秦汉长城遗迹的考察，确实可以看到保持这一特点的现象……这主要是由于墙基坚实的夯土可直接用做道路。推想秦汉时在周围遍布流沙、草甸不利于交通的条件下，大都会利用城上道路通行”[③]。

三、汉长城为丝绸之路往来贸易者提供食宿

丝绸之路贸易频繁，特别是官方贸易，其中往来使者沿途食宿由汉王朝提供。还有当时西域侍子要在河西待诏，分批进京，有的等待时间长了，直接定居在河西之地；使臣、商旅恐怕也有这样的情况。[④]那么侍子、使臣在等待期间的饮食起居也是汉王朝供应。文献有敦煌郡提供食宿的记载，如《后汉书·西域传》载建武二十一年(45年)，车师前王、鄯善、焉耆等十八国俱遣子入侍，请派都护，然汉光武帝没同意，后西域又与敦煌太守商量，请求将侍子滞留在敦煌，“愿留侍子以示莎车，言侍子见留，都护寻出，冀且息其兵。裴遵以状闻，天子许之……鄯善、焉耆诸国侍子久留敦煌，愁思，皆亡归”。可见东汉时虽未置西域都护，但敦煌太守作为汉王朝与西域联系的桥梁，为西域诸事出谋划策，为使者、侍子提供食宿。

而且当时丝绸之路上的往来贸易者，特别是使者在到达河西前经过长城设施时也可享受食宿照顾。文献中有明确记载，《史记·大宛列传》载“敦

① 参见王子今《汉简河西社会史料研究》，第16页。

② 〔英〕鲁惟一著，刘洁、余宵译：《汉帝国的日常生活》，第49～50页。

③ 王子今：《交通史视角的秦汉长城考察》，《石家庄学院学报》2013年第2期。

④ 参见王宗维《汉代河西与西域之间的相互关系》，《新疆社会科学》1985年第3期。

煌置酒泉都尉;西至盐水,往往有亭。而仑头有田卒数百人,因置使者护田积粟,以给使外国者”。《汉书·西域传》也载“自敦煌西至盐泽,往往起亭,而轮台、渠犁皆有田卒数百人,置使者校尉领护,以给使外国者”。疏勒河流域出土汉简有“出粟五石二斗二升以食使车师□君卒八十七人☑”“出粟一斗二升以食使莎车续相如上书良家子二人八月癸卯□☑”[①]的记录,敦煌汉简也有“出粟五石二斗二升以食使车师成君卒八十七人丙申一日 积八十七人=六升(1926,1935)”“出粟一斗二升以食使莎车续相如上书良家子二人癸卯(1927)”[②]的记录。

具体而言,首先,长城烽燧戍卒为使者提供食物。因为敦煌汉简本就是在河西疏勒河汉塞烽燧遗址中陆续出土的竹、木简牍。[③]敦煌汉简中有为使者提供食物的记录,足见烽燧戍卒有过为使者提供食物之事,而且很有可能是朝廷的要求,因为居延汉简中有“掾从谨责问第四守候长□以缮治亭隧候望日迹送迎为职(157.15)”的记录,虽然不清楚此处“送迎”具体指哪种送迎,是往来上任的官员,还是路过此处的官员,还是往来的使者,可参考另一简记录,即“吞远候史季赦之 ≥ 三月辛亥迹尽丁丑积廿七日从万年隧北界南尽次吞隧南界毋人马兰越塞天田出入迹 三月戊寅送府君至卅井县索关因送御史李卿居延尽庚辰积三日不迹(206.2)”,该简明确记录烽燧戍卒迎来送往的对象是御史李卿。只是不清楚此简中的御史大人是来此督察,还是经过此处,但无论何种情况,都可以看出送迎官员是烽燧戍卒的职责之一。按此推理,路过此处的使者理应享受送迎待遇,自然应享受饮食安排。

其实关于烽燧送迎是否包含饮食安排,学界也有关注,如日本学者藤田胜久在《汉代西北的交通及悬泉置》一文中就曾对比悬泉汉简和居延汉简关于“传”的记录,特别是悬泉汉简有饮食记录而居延汉简无,判定悬泉置在这东西交通的要冲上,成为文书传递和旅人往来的据点。其主要任务,为接待持有公家的“传”的人,具体来说,为他们提供他们提供住宿或交通工具、饮食等。为此,“传”的记录,推测为确认会不会有不正当的使用,饮食或往来的附记是否足够等。再者在悬泉置记有“党舍传舍、如律令”,去除掉公家旅行,私人旅行的人们应该是不能使用这些设施的,在悬泉汉简里看不见私人旅行的“传”,就是一个很好的例证。另一方面在居延汉简中可以看到的候官或肩水金关等的通过地,基本上并非为提供住宿或饮食的设施,其主要的

---

① 林梅村、李均明:《疏勒河流域出土汉简》,第56页。

② 吴礽骧、李永良、马建华:《敦煌汉简释文》,第204页。

③ 参见吴礽骧、李永良、马建华《敦煌汉简释文》,“前言”第1页。

任务是通行规定和检查。进而在居延汉简的“传”里，其中一部分记有发行者的印文，反而并没有饮食的附记。这个和悬泉置比较起来，反映出交通上职能的不同。[①]该文对比对象是过关凭证传的记录情况。而且对比上述“送迎”简文看，居延汉简所在的长城防御系统对过往行人不仅仅只是检查，而且能够用“送迎”二字，显示出对待过往官吏或使者较为正式的接待，因此为其提供饮食也是极有可能的。且从疏勒河流域出土的汉简和敦煌汉简的内容来看，应是有饮食安排。

关于过往使者享有食物的标准已有学者进行过专门研究，如朱奎泽先生在其《汉代西北屯戍系统粮食分配问题探析——以汉简资料为中心》[②]一文中针对过往人员的配给量问题，指出过往人员的配给量和消费额度大致与屯戍吏卒的标准相同，一般以人均日消费六升为计，则月给量为大石1.8石。以下列举三简[③]：

出粟一斗八升。六石八斗四升，五石九斗四升。以食守属周生广送自来大月氏使者积六食食三升。（Ⅱ0214①:126）

出粟六升，以食守属高博送自来乌孙小昆弥使，再食，来。（Ⅰ0110②:33）

出粟一斗八升，以食守属萧嘉送西罕侯封调，积六食，食三升。（Ⅱ0111①:174）

其实敦煌悬泉汉简也有此方面记录：

建平五年十一月庚申，遣卒史赵平，送自来大宛使者侯陵奉献，诣□□以……（A）乐哉县（悬）泉治。（Ⅱ0114④:57）[④]

各有数，今使者王君将于阗王以下千七十四人，五月丙戌发禄福，度用庚寅到渊泉。（Ⅰ0309③:134）[⑤]

鸿嘉三年正月壬辰，遣守属田忠送自来鄯善王副使姑彘、山王副使

① 参见〔日〕藤田胜久著，周洺仪译《汉代西北的交通及悬泉置》，《白沙历史地理学报》2010年第10期。

② 朱奎泽：《汉代西北屯戍系统粮食分配问题探析——以汉简资料为中心》，《中国农史》2007年第2期。

③ 胡平生、张德芳：《敦煌悬泉汉简释粹》，上海古籍出版社，2001年，第106、136、174页。

④ 胡平生、张德芳：《敦煌悬泉汉简释粹》，第113页。

⑤ 胡平生、张德芳：《敦煌悬泉汉简释粹》，第110页。

乌不滕，奉献诣行在所……（Ⅱ0214②：78）[①]

以上简文记录，首先印证了文献中“以给使外国者”的记载，供给对象有莎车使、车师使、大月氏使、乌孙小昆弥使、大宛使、于阗王、鄯善王副使、山王副使等。其次这些简文内容也说明汉王朝为过往使者提供的日供给量与屯戍吏卒的标准相同，“屯戍系统的粮食供给中，官、吏、卒基本上享受了同等的待遇”[②]。因此，从目前简牍发现地和记录内容可知，长城烽燧戍卒有为过往使者提供食物之事实，且从出土简牍记录看，为过往使者供给食物并非个别烽燧所为；而且能够记录在案，显然是非常重要才需要记录。根据目前汉简研究情况看，凡是记录在案的大多是官吏有意为之的政府公文要求，目的是以备查验。可见烽燧戍卒为过往使者提供食物应是朝廷要求，所以才要记录在案。

然而由于烽燧一般由墩台、望楼、套间小屋等组成[③]，烽燧建筑一般都不太大，而往来使者往往人数较多，如悬泉汉简有“……送精绝王诸国客凡四百七十人。（Ⅱ0115①：114）”[④]；“乌孙、莎车王使者四人，贵人十七，献橐佗六匹，阳赐记□（A）……（Ⅰ0309③：20）”[⑤]；“各有数，今使者王君将于阗王以下千七十四人，五月丙戌发禄福，度用庚寅到渊泉。（Ⅰ0309③：134）”[⑥]等记录。烽燧上有限的房屋，恐怕难以为往来使者们提供住宿。有的烽燧附近有坞，如若有提供住宿的要求，极有可能是烽燧附近的坞来完成的。如考古发掘发现甲渠候官遗址处，“坞内编号的房屋共三十七间”[⑦]，数量足够解决大规模的使者团住宿问题。而且在甲渠候官遗址中还发现，坞内东侧一组房屋（F20、21—31）为堵死障门以后修建，包括吏卒住室、灶屋（F26）和文书档案室（F22），后者不足6平方米，室内发现近九百枚木简，从中已理出王莽天凤到建武初年四十余册完整或基本完整的文书简册[⑧]；在坞南50米有烽火台，“附近有积薪（备燃的柴堆）、桔棒（信号旗杆）遗迹和烧灰，没有发现

---

① 胡平生、张德芳：《敦煌悬泉汉简释粹》，第108页。

② 朱奎泽：《汉代西北屯戍系统粮食分配问题探析——以汉简资料为中心》，《中国农史》2007年第2期。

③ 参见陈菁《两汉时期河西地区烽燧亭障规划营建刍议》，《甘肃社会科学》2006年第2期。

④ 胡平生、张德芳：《敦煌悬泉汉简释粹》，第114页。

⑤ 胡平生、张德芳：《敦煌悬泉汉简释粹》，第109页。

⑥ 胡平生、张德芳：《敦煌悬泉汉简释粹》，第110页。

⑦⑧ 甘肃居延考古队：《居延汉代遗址的发掘和新出土的简册文物》，载甘肃省文物工作队、甘肃省博物馆编《汉简研究文集》，第480页。

木简”;在第四隧发现简一枚。[①]因此应该不是所有的烽燧都有提供食物的义务,特别是附近有坞的烽燧。而且还有一个事实需要考虑,即烽燧的首先作用是通过侦察获得消息,并准确无误地传递消息,为保障军情的机密,应该也不会允许使者尤其是非汉朝使臣和商旅登上烽燧。

其次,长城关城为往来贸易者提供食宿。在肩水金关出土简册中有关于“劳边使者过界中费”[②]的内容,记载的是地皇三年(22年)王莽的使者在金关食用米肉的开支。

粱米八斗　直百六十
即米三石　直四百五十
羊二　直五百
酒二石　直二百八十
盐、鼓各一升　直卅
酱将畺　直五十
●往来过费凡直四百七十
肩水见吏廿七人　　率人五十五

肩水金关本就处在交通咽喉地带,又集合了关、障、坞、烽台、虎落等多项长城防御设施,因此无论是其地理位置,还是其设置,都可以很好地为往来贸易者提供安全保障。而且关城设置规模本身比烽燧大,如陈梦家先生指出,城者,长方形围墙,版筑,面积皆在130米×130米以上;障者,指100米×100米以内的正方形围墙;坞,小障也,凡包围于亭障的方形或长方形墙垣,统名为坞。[③]相比较烽燧而言,关城还可以为往来贸易者提供更多休息场所,可以容纳大部队的往来贸易者。

而且有学者指出,金关地区早在武帝中期即有政治、军事活动。昭帝时,已称金关或金关燧,同时又名“通道厩”,这与金关地处交通要道、现存大量厩圈遗迹等情况相符。可见,当时这里至少有三个单位,兼有关卡、斥候、

① 甘肃居延考古队:《居延汉代遗址的发掘和新出土的简册文物》,载甘肃省文物工作队、甘肃省博物馆编《汉简研究文集》,第482页。
② 甘肃居延考古队:《居延汉代遗址的发掘和新出土的简册文物》,载甘肃省文物工作队、甘肃省博物馆编《汉简研究文集》,第493页。
③ 陈梦家:《汉简考述》,载陈梦家《汉简缀述》,第5、6页。

驿厩等多种职能。[①]这表明肩水金关兼具驿站功能，因此不仅使者还有商人等贸易者都可在驿站歇息，而且可以留宿，如汉代悬泉置简的整理中发现，有简文“以食使者王君所将客，留宿，再食”[②]等内容，可见悬泉置不仅提供食物还提供住宿，同样拥有驿站功能的关城应该也提供住宿。然而关于商人的食宿情况如何，目前资料还不够清晰。文献记载的提供服务的对象都是汉王朝要求供给的往来使者。然今天出土的简牍记录也只是当年官方文书的部分记录，并非全部，是否有记录其他商人的内容未被发现也有可能。因此今天所见简牍材料未见商人使用食宿其他情况，并不说明不提供商人食宿，详细情况，有待进一步的考证。

四、汉长城对丝绸之路贸易的限制

因为汉长城的建设有位置限制，如关城建在交通要道上，具有“一夫当关、万夫莫开”之效果，新疆博孜克日克沟口西侧山体上发现“汉龟兹左将军刘平国作亭诵”石刻[③]和至今仍能在沟口北约50米有卵石堆积的关隘遗址，说明了关城选址的艰难和地理位置的重要，故关城并不是随处可见的。又汉长城每项设施间距都有一定标准，如新疆烽燧最新调查记录中，第一座烽火台墩里克烽火台位于安乐村东北约37千米，西南35千米为米兰古城遗址；第二座烽火台米兰东北烽火台位于安乐村东北约4.1千米；第三座烽火台米兰西南烽火台位于安乐村东南约1.8千米。[④]第一座墩里克烽火台与第二座米兰东北烽火台间距约31千米，第二座米兰东北烽火台与第三座米兰西南烽火台间距约6千米，这样的烽燧间距恐怕不能为紧急需要的贸易者提供饮食需求。因此汉长城除为丝绸之路贸易提供安全和保障外，从某种程度上讲也限制了丝绸之路贸易，如连绵的长城墙体设置，阻断了丝绸之路贸易者随时随地的来往和贸易，特别是对那些“非法贸易者”。还有关城戍卒对丝绸之路上的往来贸易者的身份、所带物品进行甄别，关城城门按时开关等都会限制往来者进出。

首先是对往来贸易者身份的检查。关城不仅仅是对往来贸易者身份进行审查，凡是出入关者都要接受过关审查。秦汉实行符传制度，关城戍卒会对过往人群进行严格的审查，只有持有证件者才能出入。汉代出入关的凭

---

① 参见甘肃居延考古队《居延汉代遗址的发掘和新出土的简册文物》，载甘肃省文物工作队、甘肃省博物馆编《汉简研究文集》，第486页。

② 骈宇骞、段书安：《二十世纪出土简帛综述》，文物出版社，2006年，第325页。

③ 参见新疆维吾尔自治区文物局《新疆维吾尔自治区长城资源调查报告》，第61页。

④ 参见新疆维吾尔自治区文物局《新疆维吾尔自治区长城资源调查报告》，第3、6页。

证有多种，如传是西汉最常见的身份证明文书之一。[1]还有通关证明符，一半置于官府，一半置于关城，出关办公之人合二为一方可通关。[2]如居延汉简有“[与]金关为出入六寸符 从事(11.8)”；“▨[闰月甲辰]居延与金关为出入六寸券齿百从第一至千左居官右移金关符合以从事(274.10)”；“□年闰月甲辰居延与金关为出入六寸符券齿百从第一至左居官右移金关符合以从事 ·第十九(274.11A)”等记录。此外，居延地区还发现棨信[3]，也是一种凭证。还有过所、繻也是过关凭证。出入凭证上有的还有出入者的详细情况，如籍贯、姓名、年龄及所要到达的目的地等[4]，这样关城戍卒可凭借过关凭证检查出入者与文书表述是否一致，对过往人员进行身份甄别；同时还需要将过往人员登记上报，如《二年律令·津关令》要求“将吏为吏卒出入者名籍，伍人阅具，上籍副县廷。事已，得道出入所。出入盈五日不反(返)，伍人弗言将吏，将吏弗劾，皆以越塞令论之”[5]。因此关城戍卒也会对经过的人口进行详细的登记，汇集成册后，逐渐向上汇报。[6]

过往贸易者无论是官方贸易者还是非官方贸易者，都属于过往人员，对其身份的甄别也是关城戍卒工作之一。即便是外来使者也需有凭证才能在汉王朝境内走动，如《三国志·魏书·任苏杜郑仓传》载敦煌太守为想去洛阳进行贸易的西域商人颁发“过所”之事，“常日西域杂胡欲来贡献，而诸豪族多逆断绝……胡常怨望，慈皆劳之。欲诣洛者，为封过所，欲从郡还者，官为平取，辄以府见物与共交市，使吏民护送道路，由是民夷翕然称其德惠”。因此对外来使者人员数量、身份的甄别也是关城戍卒的职责。还有那些来关市贸易的，也是需要身份凭证才可进入，“进入边境市场贸易，必须持传……过关用传成为定制……终两汉之世，一般未曾有变……《居延汉简》中记有‘出入关传籍’，即登记吏民出入的名籍……私自到边关通市，视为非法”[7]。若无符而让其出入，则关城戍卒便是犯法，《汉书·张冯汲郑传》有载“文吏绳以为阑出财物如边关”，其中的“阑”，臣瓒注曰：“无符传出入为阑。”《二年律

① 参见张玲《秦汉关隘制度研究》，河南大学博士学位论文，2012年。

② 传、符内容参见〔日〕大庭脩著，徐世虹译《汉简研究》，第134～149页；张玲《秦汉关隘制度研究》，河南大学博士学位论文，2012年。

③ 甘肃居延考古队：《居延汉代遗址的发掘和新出土的简册文物》，载甘肃省文物工作队、甘肃省博物馆编《汉简研究文集》，第487～488页。

④⑥ 参见侯宗辉《汉简所见西北边塞的流动人口及社会管理》，《中国边疆史地研究》2011年第1期。

⑤ 张家山二四七号汉墓竹简整理小组：《张家山汉墓竹简〔二四七号墓〕(释文修订本)》，第84页。

⑦ 黄今言：《秦汉商品经济研究》，第194～195页。

令·盗律》也载“使者所以出,必有符致,毋符致,吏智(知)而出之,亦与盗同法”[①]。因此这些往来贸易者,尤其是从关外而来的,需要办理过关凭证方能进入,办理、检查都要占据时间,这无形中便多了一层限制。

其次是对往来贸易者所带货物的限制。关城戍卒不仅要依据文书描述甄别过往人员,还要根据文书记录检查过往人员随身车辆、物品情况,如居延汉简有“牛车如牒实出入敢言(218.5)”的记录,疏勒河流域出土汉简有“出入关人畜车兵器物如关书移官会正月三日毋忽如律令”[②]的记录。而且对过往贸易者检查应更加严格,因为汉代有关于贸易禁品要求,史载西汉高后统治时期曾限制出关禁物,“毋予蛮夷越金铁、田器、马、牛、羊;即予,予牡,毋予牝”(《资治通鉴·汉纪五》);汉景帝时御史大夫绾曾奏“禁马高五尺九寸以上,齿未平,不得出关”(《汉书·景帝纪》)。汉昭帝在始元五年(前82年)宣布放宽限制重要军事物资——马和弩出关的禁令,说明此前对马、弩的出关是有限制的。而且对外来物品也是有所限制的,如《汉书·高惠高后文功臣表》载宋子惠侯“九嗣,孝景中二年,坐寄使匈奴买塞外禁物,免”,具体何物不太明晰,但能确定的是有禁物。以防过往贸易者私带禁物,关城戍卒对这些人的检查会更加严格。

除了对过往贸易者要严格审查外,对来此处进行贸易的人员也需要严格检查。以匈奴为代表的游牧民族需要通过关市来进行补给,纵观整个汉王朝,关市贸易一直存在,“汉亦尚关市不绝以中之”,[正义]引如淳云:“得具以利中伤之。”而提供关市贸易的场所有时就在关城。“边境市场的场地,一般设在边城或关塞要口。汉代边境线长,设关较多。据《汉书·地理志》:当时北有五原关、常山关、居庸关。岭南有界关、合蒲关、荔平关、离水关,等等。西有阳关、玉门关。在边境是否凡‘关’皆有‘市’?似不一定,当根据需要而设置……通常是在边城关门之下互市,有固定的范围和地点。”[③]阳关、玉门关也是长城防御系统中重要的关城。因此对于来此贸易的人员,关城戍卒除了对其身份进行严格审查,还要对其所带物品进行检查,既是对长城防御系统关城安全的考虑,也是履行汉王朝严格关卡制度的需要。同时,这也是边境市场严格管理的体现,因为汉王朝对进出口商品种类有明确的法律规定,对于输入商品也有选择,可以输入的有各族异物、特产、马匹和奴

① 张家山二四七号汉墓竹简整理小组:《张家山汉墓竹简〔二四七号墓〕(释文修订本)》,第19页。

② 林梅村、李均明:《疏勒河流域出土汉简》,第45页。

③ 黄今言:《秦汉商品经济研究》,第193~194页。

隶,也有禁物。

关城戍卒检查往来贸易者凭证时还要关注其行程日期,“严格的关卡被设置在通向中国的边境线上,过境的人员会被要求出示他们的通关文牒。检查官在确认每一个过境人员的身份不在通缉名单上,也没有携带违禁品之后,会把过境人员的名字记入过境名册,然后才会准许通关。名册记录的内容包括行程的日期和时间,以及对他使用交通工具的简短描述”[①],通过日期的大概推算可知过往行人是否按照文书正常行事。

虽然关卡检查已如此严格,但仍有投机取巧者,文献记载有关市管理不严致使禁物出关的情况,如《史记·汲郑列传》载汉匈战争期间,匈奴浑邪王率众至长安后,贾人与市者,坐当死者五百余人,关于死因,汲黯的谏言中提到“愚民安知市买长安中物而文吏绳以为阑出财物于边关乎?陛下纵不能得匈奴之资以谢天下,又以微文杀无知者五百余人”,应劭注曰:“胡市,吏民不得持兵器出关。虽于京师市买,其法一也。”在长安天子脚下还有禁物贸易,那么在边境地区该何等猖狂。《后汉书·乌桓鲜卑列传》也载“加以关塞不严,禁网多漏,精金良铁,皆为贼有”,关塞不严,禁物金、铁出关。说明东汉时,仍有禁止出关的物品要求。

最后,汉长城对往来贸易者时间的限制。汉王朝对市场贸易有时间规定,关市贸易亦不例外,如《后汉书·郭杜孔张廉王苏羊贾陆列传》载“时天下扰乱,唯河西独安,而姑臧称为富邑,通货羌胡,市日四合,每居县者,不盈数月辄致丰积”。之所以市日四合,是因为“东汉初年,地处边鄙的姑藏,因‘人货殷繁’,商业贸易十分发达,以致于过去那种‘一日三合’的贸易活动日益满足不了当地人们的需要,于是在原有的基础上再增加了一次贸易时间,由过去的‘一日三合’发展为‘一日四合’……但按经营时间来划分的,仅有大市、朝市、夕市、夜市四种”[②]。河西繁荣,增加一合,但仍不能随时贸易。此后亦如此,《后汉书·乌桓鲜卑列传》载建武二十五年(49年),汉光武帝听从班彪建议,“于是始复置校尉于上谷甯城,开营府,并领鲜卑,赏赐质子,岁时互市焉”。也就是每年在一定时期内互市,对时间仍有规定。《后汉书·南匈奴列传》也载“元和元年,武威太守孟云上言北单于复愿与吏人合市,诏书听云遣驿使迎呼慰纳之。北单于乃遣大且渠伊莫訾王等,驱牛马万余头来与汉贾客交易”。而且相对于内地的市场贸易,互市涉及边疆少数民族,因此该市场的开闭时间往往还受到汉王朝与少数民族关系的影响,关市贸易的

① 〔英〕鲁惟一著,刘洁、余霄译:《汉帝国的日常生活》,第52页。

② 言金星:《汉代夜市考》,《江西社会科学》1987年第5期。

时间可能在双方关系缓和时会增多，而当双方关系紧张时又会减少。

汉王朝对贸易详细具体时间也有规定，即使到规定关市日期也不是一日之内尽兴贸易，首先夜间是不可贸易的，因为汉代实行禁夜制度，即薄暮之后，城门关闭，居民不得无故夜行。[①]“中国古代社会对夜晚的管理及夜禁，可追溯至传说中的上古时期，汉承前制，主要是针对城市实行宵禁。暮闭城门，禁街行、禁灯火、禁夜作。城门、市门朝启暮闭、定时开关”[②]，因此无论是内地还是边关一般都不允许夜市，“汉以前及汉代各类市场基本上遵循昼作夜息的传统，朝开暮闭，从日中为市到一日三市（朝市、午市、夕市），日市是其常态形式”[③]。只是河西边远之地是个特例，又“姑臧关市期间，商旅人众货繁，‘市日四合’即是在夕市结束后特加设夜市延长交易时间，既是形势使然，又是对常规市制的突破”[④]。而且允许贸易之日，开市、闭市也有信号提示，如“西汉市楼之上悬有旌旗，指挥市门开启……东汉市楼上取消旌旗，代之以悬鼓，以击鼓当市代替举旌当市。同样，旗鼓也是关闭市门的信号”[⑤]。又有汉代画像砖为证，如“四川新繁县与成都西郊土桥出土的《市井》画像砖表明，在市楼之上还悬设有鼓，说明以鼓击鸣来组织商人进出市场或作为一些重要事情的召集是极为可能的”[⑥]。贸易的进行要等到开市信号出示后方可进行，在闭市信号提醒后必须停止贸易。

同时汉王朝还对贸易地点进行管控，如《后汉书·乌桓鲜卑列传》载“安帝永初中，鲜卑大人燕荔阳诣阙朝贺，邓太后赐燕荔阳王印绶，赤车参驾，令止乌桓校尉所居甯城下，通胡市，因筑南北两部质馆”。互市地点也往往选在长城附近，如贾谊向文帝建议时也言“大每一关，屠沽者、卖饭食者、羹臛膹炙者，每物各一二百人，则胡人著于长城下矣”（《新书·匈奴》）。说明此时关市贸易已多在长城下进行。除了汉王朝明文规定会对贸易时间、地点加以限制外，在长城关城展开的贸易，又受到长城系统本身的限制，如关城城门开闭的时间会给在关城市场或者经过关城的贸易者带来限制。

汉代城市城门的开关有一定的规定，“汉朝凡是扼要之地，都要设关，必以率兵的关都尉掌管……边郡重要的有玉门关、阳关、居延关、五阮关、居庸关等……关的开启闭合，每天有一定时间，由关都尉亲自掌握。1973年在居延汉朝金关遗址发现一件‘张掖都尉棨信’……据研究，它是边关高级官吏

① 参见朱绍侯《中国古代治安制度史》，河南大学出版社，1994年，第197页。

② 张金花、王茂华：《汉代夜市缘起探微》，《河北学刊》2016年第1期。

③④ 张金花、王茂华：《汉代夜市缘起探微》，《河北学刊》2016年第1期。

⑤ 朱绍侯：《中国古代治安制度史》，第199页。

⑥ 王凯旋：《东汉“市”考略》，《史学集刊》1998年第2期。

用来传令启闭关门的一种标识物，对关门实行严格的治安管理”[①]。在肩水金关出土的张掖都尉棨信是信幡或幡信，是用来传令启闭关门的凭证。[②]此处关都尉每日亲自掌握关门的开启闭合时间恐怕不太现实。因为城门开闭时间应该是由汉王朝明确规定的，肩水金关发现的“张掖都尉棨信”应是遇到特殊情况需要紧急开闭城门时，关都尉使用的凭证，这样就好理解了。

再加上关城属于长城军事防御系统，为了安全起见，自然会有早闭城门现象，如《汉书·严朱吾丘主父徐严终王贾传》载“今方内无狗吠之警，而使陛下甲卒死亡，暴露中原，沾渍山谷，边境之民为之早闭晏开，鼂不及夕”。当汉王朝发现有险情或可能有险情时，会要求尽量减少出入，如居延汉简“九月余赤堇一 毋出入”“▨ □十五毋出入(514•7)”[③]的记录，虽然简文没有明确为何不让出入，然可以肯定的是有管制出入情况存在，自然这种情况下贸易时间也会受到限制，甚至可能是禁止贸易的。

当然，如果在汉匈关系紧张或遇战事时，则直接关闭城门禁止贸易，如《后汉书·班梁列传》载皇帝下诏册封班超为定远侯时有“往者匈奴独擅西域，寇盗河西，永平之末，城门昼闭”的内容，说明永平之末，因为匈奴对汉边境的寇盗，城门昼闭，这自然影响关市贸易的正常进行。这时汉王朝下达的文书指令也从“毋出入”变成“禁止出入”。当然“禁止往来”的要求在简文中也有记录，如居延汉简有“十二月辛未，甲渠候长安、候史□人敢言之，蚤食时，临木隧卒……举烽、燔一积薪，虏即西北去，毋所失亡，敢言之/十二月辛未，将兵护民田官、居延都尉偿、城仓长禹兼行丞▨(278•7A)”；“广田以次传行至望远止▣写移，疑虏有大众不去，欲并入为寇。檄到，循行部界中，严教吏卒，惊烽火，明天田，谨迹候=望，禁止往来行者，定烽火，辈送，便兵、战斗具，毋为虏所□□。已先闻知，失亡重事，毋忽如律令/十二月壬申，殄北[守]▨(278•7B)”；“候长缓、未央、候史包、燧长畸等，疑虏有大众欲并入为寇。檄到，缓等各循行部界中，严教吏卒，定烽火，辈送，便兵、战斗具，毋为虏所萃椠。已先闻知，失亡重事，毋忽如律令(278•7C)”[④]等内容。也有学者研究简文，译作“写移疑虏有大众不去，欲并入为寇。檄到，循行部界中，严教吏卒惊烽火，明天田，谨迹候、候望，禁止往来行者，定烽火，辈送便战斗具，毋为虏所萃(幸)，椠已先闻知失亡重事，毋忽如律令。/十二月壬申，殄

① 朱绍侯：《中国古代治安制度史》，第187页。

② 参见李学勤《谈“张掖都尉棨信”》，《文物》1978年第1期。

③ 谢桂华、李均明、朱国炤：《居延汉简释文合校》，第625页。

④ 参见初师宾《居延烽火考述——兼论古代烽号的演变》，载甘肃省文物工作队、甘肃省博物馆编《汉简研究文集》，第335～398页。

北、甲［渠］”[①]。有敌情时要求“禁止往来行者”，贸易自然也停止，往来贸易者不允许再出入，这必然对贸易活动造成影响。

此外，居延汉简还有“▨□□□□行禁吏民毋贯卖▨(239•115)”[②]；“▨□平吏民毋贯买▨(255•26)”[③]等记录，禁止吏民买卖，不清楚是何原因，但该简是在长城防御系统中发现的，应该是政府公文下达到长城各级吏卒，且执行者是长城戍卒，可见汉长城戍卒有禁止贸易的权力。这无疑也是对贸易的一种行政命令限制。

综上可见，除了汉王朝对贸易有文件规定外，汉长城的设置本身也会对丝绸之路贸易造成一定程度的限制，例如关城设置的数量、关城城门的开闭、关城警备情况等都会对贸易的开展或贸易者的行程造成影响。

第三节　丝绸之路对汉长城的影响

本书所言丝绸之路指传统陆上丝绸之路，有南北两条大道：南路从长安出发，经敦煌、鄯善、于阗、莎车等地，越葱岭到大月氏、安息等国；北路经敦煌、车师前王庭、龟兹、疏勒等地，越葱岭到大宛、康居、奄蔡，由奄蔡南下，可达安息，由安息向西到达今罗马。[④]而且丝绸之路在出玉门关、阳关后，路线曾有变动，这无疑加速了其沿线或附近汉长城的修筑和完善。且在丝绸之路贸易的带动和刺激下，长城地带经济蓬勃发展，为长城建设和长城防御提供了强有力的经济后盾。

一、丝绸之路贸易加速了汉长城的修筑和完善

汉王朝与西域往来频繁。为维护官方贸易安全，汉王朝加速修筑长城防御系统，不断完善长城设施。特别是出玉门关、阳关后的长城线，汉王朝在很早就开始维护，如李广利伐宛获胜后，汉王朝为维护北道而设立的“亭”、屯田，《史记·大宛列传》载“敦煌置酒泉都尉；西至盐水，往往有亭。而仑头有田卒数百人，因置使者护田积粟，以给使外国者”。《汉书·西域传》也载“自敦煌西至盐泽，往往起亭，而轮台、渠犁皆有田卒数百人，置使者校尉

① 特日格乐：《汉长城预警体系研究》，《内蒙古大学学报(哲学社会科学版)》2010年第5期。

② 谢桂华、李均明、朱国炤：《居延汉简释文合校》，第398页。

③ 谢桂华、李均明、朱国炤：《居延汉简释文合校》，第423页。

④ 参见朱绍侯等《中国古代史》，福建人民出版社，2015年，第249页。

领护,以给使外国者”。在“亭”、屯田之后汉王朝也在不断完善道路保障措施,加强烽燧线的建设和完善,如最新调查发现新疆“汉代长城资源主要分布在丝绸之路南、北两道上”[①]。

当时出玉门关、阳关向西的丝绸之路路线有两道,《汉书·西域传》载“自玉门、阳关出西域有两道。从鄯善傍南山北,波河西行至莎车,为南道;南道西逾葱岭则出大月氏、安息。自车师前王廷随北山,波河西行至疏勒,为北道;北道西逾葱岭则出大宛、康居、奄蔡焉”。具体而言,南道出阳关,往西,取道鄯善(今若羌县附近),沿车尔臣河的古代河岸,经过且末(今且末县附近)、精绝(今民丰县北尼雅河末端)、扜弥(今于田县北沙漠中)、于阗(今和田县附近)、皮山(今皮山县附近),至莎车(今莎车县附近),再由莎车往西,越过葱岭,到达大月氏。北道出敦煌,往西,绕过三陇沙(今疏勒河西端沙漠)之北,横越白龙堆(今罗布泊东北岸之盐碛地),经楼兰(今罗布泊北岸),折向北至车师前国(今吐鲁番附近),再转向西南,沿塔里木河古代河谷,取道焉耆、龟兹(今库车附近)、姑墨(今阿克苏附近),再往西南,至疏勒。由疏勒往西,越过葱岭,到达大宛。至于赴乌孙,则由北道上的车师前国、焉耆、龟兹、姑墨等地都有道路可通(越过天山的各个山口)。[②]其中过白龙堆的一道,李广利就曾经过此道,《史记·大宛列传》曾载“贰师将军军既西过盐水,当道小国恐,各坚城守,不肯给食”。可知李广利行军所经路线即从玉门关或阳关向西,过白龙堆,到罗布泊西北今楼兰古城一带,然后沿孔雀河西进,而且这条道路不仅是此次行军的道路,也是武帝时期西汉通西域的主要通道。[③]李广利征战时路过此地受阻,战争胜利后必然先在此建筑长城设施以保证道路安全。

而后丝绸之路路线又有调整,西汉末年,又开辟了一条新道,即出敦煌以后,不经过三陇沙和白龙堆,直接向北,取道伊吾(今哈密附近),越过博格达山,经过车师后国(今吉木萨尔县附近),然后沿天山北麓往西直达乌孙,这条道路为新北道。新北道也可从伊吾往西到达车师前国而与旧北道汇合。开辟这条新线,是为了避免三陇沙和白龙堆的艰险。汉朝的城垒烽燧就分布在这几条交通线上,其遗址保存至今者尤以旧北道一线为多,例如,在罗布泊北岸以及在焉耆至拜城之间,发现许多大小不等的汉代城垒及烽燧遗址,有些地方还能

① 新疆维吾尔自治区文物局:《新疆维吾尔自治区长城资源调查报告》,第2页。

② 参见马雍《从新疆历史文物看汉代在西域的政治措施和经济建设》,《文物》1975年第7期。

③ 参见余太山《两汉魏晋南北朝正史西域传研究》,第221页。

见到古代道路的痕迹。[①]有学者指出,《汉书·西域传》所载北道实际上并不是西汉通西域的路线,而是东汉以后通西域的路线。汉宣帝神爵以降,北道的枢纽便不再是渠犁或轮台,而是车师前国的王廷即交河城。[②]然无论何时开凿的北道,都说明确实有丝绸之路路线的变化。因为李广利的亲身体会必然会在其战后加紧在白龙堆一道建筑长城设施。而之所以进行路线调整,开凿北道,道路安全肯定是首要因素。所以汉王朝为避开三陇沙和白龙堆的艰险选择了新道,同样也要进行沿线的保障工作。因此为维护丝绸之路安全,修筑了城堡、烽燧,加速了汉长城的修建和完善,而且此处长城防御系统的拓展本意并不是为了战略防御。

特别是新疆地区利用烽燧线来进行长城防御,“自贰师将军伐大宛之后……自敦煌西至盐泽,往往起亭”,明确敦煌至盐泽段即玉门经盐泽至渠犁开始修筑烽燧。河西地区长城的修筑也有保护丝绸之路的目的,“随着对匈奴大规模的反击以及丝绸之路的开拓,汉政府为保证丝路的安全畅通,将其战略重点放在河西地区,甘肃河西地区的汉长城就是这样分段筑成的”[③]。因此河西地区的汉长城自然比其他地区汉长城多了一项保障丝绸之路畅通的功能,当时的丝绸之路分为南北两道,两道经过之地基本上就是长城或者关亭、障、烽燧修筑处。

此后汉王朝与西域官方贸易频繁,互派使者。即使是东汉时期,汉王朝与西域关系“三通三绝”,虽关系不稳定,然大趋势是加强联系,往来使者络绎不绝是主流。因此,汉王朝为了官方贸易的顺利开展和使者的人身安全、食宿保障,分段加速修筑河西长城,并不断完善汉长城防御体系。而且“由于胡汉势力的此消彼长,长城线也会不断被突破,胡族不断南下,破坏长城,而中原政权重新占据长城后,又会不断加以修缮,甚至越过已有长城,以新的障塞、烽燧线向前挺进,在合适的条件下重演障塞、烽燧到长城的边疆拓展历程”[④]。可以说“在北方建立起来的防线连缀成了中国最早的‘长城’,一直向西延伸到中亚,形成了供商人、商队及其他人员往来通行受保护的交通路线”[⑤]。现今新疆发现的四十里大墩烽火台便是最好的证明,该烽火台东

---

① 参见马雍《从新疆历史文物看汉代在西域的政治措施和经济建设》,《文物》1975年第7期。

② 参见余太山《两汉魏晋南北朝与西域关系史研究》,中国社会科学出版社,1995年,第221、222页。

③ 唐晓军:《甘肃境内的长城与烽燧分布》,《丝绸之路》1996年第5期。

④ 范恩实:《燕秦汉东北“长城”考论——障塞烽燧线性质再分析》,《中国边疆史地研究》2015年第3期。

⑤ 〔英〕鲁惟一著,刘洁、余霄译:《汉帝国的日常生活》,第50页。

南有间道可达辛格尔(破城址),再南出东大山口可至楼兰。有学者推测,汉晋时当有一条危须至楼兰、山国区域的古道从附近经过,此烽火台即为该道上一处通信、预警设施;同时其地处连接南北疆交通要道的南侧,也可能是连接古代车师和龟兹地区交通线路上的一处设施。[①]

二、丝绸之路促进长城地带经济繁荣

丝绸之路的畅通和贸易繁荣促进长城地带经济繁荣。因为居延汉简中有籴粟记载,而且不只是在汉代居延地区,在敦煌也有此类记录,说明边塞防御人员从当地农民手中购粮的做法在西北边塞广泛存在,且不限定于某一地区;这也说明当地农民富足的粮食,不仅可以自用,还可有剩余出卖。[②]而农民富足的粮食可以进行买卖,必然是在市场上交易,这无疑是为长城地带关市贸易提供了最近的货源。充盈的货物能够出售也刺激了粮食再生产,提高了当地农民生产积极性。

特别是在贸易促使下,汉王朝向游牧民族学习畜牧技术。屯牧也是屯田的重要内容之一,因此畜养西方各种奇畜,学习相关技术,也成为戍卒们生活活动的重要内容。[③]地利之便的长城地带,最容易先向游牧民族学习畜牧,或种植新的物种,《汉书·西域传》载“宛王蝉封与汉约,岁献天马二匹。汉使采蒲陶、目宿种归”;因此“西域各国的农作物种子、蔬菜、瓜果以及皮、毯、毛织品等生活用品和夜光璧、明月珠等奢侈品也相继传入中原”[④]。新物种和新技术的加入也成为长城地带经济发展的巨大推动力,为长城地带经济发展提供了活力。

同时在汉王朝有效的政策推动和贸易刺激下,长城地带经济取得大发展,“是以其俗风雨时节,谷籴常贱,少盗贼,有和气之应,贤于内郡”(《汉书·地理志》)。长城地带经济是长城防御系统最直接的物资后盾,因为长城地带经济发展、农民富足,这些都丰富了长城防御戍卒的粮食,为长城防御提供了物质保障,增强了长城防御力度。而且晁错徙民实边的设想本就为解决戍边士卒,所以长城地带乃至边郡的安居乐业更有利于长城戍卒的充

---

① 参见新疆维吾尔自治区文物局《新疆维吾尔自治区长城资源调查报告》,第52页。

② 参见于振波《简牍与秦汉社会》,第65页。

③ 参见朱宏斌《两汉西域屯田及其在中西农业科技文化交流中的作用》,《中国农史》2003年第2期。

④ 李明伟主编:《丝绸之路贸易史》,第40页。

实。[①]伴随着长城地带经济的发展，长城建设和长城防御也得到有力的加强。

综上所述，汉王朝不反对贸易，并采取有效措施来保障贸易的开展，尤其是完善长城防御系统。这为丝绸之路的开展提供了强有力的军事保障、安全贸易环境，也为往来贸易者提供了道路安全、道路指引和食宿供应等保障，因此汉长城与丝绸之路关系密切，丝绸之路的畅通与繁荣离不开汉长城的保障。当然汉长城设置本身也会对丝绸之路贸易有一定程度的限制，如关城城门的开闭、关城设置距离的远近等。同时，丝绸之路曾有路线变迁，汉王朝为保证丝绸之路道路安全，在丝绸之路南北两道沿线都曾加强长城烽燧、亭障建设，从此层面来看，丝绸之路也刺激和加速了汉长城的修建和完善。丝绸之路贸易还促进长城地带经济的发展，使之成为长城防御体系强有力的物资后盾。

第四节　小结

汉长城的完善和功能的发挥，为长城两侧交往交流搭建了平台，尤其对丝绸之路的畅通和发展提供了保障。源于“华夏一体”观念的影响，汉王朝从来没有将游牧民族隔绝的意思，特别是在长城完善后，采取各种措施来促进长城两侧的交流，官方贸易使者不断，非官方贸易繁荣，“一日四合”。

因为汉长城的完善，原来游牧民族侵扰，关市贸易等无序、有序并存的局面得到改善，有序贸易成为主流趋势。特别是长城保障了丝绸之路的畅通和安全。甚至有的汉长城地段的建设就是为丝绸之路服务的。同时高耸、连续的汉长城成为标志性建筑，在茫茫荒原中，为往来使者和商人提供了道路指引。汉王朝为了便利贸易，还在长城关城、烽燧为往来使者提供食宿安排。当然汉长城设置本身也在一定程度上形成了对丝绸之路有序贸易的规范，如贸易时间、贸易地点、贸易货物、贸易人数等。同时，有些地段为服务丝绸之路而建筑的汉长城，也会随着丝绸之路的变化而变化，因此丝绸之路也促使了汉长城的完善。伴随着丝绸之路贸易的繁荣，提供市场、产品基地的长城地带经济得以发展，为长城防御建设提供了充实补给。

---

① 参见黄永美《西汉西北地区长城地带探究——以西汉政府控制区为例》，《重庆师范大学学报（社会科学版）》2020年第3期。

参考文献

一、古籍文献

[1][汉]司马迁:《史记》,中华书局,1959年。

[2][汉]班固:《汉书》,中华书局,1962年。

[3][汉]贾谊撰,阎振益、钟夏校注:《新书校注》,中华书局,2000年。

[4][汉]桓宽撰,王利器校注:《盐铁论校注》,中华书局,1992年。

[5][汉]荀悦、[晋]袁宏撰,张烈点校:《两汉纪》,中华书局,2002年。

[6][南朝宋]范晔:《后汉书》,中华书局,1965年。

[7][晋]陈寿:《三国志》,中华书局,1959年。

[8][后晋]刘昫等:《旧唐书》,中华书局,1975年。

[9][宋]司马光:《资治通鉴》,中华书局,1956年。

[10][唐]杜佑:《通典》,中华书局,1988年。

[11][唐]姚思廉:《梁书》,中华书局,1973年。

[12][清]顾炎武著,陈垣校注:《日知录校注》,安徽大学出版社,2007年。

[13]张卫国、晓明译:《鬼谷子　六韬　三略》,崇文书局,2015年。

二、今人著述(专著、集刊类)

[1]艾冲:《中国的万里长城》,三秦出版社,1994年。

[2]艾冲:《中国古长城新探》,西安地图出版社,2006年。

[3]陈直:《居延汉简研究》,中华书局,2009年。

[4]陈梦家:《汉简缀述》,中华书局,1980年。

[5]陈少丰:《中国雕塑史》,岭南美术出版社,1993年。

[6]崔明德:《两汉民族关系思想史》,人民出版社,2007年。

[7]丁新豹、董耀会主编:《中国(香港)长城历史文化研讨会论文集》,长城(香港)文化出版公司,2002年。

[8]董耀会:《沧桑长城》,东方出版社,2007年。

[9] 董耀会:《瓦合集:长城研究文论》,科学出版社,2004年。
[10] 董耀会:《长城》,中国水利水电出版社,2004年。
[11] 段清波、徐卫民:《中国历代长城发现与研究》,科学出版社,2014年。
[12] 段连勤:《北狄族与中山国》,河北人民出版社,1982年。
[13] 孙家洲主编:《额济纳汉简释文校本》,文物出版社,2007年。
[14] 张志立、王宏刚:《东北亚历史与文化——庆祝孙进己先生六十诞辰文集》,辽沈书社,1991年。
[15] 冯永谦、何溥滢:《辽宁古长城》,辽宁人民出版社,1986年。
[16] 冯天瑜:《"封建"考论》,武汉大学出版社,2006年。
[17] 甘肃省文物工作队、甘肃省博物馆编:《汉简研究文集》,甘肃人民出版社,1984年。
[18] 甘肃省文物考古研究所、甘肃省博物馆、文化部古文献研究室、中国社会科学院历史研究所:《居延新简——甲渠候官与第四燧》,文物出版社,1990年。
[19] 甘肃省文物考古研究所编:《敦煌汉简》,中华书局,1991年。
[20] 高凯军:《论中华民族——从地域特点和长城的兴废看中华民族的起源、形成与发展》,文物出版社,2010年。
[21] 高旺:《长城访古万里行》,中国广播电视出版社,1991年。
[22] 何兹全:《中国古代社会及其向中世社会的过渡》,商务印书馆,2013年。
[23] 侯仁之:《历史地理学的理论与实践》,上海人民出版社,1979年。
[24] 胡寄窗:《中国经济思想史》(中),上海财经大学出版社,1998年。
[25] 胡克森:《融合——春秋至秦汉时期从分裂走向统一的文化思考》,人民出版社,2010年。
[26] 胡平生、张德芳:《敦煌悬泉汉简释粹》,上海古籍出版社, 2001年。
[27] 黄今言:《秦汉商品经济研究》,人民出版社,2005年。
[28] 纪忠元、纪永元:《敦煌阳关玉门关论文选萃》,甘肃人民出版社,2003年。
[29] 焦培民、刘春雨、贺予新:《中国灾害通史·秦汉卷》,郑州大学出版社,2009年。
[30] 金开诚、于元:《历代长城》,吉林文史出版社,2010年。
[31] 景爱:《中国长城史》,上海人民出版社,2006年。
[32] 景爱:《长城》,学苑出版社,2008年。
[33] 老雷:《拭去尘埃——找寻真实的长城》,东方出版社,2002年。

[34] 李凤山:《长城与民族》,中央民族大学出版社,2006年。
[35] 李均明、何双全:《散见简牍合辑》,文物出版社,1990年。
[36] 李明伟主编:《丝绸之路贸易史研究》,甘肃人民出版社,1991年。
[37] 李明伟主编:《丝绸之路贸易史》,甘肃人民出版社,1997年。
[38] 李振宏:《居延汉简与汉代社会》,中华书局,2003年。
[39] 林梅村、李均明:《疏勒河流域出土汉简》,文物出版社,1984年。
[40] 林幹:《匈奴史》,内蒙古人民出版社、人民出版社,2010年。
[41] 刘光华:《西北通史》,兰州大学出版社,2005年。
[42] 刘光华:《秦汉西北史地丛稿》,甘肃文化出版社,2007年。
[43] 刘金柱:《万里长城》,黑龙江科学技术出版社,1985年。
[44] 吕思勉:《秦汉史》,中州古籍出版社,2016年。
[45] 罗哲文:《长城》,北京美术摄影出版社,2000年。
[46] 罗哲文:《长城史话》,北京出版社,2021年。
[47] 马长寿:《北狄与匈奴》,广西师范大学出版社,2006年。
[48] 马怡、张荣强主编:《居延新简释校》,天津古籍出版社,2013年。
[49] 马正林:《中国城市历史地理》,山东教育出版社,1998年。
[50] 彭曦:《战国秦长城考察与研究》,西北大学出版社,1990年。
[51] 骈宇骞、段书安:《二十世纪出土简帛综述》,文物出版社,2006年。
[52] 齐涛:《丝绸之路探源》,齐鲁书社,1992年。
[53] 钱穆:《秦汉史》,生活·读书·新知三联书店,2012年。
[54] 荣新江:《丝绸之路与东西文化交流》,北京大学出版社,2015年。
[55] 陕西省博物馆、陕西省文物管理委员会:《陕北东汉画象石刻选集》,文物出版社,1959年。
[56] 沈济时:《丝绸之路》,上海古籍出版社,1999年。
[57] 睡虎地秦墓竹简整理小组:《睡虎地秦墓竹简》,文物出版社,1978年。
[58] 宋超:《汉匈战争三百年》,华夏出版社,1996年。
[59] 孙占鳌、张瑛:《河西汉简所见汉代西北民族关系研究》,社会科学文献出版社,2019年。
[60] 王国良:《中国长城沿革考》,商务印书馆,1928年。
[61] 王子今:《秦汉边疆与民族问题》,中国人民大学出版社,2011年。
[62] 王子今:《秦汉交通史新识》,中国社会科学出版社,2015年。
[63] 王子今:《汉简河西社会史料研究》,商务印书馆,2017年。
[64] 王明珂:《游牧者的抉择:面对汉帝国的北亚游牧部族》,上海人民出版社,2018年。

[65] 王威海:《中国户籍制度——历史与政治的分析》,上海文化出版社,2006年。
[66] 文化部文物局古文献研究室编:《出土文献研究》,文物出版社,1985年。
[67] 武伯纶:《西安历史述略》,陕西人民出版社,1979年。
[68] 吴礽骧:《河西汉塞调查与研究》,文物出版社,2005年。
[69] 吴礽骧、李永良、马建华释校:《敦煌汉简释文》,甘肃人民出版社,1991年。
[70] 谢桂华、李均明、朱国炤:《居延汉简释文合校》,文物出版社,1987年。
[71] 谢觉民:《人文地理学》,北京友谊出版社,1991年。
[72] 薛长年:《西塞雄风:陇右长城文化》,甘肃教育出版社,1999年。
[73] 杨东晨:《陕西古代史》,陕西人民教育出版社,1994年。
[74] 杨宗、温志宏:《长城》,百花洲文艺出版社,2009年。
[75] 殷晴:《丝绸之路与西域经济——十二世纪前新疆开发史稿》,中华书局,2007年。
[76] 于振波:《简牍与秦汉社会》,湖南大学出版社,2012年。
[77] 张量:《战争与和平的纽带——古代长城》,辽宁师范大学出版社,1996年。
[78] 张维华:《中国长城建置考》(上编),中华书局,1979年。
[79] 张涛:《大漠长河——河西长城》,甘肃人民出版社,2008年。
[80] 张荣强:《汉唐籍帐制度研究》,商务印书馆,2010年。
[81] 张家山二四七号汉墓竹简整理小组:《张家山汉墓竹简〔二四七号墓〕(释文修订本)》,文物出版社,2006年。
[82] 张荫麟:《中国史纲》,中华书局,2009年。
[83] 赵丰主编:《丝路之绸:起源、传播与交流》,浙江大学出版社,2015年。
[84] 赵国华:《东汉史研究》,湖北人民出版社,2016年。
[85] 赵星铁等编著:《沧桑长城》,上海科学技术文献出版社,2009年。
[86]《中华文明史话》编委会:《长城史话》,中国大百科全书出版社,2008年。
[87] 中国长城学会:《长城百科全书》,吉林人民出版社,1994年。
[88] 中国长城学会编:《长城国际学术研讨会论文集》,吉林人民出版社,1995年。
[89] 中国考古学会编辑:《中国考古学会第一次年会论文集》,文物出版社,1979年。

[90] 周长山:《汉代城市研究》,人民出版社,2001年。
[91] 周兴华、周晓宇:《从宁夏寻找长城源流》,宁夏人民出版社,2008年。
[92] 朱绍侯:《中国古代治安制度史》,河南大学出版社,1994年。
[93] 杨共乐:《早期丝绸之路探微》,北京师范大学出版社,2011年。
[94] 余太山:《早期丝绸之路文献研究》,商务印书馆,2013年。
[95] 余太山:《两汉魏晋南北朝正史西域传研究》,中华书局,2003年。
[96] 余太山:《两汉魏晋南北朝正史西域传要注》,中华书局,2005年。
[97] 刘迎胜:《丝绸之路》,江苏人民出版社,2014年。
[98]〔法〕阿里·玛扎海里著,耿昇译:《丝绸之路:中国—波斯文化交流史》,中华书局,1993年。
[99]〔法〕布尔努瓦著,耿昇译:《丝绸之路》,山东画报出版社,2001年。
[100]〔法〕勒内·格鲁塞著,蓝琪译:《草原帝国》,商务印书馆,1998年。
[101]〔美〕阿瑟·沃尔德隆著,石云龙、金鑫荣译:《长城:从历史到神话》,江苏教育出版社,2008年。
[102]〔美〕拉铁摩尔著,唐晓峰译:《中国的亚洲内陆边疆》,江苏人民出版社,2008年。
[103]〔美〕巴菲尔德著,袁剑译:《危险的边疆:游牧帝国与中国》,江苏人民出版社,2011年。
[104]〔美〕狄宇宙著,贺严、高书文译:《古代中国与其强邻:东亚历史上游牧力量的兴起》,中国社会科学出版社,2010年。
[105]〔美〕芮乐伟·韩森:《丝绸之路新史》,北京联合出版公司,2015年。
[106]〔日〕大庭脩著,徐世虹译:《汉简研究》,广西师范大学出版社,2001年。
[107]〔日〕永田英正著,张学锋译:《居延汉简研究》,广西师范大学出版社,2007年。
[108]〔日〕泽田勳著,王庆宪、丛晓明译:《匈奴——古代游牧国家的兴亡》,内蒙古人民出版社,2010年。
[109]〔瑞典〕斯文·赫定著,江红、李佩娟译:《丝绸之路》,新疆人民出版社,2013年。
[110]〔英〕崔瑞德、鲁惟一编,杨品泉等译《剑桥中国秦汉史》,中国社会科学出版社,1992年。
[111]〔英〕鲁惟一著,刘洁、余霄译:《汉帝国的日常生活》,江苏人民出版社,2018年。
[112]〔英〕西蒙·辛格著,朱小篷、林金钟译:《密码故事》,海南出版社,

2001年。
[113]〔英〕斯坦因著,向达译:《西域考古记》,商务印书馆、中国旅游出版社,2017年。
[114]〔英〕斯坦因著,巫新华等译:《亚洲腹地考古图记》,广西师范大学出版社,2004年。
[115]〔英〕吴芳思:《丝绸之路2000年》,山东画报出版社,2008年。

三、今人著述(论文类)

[1] 安忠义:《汉代马种的引进与改良》,《中国农史》2005年第2期。
[2] 白音查干:《汉长城考察与研究》,《内蒙古师范大学学报(哲学社会科学版)》1987年第1期。
[3] 白音查干:《长城与汉匈关系》,《内蒙古师范大学学报(哲学社会科学版)》1998年第6期。
[4] 白音查干:《最初人为农牧分界线的确立》,《中国历史地理论丛》2000年第1期。
[5] 蔡凤林:《游牧民族军事性形成原因初探——以游牧经济生活为主线》,《中国边疆史地研究》1996年第4期。
[6] 曹尔琴:《中国古都与邮驿》,《中国历史地理论丛》1994年第2期。
[7] 常学:《辽宁发现燕秦汉长城东段遗迹》,《中国科技史料》1991年第3期。
[8] 朝克:《呼和浩特地区长城遗存》,《内蒙古文物考古》1994年第2期。
[9] 陈国生:《汉阙的文化意味》,《华夏文化》1996年第1期。
[10] 陈菁:《两汉时期河西地区烽燧亭障规划营建刍议》,《甘肃社会科学》2006年第2期。
[11] 陈江:《秦汉长城的建筑与汉民族的形成》,《东南文化》1995年第1期。
[12] 陈梦家:《汉简所见居延边塞与防御组织》,《考古学报》1964年第1期。
[13] 陈梦家:《玉门关与玉门县》,《考古》1965年第9期。
[14] 陈强:《古史新辨》,《复旦学报(社会科学版)》2012年第3期。
[15] 陈晓鸣:《两汉边防兵制若干问题之比较——以西、北地区为中心》,《史学月刊》2001年第2期。
[16] 陈直:《汉代的马政》,《西北大学学报(哲学社会科学版)》1981年第3期。
[17] 戴志尚、刘合心:《榆林市境内新发现一段秦汉长城遗址》,《文博》1993年第2期。
[18] 邓宏伟、张海斌:《包头境内的战国秦汉长城与古城》,《内蒙古文物考

古》2000年第1期。
[19] 范恩实:《燕秦汉东北“长城”考论——障塞烽燧线性质再分析》,《中国边疆史地研究》2015年第3期。
[20] 傅振伦:《东汉建武塞上烽火品约考释》,《考古与文物》1980年第2期。
[21] 苏裕民、尚元正:《永登县汉代长城遗迹考察》,《文物》1990年第12期。
[22] 甘肃省居延考古队简册整理小组:《“塞上烽火品约”释文》,《考古》1979年第4期。
[23] 甘肃省文物考古研究所:《敦煌悬泉汉简内容概述》,《文物》2000年第5期。
[24] 甘肃省文物考古研究所:《敦煌悬泉汉简释文选》,《文物》2000年第5期。
[25] 高凤山:《长城关隘城堡选介》,《华中建筑》1992年第4期。
[26] 高荣:《简牍所见秦汉邮书传递方式考辨》,《中国历史文物》2007年第6期。
[27] 高荣:《秦汉邮书管理制度初探》,《人文杂志》2002年第2期。
[28] 高震寰:《论西北汉简文书与现实的差距及其意义》,《新史学》2014年第4期。
[29] 龚廷万、龚玉:《关于汉阙研究尚待商榷的问题》,《四川文物》2011年第3期。
[30] 郭殿忱:《秦灭义渠及其地望考》,《西北史地》1996年第1期。
[31] 韩志成:《论汉武帝时期的国家理财观和财政后备制度》,《商业现代化》2009年第10期。
[32] 韩若春:《烽燧考辨》,《咸阳师范学院学报》2001年第4期。
[33] 何峰:《河西走廊蜂腰地带古城关隘在历史上的地位》,《山西建筑》2009年第6期。
[34] 贺金峰:《“方城”是中国历史上最早修筑的长城》,《开封大学学报》2002年第3期。
[35] 何清谷:《秦始皇长城北段的考察》,《人文杂志》1989年第4期。
[36] 胡宏起:《两汉军费问题研究》,《中国史研究》1996年第4期。
[37] 侯丕勋:《“天田”义源及具体制度——简牍研究的一点初步想法》,《西北师大学报(社会科学版)》1996年第1期。
[38] 侯丕勋:《奇特的甘肃古长城》,《中国典籍与文化》1997年第3期。
[39] 侯晓星:《西汉玉门关遗址质疑》,《宁夏大学学报(人文社会科学版)》2002年第2期。

[40] 侯宗辉:《汉简所见河西边郡“盗贼”考论》,《敦煌研究》2012年第4期。
[41] 侯宗辉:《汉简所见西北边塞的流动人口及社会管理》,《中国边疆史地研究》2011年第1期。
[42] 黄今言:《汉代西北边塞的“坞”》,《江西师范大学学报(哲学社会科学版)》2012年第2期。
[43] 黄今言:《居延汉简所见西北边塞的财物“拘校”》,《史学月刊》2006年第10期。
[44] 黄敬愚:《简牍所见西汉马政》,《南都学坛》2006年第3期。
[45] 黄时鉴、龚缨晏:《马可·波罗与万里长城——兼评〈马可·波罗到过中国吗〉》,《中国社会科学》1998年第4期。
[46] 黄雪寅:《内蒙古草原民族与北方长城地带各民族的关系》,《内蒙古考古》1998年第2期。
[47] 黄永美、徐卫民:《西汉长安人口地理探析——以元始二年长安人口为例》,《西北大学学报(自然科学版)》2012年第3期。
[48] 黄永美、徐卫民:《汉长城研究综述》,《中国史研究动态》2012年第5期。
[49] 黄永美、徐卫民:《西汉西北地区长城内防功能初探》,《社会科学战线》2012年第10期。
[50] 黄永美:《西汉西北地区长城地带探究——以西汉政府控制区为例》,《重庆师范大学学报(社会科学版)》2020年第3期。
[51] 蒋波、朱战威:《三十年来楚方城研究述要》,《高校社科动态》2010年第1期。
[52] 赖家度:《汉代军事家——霍去病》,《历史教学》1954年第10期。
[53] 赖华明:《汉武帝经济改革新论》,《四川师范大学学报(社会科学版)》2003年第6期。
[54] 孔令铜:《关于中国长城的战略思考》,《军事历史》1997年第3期。
[55] 李并成:《汉令居城及其附近汉长城遗迹的调查与考证》,《长城学刊》1991年第1期。
[56] 李并成:《河西走廊东部汉长城遗迹考》,《西北史地》1994年第3期。
[57] 李并成:《河西走廊西部汉长城遗迹及其相关问题考》,《敦煌研究》1995年第2期。
[58] 李并成:《古阳关下的又一处“古董滩”》,《敦煌研究》1999年第4期。
[59] 李大龙:《西汉前期“和亲”政策新论》,《民族研究》1993年第4期。
[60] 李大伟:《从符号到本相——长城文化遗产的概念演变及认定》,《西北民族大学学报(哲学社会科学版)》2015年第2期。

[61] 李方:《张家山汉简〈二年律令〉有关汉代边防的法律》,《中国边疆史地研究》2009年第2期。

[62] 李庆发、张克举:《辽宁西部汉代长城调查报告》,《北方文物》1987年第2期。

[63] 李文信:《中国北部长城沿革考(上)》,《社会科学辑刊》1979年第1期。

[64] 李文信:《中国北部长城沿革考(下)》,《社会科学辑刊》1979年第2期。

[65] 李殿福:《东北境内燕、秦长城考》,《黑龙江文物丛刊》1982年第1期。

[66] 李殿元:《阳关玉门关嘉峪关考察》,《文史杂志》2011年第1期。

[67] 李树林、李妍:《燕秦汉辽东长城障塞遗址的量化统计分析》,《北方文物》2011年第2期。

[68] 李树林、李妍:《吉林省燕秦汉辽东长城考古调查概述》,《社会科学战线》2011年第10期。

[69] 李学勤:《谈"张掖都尉棨信"》,《文物》1978年第1期。

[70] 李岩云、傅立诚:《汉代玉门关址考》,《敦煌研究》2006年第4期。

[71] 李逸友:《中国北方长城考述》,《内蒙古文物考古》2001年第1期。

[72] 李正宇:《敦煌郡的边塞长城及烽警系统》,《敦煌研究》1995年第2期。

[73] 李正宇:《阳关区域古迹新探》,《敦煌研究》1994年第4期。

[74] 李遇春:《汉长安城的考古发现和研究》,《河南大学学报(社会科学版)》1981年第2期。

[75] 李遇春:《汉长安城城门述论》,《考古与文物》2005年第6期。

[76] 刘萃峰:《地方豪强与东汉初年政局——以两淮地区为中心的考察》,《史林》2018年第1期。

[77] 刘光华:《西汉西北边塞》,《西北民族大学学报(哲学社会科学版)》2005年第1期。

[78] 刘磐修:《汉代河西地区的开发》,《历史教学》2002年第11期。

[79] 刘庆柱:《汉长安城的考古发现及相关问题研究——纪念汉长安城考古工作四十年》,《考古》1996年第10期。

[80] 陆拂为:《汉长城和烽燧》,《瞭望周刊》1990年第45期。

[81] 陆平:《长城在汉代的历史作用》,《郑州大学学报(哲学社会科学版)》1992年第6期。

[82] 罗庆康:《战国及秦汉长城修建原因浅析》,《内蒙古社会科学》1988年第6期。

[83] 罗庆康:《论阴山障城的特点及其它》,《河南大学学报(哲学社会科学版)》1987年第1期。

[84] 罗庆康:《简析阴山长城筑造的特点》,《益阳师专学报》1989年第1期。
[85] 马杰英:《甘肃永靖县境的秦汉长城烽燧遗址》,《文博》1989年第6期。
[86] 马利清:《先秦两汉时期长城地带经济开发得失探究》,《中国文化研究》2008年第3期。
[87] 马曼丽:《从汉简看汉代西北边塞守御制度》,《中国边疆史地研究》1992年第1期。
[88] 孟池:《从新疆历史文物看汉代在西域的政治措施和经济建设》,《文物》1975年第7期。
[89] 马智全:《汉简所见汉代河西羌人的生活状态》,《西北民族大学学报(哲学社会科学版)》2011年第6期。
[90] 瓯燕:《我国早期的长城》,《北方文物》1987年第2期。
[91] 瓯燕、叶万松:《"上郡塞"与"堑洛"长城辨》,《考古与文物》1997年第2期。
[92] 彭曦:《秦简公"堑洛"遗迹考察简报》,《文物》1996年第4期。
[93] 彭曦:《战国秦长城考察与研究述略》,《宝鸡师范学院学报(哲学社会科学版)》1991年第3期。
[94] 彭年:《汉代的关、关市和关禁制度》,《四川师范大学学报(社会科学版)》1987年第4期。
[95] 钱耀鹏:《史前城址在文明起源与形成过程中的作用——兼论文明要素与文明形成的标准问题》,《文博》1999年第6期。
[96] 上官绪智:《秦汉时期军费开支、筹措与管理问题研究》,《南都学坛》2005年第6期。
[97] 上官绪智、黄今言:《汉代烽燧中的信息器具与烽火品约置用考论》,《社会科学辑刊》2004年第5期。
[98] 沈飞德:《西汉徙民实边与唐初羁縻政策辨析》,《历史教学问题》1990年第5期。
[99] 狮子山楚王陵考古发掘所:《徐州狮子山西汉楚王陵发掘简报》,《文物》1998年第8期。
[100] 史党社、田静:《追寻秦昭王长城》,《文博》2004年第6期。
[101] 史念海:《黄河中游战国及秦时诸长城遗迹的探索》,《陕西师范大学学报(哲学社会科学版)》1978年第2期。
[102] 史念海:《论西部地区诸长城的分布及其历史军事地理(上篇)》,《中国历史地理论丛》1994年第2期。
[103] 苏秉琦:《辽西古文化古城古国——兼谈当前田野考古工作的重点或

大课题》,《文物》1986年第8期。

[104] 舒顺林:《论东汉时期长城内外各族的经济文化交流》,《内蒙古师范大学学报(哲学社会科学版)》1989年第2期。

[105] 舒振邦:《前汉时期长城内外的民族关系》,《内蒙古师范大学学报(哲学社会科学版)》1988年第4期。

[106] 宋会群、李振宏:《汉代居延地区邮驿方位考》,《河南大学学报(社会科学版)》1993年第1期。

[107] 孙言诚:《秦汉的戍卒》,《文史哲》1988年第5期。

[108] 唐晓峰:《内蒙古西北部秦汉长城调查记》,《内蒙古大学学报(哲学社会科学版)》1977年第3期。

[109] 唐晓军:《甘肃境内的长城与烽燧分布》,《丝绸之路》1996年第5期。

[110] 特日格乐:《汉长城预警体系研究》,《内蒙古大学学报(哲学社会科学版)》2010年第5期。

[111] 滕昭宗:《尹湾汉墓简牍释文选》,《文物》1996年第8期。

[112] 田淑华、赵晓光、王月华:《承德地区汉代长城与烽燧调查》,《文物春秋》2006年第3期。

[113] 汪桂海:《简牍所见汉代边塞徼巡制度》,《中国边疆史地研究》2006年第3期。

[114] 汪宁生:《汉晋西域与祖国文明》,《考古学报》1977年第1期。

[115] 汪锡鹏:《重评汉武帝"盐铁专卖"》,《江西师范大学学报》1989年第2期。

[116] 王大方:《1994年内蒙古文物考古成果综述》,《内蒙古文物考古》1995年第1期。

[117] 王栋梁:《从悬泉汉简看汉代的邮驿制度》,《社科纵横(新理论版)》2007年第1期。

[118] 王凯旋:《东汉"市"考略》,《史学集刊》1998年第2期。

[119] 王庆宪:《匈奴地区的中原人口及汉匈关系》,《中央民族大学学报》2006年第6期。

[120] 王庆宪:《匈奴风俗文化在中原地区的传播和影响》,《黑龙江民族丛刊》2003年第6期。

[121] 王小甫:《古代游牧部族入侵农耕地区问题的研究》,《史学情报》1988年第3期。

[122] 王昱、崔永红:《令居塞建立时间考辨》,《青海社会科学》1987年第4期。

[123] 王子今、李禹阶:《汉代北边的“关市”》,《中国边疆史地研究》2007年第3期。
[124] 王子今:《汉代北边“亡人”:民族立场与文化表现》,《南都学坛》2008年第2期。
[125] 王子今:《交通史视角的秦汉长城考察》,《石家庄学院学报》2013年第2期。
[126] 王宗维:《汉代河西与西域之间的相互关系》,《新疆社会科学》1985年第3期。
[127] 王裕昌、宋琪:《汉代的马政和养马高峰》,《西北师大学报(社会科学版)》2004年第6期。
[128] 魏坚:《河套地区战国秦汉塞防研究》,《边境考古研究》2007年第4期。
[129] 魏燕利:《汉“塞天田”新探》,《池州师专学报》2003年第6期。
[130] 吴礽骧:《玉门关与玉门关候》,《文物》1981年第10期。
[131] 吴礽骧:《河西的汉代长城》,《文博》1991年第1期。
[132] 吴明月:《谈西汉时期汉人入居匈奴及其影响》,《内蒙古师范大学学报(哲学社会科学版)》1995年第4期。
[133] 吴荣曾:《汉代的亭与邮》,《内蒙古师范大学学报(哲学社会科学版)》2002年第4期。
[134] 夏明亮、童雪莲:《“长城地带”考古学术语属性探讨》,《东北史地》2012年第5期。
[135] 萧景全:《辽东地区燕秦汉长城障塞的考古学考察研究》,《北方文物》2000年第3期。
[136] 辛迪:《义渠考》,《内蒙古师范大学学报(哲学社会科学版)》2004年第6期。
[137] 醒吾:《甘肃境内的汉长城》,《西北师大学报(社会科学版)》1990年第3期。
[138] 徐苹芳:《居延、敦煌发现的〈塞上蓬火品约〉——兼释汉代的蓬火制度》,《考古》1979年第5期。
[139] 许树安:《从历史文献看汉代的烽燧制度和候望系统》,《文博》1982年第2期。
[140] 徐扬杰:《居延汉简廪名籍所记口粮的标准和性质》,《江汉论坛》1993年第2期。
[141] 徐莹:《贾谊夷夏观探析》,《史林》2018年第3期。
[142] 许志国:《辽北境内燕秦汉长城及相关遗迹遗物的发现和研究》,《博物

馆研究》2007年第2期。
[143] 薛方昱:《义渠戎国新考》,《西北民族学院学报(哲学社会科学版)》1988年第2期。
[144] 薛英群:《居延〈塞上烽火品约〉册》,《考古》1979年第4期。
[145] 薛小林:《西州与东汉政权的衰亡》,《史学集刊》2017年第2期。
[146] 言金星:《汉代夜市考》,《江西社会科学》1987年第5期。
[147] 阎忠:《燕北长城考》,《社会科学战线》1995年第2期。
[148] 杨芳:《汉简所见河西边塞军屯人口来源考》,《中国边疆史地研究》2009年第1期。
[149] 杨建新:《论丝绸之路的产生、发展和运行机制》,《西北史地》1995年第2期。
[150] 杨念群:《"大一统"与"中国""天下"观比较论纲》,《史学理论研究》2021年第2期。
[151] 叶小燕:《中国早期长城的探索与存疑》,《文物》1987年第7期。
[152] 易桂花、刘俊男:《从出土简牍看秦汉时期的行书制度》,《中国历史文物》2009年第4期。
[153] 殷光明:《从敦煌汉晋长城、古城及屯戍遗址之变迁简析保护生态平衡的重要性》,《敦煌学辑刊》1994年第1期。
[154] 颍南:《桑弘羊经济思想与经济改革述评》,《金融管理与研究》1993年第2期。
[155] 于春雷:《长城的进化——以陕西长城为例》,《文博》2016年第4期。
[156] 余华清等:《战国、秦、汉长城调查(笔谈)》,《文物天地》1986年第2期。
[157] 袁广阔、侯毅:《从城墙夯筑技术看早商诸城址的相对年代问题》,《文物》2007年第12期。
[158] 臧知非:《刘秀"度田"新探》,《苏州大学学报》1997年第2期。
[159] 臧知非:《张家山汉简所见汉初马政及相关问题》,《史林》2004年第6期。
[160] 臧知非:《论汉文帝"除关无用传"——西汉前期中央与诸侯王国关系的演变》,《史学月刊》2010年第7期。
[161] 张海报:《陕北地区秦昭王长城构筑方式及防御设施》,《文博》2010年第1期。
[162] 张汉英:《河北丰宁境内的古长城和金代界壕》,《文物春秋》1993年第1期。
[163] 张金花、王茂华:《汉代夜市缘起探微》,《河北学刊》2016年第1期。

[164] 张俊民:《从汉简谈汉代西北边郡运输的几个问题》,《中国社会经济史研究》1996年第3期。
[165] 张俊民:《敦煌悬泉汉简所见的"亭"》,《南都学坛》2010年第1期。
[166] 张俊民:《居延汉简中的邮书档案》,《档案》1997年第3期。
[167] 张南:《论西汉长城边区的经济开发》,《内蒙古社会科学》1989年第3期。
[168] 张文江:《渭南地区秦魏诸长城考辨》,《文博》2004年第1期。
[169] 张瑛:《汉代西域都护设置的时间及其职责相关问题考辨》,《西北民族大学学报(哲学社会科学版)》2019年第3期。
[170] 张玉强:《汉简文书传递制度述论》,《人文杂志》1994年第5期。
[171] 张玉坤、李哲、李严:《"封"——中国长城起源另说》,《天津大学学报(社会科学版)》2009年第4期。
[172] 张元城:《西汉时期汉人流落匈奴及影响》,《中国边疆史地研究》2000年第2期。
[173] 张运德:《两汉时期西域屯垦的基本特征》,《西域研究》2007年第3期。
[174] 赵建朝、李寒梅、孙茹梅:《赵国北长城考察》,《邯郸职业技术学院学报》2010年第3期。
[175] 赵评春:《西汉玉门关、县及其长城建置时序考》,《中国历史地理论丛》1994年第2期。
[176] 郑绍宗、郑立新:《河北古代长城沿革考略(上)》,《文物春秋》2009年第3期。
[177] 郑君雷:《大宁江长城的相关问题》,《史学集刊》1997年第1期。
[178] 朱宏斌:《两汉西域屯田及其在中西农业科技文化交流中的作用》,《中国农史》2003年第2期。
[179] 朱奎泽:《汉代西北屯戍系统粮食分配问题探析——以汉简资料为中心》,《中国农史》2007年第2期。
[180] 朱郑勇:《西汉初期北部诸郡边界略考》,《中国历史地理论丛》2008年第2期。
[181] 朱绍侯:《刘秀与他的功臣》,《中国史研究》1995年第4期。
[182] 〔日〕大庭脩:《汉代的关所与护照》,《关西大学东西学术研究所论丛》1954年第10期。
[183] 〔日〕藤田胜久著,周洺仪译:《汉代西北的交通及悬泉置》,《白沙历史地理学报》2010年第10期。

四、学位论文

[1] 刘军:《两汉军事后勤研究》,吉林大学硕士学位论文,2005年。
[2] 李严:《明长城“九边”重镇军事防御性聚落研究》,天津大学博士学位论文,2007年。
[3] 闵海霞:《匈奴发展史研究》,兰州大学博士学位论文,2010年。
[4] 任宝磊:《秦汉长城防御体系与民族关系研究》,陕西师范大学硕士学位论文,2010年。
[5] 王庆宪:《匈奴与西汉关系史研究》,内蒙古大学博士学位论文,2003年。
[6] 徐丽丽:《建国以来长城主题图书的出版研究》,北京印刷学院硕士学位论文,2010年。
[7] 张玲:《秦汉关隘制度研究》,河南大学博士学位论文,2012年。
[8] 张海报:《陕北地区秦昭王长城研究》,西北大学硕士学位论文,2010年。

五、考古发掘、调查报告

[1] 单先进、曹传松、何介钧:《澧县城头山屈家岭文化城址调查与试掘》,《文物》1993年第12期。
[2] 甘肃省文物局编,岳邦湖、钟圣祖著:《疏勒河流域汉代长城考察报告》,文物出版社,2001年。
[3] 甘肃文物局、甘肃省文物考古研究所:《临洮战国秦长城山丹汉、明长城调查报告》,甘肃人民出版社,2007年。
[4] 甘肃省博物馆:《武威磨咀子三座汉墓发掘简报》,《文物》1979年第12期。
[5] 国家文物局主编:《中国文物地图集·内蒙古自治区分册》,西安地图出版社,2003年。
[6] 国家文物局主编:《中国文物地图集·辽宁分册》,西安地图出版社,2009年。
[7] 辽宁省文物局:《辽宁省燕秦汉长城资源调查报告》,文物出版社,2017年。
[8] 内蒙古自治区文化厅(文物局)、内蒙古自治区文物考古研究所:《内蒙古自治区长城资源调查报告·东南部战国秦汉长城卷》,文物出版社,2014年。
[9] 内蒙古自治区文化厅(文物局)、内蒙古自治区文物考古研究所:《内蒙古自治区长城资源调查报告·阿拉善卷》,文物出版社,2016年。

[10] 内蒙古自治区文化厅(文物局)、内蒙古自治区文物考古研究所:《内蒙古自治区长城资源调查报告·鄂尔多斯—乌海卷》,文物出版社,2016年。

[11]《内蒙古乌拉特后旗新发现6座汉长城城障遗址》,《西部资源》2009年第3期。

[12] 内蒙古自治区博物馆文物工作队编:《和林格尔汉墓壁画》,文物出版社,1978年。

[13] 陕西省博物馆、陕西省文管会:《米脂东汉画象石墓发掘简报》,《文物》1972年第3期。

[14] 王炜林等:《陕西高陵县杨官寨新石器时代遗址》,《考古》2009年第7期。

[15] 文物编辑委员会:《中国长城遗迹调查报告集》,文物出版社,1981年。

[16] 项春松:《昭乌达盟汉代长城遗址调查报告》,《文物》1985年第4期。

[17] 新疆维吾尔自治区文物局:《新疆维吾尔自治区长城资源调查报告》,文物出版社,2014年。

[18] 中国科学院考古研究所、陕西省西安半坡博物馆:《西安半坡——原始氏族公社聚落遗址》,文物出版社,1963年。

后　记

汉长城是我读博期间就开始关注的对象，也是我博士论文研究的内容。工作后能够以此为基础申报国家社科基金后期资助项目并成功入选，是国家社科基金委和同行专家对我工作的肯定和支持。感谢国家社科基金委和同行专家的鼓励，汉长城研究的最终成果正是在同行专家宝贵的建议下修改完成的。

感谢我的导师徐卫民教授从我入门以来对我谆谆教导，对我选择做长城研究给予了无限的支持。从上学到工作，多年来徐老师给了我很多指导和帮助。老师的包容、鼓励和支持是我在学术上砥砺前行的动力！感谢段清波老师给我提供参与长城调查的机会，并在调查实践中现场指导我，才使我有缘结识长城，热爱长城！

汉长城研究成果几经修改，终于完成，离不开单位的支持，感谢我的原单位江苏师范大学为我提供科研平台，感谢我的老领导戚洪书记、刘德州院长支持我继续研究。感谢现单位西安文理学院给予我机会，感谢刘倩倩书记、张天社院长、崔林院长给予我充足的时间继续完成研究成果。感谢我的同事们热忱的帮助。感谢湖北人民出版社出版拙作。

成果反复修改过程中，离不开同行、朋友和家人的支持。感谢我的师兄于春雷研究员毫无保留地与我交流和分享长城研究心得，为我完善成果提供了很多思路。感谢我的师兄弟为我写作提供的众多书籍。感谢家人对我的理解与支持，正是家人帮助养育孩子和打理家务，才使我有时间集中写作。我的爱人虽对我专业不甚了解，但仍为我出谋划策。老师、朋友、家人的理解与支持，是我在学术研究上摸索的最大动力。

最后，诚挚感谢关心、帮助和启发过我的众多师友、亲人。

黄永美

2023年9月20日